Estatuto de los trabajadores

Edición preparada por
JESÚS CRUZ VILLALÓN
Catedrático de Derecho del Trabajo
y JESÚS MAEZTU GREGORIO DE TEJADA
Profesor Titular E.U. de Derecho del Trabajo

VIGÉSIMA SÉPTIMA EDICIÓN

tecnos

1.ª edición, 1985
27.ª edición, 2012

Diseño de cubierta: J. M. Domínguez y J. Sánchez Cuenca

Juan Ignacio Luca de Tena, 15 - 28027 Madrid
ISBN: 978-84-309-5579-4
Depósito Legal: M-27.175-2012

Printed in Spain

ÍNDICE SISTEMÁTICO

APÉNDICE: RELACIONES LABORALES DE CARÁCTER ESPECIAL

PRÓLOGO

Existe una mentalidad bastante extendida en la conciencia media de la población de que el Estatuto de los Trabajadores, por su propia denominación, constituye el texto normativo central y único regulador del conjunto de las relaciones laborales en España. Respondiendo esta idea a una realidad de fondo, no ofrece una comprensión completa de lo que es la normativa laboral, pudiendo incluso inducir en ocasiones a equívocos. Efectivamente, en el Estatuto de los Trabajadores se contienen muchas de las instituciones nucleares del Derecho del Trabajo: contiene la regulación general del contrato, recogiendo los derechos y deberes básicos de trabajador y empresario en su cumplimiento; los derechos de representación colectiva y de reunión de los trabajadores en la empresa; y, finalmente, la normativa sobre negociación y convenios colectivos. No obstante, debe hacerse hincapié en algo que aunque resulte obvio no puede ser olvidado: en el Estatuto de los Trabajadores no se encuentra ni la totalidad del Derecho del Trabajo, ni siquiera se encuentra la totalidad de las instituciones centrales del mismo. La normativa laboral a partir de la Constitución, al igual que el resto del ordenamiento jurídico, ha sufrido un sustancial proceso de legalización, en virtud del cual existe una preponderancia de la regulación a través de Ley de Cortes —sea ésta orgánica u ordinaria— en detrimento de la normativa reglamentaria y, en particular, de los llamados reglamentos autónomos. Ahora bien, ello no supone que el ejercicio de la potestad reglamentaria del Gobierno y de los distintos Ministerios haya pasado a desempeñar un papel marginal. Decretos y Órdenes Ministeriales siguen cubriendo un campo decisivo en lo que es el desarrollo concreto de la normativa laboral, y prueba de ello es la multitud de disposiciones reglamentarias a las que se remiten en las notas al trabajo que aquí se presenta. De otra parte, también hay que mencionar los amplios contenidos asignados por el Estatuto a la negociación colectiva, cuya toma en consideración se convierte en imprescindible hoy en día para conocer la regulación de las condiciones de trabajo vigente concretamente en cada sector de la actividad económica. Pero es más, ni siquiera en el Estatuto de los Trabajadores se contiene la generalidad de las instituciones básicas que componen el Derecho del Trabajo. En efecto, al margen de todos los aspectos procesales, contenidos en la Ley de Procedimiento Laboral de 7 de abril de 1995, o sancionatorios administrativos, contenidos en la Ley de Infracciones y Sanciones en el Orden Social de 4 de agosto de 2000, quedan excluidas del Estatuto aquellas materias que, por mandato constitucional, deben ser objeto de regulación por medio de Ley Orgánica; sintéticamente libertad sindical y ejercicio del derecho de huelga. Con todo lo anterior queremos explicitar los límites de la obra que se prologa, donde el lector, a pesar de que no puede pensar que se enfrenta con la totalidad del Derecho del Trabajo, sí que va a poder acercarse a una parte bastante sustancial del mismo.

La Ley del Estatuto de los Trabajadores, que se promulga y entra en vigor en 1980 en cumplimiento del mandato contenido en el texto constitucional en su artículo 35.2, supone la consolidación de una nueva comprensión de lo que son las relaciones laborales en un país industrializado del área occidental; supone en particular, en lo que afecta al Derecho, la consolidación de una nueva perspectiva del papel que deben cumplir la legislación estatal y la negociación colectiva en el desarrollo de las relaciones laborales. Con gran acierto la exposición de motivos de la Ley ha sintetizado en tres los principios básicos en los que se asienta el modelo laboral diseñado por la Constitución Española: 1) la contraposición de intereses en el mundo del trabajo, 2) la autonomía colectiva de las partes sociales, y 3) el otorgamiento al Estado de la correspondiente potestad normativa en materias laborales. El propio contenido del Estatuto de los Trabajadores responde a estos tres principios.

El primero de ellos, la contraposición de intereses en el mundo del trabajo, se manifiesta en la Ley, tanto en la relación individual como en el ámbito del Derecho colectivo del trabajo. En el terreno individual de la relación trabajador-empresario la aceptación de la idea de la existencia de intereses enfrentados se manifiesta en la tendencia hacia una mayor contractualización de la relación laboral, desechando definitivamente aquellas concepciones doctrinales que dominaron en España en los años cuarenta y cincuenta. Así, a título de ejemplo, ninguna incidencia tienen ya sobre el Estatuto las tesis sobre la incorporación del trabajador a la empresa como dato determinante en la constitución de la relación laboral más allá del libre consentimiento prestado por las partes a través del contrato de trabajo; o bien las tesis sobre el interés objetivo de la empresa, esto es, la existencia de un interés común a ambas partes contratantes independientemente del interés particular de cada una de ellas; o bien, por último, las tesis defensoras de la presencia de unos deberes de fidelidad entre trabajador y empresario extraños a cualquier otra relación contractual y que la acercan a las relaciones familiares. Por el contrario, la normativa laboral vigente en nuestro país a partir del Estatuto de los Trabajadores se encuentra imbuida de los principios opuestos. Los poderes empresariales se contractualizan, teniendo por base la defensa de los intereses empresariales propios del empleador y por fundamento el acuerdo de voluntades expresado al concertar el contrato de trabajo: «el trabajador estará obligado a realizar *el trabajo convenido* bajo la dirección del empresario», a «cumplir las órdenes e instrucciones del empresario *en el ejercicio regular de sus facultades directivas*». Por otra parte, desaparece toda referencia a la «fidelidad» como un deber singular derivado de la relación laboral, empleándose siempre intencionadamente la expresión «buena fe», con la voluntad de indicar que tal obligación no va más allá de la que se derivaría del artículo 1.258 del Código Civil. Para finalizar con los ejemplos, no aparece en la normativa laboral referencia alguna a los antiguos Reglamentos de Régimen Interior, como conjunto de normas dictadas a iniciativa del empleador para regular el funcionamiento interno de la empresa o centro de trabajo con el objeto de asegurar los intereses comunes de ambas partes; en todo caso, dichos Reglamentos quedan excluidos de las fuentes de la relación laboral.

Tal como decíamos, también en el ámbito de las relaciones colectivas, el Estatuto de los Trabajadores acoge el principio de la contraposición de intereses entre las partes sociales. Así, se configuran unos órganos de representación unitaria de los trabajadores en la empresa de carácter reivindicativo, de control y vigilancia del cumplimiento por el empresario de la normativa laboral y de Seguridad Social, de presentación de quejas y reclamaciones ante la empresa, de expresión, en definitiva, de los intereses colectivos de los trabajadores frente a cualquier medida de reestructuración empresarial. Dicho en sentido negativo, los cometidos de los comités de empresa y delegados de personal de colaboración en la buena marcha de la empresa y en el incremento de la productividad sólo poseen un carácter marginal y en ningún caso expresan la razón de ser de estas instancias de representación. El cambio más significativo hacia el exterior a estos efectos se sitúa en la composición de los propios órganos, que, frente a los antiguos Jurados de Empresa de naturaleza mixta integrados al mismo tiempo por representantes de los trabajadores y de los empresarios, se estructuran en órganos puros en los que sólo están presentes sujetos elegidos directa y exclusivamente por los trabajadores de la empresa o centro de trabajo. Igualmente en la negociación colectiva, regulada en el Título III del Estatuto de los Trabajadores, se diseña un modelo presidido por el antagonismo de intereses, donde representantes de trabajadores y empresarios van a regular las relaciones de trabajo así como las relaciones entre ellos mismos como representantes a partir de la defensa de los objetivos propios de cada una de las partes.

El segundo de los principios inspiradores del Estatuto de los Trabajadores, la autonomía colectiva de las partes sociales, tiene una vertiente positiva y otra negativa. La segunda de ellas se manifiesta por medio de la imposición a los poderes públicos y, en particular, al ejecutivo de una actitud de abstención. Así, el Estatuto diseña un sistema de fuentes del Derecho del Trabajo en el que las Ordenanzas Laborales y Reglamentaciones de Trabajo en una primera fase quedan relegadas a un papel subsidiario en ausencia de regulación por parte de las fuentes que se consideran como principales, estableciéndose en una segunda fase la total derogación de estas disposiciones reglamentarias. Con el objetivo de permitir que la negociación colectiva cubra el espacio vital para ella imaginado por el constituyente, se restringen considerablemente las posibilidades de dictar una normativa estatal reguladora de las condiciones de trabajo por ramas de la actividad. Ello queda encomendado a las propias partes sociales para que, en el marco de su propia autonomía, puedan negociar el desarrollo concreto de las relaciones laborales. Esta actitud de abstención tiene otra manifestación, en esta ocasión más diluida a lo largo del texto estatutario, centrada en un menor protagonismo de la autoridad laboral, sea ésta como Administración del Estado o bien como Administración autonómica. En repetidos aspectos en los que, conforme a la legislación precedente, venía desempeñando un papel activo cuando no decisivo, ahora con el Estatuto deja de intervenir, se le sustraen dichas competencias en beneficio bien de la propia autonormación o autocomposición del conflicto por las partes sociales, bien atribuyéndoselas al Poder Judicial, en una recta comprensión del principio de división de poderes en el seno del Estado. Desde la vertiente positiva, el cometido de la legislación laboral ha sido el de facilitar los cauces adecuados para que cada una de las partes pueda designar a aquellas personas que desean que actúen como sus representantes, así como promover los procedimientos oportunos para que estos representantes puedan actuar libremente, negociar mutuamente, disfrutando sus acuerdos y convenios de la fuerza vinculante necesaria para que se cumplan efectivamente y, en fin, puedan emplear medidas de conflicto para defender sus intereses respectivos. El objetivo último no es otro que el de permitir y apoyar que sean las propias partes quienes se den a sí mismas las normas apropiadas que regulen el funcionamiento de las relaciones laborales. En pocas palabras se puede decir que éste es el objetivo que está tras los Títulos II y III del Estatuto de los Trabajadores.

Ahora bien, el reconocimiento a determinados poderes sociales privados de la facultad de dictarse sus propias normas jurídicas y, en concreto, de establecer los derechos y deberes de trabajador y empresario en el cumplimiento del contrato de trabajo, no implica ni mucho menos una renuncia del Estado a fijar las condiciones mínimas de trabajo. Por el contrario, con el tercero de los principios, el otorgamiento al Estado de la correspondiente potestad normativa en materias laborales, se reafirma el tradicional intervencionismo del Estado regulando los derechos básicos de los trabajadores derivados del contrato de trabajo, con una actitud de protección de la parte más débil de la relación laboral. La normativa estatal no delega en términos absolutos dicho cometido en la negociación colectiva, pues se considera imprescindible una regulación general emanada del propio poder público que, abarcando uniformemente a la totalidad de la población asalariada, disponga unos topes mínimos de derecho necesario que protejan al trabajador —tanto en el ámbito individual como en el colectivo— frente a posibles situaciones de indefensión. En ello se puede resumir el objetivo de todo el Título I del Estatuto de los Trabajadores. Este relativo intervencionismo, compartido con la generalidad del Derecho del Trabajo de la Europa continental y con antecedentes históricos normativos en nuestro país, no constituye una opción legislativa autónoma del propio Estatuto, sino que en gran medida viene condicionada por la misma Constitución Española. Cuando ésta dispone en general la necesidad de un Estatuto de los Trabajadores, reconoce en particular derechos tales como la promoción a través del trabajo, la percepción de una remuneración suficiente, la no discriminación, o bien finalmente establece un mandato directo a los poderes públicos para que realicen una política orientada al pleno empleo, que garantice la formación y readaptación profesionales, que vele por la seguridad e higiene en el trabajo, que garantice el descanso necesario mediante la limitación de la jornada y las vacaciones periódicas retribuidas, etc.; en todos estos casos implícitamente se está efectuando un llamamiento a los poderes normativos del Estado para que no hagan dejación de su misión de fijar las condiciones mínimas de cumplimiento y desarrollo de la relación laboral.

Por lo demás, el Estatuto de los Trabajadores desde su entrada en vigor no ha recibido el tratamiento de Ley inalterable, salvo en aquellos aspectos puntuales en los que se pudiera alcanzar un consenso parlamentario igualmente fuerte al alcanzado en 1980. Por el contrario, su carácter de Ley ordinaria, unido a la ausencia de una concepción de inmutabilidad de la presente norma, ha permitido que por iniciativa del Gobierno, o bien en algunas ocasiones a instancia de las propias partes sociales —asociaciones sindicales y organizaciones empresariales—, se haya llegado a introducir más de cuerenta reformas parciales a esta Ley: la primera por medio de la Ley 4/1983, de 29 de junio; la segunda por la Ley 32/1984, de 2 de agosto; la tercera por el Real Decreto-Ley 1/1986, de 14 de marzo; la cuarta por la Ley 8/1988, de 7 de abril; la quinta a través de la Ley 3/1989, de 3 de marzo; la sexta por la Ley 8/1992, de 30 de abril; la séptima por la Ley 36/1992, de 28 de diciembre; la octava por la Ley 10/1994, de 19 de mayo; la novena por la Ley 11/1994, de 19 de mayo; la décima por el Real Decreto Legislativo 1/1994, de 20 de junio; la undécima por la Ley 42/1994, de 30 de diciembre. A los efectos de integrar en un texto único todas las reformas precedentes, se aprobó un Texto Refundido del Estatuto de los Trabajadores por medio del Real Decreto Legislativo 1/1995, de 24 de marzo. Con posterioridad a la misma se han producido igualmente un elevado número de modificaciones, a través de la Ley 4/1995, de 23 de marzo; de la Ley 31/1995, de 8 de noviembre; de la Ley 13/1996, de 30 de diciembre; de la Ley 60/1997, de 19 de diciembre; de la Ley 63/1997, de 26 de diciembre; del Real Decreto-Ley 15/1998, de 27 de noviembre; de la Ley 50/1998, de 30 de diciembre; de la Ley 24/1999, de 6 de julio; de la Ley 39/1999, de 5 de noviembre; de la Ley 55/1999, de 29 de diciembre; del Real Decreto Legislativo 5/2000, de 4 de agosto; de la Ley 14/2000, de 29 de diciembre; de la Ley 12/2001, de 9 de julio; de la Ley 33/2002, de 5 de julio; de la Ley 35/2002, de 12 de julio; de la Ley 45/2002, de 12 de diciembre; de la Ley 22/2003, de 9 de julio; de la Ley 40/2003, de 18 de noviembre; de la Ley 51/2003, de 2 de diciembre; de la Ley 62/2003, de 30 de diciembre; de la Ley Orgánica 1/2004, de 28 de diciembre; de la Ley 14/2005, de 1 de julio; de la Ley 43/2006, de 29 de diciembre; de la Ley Orgánica 3/2007, de 22 de marzo; de la Ley 38/2007, de 16 de noviembre; de la Ley 40/2007, de 4 de diciembre; de la Ley 9/2009, de 6 de octubre; del Real Decreto-Ley 10/2010, de 16 de junio; de la Ley 35/2010, de 17 de septiembre; de la Ley 39/2010, de 22 de diciembre (*BOE* de 23 de diciembre), de Presupuestos Generales del Estado para el año 2011; Real Decreto-Ley 7/2011, de 10 de junio (*BOE* de 11 de junio); Ley 27/2011, de 1 de agosto (*BOE* de 2 de agosto); Real Decreto-Ley 10/2011, de 26 de agosto (*BOE* de 30 de agosto); Real Decreto-Ley 14/2011, de 16 de septiembre (*BOE* de 20 de septiembre); Ley 36/2011, de 10 de octubre (*BOE* de 11 de octubre); Ley 3/2012, de 6 de julio (*BOE* de 7 de julio); Real Decreto-Ley 20/2012, de 13 de julio (*BOE* de 14 de julio). Del contenido y sentido de estas modificaciones legales dan cumplida cuenta las exposiciones de motivos de las Leyes respectivas, que por su interés hemos estimado útil la incorporación a este texto de una selección de ellas, acompañando a la exposición de motivos de la primera versión del Estatuto.

En todo caso, simplificando los términos, cabe afirmar que el contenido de estas reformas no ha llegado a afectar a las premisas previamente formuladas sobre el valor general del Estatuto, si bien en el caso de las últimas reformas del año 1994 se incorporan cambios sustanciales de hondo calado que en modo alguno pueden ya considerarse meras modificaciones de adaptación, pues comportan innovaciones trascendentales que alteran cualitativamente la orientación global de la Ley. Reformas sucesivas en los años 1997, 2001, 2006, 2010, 2011 y 2012 consolidan esta línea de tendencia, aunque sea con retoques de tono menor. Varias son las direcciones de las reformas introducidas por estas Leyes posteriores. Unas, determinadas por la situación de incidencia de la tasa de desempleo en nuestro país desde hace ya bastantes años, la intensidad de la precariedad laboral derivada del uso desmesurado de la contratación temporal, así como por las amplias y profundas transformaciones que se han producido en nuestro sistema productivo. Así, a título ilustrativo, baste con citar el paso de unas economías cerradas, e incluso en algunos casos autárquicas, a otras abiertas y fuertemente competitivas; las significativas innovaciones tecnológicas que repercuten directamente en la producción de bienes y servicios y, a la postre, en el mercado de trabajo; los cambios estructurales empresariales cifrados sobre todo en el incremento del peso específico de la pequeña empresa, la extensión de los fenómenos de descentralización productiva, las dificultades de regularización de la economía sumergida; así como las variaciones en la estructura de la población asalariada, manifestada en el envejecimiento de la población española, la fuerte incorporación de la mujer a la actividad productiva, el incremento de los puestos especializados y variables, el afianzamiento de un altísimo porcentaje de desempleo estructural de larga duración y las tendencias a la dualización del mercado de trabajo, en lo que afecta a la estabilidad en el empleo, la duración de la jornada, la retribución, las condiciones de seguridad y salud en el trabajo, la protección social, lo que provoca la presencia de grupos sociales muy identificados con mayores dificultades de incorporación o permanencia en el mercado de trabajo: jóvenes, mayores de cuarenta y cinco años, mujeres con responsabilidades familiares y discapacitados.

Desde el punto de vista legislativo estas reformas del Estatuto de los Trabajadores repercuten en aspectos institucionales bien diferenciados y con cambios profundos en la orientación de la norma estatal. Resumidamente, las modificaciones más caracterizadas se concentran en los siguientes elementos: repliegue de la norma estatal, por medio de la reducción sustancial de los mínimos de derecho necesario o de la conversión de ciertas disposiciones estatales en supletorias en relación con el convenio colectivo; la reducción de los costes del factor trabajo, particularmente en la población de primera incorporación al trabajo asalariado, lo que se lleva a cabo tanto por medio de la disminución de la remuneración al trabajador como la rebaja en las cotizaciones sociales; el incremento de la flexibilidad en el uso de la mano de obra, vía la potenciación de las facultades organizativas unilaterales del empleador; el establecimiento de un régimen diferenciado en favor de la pequeña empresa y una propuesta de recuperación del principio de causalidad en la contratación temporal unida al fomento de la contratación por tiempo indefinido; las medidas dirigidas a superar las situaciones de segmentación del mercado de trabajo, tanto en la línea de acotar la contratación temporal injustificada como de reducir las diferencia de costes entre contratos por tiempo indefinido y temporales, incluido lo que refiere a los costes extintivos.

La segunda dirección se produce como consecuencia de la constatación práctica del papel cada vez más protagonista del sindicato y asociaciones empresariales, en particular de aquellos más representativos, dentro de los posibles sujetos colectivos. Desde este punto de vista, las reformas del Estatuto de los Trabajadores llevan a acentuar la centralidad de la negociación colectiva en el funcionamiento del sistema de relaciones laborales, por medio del ya citado repliegue de la legislación estatal, las constantes llamadas a la intervención de la negociación colectiva para completar o incluso sustituir a la regulación estatal, así como por las mayores facilidades en los requisitos formales de celebración del convenio colectivo. Al mismo tiempo se producen modificaciones dirigidas a consolidar la institución de los sindicatos más representativos y suficientemente representativos, normalizando el procedimiento de comprobación de la representatividad sindical, alejando a estos efectos el sistema electoral del precedente mimetismo respecto del sistema político. Respecto a las representaciones unitarias, en una primera fase se tiende a fomentar la «sindicalización» de los comités de empresa y delegados de personal, como una manifestación más de la tendencia citada de consolidación sindical, al tiempo que en una segunda fase se intenta revalorizar los canales de representación en la empresa separándola en cierta medida de la dinámica sindical general que se desarrolla en los niveles supraempresariales.

La tercera dirección es consecuencia de la incidencia de las garantías constitucionales en la imposición de sanciones administrativas, que en el ámbito laboral provocó la declaración por el Tribunal Supremo de la nulidad del Decreto que, desde 1985, regulaba las sanciones laborales. El respeto de los principios constitucionales de legalidad, tipicidad y *non bis in idem* forzó a la modificación del Estatuto y a la aprobación de una nueva Ley, momento que se aprovechó para unificar y actualizar la regulación de la materia sancionatoria, incluyendo la posibilidad de sancionar los incumplimientos de la parte normativa de los convenios colectivos. Ello dio lugar a la incorporación de un nuevo Título IV al Estatuto de los Trabajadores, relativo a las infracciones administrativas laborales, si bien a partir del año 2000 se suprimió dicho Título, pasando la potestad sancionadora de la Administración Laboral a regularse por medio del texto refundido de la Ley de Infracciones y Sanciones en el Orden Social, aprobado por medio del Real Decreto Legislativo 5/2000, de 4 de agosto.

Se presentan igualmente reformas dirigidas a adoptar medidas favorecedoras de la conciliación entre las responsabilidades familiares y profesionales, con particular atención a la igualdad material de la mujer en el mercado de trabajo; entre ellas cabe mencionas las Leyes 3/1989, 8/1992, 13/1996, 39/1999 y muy especialmente la Ley Orgánica 3/2007, para la igualdad efectiva de mujeres y hombres. Reformas que van dirigidas a adoptar una serie de medidas que hagan compatible el ejercicio de la maternidad y de la paternidad (incluida la adoptiva) con la realización del trabajo por cuenta ajena, en general concebidas con vistas a conciliar la vida profesional y familiar de los trabajadores, así como introducir la persecución del acoso sexual en el trabajo por parte de los compañeros o superiores.

En tiempos más recientes las reformas se han centrado en las preocupaciones por proporcionar a las empresas instrumentos de flexibilidad laboral, particularmente acentuando los elementos dirigidos a fomentar la flexibilidad interna de condiciones de trabajo, para primar como posible alternativa frente a la flexibilidad externa.

Por último, no han faltado reformas estructurales en el diseño del marco normativo de la negociación colectiva, en términos tales que, sin llegar a romper con el modelo asentado de negociación colectiva desde los inicios de los años ochenta, se favorezca la renovación de los convenios colectivos con vistas a propiciar la adaptación de sus contenidos a las situaciones cambiantes de las empresas, a otorgar preferencia aplicativa a los convenios de empresa frente a los sectoriales, a superar las situaciones de bloqueos negociales por medio del reforzamiento de los procedimientos de mediación y arbitraje, etc.

Para finalizar, deseamos realizar unas breves aclaraciones sobre la estructura y sistemática de la obra que se prologa. Ésta ha venido determinada por la propia finalidad perseguida. Hemos pretendido ofrecer un material legislativo que sirva de instrumento útil y práctico, tanto a los alumnos, estudiosos y profesionales del Derecho del Trabajo, como a los agentes sociales y, en general, a cualquier persona que desee acercarse al conocimiento de la normativa laboral básica vigente en nuestro país.

Por ello, la ordenación y sistemática del material recopilado responde a dos criterios básicos. De una parte, la presentación de un texto único del Estatuto de los Trabajadores, que abarque como a un todo unitario el texto originario y las sucesivas modificaciones que se han venido produciendo, evitando con ello las posibles confusiones derivadas de un posible texto asistemático. De otra parte, una remisión a través de las notas a pie de página del resto de la normativa laboral más importante que en aspectos concretos se encamina a desarrollar el articulado del Estatuto de los Trabajadores, así como las sentencias del Tribunal Constitucional que hemos estimado como más significativas para la comprensión de las distintas disposiciones de la propia Ley. Del mismo modo, la pertenencia de España a la Unión Europea ha aconsejado citar las disposiciones comunitarias más importantes en materia social. A estos efectos hemos optado por intentar una referencia exhaustiva de la práctica totalidad de las disposiciones que en algún punto desarrollan o tienen conexión con la Ley del Estatuto de los Trabajadores, con la referencia correspondiente del *BOE*, para que el lector pueda localizarla y consultarla en su caso. Sin embargo, hemos preferido recoger, en las notas, el contenido preciso de las normas de desarrollo solamente en aquellos casos en que su uso resulta más frecuente y necesario en la práctica diaria: libertad sindical, disposiciones sobre huelga, cierre patronal y procedimiento de conflictos colectivos, medidas de fomento de la ocupación, empresas de trabajo temporal, registro de convenios colectivos, determinadas relaciones laborales especiales.

En definitiva, confiamos en que, con esta estructura y la utilización de los correspondientes índices que se acompañan, esta obra pueda constituir un instrumento realmente útil para quien la maneje.

LOS AUTORES

NOTA: En esta vigésima séptima edición hemos incorporado las importantes innovaciones producidas en el período transcurrido desde la anterior, quedando cerrada en julio de 2012.

EXPOSICIÓN DE MOTIVOS DE LA LEY 8/1980, DE 10 DE MARZO, DEL ESTATUTO DE LOS TRABAJADORES

(*BOE* n.º 64, de 14 de marzo de 1980)

La promulgación de la Constitución, como norma jurídica primaria de nuestra sociedad, afecta de un modo claro y directo a las relaciones de trabajo, tanto a nivel individual como colectivo. El nuevo modelo político precisa, por pura coherencia, de un nuevo modelo laboral.

Dicho modelo laboral se expresa en la Constitución en tres pilares básicos: la contraposición de intereses en el mundo del trabajo, la autonomía colectiva de las partes sociales y el otorgamiento al Estado de la correspondiente potestad normativa en materias laborales.

Tal modelo ha de articularse mediante un marco legal que reconozca a los sindicatos y a las asociaciones empresariales el debido protagonismo a través, fundamentalmente, de la contratación colectiva, complementada con el derecho de huelga que los trabajadores tienen reconocido para la defensa de sus intereses. Dichos medios, con la necesaria integración que lleve a cabo la jurisprudencia, resultan claves en esta nueva etapa histórica, que difiere sensiblemente de la anterior, basada fundamentalmente en la asunción por el Estado de la defensa de los intereses de trabajadores y empresarios. Pero el uso adecuado de la potestad legislativa del Estado alejará, a su vez, el riesgo de un vacío normativo o de abstención legal, siempre peligroso en la dinámica de las relaciones laborales.

El artículo 35.2 de la Constitución dispone que se regulará por ley un Estatuto de los trabajadores. El término estatuto, de acuerdo con nuestra tradición histórica, supone, principalmente, la articulación de la situación jurídica de una pluralidad determinada de sujetos jurídicos y, por ende, de sus derechos y deberes. En tal sentido, se pronuncia la Constitución, pues de ella se desprende, sin duda alguna, que el Estatuto de los trabajadores es la norma estatal que establece y garantiza los derechos y deberes de los trabajadores por cuenta ajena.

La Constitución, en efecto, precisa con máxima claridad su rango normativo, ámbito personal y su contenido. Se trata de una ley ordinaria (arts. 35.2; 51.1 y 149.1.7.ª); su ámbito personal queda limitado, por exclusión, a los trabajadores por cuenta ajena, en empresas públicas y privadas, al establecerse la promulgación de unas leyes aprobatorias de los Estatutos de los Funcionarios Públicos (arts. 103.3 y 149.1.10.ª); de los Jueces y Magistrados de carrera, que formarán un Cuerpo único, y del personal al servicio de la Administración de Justicia (art. 122.1), así como de las Fuerzas y Cuerpos de Seguridad (art. 104.2). Finalmente, su contenido respeta el de las futuras leyes sobre la libertad sindical y de las asociaciones de empresarios y sindicatos de trabajadores (art. 28.1 y 7), así como sobre el derecho de huelga (art. 28.2), una y otra de naturaleza especial por su carácter orgánico.

Con este contenido, el Estatuto establece, en su Título I, la regulación del contrato de trabajo y en concreto lo referente a las fuentes, formalización, modificación y extinción del mismo, así como las normas sobre las materias conexas de colocación, jornadas, descansos, salario y promoción por el trabajo, aportando a la ordenación jurídica de tales materias el nuevo sentido de libertad y autonomía de las partes contratantes en las relaciones laborales dentro del marco del Derecho necesario u orden público laboral, como firmes garantías de la realización del trabajador en su dignidad de persona humana y en su condición de ciudadano de un Estado social y democrático de Derecho.

Conviene resaltar, asimismo, la apreciación que en el presente Estatuto se hace del cambio sustancial y positivo —en lo económico, en lo cultural y en lo social— que el trabajador ha tenido desde los albores de la Revolución Industrial, en que nace la legislación de trabajo, hasta nuestros días, sin desconocer la existencia en nuestra sociedad laboral de tensiones y desigualdades.

El derecho de sindicación, que a nivel teórico comprende no sólo el derecho de fundar sindicatos y afiliarse o no a ellos, es decir, la acción ejercida no por los trabajadores como tales, sino como afiliados a un determinado Sindicato, es un derecho que ha de regularse por Ley orgánica de acuerdo con el merecido rango que nuestra Constitución le ha dado. Sin embargo, la representación colectiva de los trabajadores en la empresa, así como su derecho de reunión, viene acogida en la presente Ley en su Título II, por tratarse de un derecho de los trabajadores, con independencia de su sindicación.

En dicho Título se regula detalladamente todo el procedimiento electoral por la importancia que tiene su regulación unitaria a efectos de la representación en todas las empresas. En cuanto a las funciones del Comité, son acordes con la realidad social de nuestro país y de las orientaciones del movimiento laboral europeo referido a la participación. Se otorgan unas facultades a los representantes legales de los trabajadores que pueden hacer posible la puesta en práctica de las facultades organizativas del empresario, propias de los países democráticos, con el contrapunto y contrapeso de los derechos del trabajador a no ser un mero sujeto contractual, sino participante activo en la gestión de la empresa, sin que ello implique necesariamente la integración en la misma. En otras palabras, el trabajador tiene derecho a informar, a ser informado, a conocer y tener voz en toda la marcha de la empresa, lo cual en un sistema laboral de libertad sindical tiene indudable trascendencia.

Por otra parte, el presente Estatuto es respetuoso con las actuales orientaciones del movimiento sindical europeo, que oscila entre la participación contractual o institucional. Por ello, se respeta la autonomía de las partes sociales.

Por último, el derecho de reunión regulado en este mismo Título supone un respaldo importante y una válvula de seguridad de la democracia industrial.

El Título III, «De la negociación y de los Convenios Colectivos de Trabajo», sustituye un régimen de intervencionismo y correlativo bloqueo en las relaciones laborales por un sistema de libertad y consiguiente responsabilidad de los interlocutores naturales de esas mismas relaciones, evitando los problemas derivados de la rigidez en las relaciones entre empresarios y trabajadores que la legislación anterior ha producido y que no sólo interfieren y dificultan el normal entendimiento entre aquéllos, sino que, además, extiende sus efectos desfavorables a otras áreas del mundo del trabajo, entre ellas la del empleo.

De acuerdo con este objetivo general se pretende que el protagonismo de la Administración Pública en esta materia, propio de una concepción política hoy superada, dé paso a la libre determinación por las partes de las condiciones de trabajo, de la productividad y de la paz laboral.

Por otra parte, la ratificación por España de los Convenios 87 y 98 de la OIT, ya incorporados a nuestro Derecho interno, aparte de los planteamientos generales derivados del nuevo modelo de las relaciones de trabajo, determinan y justifican la necesidad del cambio normativo indicado.

Se ha procurado tener en cuenta los datos básicos de la realidad social de modo que, aun teniendo en cuenta las experiencias de otros países, se huya de un mimetismo que podría distanciar la legislación de la realidad. En concreto, el grado de implantación y desarrollo de las organizaciones sindicales y empresariales, así como las aspiraciones que sobre la negociación colectiva tienen unas y otras; y, asimismo, la consideración de que la norma debe señalar un marco lo suficientemente amplio, sin merma de la seguridad jurídica, que haga posible que el libre juego de la negociación pueda ir encontrando las fórmulas de acuerdo colectivo que sean útiles a trabajadores, a empresarios y al conjunto de la sociedad. En definitiva, se trata de conseguir que las disposiciones de esta ley nazcan con la mayor vocación de permanencia posible y en

función de la dinámica empresarial y sindical.

Partiendo de estos datos básicos, el Título III responde a unos principios orientadores, que podrían resumirse en los siguientes:

— Reconocimiento de la autonomía colectiva de las partes sociales, en virtud de la cual trabajadores y empresarios puedan regular la composición de sus intereses dentro del marco que el ordenamiento jurídico señale y en función de los intereses generales de la sociedad.

Mediante la relación jurídica colectiva que explicita y se plasma en el convenio colectivo, se satisfacen intereses que, aun de carácter no público, son colectivos. De ahí su especialidad y originalidad, frente a otras fuentes de Derecho en las restantes ramas del ordenamiento jurídico.

— Limitación del intervencionismo del Estado, idea ésta que preside todo el texto legal, como consecuencia lógica del principio antes enunciado, y como garantía de la libertad de acción de las partes en todo el proceso negociador.

Como reflejo de la fuerza inspiradora de este principio baste citar la supresión del trámite de homologación, la desaparición de la posibilidad de suspensión de las negociaciones por la Autoridad Laboral y la decisión de sustituir las Reglamentaciones y Ordenanzas Laborales por una regulación convenida por las partes.

— Flexibilización de los presupuestos de legitimación inspirados en los principios de representatividad y de equidad. Al primero responde la exigencia de un 10 por 100 de miembros de comités de empresa o delegados de personal, a los sindicatos, y del mismo porcentaje de empresas a las organizaciones empresariales como legitimación para negociar; al principio de equidad atiende la admisión de coaliciones de sindicatos y de organizaciones empresariales.

En la actual situación laboral la eficacia *erga omnes* de los convenios puede ayudar a normalizar el proceso de negociación colectiva laboral.

La conciliación de los principios citados, aplicables en los convenios de ámbito superior a la empresa, junto con la posibilidad de realizar convenios a nivel de centro de trabajo y de empresa, le da a esta norma la mayor neutralidad posible en un aspecto de considerable dificultad como es la legislación para negociar.

Como novedad importante, la ley incorpora las instituciones de la mediación y el arbitraje, y mientras de una parte aparece la figura del mediador, de probada eficacia en la práctica, siempre que las partes acuerden su presencia en las negociaciones, de otra se faculta a la Administración Laboral para designar, con audiencia de las partes, uno o varios árbitros sólo en el caso en que las partes no se sometiesen voluntariamente a arbitraje y de que, además, las consecuencias de la falta de acuerdo hiciese aconsejable aquella designación.

En definitiva, lo que se pretende con esta ley es instaurar un cauce normativo que, reconociendo el libre desarrollo de las relaciones colectivas de trabajo, las incardine en el ordenamiento jurídico, como es propio de un Estado de Derecho.

Junto al tema de la negociación colectiva, y para completar el amplio espectro de cuestiones que configuran el Estatuto de los Trabajadores, finaliza el texto legal con un Título regulador de los conflictos colectivos y de sus formas de solución.

El texto constitucional, al que esta ley obedece en su desarrollo, ha elevado al rango de ley orgánica la regulación de la huelga, manifestación o expresión máxima de situaciones de conflicto colectivo, quedando el resto de cuestiones referentes a la relación laboral al nivel de ley ordinaria, lo que justifica el que aquella institución, la huelga, quede excluida de esta ley.

La conflictividad laboral individual, por su propia naturaleza, se remite en su regulación a la Ley de Procedimiento Laboral, sin otras excepciones que las que al hilo de la regulación sustantiva y material de las distintas instituciones de que trata esta ley se hacen de ella. De ahí la exigencia de que se elabore un nuevo texto de la Ley de Procedimiento Laboral.

Como novedad importante de esta ley, a destacar en el tema de solución de los conflictos colectivos de trabajo, además de la elevación a categoría legal del concepto y de la tipología conflictuales, elaborados por la doctrina y jurisprudencia, debe mencionarse la posibilidad de recurrir indistintamente a la huelga o a cualquiera de las medidas de solución del conflicto, mediación, conciliación o arbitraje, aun en el caso de que se hubiera iniciado alguno de estos procedimientos de exteriorización y de solución del conflicto, dado que no son excluyentes, ni el agotamiento de éstos se considera como requisito y condición previa para la declaración de aquélla como legal.

En cuanto a los modos y procedimientos de solución de los conflictos colectivos, se destaca de nuevo y se quiere llevar hasta sus últimas consecuencias el reconocimiento de la autonomía colectiva de las partes, procurando que sean éstas las que, bien a través de la negociación directa, o designando o solicitando, voluntariamente, un mediador, o acudiendo ante un órgano de conciliación, diriman sus diferencias, sin intervención de instancias obligatorias de concertación más que en última instancia, siempre que, en un plazo prudencial de tiempo, de los procedimientos antes expuestos no se derivaran resultados positivos, en cuyo caso se daría entrada, nuevamente a voluntad de las partes, a los Tribunales Arbitrales Laborales o a los órganos de la Jurisdicción Laboral.

Los conflictos colectivos planteados a instancia de los empresarios, presentan como novedad en cuanto a su manifestación la referencia y regulación del cierre empresarial como medida derivada de la huelga y con las precisas garantías para su regular ejercicio, incluyendo el control jurisdiccional.

El nuevo modelo laboral, de algún modo similar al implantado en la Europa occidental, ha tenido en consideración las experiencias legislativas de los países que la componen, en virtud de nuestra afinidad social, económica y cultural.

Con la presente ley quedan derogadas, expresamente, la Ley de Reglamentaciones de 1942, la Ley de Contrato de Trabajo de 1944, la Ley de Relaciones Laborales de 1976, la Ley de Convenios Colectivos de 1973 y todas las disposiciones sobre representación de los trabajos [*sic*] en la empresa, así como parcialmente el Real Decreto-ley de 4 de marzo de 1977, con lo que, además de las innovaciones sustantivas, acordes con la nueva realidad sociolaboral española, se logra una seguridad jurídica siempre necesaria.

Importa resaltar, por último, el mantenimiento transitorio de la regulación sectorial a través de las Ordenanzas Laborales, hasta que se sustituyan por convenios, con objeto de evitar un vacío normativo, perjudicial para las partes sociales.

EXPOSICIÓN DE MOTIVOS DE LA LEY 35/2010, DE 17 DE SEPTIEMBRE, DE MEDIDAS URGENTES PARA LA REFORMA DEL MERCADO DE TRABAJO

(*BOE* n.º 227, de 18 de septiembre de 2010)

I

La crisis financiera y económica de origen internacional que se ha desarrollado desde principios de 2008 ha quebrado la larga senda de crecimiento económico y del empleo que vivió la economía española desde mediados de los noventa y ha tenido como consecuencia más grave una intensa destrucción de empleo y el consecuente aumento del desempleo.

Las cifras a este respecto son esclarecedoras. En los últimos dos años se han perdido en nuestro país más de dos millones de puestos de trabajo y el desempleo ha crecido en casi dos millones y medio de personas, lo que ha duplicado la tasa de paro hasta acercarse al 20 por 100. Un desempleo de esa magnitud constituye el primer problema para los ciudadanos y sus familias y supone un lastre inasumible a medio plazo para el desarrollo económico y para la vertebración social de nuestro país.

Por ello, recuperar la senda de la creación de empleo y reducir el desempleo constituye en estos momentos una exigencia unánime del conjunto de la sociedad y, en consecuencia, debe constituir el objetivo último fundamental de todas las políticas públicas.

Es indudable que la principal y directa causa de la pérdida de empleo durante los últimos dos años ha sido la caída de la actividad productiva, derivada, en un primer momento, del colapso de los cauces habituales de crédito y endeudamiento que sustentaron de forma decisiva el consumo y la inversión en la pasada etapa expansiva. Un fenómeno común a los países de nuestro entorno socioeconómico, y en particular a los integrantes de la eurozona.

Pero es cierto que en España la incidencia de esta contracción productiva sobre el empleo ha sido superior a la sufrida en otros países. Y existe una amplia coincidencia en señalar como responsables de este negativo comportamiento tanto a las diferencias en la estructura productiva del crecimiento económico, como a algunas particularidades estructurales de nuestro mercado laboral, que las reformas abordadas en las últimas décadas no han logrado eliminar o reducir de forma sustancial.

Unas debilidades de nuestro modelo de relaciones laborales que, en último término, vienen a explicar la elevada sensibilidad del empleo al ciclo económico que se ha venido poniendo de manifiesto en nuestro país, lo que hace que crezca mucho en las fases expansivas pero que se destruya con igual o mayor intensidad en las etapas de crisis, y entre las que se encuentran las siguientes: un significativo peso de los trabajadores con contrato temporal (en torno a un tercio del total de asalariados por cuenta ajena), que constituye una anomalía en el contexto europeo, y que ha derivado en una fuerte segmentación entre trabajadores fijos y temporales; un escaso desarrollo de las posibilidades de flexibilidad interna en las empresas que ofrece la legislación actual; una insuficiente capacidad de colocación de los servicios públicos de empleo y la persistencia de elementos de discriminación en el mercado de trabajo en múltiples ámbitos, pero de forma muy señalada en el empleo de mujeres, personas con discapacidad y desempleados de más edad.

La crisis económica ha puesto en evidencia la insostenibilidad económica y social de este modelo, que ha generado la rápida destrucción de cientos de miles de puestos de trabajo. A su corrección se dirigen esencialmente las medidas contenidas en esta Ley, que suponen una continuación coherente de las actuaciones que el Gobierno ha puesto en práctica en materia laboral desde el inicio de la mencionada crisis financiera que precipitó la entrada en recesión de nuestra economía, junto a la mayoría de los países del área euro.

La velocidad a la que ésta ha evolucionado ha obligado a responder con idéntico ritmo para paliar o revertir sus efectos más dañinos, priorizando en cada momento la puesta en práctica de actuaciones laborales con el objetivo de reforzar la protección social, incentivar la contratación y mejorar la empleabilidad de los colectivos más perjudicados, o favorecer el mantenimiento del empleo en las empresas. Todo ello ha derivado en una larga lista de medidas que, aunque adoptadas en diferentes momentos temporales, han ido respondiendo a la misma lógica y de la que también participan las que ahora se aprueban.

Las modificaciones legales que aquí se abordan se inscriben en un marco de reformas más amplio impulsado por el Gobierno, integradas en la denominada Estrategia de Economía Sostenible, presentada el pasado 2 de diciembre por el Presidente del Gobierno en el Congreso de los Diputados para acelerar la renovación de nuestro modelo productivo. Un escenario de reformas estructurales de amplio espectro destinadas a hacer más resistente nuestra economía frente a las perturbaciones externas, a mejorar su competitividad a medio y largo plazo, a fortalecer los pilares de nuestro estado de bienestar y, en último término, a generar más empleo. La Estrategia de Economía Sostenible incluía el compromiso de realizar una reforma del mercado de trabajo, que se materializó a través del Real Decreto-Ley 10/2010, de 16 de junio, que ha sido sustituido por la presente Ley.

Por tanto, es desde una perspectiva integral, que contemple tanto la totalidad de las actuaciones adoptadas en los últimos dos años como las iniciativas de futuro en marcha, que las medidas incluidas en esta Ley adquieren su completa dimensión.

II

Esta reforma tiene como objetivo esencial contribuir a la reducción del desempleo e incrementar la productividad de la economía española. A estos efectos, se dirige a corregir la dualidad de nuestro mercado de trabajo promoviendo la estabilidad en el empleo y a incrementar la flexibilidad interna de las empresas, como aspectos más destacables.

De manera más concreta, las medidas incluidas en esta norma se dirigen a lograr tres objetivos fundamentales.

Primero, reducir la dualidad de nuestro mercado laboral, impulsando la creación de empleo estable y de calidad, en línea con los requerimientos de un crecimiento más equilibrado y sostenible.

Segundo, reforzar los instrumentos de flexibilidad interna en el desarrollo de las relaciones laborales y, en particular, las medidas de reducción temporal de jornada, como mecanismo que permita el mantenimiento del empleo durante las situaciones de crisis económica, reduciendo el recurso a las extinciones de contratos y ofreciendo mecanismos alternativos más sanos que la contratación temporal para favorecer la adaptabilidad de las empresas.

Tercero, elevar las oportunidades de las personas desempleadas, con particular atención a los jóvenes, reordenando para ello la política de bonificaciones a la contratación indefinida para hacerla más eficiente, haciendo más atractivos para empresas y trabajadores los contratos formativos y mejorando los mecanismos de intermediación laboral.

Las reformas legislativas dirigidas a reducir la dualidad de nuestro mercado laboral constituyen el primer objetivo de la Ley y son objeto de tratamiento en su Capítulo I. Se incorpora en este ámbito un conjunto coherente y equilibrado de medidas que persiguen, por un lado, restringir el uso injustificado de la contratación temporal y, por otro, favorecer una utilización más extensa de la contratación indefinida.

Entre las medidas dirigidas a restringir el uso injustificado de las modalidades temporales de contratación cabe destacar las dirigidas a establecer un límite temporal máximo en los contratos para obra o servicio determinado, límite a partir del cual ha de considerarse que las tareas contratadas tienen naturaleza permanente y han de ser objeto de una contratación indefinida; asimismo, se introducen algunos ajustes en la regla instaurada en 2006 para evitar el encadenamiento sucesivo de contratos temporales, a fin de hacerla más eficiente. Por último, se incrementa hasta doce días la indemnización por finalización de contratos temporales. No obstante, razones de prudencia aconsejan implantar este incremento de una manera gradual y progresiva por la incidencia que su aplicación inmediata pudiera suponer sobre la creación de empleo.

Entre las medidas que persiguen una utilización más extensa de la contratación indefinida debe destacarse, ante todo, que queda incólume la regulación sustantiva del contrato indefinido de carácter ordinario. Todas las reformas se centran en la regulación del contrato de fomento de la contratación indefinida que, como se recordaba en los documentos hechos públicos por el Gobierno en este proceso de diálogo social, no ha venido cumpliendo en los últimos años la finalidad que reza en su enunciado, a saber, promover el acceso a contratos de carácter indefinido de los colectivos que más dificultades encuentran en la actualidad para obtenerlos.

Con esta finalidad, se amplían, en primer lugar, los colectivos con los que se puede suscribir esta modalidad de contrato, reduciendo a un mes la exigencia del período de permanencia en el desempleo y posibilitando el acceso al mismo de los trabajadores «atrapados en la temporalidad», es decir, aquéllos que en los últimos años sólo hayan suscrito contratos de duración determinada o a quienes se les haya extinguido un contrato de carácter indefinido.

Por otra parte, respetando las cuantías establecidas para los diversos supuestos de extinción, se reducen las cantidades a abonar por las empresas en caso de extinción de los mismos mediante la asunción transitoria por el Fondo de Garantía Salarial de una parte de las indemnizaciones, medida que se aplicará exclusivamente a las extinciones por las causas previstas en los artículos 51 y 52 del Estatuto de los Trabajadores, sean individuales o colectivas, excluyendo a los despidos de carácter disciplinario. Se preserva, en consecuencia, el compromiso del Gobierno de mantener los derechos de los trabajadores y aliviar a las empresas de una parte de los costes extintivos. Esta medida no supone una asunción por el Estado de una parte de los mismos ya que se instrumenta a través de un organismo público que se nutre exclusivamente de cotizaciones empresariales.

La medida anterior quiere tener, no obstante, un carácter coyuntural y servir como transición hacia un modelo de capitalización individual mantenido a todo lo largo de la vida laboral, por un número de días por año a determinar, para cuya regulación el Gobierno aprobará un Proyecto de Ley. Este fondo individual de capitalización podrá hacerse efectivo por el trabajador para los casos de despido, así como para completar su formación, en supuestos de movilidad geográfica o, en último término, en el momento de su jubilación. Este modelo se dirigirá a dotar a nuestro mercado de trabajo de una mayor estabilidad en el empleo y una más sana movilidad laboral.

Por último, se da una nueva redacción a las causas del despido por razones económicas, técnicas, organizativas o de producción que establece el Estatuto de los Trabajadores. La experiencia obtenida en los últimos años ha puesto de manifiesto, particularmente en los dos últimos años, algunas deficiencias en el funcionamiento de las vías de extinción previstas en los artículos 51 y 52.*c*) del Texto Refundido de la Ley del Estatuto de los Trabajadores, aprobado por el Real Decreto Legislativo 1/1995, de 24 de marzo, al desplazar muchas extinciones de contratos indefinidos realmente basadas en motivaciones económicas o productivas hacia la vía del despido disciplinario improcedente.

Se ha estimado necesaria, en consecuencia, una nueva redacción de estas causas de extinción que proporcione una mayor certeza tanto a trabajadores y a empresarios como a los órganos jurisdiccionales en su tarea de control judicial. En este sentido, no sólo se mantiene intacto el derecho de los trabajadores a la tutela judicial efectiva en esta materia, sino que la modificación integra en la Ley la interpretación que los órganos jurisdiccionales han hecho de las causas del despido objetivo en el desarrollo de su tarea de revisión jurisdiccional de las decisiones empresariales sobre esta materia. En definitiva, se persigue con ello reforzar la causalidad de la extinción de los contratos de trabajo, canalizando su finalización hacia la vía que proceda en función de la causa real que motiva su terminación. Se incluyen también determinadas disposiciones en relación con el preaviso y el incumplimiento de los requisitos formales en la extinción del contrato por causas objetivas.

El Capítulo II agrupa diversas medidas que pretenden potenciar los instrumentos de flexibilidad interna en el transcurso de las relaciones laborales, favoreciendo la adaptabilidad de las condiciones de trabajo a las circunstancias de la producción, bajo la consideración general de que dichos instrumentos constituyen una alternativa positiva frente a medidas de flexibilidad externa que implican un ajuste en el volumen de empleo.

Por tanto, configurar instrumentos que permitan a las empresas mejorar su competitividad, salvaguardando los derechos de los trabajadores y facilitando de modo especial el mantenimiento de sus puestos de trabajo, constituye el objetivo general de este Capítulo. Entre esas medidas de flexibilidad interna se modifican las relativas a los traslados colectivos, las modificaciones sustanciales de las condiciones de trabajo, las cláusulas de inaplicación salarial y, muy señaladamente, la suspensión de contratos y reducción de jornada por causas económicas, técnicas, organizativas y de producción.

Respecto de las modificaciones introducidas en los artículos 40 y 41 del Estatuto de los Trabajadores, se persigue dotar al procedimiento de mayor agilidad y eficacia. Para ello se establece el carácter improrrogable del plazo previsto para los períodos de consultas, se prevé una solución legal para los supuestos en que no existan representantes de los trabajadores en la empresa con quienes negociar y se potencia la utilización de medios extrajudiciales de solución de discrepancias establecidos a través de la negociación colectiva. Tales medios han demostrado su valor y eficacia como sistemas que evitan la judicialización de los conflictos laborales, permitiendo que los procesos de adaptación de las condiciones de trabajo se lleven a cabo con agilidad para el empresario y con garantías para los trabajadores, disminuyendo la conflictividad laboral, en especial en aquellos casos en que estos mecanismos se incardinan en instituciones creadas mediante acuerdo de las organizaciones empresariales y sindicales en el ámbito correspondiente.

Por otra parte, las reformas introducidas en el artículo 82 del Estatuto de los Trabajadores, se dirigen a favorecer la efectividad de los procedimientos de inaplicación salarial cuando la situación y perspectivas de la empresa pudieran verse dañadas como consecuencia de régimen salarial establecido afectando a las posibilidades de mantenimiento del empleo. Para ello, se regula de manera más completa este procedimiento y se apela también aquí a la utilización de medios extrajudiciales de solución de discrepancias.

Se considera que no es posible mantener una regulación legal que conduce a situaciones de bloqueo no deseadas por el ordenamiento jurídico para estos casos de desacuerdo y que es esencial, por tanto, habilitar un procedimiento para resolver estas discrepancias, teniendo en cuenta el interés general evidente que conlleva propiciar la aplicación de medidas de flexibilidad interna de carácter no traumático como mecanismo de utilización preferente frente al recurso a la destrucción de puestos de trabajo.

Este conjunto de medidas no contradicen la voluntad manifestada por el Gobierno a lo largo de todo este proceso de diálogo social de respetar el período que se han dado los interlocutores sociales en el Acuerdo para el Empleo y la Negociación Colectiva suscrito el pasado mes de febrero para acordar las modificaciones que crean convenientes en la negociación colectiva. Pretenden tan sólo, respetando la articulación legal de los convenios colectivos y manteniendo la eficacia normativa de los mismos, establecer los supuestos y condiciones en los que pueda ser necesaria una inaplicación excepcional de lo establecido en un convenio colectivo como medio para evitar la destrucción de puestos de trabajo. Todo ello teniendo bien presente que la negociación colectiva constituye el mejor instrumento para favorecer la adaptabilidad de las empresas a las necesidades cambiantes de la situación económica y para encontrar puntos de equilibrio entre la flexibilidad requerida por las empresas y la seguridad demandada por los trabajadores.

Junto a lo anterior, este Capítulo incluye modificaciones en el ámbito laboral y de protección social que persiguen fomentar la adopción por el empresario de medidas de reducción del tiempo de trabajo (sea a través de la suspensión del contrato de trabajo, sea mediante la reducción de la jornada en sentido estricto). Se trata de un instrumento que favorece la flexibilidad interna de la relación laboral y que permite alcanzar un equilibrio beneficioso para empresarios y trabajadores, pues facilita el ajuste de la empresa a las necesidades cambiantes del mercado y, al mismo tiempo, proporciona al trabajador un alto grado de seguridad, tanto en la conservación de su puesto de trabajo, como en el mantenimiento de su nivel de ingresos económicos por la protección dispensada por el sistema de protección por desempleo. En este sentido, se introduce la medida de reducción temporal de jornada dentro del artículo 47 del Estatuto de los Trabajadores, se flexibiliza el tratamiento de esta figura tanto en el ámbito laboral como en el de la protección social y se amplían los incentivos para trabajadores y empresarios vinculados a la utilización de esta medida y consistentes, respectivamente, en la reposición de las prestaciones de desempleo y en las bonificaciones de las cotizaciones empresariales.

El Capítulo III agrupa distintas medidas que se dirigen a favorecer el empleo de los jóvenes y de las personas desempleadas. Para ello, en primer lugar, se mejora la política de bonificaciones a la contratación indefinida, partiendo del consenso general (que ha tenido reflejo en las recientes conclusiones de la Comisión de Trabajo e Inmigración del Congreso de los Diputados sobre esta materia) de que su práctica generalización ha limitado gravemente su eficiencia. Sobre la base de este diagnóstico, se realiza una regulación más rigurosa y se definen de manera más selectiva los colectivos de trabajadores para cuya contratación indefinida se establecen bonificaciones: jóvenes hasta treinta años con especiales problemas de empleabilidad y mayores de cuarenta y cinco años con una permanencia prolongada en el desempleo; junto a ello, se mantienen determinadas bonificaciones para la conversión de contratos formativos y de relevo en contratos indefinidos. Se mejoran, por otra parte, las cuantías de estas nuevas bonificaciones cuando la contratación se haga para mujeres. Se establece, por último, un horizonte temporal para su aplicación, a cuyo término se realizará una rigurosa evaluación de sus resultados, lo que permitirá su modificación si fuera necesario.

Por lo demás, se mantienen en su regulación actual las bonificaciones dirigidas a personas con discapacidad, constitución inicial de trabajadores autónomos, empresas de inserción, víctimas de violencia de género y, en particular, las que tienen como finalidad mantener la situación de actividad de los trabajadores mayores de cincuenta y nueve años. Respecto de estas últimas, deberá reflexionarse si estas bonificaciones deben seguir incardinadas en las políticas de empleo, como ocurre en la actualidad, o deben formar parte de las políticas de Seguridad Social.

En segundo lugar, respecto del objetivo específico de elevar las oportunidades de empleo de los jóvenes, se introducen mejoras sustanciales en la regulación de los contratos para la formación que, al mismo tiempo, incentivan su utilización por los empresarios a través de una bonificación total de las cotizaciones sociales y los hacen más atractivos para los jóvenes, a través de la mejora del salario y del reconocimiento de la prestación de desempleo al término de los mismos. Se introducen también determinadas modificaciones respecto del contrato en prácticas, referidas a los Títulos que habilitan para realizar estos contratos y al plazo dentro del cual es posible realizarlos.

El Capítulo IV, finalmente, incluye medidas dirigidas a la mejora de los mecanismos de intermediación laboral para fomentar las oportunidades de acceder a un empleo por parte de las personas desempleadas. Se estima necesario iniciar una apertura a la colaboración público-privada en esta materia, preservando, en cualquier caso, la centralidad y el fortalecimiento de los servicios públicos de empleo de carácter estatal y autonómico, para que no se produzca la sustitución de la iniciativa pública por la iniciativa privada en el ámbito de la intermediación y la colocación. Los servicios públicos de empleo son siempre necesarios para acompañar y promover los cambios en el acceso y la mejora del empleo y para gestionar las prestaciones por desempleo. Se mantiene la voluntad de seguir mejorando y potenciando los servicios públicos de empleo. En este contexto, la regulación de las agencias privadas de colocación con ánimo de lucro permitirá complementar la actividad de los servicios públicos de empleo.

En este sentido, se regula legalmente la actividad de las agencias de colocación con ánimo de lucro en la línea de las más recientes normas y criterios de la Organización Internacional del Trabajo en esta materia. La centralidad de los servicios públicos de empleo respecto de estas agencias queda asegurada por la exigencia de una autorización administrativa para el desarrollo de su actividad, por la configuración de las mismas como entidades colaboradoras de dichos servicios públicos cuando suscriban convenios de colaboración con los mismos y, en todo caso, por su sometimiento al control e inspección por parte de éstos.

Por otro lado, la Ley introduce varias modificaciones en la legislación relativa a las empresas de trabajo temporal que se dirigen a la incorporación a nuestro Derecho de la Directiva 2008/104/CE del Parlamento Europeo y del Consejo, de 19 de noviembre de 2008, relativa al trabajo a través de empresas de trabajo temporal. Además de determinadas modificaciones referidas al principio de igualdad de trato entre los trabajadores cedidos por las empresas de trabajo temporal y los trabajadores de las empresas usuarias, la adaptación a la legislación comunitaria obliga a revisar las restricciones que se aplican a las empresas de trabajo temporal. Para aplicar esta medida, se reserva un período para que la negociación colectiva, dentro de los sectores hoy excluidos de la actividad de las empresas de trabajo temporal por razones de seguridad y salud en el trabajo, pueda, de manera razonada y justificada, definir los empleos u ocupaciones de especial riesgo que no puedan ser objeto de contratos de puesta a disposición.

Una vez concluido este período y respetando las excepciones para empleos u ocupaciones determinadas que hayan podido acordarse, se derogan —con algunas excepciones— las restricciones actualmente vigentes y se establecen requisitos complementarios para que las empresas de trabajo temporal puedan realizar contratos de puesta a disposición de trabajadores en estos sectores mediante el refuerzo de las exigencias en materia de prevención de riesgos laborales y de formación preventiva de los trabajadores.

EXPOSICIÓN DE MOTIVOS DEL REAL DECRETO-LEY 7/2011, DE 10 DE JUNIO, DE MEDIDAS URGENTES PARA LA REFORMA DE LA NEGOCIACIÓN COLECTIVA

(*BOE* n.º 139, de 11 de junio de 2011)

I

El sistema de negociación colectiva que existe en España procede fundamentalmente de la regulación contenida en el texto inicial del Estatuto de los Trabajadores aprobado en 1980, en cumplimiento del artículo 35.2 de la Constitución, y de las prácticas de negociación desarrolladas en los últimos treinta años por los empresarios, por los trabajadores y, particularmente, por las organizaciones representativas de sus intereses, organizaciones empresariales y sindicatos.

El título III del Estatuto de los Trabajadores, referido a la negociación colectiva y a los convenios colectivos, fue redactado teniendo bien presentes preceptos de la Constitución como el artículo 7, donde se reconoce a los sindicatos de trabajadores y a las asociaciones empresariales como una de las bases de nuestro sistema político, económico y social; el artículo 28, en el que se reconocen la libertad sindical y el derecho de huelga; y el artículo 37.2, donde se afirma que la ley garantizará el derecho a la negociación colectiva laboral entre los representantes de los trabajadores y empresarios, así como la fuerza vinculante de los convenios colectivos. Debe recordarse, también, que el título III del Estatuto de los Trabajadores tuvo su origen en el primer acuerdo interprofesional del período constitucional, el Acuerdo Básico Interconfederal firmado el 10 de julio de 1979.

El título III del Estatuto de los Trabajadores de 1980 ha sido objeto de reformas desde entonces, si bien éstas no han sido ni tan numerosas ni tan intensas como las realizadas en el resto del articulado de la norma estatutaria, en ocasiones con consenso social, en ocasiones sin él. Sin duda, la más importante de las reformas realizadas en el indicado título III fue la llevada a cabo por la Ley 11/1994 que, con el objetivo declarado de potenciar el desarrollo de la negociación colectiva como elemento regulador de las relaciones laborales y las condiciones de trabajo, supuso que espacios hasta entonces reservados a la regulación legal pasaran a la regulación colectiva.

Debe reconocerse que, desde la aprobación de la Constitución y del Estatuto de los Trabajadores, nuestros interlocutores sociales, las organizaciones empresariales y los sindicatos, han contribuido decisivamente a la consolidación y desarrollo del Estado social y democrático de Derecho en nuestro país. Y que, junto a las empresas y los representantes de los trabajadores, han ejercido su autonomía colectiva con una responsabilidad encomiable, han hecho un uso eficaz de las facultades que les ha reconocido la ley y han acercado la generalidad de ésta a la realidad de los sectores y de los territorios y al día a día de las empresas y los centros de trabajo. Y lo han hecho siempre, en todo tipo de situaciones, en situaciones muy difíciles de crisis económica como las que se vivieron en el pasado o en la actualidad, y también en épocas de expansión económica y crecimiento.

Es de justicia, por tanto, afirmar que se han producido avances y mejoras notables en nuestro mercado de trabajo y en nuestro sistema de relaciones laborales en todos estos años y que buena parte de la responsabilidad le corresponde al ejercicio de la autonomía colectiva por parte de los interlocutores sociales y a la propia negociación colectiva.

II

El sistema de negociación colectiva en nuestro país se ha caracterizado, pues, por cierta estabilidad y continuidad en el tiempo. Ello ha producido efectos muy positivos, como el asentamiento de un modelo de relaciones laborales y de negociación colectiva que, pese a diseñarse para una realidad económica y sociolaboral radicalmente diferente de la existente en el momento de su aprobación, ha ido adaptándose a unas circunstancias económicas, sociales y del empleo en constante proceso de cambio.

Junto a virtudes evidentes, el sistema de negociación colectiva ha ido acumulando en este tiempo algunas disfunciones que le restan eficiencia y, particularmente, capacidad de adaptación a las condiciones cambiantes de la economía y del empleo y del propio modelo de relaciones laborales. Disfunciones que, con mayor o menor grado de acuerdo, han sido diagnosticadas hace tiempo por todos aquellos sujetos que de una u otra manera actúan en la negociación colectiva: los propios interlocutores sociales, los académicos y los expertos y los poderes públicos.

Una parte de esos problemas tienen que ver con la estructura de la negociación colectiva, entendida como la ordenación de las relaciones entre la pluralidad de unidades de negociación existentes. Por un lado, la «atomización» de nuestra negociación colectiva, que supone que existen un muy elevado número de convenios colectivos, con ámbitos de aplicación reducidos y fragmentados, sin apenas relación entre ellos, que en ocasiones se superponen entre sí y en otros casos producen la paradoja de que el grado de cobertura de la negociación colectiva no alcanza a la totalidad de los trabajadores. Junto a ello, la desvertebración de la negociación colectiva, su falta de orden, la ausencia de reglas claras sobre la concurrencia entre los convenios colectivos de distinto ámbito y las materias en ellos reguladas.

Un segundo grupo de problemas de nuestra negociación colectiva tiene que ver con sus contenidos y su agilidad y dinamismo. Nuestro modelo de convenios colectivos tiene dificultades para ajustar con prontitud las condiciones de trabajo presentes en la empresa a las circunstancias económicas y productivas por las que atraviesa aquélla en los diferentes momentos del ciclo o de la coyuntura económica. En no pocas ocasiones ello dificulta la adopción de medidas de flexibilidad interna en la empresa, esto es, la modificación de aquellas condiciones de trabajo aplicables a las relaciones laborales. Esto conduce a que, a diferencia de lo que sucede habitualmente en otros países, los ajustes no se produzcan incidiendo sobre los salarios o sobre la jornada de trabajo, sino a través de la adopción de medidas de flexibilidad externa, más traumáticas, como los despidos, produciendo un fuerte impacto en nuestro volumen de empleo y en un mercado de trabajo como el español tan sensible al ciclo económico. Además, nuestro sistema adolece de falta de agilidad y dinamismo, en particular cuando finaliza la vigencia pactada de los convenios colectivos. Una vez denunciados, los convenios tardan en empezarse a negociar, las negociaciones se dilatan en el tiempo y se producen situaciones de paralización y bloqueo. Ello supone que las condiciones de trabajo pactadas en el convenio anterior se prolongan en el tiempo sin ser renovadas, sin ajustarse a las nuevas condiciones económicas y productivas, lo que termina por producir perjuicios tanto a las empresas como a los trabajadores.

Por último, el sistema de negociación colectiva presenta otros problemas relacionados con quienes negocian los convenios colectivos, con las reglas de legitimación. Así, esas reglas se han mantenido sin modificaciones en el tiempo, de manera que tendencias presentes en nuestro mercado de trabajo como la aparición de nuevas realidades empresariales, las diferentes formas de organización y reestructuración de las empresas o la descentralización productiva no se han visto acompañadas de reformas que propiciaran el desarrollo de la negociación colectiva en todos esos ámbitos.

III

Sin duda, son las consideraciones anteriormente expuestas las que llevaron al legislador a incluir en la Ley 35/2010, de 17 de septiembre, de medidas urgentes para la reforma del mercado de trabajo, una disposición en la que se emplazaba al Gobierno a promover las iniciativas legislativas que correspondieran para la reforma de la negociación colectiva en los términos que, en ejercicio de la autonomía colectiva, fueran acordados por los interlocutores sociales. En defecto de acuerdo en el proceso de negociación bipartita, señala esa disposición, en un plazo de seis meses que venció el pasado 18 de marzo, el Gobierno, previa consulta con las organizaciones empresariales y sindicales, debía adoptar las iniciativas que correspondieran para abordar diversos aspectos que configuran el actual sistema de negociación colectiva.

Los poderes públicos y los interlocutores sociales son, como se decía antes, conscientes de las disfunciones que presenta la negociación colectiva. Ya desde 1997, sucesivos acuerdos obligacionales firmados por la Confederación Española de Organizaciones Empresariales, la Confederación Española de la Pequeña y Mediana Empresa, Comisiones Obreras y la Unión General de Trabajadores, como el Acuerdo Interconfederal de Negociación Colectiva, los Acuerdos anuales de Negociación Colectiva firmados desde 2002 hasta 2008 y el Acuerdo para el Empleo y la Negociación Colectiva 2010, 2011 y 2012 han incluido criterios y orientaciones para afrontarlos y tratar de resolverlos.

Por otra parte, en 2004 y en 2008, en las Declaraciones para el Diálogo Social con las que se iniciaron las dos últimas legislaturas, el Gobierno y los interlocutores sociales afirmaron que las cuestiones referidas a la negociación colectiva constituían un ámbito propio de la negociación bilateral entre las organizaciones empresariales y los sindicatos, quienes adquirieron el compromiso de analizar de manera bipartita las fórmulas más adecuadas para el desarrollo de la estructura de la negociación colectiva.

Iniciado ese proceso de diálogo social bipartito al empezar 2011, las citadas organizaciones suscribieron el «Acuerdo de criterios básicos para la reforma de la negociación colectiva», que fue incorporado al Acuerdo Social y Económico para el crecimiento, el empleo y la garantía de las pensiones, que suscribieron en la misma fecha junto con el Gobierno. En el citado Acuerdo de criterios básicos, las organizaciones firmantes se comprometieron al desarrollo de un proceso de negociación y a suscribir un acuerdo interconfederal en el que se incorporaran los acuerdos de reforma de la negociación colectiva.

Desde el pasado mes de febrero hasta mayo, CEOE, CEPYME, CCOO y UGT han desarrollado un intenso proceso de negociación bipartita para la reforma de la negociación colectiva. El Gobierno ha respetado el espacio de negociación que se habían reservado las partes e, incluso, ha atendido las peticiones de un plazo más amplio del previsto por la reforma laboral ante la expectativa de que las negociaciones terminaran en un acuerdo bipartito, algo que finalmente no se ha producido.

Ante esta situación, el Gobierno ha considerado que, a la vista de la falta de acuerdo entre los interlocutores sociales, la reforma de la negociación colectiva no puede esperar más tiempo. Una normativa que presenta disfunciones y que desde hace años no ha sido objeto de modificación, la falta de entendimiento entre los interlocutores sociales y la situación actual de la economía, del empleo y del desempleo son las razones que explican esta decisión. Por ello, en ejercicio de las responsabilidades que le corresponden y de su iniciativa legislativa constitucionalmente reconocida, el Gobierno ha procedido a la aprobación de este real decreto-ley de medidas urgentes para la reforma de la negociación colectiva.

IV

Esta reforma de la negociación colectiva pretende abordar las disfunciones antes apuntadas. Pero quiere hacerlo respetando plenamente los elementos esenciales de nuestro sistema de negociación colectiva y, singularmente, respetando la autonomía colectiva. Con esta premisa básica, los objetivos principales de esta reforma de la negociación colectiva son los siguientes:

Primero, favorecer una mejor ordenación de nuestra negociación colectiva, propiciando a la vez una negociación colectiva más cercana a la empresa y una negociación colectiva sectorial más adaptada a la situación de cada concreto sector de actividad económica.

Segundo, introducir mayores niveles de dinamismo y agilidad en la negociación colectiva, tanto en los procesos de negociación de los convenios colectivos como en sus contenidos, de manera que se aumente su capacidad de adaptabilidad a los cambios en la situación económica y sociolaboral en unos términos que equilibren flexibilidad para las empresas y seguridad para los trabajadores.

Tercero, adaptar el sistema de negociación colectiva a las nuevas o renovadas realidades empresariales que actúan en nuestro mercado de trabajo, incluyendo nuevas reglas de legitimación para la negociación de los convenios colectivos y para favorecer la flexibilidad interna negociada con los representantes de los trabajadores.

Se trata, en resumen, de una reforma de la negociación colectiva para que haya más y mejor negociación colectiva, más ordenados y mejores convenios colectivos, de forma tal que puedan cumplir de forma más útil y eficaz su función de regulación de las relaciones laborales y de las condiciones de trabajo y contribuir, a corto, medio y largo plazo, al crecimiento de la economía española, a la mejora de la competitividad y de la productividad en las empresas españolas y, por ello, al crecimiento del empleo y la reducción del desempleo.

A la vista de los indicados objetivos, la arquitectura de la reforma del sistema de negociación colectiva se asienta sobre tres ejes básicos: la estructura de la negociación colectiva y la concurrencia de convenios colectivos; las nuevas reglas sobre el contenido y vigencia de los convenios colectivos y, en tercer lugar, una mejor y más completa definición de los sujetos que han de negociar los convenios y de las reglas de legitimación en cada caso, según el ámbito de que se trate.

V

La norma contiene siete artículos que modifican, principalmente, diversos preceptos del título III del Estatuto de los Trabajadores referido a la negociación colectiva y los convenios colectivos.

Con el objetivo señalado en primer lugar de favorecer una mejor ordenación de la negociación colectiva, se modifican, en primer lugar, los artículos 83 y 84 del Estatuto de los Trabajadores para definir más claramente la estructura de la negociación colectiva.

Así, se mantiene la atribución de la determinación de la estructura de la negociación colectiva a las organizaciones empresariales y sindicales más representativas de carácter estatal o de Comunidad Autónoma, mediante acuerdos interprofesionales. Además, se reconoce ese mismo papel a los convenios o acuerdos colectivos sectoriales, de ámbito estatal o autonómico, acomodando el artículo 83.2 del Estatuto de los Trabajadores a nuestra realidad convencional. Ello permitirá seguir vertebrando y ordenando los distintos niveles de negociación desde el nivel que se considera más apropiado para ello, en el que pueden identificarse mejor las peculiaridades de cada sector, así como la necesidad o conveniencia, en su caso, de abrir la negociación colectiva a ámbitos inferiores.

En cuanto a los conflictos de concurrencia entre convenios, por un lado se mantiene la tradicional regla general sobre prohibición de afectación del convenio durante su vigencia por lo dispuesto en convenios de ámbito distinto. A la vez, la nueva redacción del artículo 84.2 del Estatuto de los Trabajadores fija una prioridad aplicativa del convenio de empresa sobre un convenio de ámbito sectorial en relación con determinadas materias. Son éstas las que se identifican como más cercanas a la realidad de las empresas, y en las que, en mayor medida, encuentra justificación una regulación particularizada, en aras de conseguir una mejor acomodación de las relaciones laborales al entorno económico y productivo en que se desenvuelven. Con todo, este conjunto de materias no tiene carácter exhaustivo, sino que serán los acuerdos y convenios que fijen la estructura de la negociación colectiva los que puedan identificar otras materias, distintas de las expresadas, susceptibles de ser incluidas en los convenios de empresa.

Los apartados 3 y 4 del renovado artículo 84 del Estatuto de los Trabajadores propician también la simplificación de las unidades de negociación al favorecer una negociación más articulada, situada en los ámbitos territoriales superiores, aunque estableciendo la posibilidad de afectación del convenio estatal solo por los convenios de Comunidad Autónoma, afectación que no será posible en determinadas materias.

Con el objetivo apuntado en segundo lugar de introducir mayor dinamismo y agilidad en la negociación colectiva, se modifican los artículos 85, 86 y 89 del Estatuto de los Trabajadores para establecer una serie de normas que garantizan el equilibrio entre la necesidad de favorecer una rápida y ágil transición temporal de los convenios y, contribuir, a la vez, a que no se produzcan situaciones no deseadas de prolongación en el tiempo de los convenios más allá de la vigencia inicialmente pactada.

El dinamismo en la negociación de convenios se logra mediante la fijación, como contenido mínimo de los convenios en el artículo 85 del Estatuto de los Trabajadores, de medidas consistentes en el establecimiento de un plazo de preaviso para la denuncia del convenio antes de la fecha de expiración del mismo; el establecimiento de un plazo para el inicio de las negociaciones del nuevo convenio; la fijación de un plazo máximo de negociación de éste y finalmente, el compromiso de las partes de someterse a procedimientos de solución efectiva de discrepancias cuando se agote el plazo máximo de negociación sin alcanzarse acuerdo. Se apunta también como contenido necesario de los convenios el establecimiento de medidas para contribuir a la flexibilidad interna en la empresa, lo que favorecerá su adaptabilidad a los cambios que se produzcan en las condiciones del entorno económico y social, flexibilidad que, para garantizar su equilibrio, deberá ser negociada con los representantes de los trabajadores.

Junto a lo anterior, el texto incorpora otras medidas, que encuentran reflejo en el artículo 86.3 y en el 89, apartados 1 y 2, del texto estatutario, dirigidas a superar determinadas situaciones de paralización de las negociaciones de los nuevos convenios y evitar la prórroga de su vigencia por tiempo superior al pactado. En definitiva, se instauran potentes mecanismos para dinamizar la negociación y, en último extremo, se propicia el recurso voluntario a los sistemas de solución no judicial de discrepancias como la mediación o el arbitraje, dirigidos a evitar que las negociaciones finalicen sin acuerdo. A tal efecto, se pretende fomentar intensamente el arbitraje, favoreciendo la opción por su carácter obligatorio previamente comprometido entre las partes, sin perjuicio de que prime en todo caso la voluntad de los firmantes de los acuerdos interprofesionales sobre la materia y, así, se respeten los imperativos constitucionales al respecto. Con todo, el artículo 86.3 prevé que, de frustrarse la negociación, cuando las partes no hayan decidido someterse a mecanismos de solución de discrepancias o bien cuando estos mecanismos no logren resolver tales discrepancias y, en defecto de pacto en contrario, el convenio debe mantener su vigencia. Ello debe interpretarse como una medida tendente a servir de aliciente adicional para evitar la ausencia de acuerdo en la renegociación del convenio y para impulsar, si cabe, la adhesión a los indicados sistemas no judiciales.

También pensando en el dinamismo de la negociación colectiva, el nuevo texto pretende que se utilice la comisión paritaria del convenio para una más adecuada y completa gestión del mismo, en consonancia con los objetivos generales de la reforma. La designación de la comisión paritaria se complementa en el nuevo artículo 85 del Estatuto de los Trabajadores con la determinación de importantes funciones atribuibles a la misma, como son las de solución de discrepancias en los supuestos de modificación sustancial de condiciones de trabajo o inaplicación del régimen salarial, que tienen un tratamiento expreso en las nuevas redacciones que se dan al artículo 41.6 y en el 82.3 del Estatuto de los Trabajadores, o incluso las de renegociación o adaptación del convenio a las circunstancias cambiantes que puedan aparecer durante el período de vigencia del convenio. Por otro lado, se refuerza la función clásica de la comisión paritaria, consistente en la aplicación e interpretación del convenio, al otorgarle el nuevo artículo 91 de la norma estatutaria intervención en los supuestos de conflicto colectivo con carácter previo al planteamiento formal del conflicto ante los órganos no judiciales o judiciales, de un lado y, de otro, al conferir a sus resoluciones la misma eficacia jurídica y tramitación que tiene el convenio colectivo.

En general, la reforma aspira a establecer mecanismos eficaces de solución no judicial de conflictos, no solamente los que surgen durante la tramitación del convenio colectivo, sino también los derivados de la aplicación e interpretación del mismo o los producidos por la aplicación de medidas de flexibilidad interna. En un sistema de relaciones laborales ya consolidado como el español, es momento de dar un mayor alcance y contenido a los procedimientos no judiciales de solución de conflictos surgidos inicialmente mediante acuerdos interprofesionales en el ámbito estatal en 1997 y más tarde en la totalidad de las Comunidades Autónomas. Se trata de procedimientos ya asentados, que se han traducido en una disminución de la judicialización de los conflictos laborales de carácter colectivo en la que, respetando la autonomía colectiva, debe seguir avanzándose en línea con los más modernos sistemas laborales de nuestro entorno.

Por último, con el objetivo señalado en tercer lugar de adaptar el sistema de negociación colectiva a las nuevas o renovadas realidades empresariales que actúan en nuestro mercado de trabajo, se incluyen nuevas reglas de legitimación para la negociación de los convenios colectivos y para favorecer la flexibilidad interna negociada. Para ello, se modifican, por un lado, los artículos 87 y 88 del Estatuto de los Trabajadores, y por otro, sus artículos 40, 41, 51 y 82.3.

En este punto, las novedades más reseñables se encuentran en la adaptación de la regulación a las nuevas realidades empresariales susceptibles de negociar convenios colectivos, como son los grupos de empresas o las denominadas empresas en red surgidas en el marco de procesos de descentralización productiva, a las que la norma se refiere como pluralidad de empresas vinculadas por razones organizativas o productivas y nominativamente identificadas. En cuanto a la legitimación para negociar convenios en representación de los trabajadores en los convenios de empresa, la redacción del nuevo artículo 87 del Estatuto de los Trabajadores confirma la práctica actual, de manera que la negociación pueda ser desarrollada por las secciones sindicales. Regla que se aplica también en los supuestos de flexibilidad interna negociada.

Se modifica también, en aras de una mayor claridad y sencillez, la legitimación en los convenios dirigidos a un grupo de trabajadores con perfil profesional específico.

Del lado empresarial, las reglas de legitimación se completan en el ámbito sectorial incorporando a las asociaciones empresariales que den ocupación a un porcentaje relevante de trabajadores, así como en los supuestos de ausencia de asociaciones que no alcancen suficiente representatividad en el sector correspondiente según las reglas generales, mediante la atribución de legitimación a las asociaciones empresariales más representativas de ámbito estatal o de Comunidad Autónoma. Con ello se avanza en el objetivo de la reforma de extender la negociación colectiva hacia mayores niveles de cobertura.

Definidas las reglas de legitimación, el nuevo artículo 88 del Estatuto de los Trabajadores establece con más claridad las normas de composición de la comisión negociadora, sin alteración sustancial respecto de las actuales, aun cuando se incluyen novedades en esta materia en los convenios de sector, para los supuestos de inexistencia de órganos de representación de los trabajadores, así como de inexistencia de asociaciones empresariales que cuenten con suficiente representatividad. En estos casos, la comisión negociadora se compondrá, respectivamente, de las organizaciones sindicales o empresariales más representativas de ámbito estatal o de Comunidad Autónoma.

Con la finalidad de reforzar las instituciones públicas competentes en materia de relaciones laborales y negociación colectiva, se crea el Consejo de Relaciones Laborales y de Negociación Colectiva como órgano colegiado de asesoramiento y consulta de carácter tripartito y paritario. Las funciones a desempeñar por este Consejo, en el que se integrará un Observatorio de la Negociación Colectiva, aspiran a convertirlo en una institución que asegure un conocimiento integral de la negociación colectiva en nuestro país, que permitirá a los interlocutores sociales, en cada nivel, beneficiarse de sus aportaciones y conseguir, entre otros objetivos, aumentar y enriquecer los contenidos de los convenios, lo que se reflejará en el aumento de la competitividad y productividad de las empresas y en la mejora de las condiciones de trabajo de los trabajadores. El Consejo de Relaciones Laborales y Negociación Colectiva sustituirá a la histórica Comisión Consultiva Nacional de Convenios Colectivos, que tan importante labor ha desempeñado para asentar la negociación colectiva en España, pero que requiere dar paso a una institución con un nuevo enfoque.

Las disposiciones de la parte final incluyen, en primer lugar, una invitación a las organizaciones empresariales y sindicales más representativas a renovar los acuerdos, estatal y autonómicos, de solución extrajudicial de conflictos, con la finalidad de adecuarlos a lo establecido en la norma. La falta de acuerdo en el dialogo bilateral sobre la reforma de la negociación colectiva debería ser un paréntesis en el desarrollo general del diálogo social, tanto el que se desarrolla entre los interlocutores sociales como el de carácter tripartito de éstos con el Gobierno. La situación económica y social lo hace necesario y el diálogo social debe proseguir en los próximos meses para contribuir como ha sucedido en otros momentos y respecto de otras materias, con acuerdos y consensos sociales, a mejorar la economía y el empleo.

Otra de las disposiciones de la parte final contiene mandatos al Gobierno para que revise y mejore diversas herramientas de conocimiento de la negociación colectiva, como son, entre otras, los modelos de las hojas estadísticas de los convenios. Además, se propicia la creación de un grupo técnico de trabajo de carácter tripartito para realizar un estudio dirigido a mejorar la información disponible sobre la vigencia y efectos de los convenios.

Las normas transitorias determinan la aplicación de las nuevas reglas en materia de flexibilidad interna y de legitimación para negociar convenios colectivos. En todo lo relativo a dinámica de la negociación, plazos de denuncia del nuevo convenio, plazo de inicio de las negociaciones o plazos máximos de negociación de los convenios, serán de aplicación las nuevas reglas a los convenios cuya vigencia pactada termine a partir de la fecha de entrada en vigor de este real decreto-ley. Con ello se intenta conseguir conferir la máxima efectividad a la reforma, sin detrimento del principio de seguridad jurídica.

VI

En el conjunto y en cada una de las medidas que se adoptan concurren, por la naturaleza y finalidad de las mismas, las circunstancias de extraordinaria y urgente necesidad que exige el artículo 86 de la Constitución Española como presupuesto habilitante para la aprobación de un real decreto-ley.

Por un lado, los más recientes datos conocidos sobre la situación de la economía y del empleo ponen de manifiesto la necesidad de proseguir las reformas estructurales en nuestra economía y en nuestro mercado de trabajo para consolidar el crecimiento económico producido en los últimos trimestres y para que éste pueda alcanzar cuanto antes unos niveles que permitan la creación de empleo y la reducción del desempleo. En ese sentido, la aprobación de una reforma de la negociación colectiva fue uno de los compromisos adquiridos por el Gobierno en el Consejo Europeo de primavera celebrado los pasados días 24 y 25 de marzo en Bruselas y su cumplimiento inmediato debe servir para seguir consolidando la confianza externa en la estabilidad y la solidez presente y futura de la economía española.

Por otro lado, debe recordarse también, como se señaló antes, que se ha superado ampliamente el plazo marcado por la Ley 35/2010 para que, en defecto de pacto entre los interlocutores sociales, el Gobierno adoptara la iniciativa para la reforma de la negociación colectiva. Las expectativas de un eventual acuerdo social y el respeto de la autonomía colectiva de los interlocutores sociales han podido justificar que esos plazos se ampliaran. Pero constatada la imposibilidad del acuerdo, parece aconsejable acelerar al máximo la adopción de las medidas comprometidas en el mandato dado al Gobierno por las Cortes Generales.

Analizando los objetivos de esta reforma de la negociación colectiva (favorecer una mejor ordenación de nuestra negociación colectiva, introducir mayores niveles de dinamismo y agilidad en la negociación colectiva y adaptar el sistema de negociación colectiva a las nuevas realidades empresariales que actúan en nuestro mercado de trabajo), debe hacerse notar que constituyen objetivos tan legítimos como inaplazables, por lo que resulta necesario darles efectividad inmediata.

Nótese que las medidas incluidas en esta norma van a tener un importante efecto e impacto en nuestra negociación colectiva. Es el caso de las medidas que se dirigen a propiciar una negociación colectiva más cercana a la empresa y una negociación colectiva sectorial más adaptada a la situación de cada concreto sector de actividad económica. Es el caso, igualmente, de todas aquellas medidas que van a agilizar la negociación de los convenios colectivos (preaviso de la denuncia, plazo para el inicio de negociaciones, plazo máximo de negociación, soluciones no judiciales para el caso de que transcurran los plazos de negociación sin acuerdo) y de las disposiciones llamadas a favorecer la adopción de medidas de flexibilidad interna en las empresa. Es el caso, en fin, de las nuevas reglas sobre legitimación de los convenios colectivos futuros.

Resulta evidente, por tanto, que la tramitación parlamentaria de una norma con rango de Ley para dar aplicación a este conjunto de medidas dilataría durante un tiempo apreciable la entrada en vigor de la reforma, dando lugar a distorsiones en el funcionamiento del mercado de trabajo y en el desarrollo de la propia negociación colectiva durante el plazo en que se produjera esa tramitación, en forma de indeseadas situaciones de paralización durante meses de las negociaciones en marcha para la renovación de los convenios colectivos. Razón que también aconseja la inmediata aprobación de las medidas contenidas en esta norma.

EXPOSICIÓN DE MOTIVOS DE LA LEY 3/2012, DE 6 DE JULIO, DE MEDIDAS URGENTES PARA LA REFORMA DEL MERCADO LABORAL

(*BOE* n.º 162, de 7 de julio de 2012)

I

La crisis económica que atraviesa España desde 2008 ha puesto de relieve las debilidades del modelo laboral español. La gravedad de la crisis actual no tiene precedentes. España ha destruido más empleo, y más rápidamente, que las principales economías europeas. Los datos de la última Encuesta de Población Activa describen bien esta situación: la cifra de paro se sitúa en 5.273.600 personas, con un incremento de 295.300 en el cuarto trimestre de 2011 y de 577.000 respecto al cuarto trimestre de 2010. La tasa de paro sube en 1,33 puntos respecto al tercer trimestre y se sitúa en el 22,85 por 100.

La destrucción de empleo ha sido más intensa en ciertos colectivos, especialmente los jóvenes cuya tasa de paro entre los menores de veinticinco años alcanza casi el 50 por 100. La incertidumbre a la hora de entrar en el mercado de trabajo, los reducidos sueldos iniciales y la situación económica general están provocando que muchos jóvenes bien formados abandonen el mercado de trabajo español y busquen oportunidades en el extranjero.

El desempleo de larga duración en España es también más elevado que en otros países y cuenta con un doble impacto negativo. Por un lado, el evidente sobre el colectivo de personas y, por otro, el impacto adicional sobre la productividad agregada de la economía. La duración media del desempleo en España en 2010 fue, según la OCDE, de 14,8 meses, frente a una media para los países de la OCDE de 9,6 y de 7,4 meses para los integrantes del G7.

Este ajuste ha sido especialmente grave para los trabajadores temporales. Mantenemos una tasa de temporalidad de casi el 25 por 100, mucho más elevada que el resto de nuestros socios europeos. La temporalidad media en la UE27 es del 14 por 100, 11 puntos inferior a la española.

La destrucción de empleo durante la última legislatura tiene efectos relevantes sobre el sistema de la Seguridad Social. Desde diciembre de 2007 el número de afiliados ha disminuido en casi 2,5 millones (un 12,5 por 100). A mayor abundamiento, si el gasto medio mensual en prestaciones por desempleo en 2007 fue de 1.280 millones de euros, en diciembre de 2011, el gasto ascendió a 2.584 millones.

La crisis económica ha puesto en evidencia la insostenibilidad del modelo laboral español. Los problemas del mercado de trabajo lejos de ser coyunturales son estructurales, afectan a los fundamentos mismos de nuestro modelo sociolaboral y requieren una reforma de envergadura que, pese a los cambios normativos experimentados en los últimos años, continúa siendo reclamada por todas las instituciones económicas mundiales y europeas que han analizado nuestra situación, por los mercados internacionales que contemplan la situación de nuestro mercado de trabajo con enorme desasosiego y, sobre todo, por los datos de nuestra realidad laboral, que esconden verdaderos dramas humanos. Las cifras expuestas ponen de manifiesto que las reformas laborales realizadas en los últimos años, aun bienintencionadas y orientadas en la buena dirección, han sido reformas fallidas.

La gravedad de la situación económica y del empleo descrita exige adoptar una reforma que proporcione a los operadores económicos y laborales un horizonte de seguridad jurídica y confianza en el que desenvolverse con certeza para conseguir recuperar el empleo.

La reforma propuesta trata de garantizar tanto la flexibilidad de los empresarios en la gestión de los recursos humanos de la empresa como la seguridad de los trabajadores en el empleo y adecuados niveles de protección social. Ésta es una reforma en la que todos ganan, empresarios y trabajadores, y que pretende satisfacer más y mejor los legítimos intereses de todos.

II

La reforma laboral que recoge esta Ley es completa y equilibrada y contiene medidas incisivas y de aplicación inmediata, al objeto de establecer un marco claro que contribuya a la gestión eficaz de las relaciones laborales y que facilite la creación de puestos de trabajo, así como la estabilidad en el empleo que necesita nuestro país.

La reforma apuesta por el equilibrio en la regulación de nuestras relaciones de trabajo: equilibrio entre la flexibilidad interna y la externa; entre la regulación de la contratación indefinida y la temporal, la de la movilidad interna en la empresa y la de los mecanismos extintivos del contrato de trabajo; entre las tutelas que operan en el contrato de trabajo y las que operan en el mercado de trabajo, etc. El objetivo es la flexiseguridad. Con esta finalidad, la presente Ley recoge un conjunto coherente de medidas que pretenden fomentar la empleabilidad de los trabajadores, reformando aspectos relativos a la intermediación laboral y a la formación profesional (capítulo I); fomentar la contratación indefinida y otras formas de trabajo, con especial hincapié en promover la contratación por PYMES y de jóvenes (capítulo II); incentivar la flexibilidad interna en la empresa como medida alternativa a la destrucción de empleo (capítulo III); y, finalmente, favorecer la eficiencia del mercado de trabajo como elemento vinculado a la reducción de la dualidad laboral, con medidas que afectan principalmente a la extinción de contratos de trabajo (capítulo IV).

El capítulo I agrupa diversas medidas para favorecer la empleabilidad de los trabajadores. Los Servicios Públicos de Empleo se han mostrado insuficientes en la gestión de la colocación, con unas tasas de penetración muy escasas dentro del total de colocaciones. Por el contrario, las Empresas de Trabajo Temporal se han revelado como un potente agente dinamizador del mercado de trabajo. En la mayoría de los países de la Unión Europea, tales empresas operan como agencias de colocación y desde las instituciones comunitarias se viene subrayando que las mismas contribuyen a la creación de puestos de trabajo y a la participación e inserción de trabajadores en el mercado de trabajo. Por ello, se reforma el marco regulador de las empresas de trabajo temporal al autorizarlas a operar como agencias de colocación.

El desarrollo de la formación profesional para el empleo ha sido notable en las últimas dos décadas, con un significativo incremento de la participación de empresas y trabajadores en las acciones formativas, si bien se han puesto de manifiesto también ciertas necesidades de mejora. Esta Ley apuesta por una formación profesional que favorezca el aprendizaje permanente de los trabajadores y el pleno desarrollo de sus capacidades profesionales. El eje básico de la reforma en esta materia es el reconocimiento de la formación profesional como un derecho individual, reconociéndose a los trabajadores un permiso retribuido con fines formativos. Asimismo, se reconoce a los trabajadores el derecho a la formación profesional dirigida a su adaptación a las modificaciones operadas en el puesto de trabajo. También se prevé que los Servicios Públicos de Empleo otorgarán a cada trabajador una cuenta de formación asociada al número de afiliación a la Seguridad Social, y se reconoce a los centros y entidades de formación, debidamente acreditados, la posibilidad de participar directamente en el sistema de formación profesional para el empleo, con la finalidad de que la oferta formativa sea más variada, descentralizada y eficiente.

Otro aspecto destacable de este capítulo son las modificaciones introducidas en el contrato para la formación y el aprendizaje para potenciar el empleo juvenil mediante la supresión de limitaciones injustificadas.

III

El capítulo II incluye diversas medidas dirigidas a fomentar la contratación indefinida y la creación de empleo. Las medidas incluidas en este capítulo tratan de favorecer especialmente a quienes están sufriendo con mayor intensidad las consecuencias negativas de la crisis económica: los jóvenes desempleados y las PYMES.

El trabajo a tiempo parcial constituye una de las asignaturas pendientes de nuestro mercado de trabajo. Aunque han sido diversas las reformas que han modificado la regulación de este contrato, lo cierto es que el nivel de contratación a tiempo parcial en nuestro país no es equiparable al existente en otros países de la Unión Europea. El trabajo a tiempo parcial no sólo es un mecanismo relevante en la organización flexible del trabajo y en la adaptación del tiempo de trabajo a las necesidades profesionales y personales de los trabajadores, sino que es un mecanismo de redistribución del empleo. La reforma del contrato de trabajo a tiempo parcial pretende buscar un mayor equilibrio entre flexibilidad y protección social, admitiendo la realización de horas extraordinarias en los contratos a tiempo parcial, e incluyendo las mismas en la base de cotización por contingencias comunes.

El deseo de promover nuevas formas de desarrollar la actividad laboral hace que dentro de esta reforma se busque también dar cabida, con garantías, al teletrabajo: una particular forma de organización del trabajo que encaja perfectamente en el modelo productivo y económico que se persigue, al favorecer la flexibilidad de las empresas en la organización del trabajo, incrementar las oportunidades de empleo y optimizar la relación entre tiempo de trabajo y vida personal y familiar. Se modifica, por ello, la ordenación del tradicional trabajo a domicilio para dar acogida, mediante una regulación equilibrada de derechos y obligaciones, al trabajo a distancia basado en el uso intensivo de las nuevas tecnologías.

Las empresas de cincuenta o menos trabajadores constituyen, según datos del Directorio Central de Empresas del Instituto Nacional de Estadística, el 99,23 por 100 de las empresas españolas. La reforma laboral trata de facilitar la contratación de trabajadores por parte de estas empresas, que representan a la mayor parte del tejido productivo de nuestro país y que albergan las diversas fórmulas de organización empresarial que posibilita nuestro ordenamiento jurídico, entre las que cabe destacar el trabajo autónomo y las diversas familias de la economía social. Con esta finalidad se crea una nueva modalidad de contrato de trabajo por tiempo indefinido de la que sólo podrán hacer uso las empresas que tengan menos de cincuenta trabajadores que, pese a la situación de crisis económica, apuesten por la creación de empleo. Además, se establecen dos incentivos fiscales para sujetos pasivos del Impuesto sobre Sociedades y contribuyentes del Impuesto sobre la Renta de las Personas Físicas que realicen actividades económicas, destinados a incentivar este tipo de contrato. El primero de los incentivos resulta aplicable exclusivamente a aquellas entidades que carezcan de personal contratado, mientras que el segundo va destinado a las empresas de cincuenta o menos trabajadores, que realicen la contratación de desempleados beneficiarios de una prestación contributiva de desempleo.

Asimismo, se racionaliza el sistema de bonificaciones para la contratación indefinida, cuya práctica generalización ha limitado gravemente su eficiencia. Así, las bonificaciones previstas en esta Ley se dirigen exclusivamente a las empresas que tengan menos de cincuenta trabajadores, bien por la transformación de contratos en prácticas, de relevo o de sustitución de la edad por jubilación en contratos indefinidos, o bien por la contratación indefinida, a través de la nueva modalidad contractual señalada, de jóvenes de entre dieciséis y treinta años o desempleados mayores de cuarenta y cinco años.

IV

El capítulo III agrupa diversas medidas para favorecer la flexibilidad interna en las empresas como alternativa a la destrucción de empleo. El problema de la dualidad laboral es consecuencia, en buena medida, de un sistema de instituciones laborales inadecuado, como ha quedado evidenciado durante la última crisis. En un sistema que genera incentivos adecuados, las empresas pueden hacer frente a las oscilaciones de la demanda recurriendo a mecanismos diferentes al despido, que preserven el capital humano de la empresa, tales como reducciones temporales de salario o de jornada. Este tipo de ajuste ha sido relevante en los países de nuestro entorno, lo que se ha traducido en una menor destrucción de empleo.

El conjunto de medidas que se formulan en este capítulo tienen como objetivo fortalecer los mecanismos de adaptación de las condiciones de trabajo a las circunstancias concretas que atraviese la empresa. Con este objetivo son varias las reformas que se abordan. En primer lugar, el sistema de clasificación profesional pasa a tener como única referencia el grupo profesional con el objetivo de sortear la rigidez de la noción de categoría profesional y hacer de la movilidad funcional ordinaria un mecanismo de adaptación más viable y eficaz.

En segundo lugar, se simplifica la distinción entre modificaciones sustanciales individuales y colectivas, se incluye la modificación sustancial de funciones y de estructura y cuantía salarial como causa de extinción voluntaria del contrato de trabajo con derecho a indemnización y, la modificación de condiciones de trabajo recogidas en convenio colectivo del Título III del Estatuto de los Trabajadores se reconducen al apartado 3 artículo 82 del Estatuto de los Trabajadores.

En tercer lugar, en materia de suspensión del contrato de trabajo y reducción de la jornada por causas económicas, técnicas, organizativas o productivas, la presente Ley pretende afianzar este mecanismo alternativo a los despidos, dándole agilidad mediante la supresión del requisito de autorización administrativa y estableciendo una prórroga del sistema de bonificaciones y reposición de prestaciones por desempleo previsto para estos supuestos.

En cuarto lugar, en materia de negociación colectiva se prevé la posibilidad de descuelgue respecto del convenio colectivo en vigor, se da prioridad al convenio colectivo de empresa y se regula el régimen de ultractividad de los convenios colectivos. Las modificaciones operadas en estas materias responden al objetivo de procurar que la negociación colectiva sea un instrumento, y no un obstáculo, para adaptar las condiciones laborales a las concretas circunstancias de la empresa.

La última reforma del mercado de trabajo pretendió hacer más viable la posibilidad del descuelgue, pero, a la luz de los datos de 2011, en un contexto de agravamiento de la crisis económica, no parece que se haya avanzado significativamente en este terreno. La norma estatal no ha garantizado el desbloqueo ante la falta de acuerdo con los representantes de los trabajadores para dejar de aplicar las condiciones previstas en convenio colectivo. Por ello, en orden a facilitar la adaptación de los salarios y otras condiciones de trabajo a la productividad y competitividad empresarial, esta Ley incorpora una modificación del régimen del descuelgue para que, ante la falta de acuerdo y la no solución del conflicto por otras vías autónomas, las partes se sometan a un arbitraje canalizado a través de la Comisión Consultiva Nacional de Convenios Colectivos u órganos similares de las Comunidades Autónomas. Se trata, en todo caso, de órganos tripartitos y, por tanto, con presencia de las organizaciones sindicales y empresariales, junto con la de la Administración cuya intervención se justifica también en la necesidad de que los poderes públicos velen por la defensa de la productividad tal y como se deriva del artículo 38 de la Constitución Española.

La anterior reforma del mercado de trabajo también pretendió incidir en la estructura de la negociación colectiva, otorgando prioridad aplicativa al convenio de ámbito empresarial sobre otros convenios en una serie de materias que se entienden primordiales para una gestión flexible de las condiciones de trabajo. No obstante, la efectiva descentralización de la negociación colectiva se ha dejado en manos de los convenios estatales o autonómicos, pudiendo impedir esa prioridad aplicativa. La novedad que ahora se incorpora va encaminada, precisamente, a garantizar dicha descentralización convencional en aras a facilitar una negociación de las condiciones laborales en el nivel más cercano y adecuado a la realidad de las empresas y de sus trabajadores.

Finalmente, con el fin de procurar también una adaptación del contenido de la negociación colectiva a los cambiantes escenarios económicos y organizativos, se introducen cambios respecto a la aplicación del convenio colectivo en el tiempo. Se pretende, en primer lugar, incentivar que la renegociación del convenio se adelante al fin de su vigencia sin necesidad de denuncia del conjunto del convenio, como situación que resulta a veces conflictiva y que no facilita un proceso de renegociación sosegado y equilibrado. Pero, además, para cuando ello no resulte posible, se pretende evitar una «petrificación» de las condiciones de trabajo pactadas en convenio y que no se demore en exceso el acuerdo renegociador mediante una limitación temporal de la ultractividad del convenio a un año.

V

El capítulo IV incluye un conjunto de medidas para favorecer la eficiencia del mercado de trabajo y reducir la dualidad laboral. La falta de un nivel óptimo de flexibilidad interna es, como ha quedado expuesto, una de las características de nuestro mercado de trabajo que afecta, primordialmente, a trabajadores con contrato temporal y, en menor medida, a trabajadores indefinidos mediante despidos. El resultado es, a estas alturas, sobradamente conocido: la acusada rotación y segmentación de nuestro mercado de trabajo.

Con el objetivo de incrementar la eficiencia del mercado de trabajo y reducir la dualidad laboral, el capítulo IV de esta Ley recoge una serie de medidas que van referidas esencialmente a la extinción del contrato. No obstante, el capítulo se inicia con una medida relativa a la celebración de contratos temporales. Concretamente, con la finalidad de completar las medidas de fomento de la contratación indefinida e intentar reducir la dualidad laboral lo antes posible, se adelanta el fin de la suspensión de la imposibilidad de superar un tope máximo temporal en el encadenamiento de contratos temporales recogida en el apartado 5 del artículo 15 del Estatuto de los Trabajadores. Esta previsión volverá a ser de aplicación a partir del 1 de enero de 2013.

El denominado «despido exprés» se ha convertido, a la luz de los datos más recientes, en el principal cauce de extinción de contratos indefinidos, superando con creces el número de despedidos colectivos y objetivos. Más allá de los beneficios en términos de rapidez y seguridad económica que esta posibilidad reporta a las empresas, el «despido exprés» se revela frontalmente opuesto a lo que debería ser un sistema de extinción del contrato de trabajo presidido por la idea de «flexiseguridad».

El «despido exprés» crea inseguridad a los trabajadores, puesto que las decisiones empresariales se adoptan probablemente muchas veces sobre la base de un mero cálculo económico basado en la antigüedad del trabajador y, por tanto, en el coste del despido, con independencia de otros aspectos relativos a la disciplina, la productividad o la necesidad de los servicios prestados por el trabajador, limitando, además, sus posibilidades de impugnación judicial, salvo que concurran conductas discriminatorias o contrarias a los derechos fundamentales. Asimismo, desde el punto de vista empresarial, el éxito del «despido exprés» también ha puesto en evidencia las disfuncionalidades del régimen jurídico del despido. No constituye un comportamiento económicamente racional —el que cabría esperar del titular de una actividad empresarial— despedir prescindiendo muchas veces de criterios relativos a la productividad del trabajador y, en todo caso, decantándose por un despido improcedente y, por tanto, más caro que un despido procedente por causas económicas, técnicas, organizativas o de producción, cuya justificación debería ser más habitual en tiempos, como los actuales, de crisis económica. La razón de ello se residencia en los costes adicionales que acarrean los salarios de tramitación y en la dificultad, que se ha venido denunciando, respecto a la posibilidad de acometer extinciones económicas con costes, en términos monetarios y de tiempo, más razonables.

La caracterización del despido colectivo, con un expediente administrativo y posibles impugnaciones administrativas y judiciales, se ha revelado contraria a la celeridad que es especialmente necesaria cuando se trata de acometer reestructuraciones empresariales. De ahí, seguramente, la tendencia a alcanzar acuerdos con los representantes de los trabajadores durante el período de consulta como modo de asegurar la autorización por parte de la autoridad laboral. Sin embargo, ello se ha hecho muchas veces a costa de satisfacer indemnizaciones a los trabajadores despedidos por encima de la legalmente prevista para este despido. Se desnaturaliza así, en buena medida, el período de consultas con los representantes de los trabajadores que, en atención a la normativa comunitaria, deben versar sobre la posibilidad de evitar o reducir los despidos colectivos y de atenuar sus consecuencias, mediante el recurso a medidas sociales destinadas, en especial, a la readaptación o la reconversión de los trabajadores despedidos.

Por su parte, los despidos objetivos por las mismas causas han venido caracterizándose por una ambivalente doctrina judicial y jurisprudencia, en la que ha primado muchas veces una concepción meramente defensiva de estos despidos, como mecanismo para hacer frente a graves problemas económicos, soslayando otras funciones que está destinado a cumplir este despido como cauce para ajustar el volumen de empleo a los cambios técnico-organizativos operados en las empresas. Ello explica que las empresas se decantaran, a menudo, por el reconocimiento de la improcedencia del despido, evitando un proceso judicial sobre el que no se tenía demasiada confianza en cuanto a las posibilidades de conseguir la procedencia del despido, debiendo, por tanto, abonar la indemnización por despido improcedente más el coste adicional que suponían los salarios de tramitación.

Sobre la base del anterior diagnóstico, el conjunto de medidas referidas a la extinción del contrato de trabajo recogidas en el capítulo IV, se inicia con una reforma del régimen jurídico del despido colectivo. Una de las principales novedades reside en la supresión de la necesidad de autorización administrativa, manteniendo la exigencia comunitaria de un período de consultas, pero sin exigirse un acuerdo con los representantes de los trabajadores para proceder a los despidos. Ello se acompaña de una asimilación de estos despidos colectivos con el resto de despidos a efectos de su impugnación y calificación judicial, con la particularidad de que se prevé una acción para la que están legitimados los representantes de los trabajadores y que permitirá dar una solución homogénea para todos los trabajadores afectados por el despido.

También se introducen innovaciones en el terreno de la justificación de estos despidos. La Ley se ciñe ahora a delimitar las causas económicas, técnicas, organizativas o productivas que justifican estos despidos, suprimiéndose otras referencias normativas que han venido introduciendo elementos de incertidumbre. Más allá del concreto tenor legal incorporado por diversas reformas desde la Ley 11/1994, de 19 de mayo, por la que se modifican determinados artículos del Estatuto de los Trabajadores, y del texto articulado de la Ley de la Jurisdicción Social y de la Ley sobre Infracciones y Sanciones en el Orden Social, tales referencias incorporaban proyecciones de futuro, de imposible prueba, y una valoración finalista de estos despidos, que ha venido dando lugar a que los tribunales realizasen, en numerosas ocasiones, juicios de oportunidad relativos a la gestión de la empresa. Ahora queda claro que el control judicial de estos despidos debe ceñirse a una valoración sobre la concurrencia de unos hechos: las causas. Esta idea vale tanto para el control judicial de los despidos colectivos, cuanto para los despidos por causas objetivas *ex* artículo 52.*c*) del Estatuto de los Trabajadores.

La nueva regulación refuerza los elementos sociales que deben acompañar a estos despidos. De una parte, se incentiva que mediante la autonomía colectiva se establezcan prioridades de permanencia ante la decisión de despido de determinados trabajadores, tales como aquéllos con cargas familiares, los mayores de cierta edad o personas con discapacidad. De otra parte, en aquellos despidos colectivos que afecten a más de cincuenta trabajadores, la ley contempla una efectiva obligación empresarial de ofrecer a los trabajadores un plan de recolocación externa, que incluya medidas de formación, orientación profesional, atención personalizada y búsqueda activa de empleo.

Las medidas referidas a la extinción del contrato de trabajo se refieren también a las indemnizaciones y otros costes asociados a los despidos. Así, se considera necesario para mejorar la eficiencia del mercado de trabajo y reducir la dualidad laboral acercar los costes del despido a la media de los países europeos. La tradicional indemnización por despido improcedente, de cuarenta y cinco días de salario por año de servicio con un máximo de cuarenta y dos mensualidades, constituye un elemento que acentúa demasiado la brecha existente entre el coste de la extinción del contrato temporal y el indefinido, además de ser un elemento distorsionador para la competitividad de las empresas, especialmente para la más pequeñas, en un momento —como el actual— de dificultad de acceso a fuentes de financiación.

Por ello, esta Ley generaliza para todos los despidos improcedentes la indemnización de treinta y tres días, con un tope de veinticuatro mensualidades, que se ha venido previendo para los despidos objetivos improcedentes de trabajadores con contrato de fomento de la contratación indefinida. Con esta generalización se suprime esta modalidad contractual, que se había desnaturalizado enormemente tras la última ampliación de los colectivos con los que se podía celebrar dicho contrato.

Las nuevas reglas sobre la indemnización por despido improcedente se aplican a los contratos celebrados a partir de la fecha de la entrada en vigor del Real Decreto-ley que ha servido de fundamento de la presente Ley. Para el caso de los contratos celebrados con anterioridad a esa fecha, la indemnización se seguirá calculando de acuerdo con las reglas anteriormente vigentes, si bien tan sólo con respecto al tiempo de servicios prestados antes de la entrada en vigor de dicha norma. Para el tiempo de servicios restante, se tendrá en cuenta la nueva cuantía de treinta y tres días por año de servicio. Con estas reglas, se es respetuoso con el principio de igualdad ante la ley consagrado en el artículo 14 de la Constitución Española, al tiempo que se tienen en cuenta las expectativas indemnizatorias de los trabajadores con contrato en vigor.

Los cambios normativos hasta ahora reseñados en cuanto a la extinción del contrato de trabajo permiten dejar atrás otras reglas y previsiones cuya finalidad no era otra que, de un modo indirecto y un tanto irrazonable, mitigar las rigideces que han venido caracterizando al régimen jurídico del despido.

Junto a la supresión del «despido exprés» se introducen otras modificaciones en las normas que aluden a los salarios de tramitación, manteniendo la obligación empresarial de abonarlos únicamente en los supuestos de readmisión del trabajador, bien cuando el empresario escoja esa opción ante un despido declarado improcedente, bien como consecuencia de la calificación de nulidad del mismo. En el caso de aquellos despidos improcedentes en los que el empresario opte por la indemnización, no es necesario el abono de los salarios de tramitación, lo cual se justifica en que el tiempo de duración del proceso judicial no parece un criterio adecuado para compensar el perjuicio que supone la pérdida del empleo, máxime teniendo en cuenta que el trabajador puede acceder a la prestación de desempleo desde el mismo momento en que tiene efectividad la decisión extintiva. Por otra parte, los salarios de tramitación actúan, en ocasiones, como un incentivo para estrategias procesales dilatorias, con el añadido de que los mismos acaban convirtiéndose en un coste parcialmente socializado, dada la previsión de que el empresario podrá reclamar al Estado la parte de dichos salarios que exceda de sesenta días.

En esta misma línea, en orden a un tratamiento legal más razonable de los costes vinculados a la extinción del contrato de trabajo, la presente Ley modifica el régimen jurídico del Fondo de Garantía Salarial, racionalizando su ámbito de actuación, ciñéndolo al resarcimiento de parte de las indemnizaciones por extinciones de contratos indefinidos que tengan lugar en empresas de menos de veinticinco trabajadores y no hayan sido declaradas judicialmente como improcedentes.

VI

La reforma del régimen jurídico sustantivo de la suspensión temporal del contrato, de la reducción temporal de la jornada y del despido colectivo en lo relativo a la supresión de la autorización administrativa de la autoridad laboral, obliga a adaptar el tratamiento procesal de dichas instituciones.

Se ha creado una nueva modalidad procesal para el despido colectivo, cuya regulación persigue evitar una demora innecesaria en la búsqueda de una respuesta judicial a la decisión empresarial extintiva. Además, se han suprimido apartados de otros preceptos que se referían a la autorización administrativa que se exigía, hasta ahora, en las suspensiones contractuales y reducciones de jornada temporales, así como en los despidos colectivos.

En aras de la celeridad que ha de presidir el procedimiento laboral, esta nueva modalidad procesal tendrá el carácter de preferente y urgente, y viene caracterizada por atribuir a los Tribunales Superiores de Justicia y a la Audiencia Nacional el conocimiento, en primera instancia, de la impugnación por parte de los representantes de los trabajadores del despido colectivo, reconociéndose, posteriormente en aras de la celeridad, el recurso de casación.

Dada la complejidad que se presenta en la mayoría de despidos colectivos, se ha considerado oportuno, para evitar dilaciones en el tiempo, establecer la obligación empresarial de aportar la documentación que justificaría su decisión extintiva, en un plazo a contar a partir de la admisión de la demanda, y así poder practicar, en su caso, la prueba sobre la misma de forma anticipada.

La impugnación individual de la extinción del contrato en el marco de un despido colectivo se sigue atribuyendo a los Juzgados de lo Social, por el cauce previsto para las extinciones por causas objetivas.

Por último, la impugnación de suspensiones contractuales y reducciones de jornada por causas económicas, técnicas, organizativas y de producción y por fuerza mayor se articularán a través de las modalidades procesales previstas en los artículos 138 y 153 a 162 de la Ley Reguladora de la Jurisdicción Social, en atención al carácter individual o colectivo de la decisión empresarial.

Finalmente, la Ley concluye con una serie de disposiciones entre las que destacan la previsión de un régimen específico aplicable a los administradores y directivos de entidades de crédito en lo relativo a limitaciones en las indemnizaciones a percibir por terminación de sus contratos en aquellas entidades de crédito participadas mayoritariamente o apoyadas financieramente por el Fondo de Reestructuración Ordenada Bancaria. Asimismo, se establecen determinadas normas respecto a la extinción/suspensión del contrato de administradores o directivos de entidades de crédito por razón de imposición de sanciones o de suspensión y determinados supuestos de sustitución provisional, respectivamente. Esta regulación viene a complementar, en las materias reseñadas, lo dispuesto en el Real Decreto-ley 2/2012, de 3 de febrero, de saneamiento del sector financiero respecto a las remuneraciones en las entidades de crédito que reciban apoyo financiero público para su saneamiento y reestructuración.

Por otro lado, la disposición adicional octava de la Ley pretende dar respuesta a la actual situación de crisis económica introduciendo criterios racionales y lógicos de ajuste en el ámbito de los contratos mercantiles y de alta dirección del sector público. Las medidas previstas en dicha disposición adicional persiguen la estabilidad económica, el interés general y el bien común. La fijación de límites en los contratos mercantiles y de alta dirección del sector público constituye, además, una medida económica dirigida a contener la expansión del gasto público, de tal modo que supone una decisión justificada por la necesidad de reducir el déficit público.

Por otra parte, las disposiciones transitorias de la Ley establecen las normas para la adecuada aplicación de sus disposiciones, en consonancia con el objetivo de reforma completa y equilibrada, de aplicación inmediata al marco de las relaciones laborales, todo ello en condiciones de seguridad jurídica, respecto de las medidas de intermediación laboral, fomento de empleo, protección por desempleo, vigencia de convenios denunciados, contratos para la formación y el aprendizaje y despidos colectivos de trabajadores mayores de cincuenta años en empresas con beneficios.

La norma aclara la aplicación del nuevo régimen de indemnizaciones por despido improcedente, con respeto a las reglas vigentes con anterioridad a la entrada en vigor de la misma.

En las disposiciones finales se precisan las condiciones de disfrute de determinados supuestos de permisos de los trabajadores en materia de conciliación de vida laboral y familiar, la cuenta de formación de los trabajadores, definición de supuestos determinados de protección por desempleo y su acreditación, modificaciones en el subsistema de formación profesional para el empleo y horas extraordinarias en los contratos a tiempo parcial, así como la modificación de las reglas del abono de la prestación por desempleo en su modalidad de pago único, entre otras. También se ha introducido una disposición final para aclarar el tratamiento en el Impuesto sobre la Renta de las Personas Físicas de las indemnizaciones por despido, como consecuencia de las diversas modificaciones introducidas por la reforma laboral.

ESTATUTO
DE LOS TRABAJADORES

ESTATUTO DE LOS TRABAJADORES[1]

TÍTULO PRIMERO

De la relación individual de trabajo

[1] Ley promulgada en cumplimiento del mandato contenido en el art. 35.2 de la Constitución, de 27 de diciembre de 1978 (*BOE* de 29 de diciembre): «La Ley regulará un estatuto de los trabajadores.» El texto vigente se corresponde con el RD Legislativo 1/1995, de 24 de marzo (*BOE* de 29 de marzo), por el que se aprueba el texto refundido de la Ley del Estatuto de los Trabajadores, modificado por la Ley 4/1995, de 23 de marzo, de regulación del permiso paternal y por maternidad; la Ley 31/1995, de 8 de noviembre (*BOE* de 10 de noviembre), de Prevención de Riesgos Laborales; Ley 13/1996, de 30 de diciembre (*BOE* de 31 diciembre), de Medidas Fiscales, Administrativas y del Orden Social; Ley 60/1997, de 19 de diciembre (*BOE* de 20 de diciembre), de modificación del Estatuto de los Trabajadores en materia de cobertura del Fondo de Garantía Salarial; Ley 63/1997, de 26 de diciembre (*BOE* de 30 de diciembre), de medidas urgentes para la mejora del mercado de trabajo y el fomento de la contratación indefinida; Real Decreto-Ley 15/1998, de 27 de noviembre (*BOE* de 28 de noviembre), de medidas urgentes para la mejora del mercado de trabajo en relación con el trabajo a tiempo parcial y el fomento de su estabilidad; Ley 50/1998, de 30 de diciembre (*BOE* de 31 de diciembre), de Medidas Fiscales, Administrativas y del Orden Social; Ley 24/1999, de 6 de julio (*BOE* de 7 de julio), por la que se modifica el art. 92.2 del texto refundido de la Ley del Estatuto de los Trabajadores; Ley 39/1999, de 5 de noviembre (*BOE* de 6 de noviembre), para promover la conciliación de la vida familiar y laboral de las personas trabajadoras; Ley 55/1999, de 29 de diciembre (*BOE* de 30 de diciembre), de Medidas Fiscales, Administrativas y del Orden Social; Real Decreto Legislativo 5/2000, de 4 de agosto (*BOE* de 8 de agosto), por el que se aprueba el texto refundido de la Ley de Infracciones y Sanciones en el Orden Social; Ley 14/2000, de 29 de diciembre (*BOE* de 30 de diciembre), de Medidas Fiscales, Administrativas y del Orden Social; Ley 12/2001, de 9 de julio (*BOE* de 10 de julio), de medidas urgentes de reforma del mercado de trabajo para el incremento del empleo y la mejora de su calidad; Ley 33/2002, de 5 de julio (*BOE* de 6 de julio), de modificación del art. 28 del Estatuto de los Trabajadores; Ley 35/2002, de 5 de julio (*BOE* de 13 de julio), de medidas para el establecimiento de un sistema de jubilación gradual y flexible; Ley 45/2002, de 12 de diciembre (*BOE* de 13 de diciembre), de medidas urgentes para la reforma del sistema de protección por desempleo y mejora de la ocupabilidad; Ley 22/2003, de 9 de julio (*BOE* de 10 de julio), Concursal; Ley 40/2003, de 18 de noviembre (*BOE* de 19 de noviembre), de protección a las familias numerosas; Ley 51/2003, de 2 de diciembre (*BOE* de 3 de diciembre), de igualdad de oportunidades, no discriminación y accesibilidad universal de las personas con discapacidad; Ley 62/2003, de 30 de diciembre (*BOE* de 31 de diciembre), de Medidas Fiscales, Administrativas y del Orden Social; LO 1/2004, de 28 de diciembre (*BOE* de 29 de diciembre), de medidas de protección integral contra la violencia de género; Ley 14/2005, de 1 de julio (*BOE* de 2 de julio), sobre las cláusulas de los convenios colectivos referidas al cumplimiento de la edad ordinaria de jubilación; Ley 43/2006, de 29 de diciembre (*BOE* de 30 de diciembre), para la mejora del crecimiento y del empleo; LO 3/2007, de 22 de marzo (*BOE* de 23 de marzo), para la igualdad efectiva de mujeres y hombres; Ley 38/2007, de 16 de no-

CAPÍTULO PRIMERO

DISPOSICIONES GENERALES

SECCIÓN 1.ª

Ámbito y fuentes

Artículo 1.º *Ámbito de aplicación.*—1. La presente Ley será de aplicación a los trabajadores que voluntariamente presten sus servicios retribuidos por cuenta ajena y dentro del ámbito de organización y dirección de otra persona, física o jurídica, denominada empleador o empresario[2].

2. A los efectos de esta Ley, serán empresarios todas las personas, físicas o jurídicas, o comunidades de bienes que reciban la prestación de servicios de las personas referidas en el apartado anterior, así como de las personas contratadas para ser cedidas a empresas usuarias por empresas de trabajo temporal legalmente constituidas[3].

3. Se excluyen del ámbito regulado por la presente Ley:

a) La relación de servicio de los funcionarios públicos, que se regulará por el Estatuto de la Función Pública, así como la del personal al servicio del Estado, las Corporaciones locales y las entidades públicas autónomas, cuando, al amparo de una Ley, dicha relación se regule por normas administrativas o estatutarias[4].

---

viembre (*BOE* de 17 de noviembre), por la que se modifica el texto refundido de la Ley del Estatuto de los Trabajadores en materia de información y consulta de los trabajadores y en materia de protección de los trabajadores asalariados en caso de insolvencia del empresario; Ley 40/2007, de 4 de diciembre (*BOE* de 5 de diciembre), de medidas en materia de Seguridad Social; Ley 9/2009, de 6 de octubre (*BOE* de 7 de octubre), de ampliación de la duración del permiso de paternidad en los casos de nacimiento, adopción o acogida; RDL 10/2010, de 16 de junio (*BOE* de 17 de junio), de medidas urgentes para la reforma del mercado de trabajo; Ley 35/2010, de 16 de septiembre (*BOE* de 18 de septiembre), de medidas urgentes de reforma del mercado de trabajo; Ley 39/2010, de 22 de diciembre (*BOE* de 23 de diciembre), de Presupuestos Generales del Estado para el año 2011; RDL 7/2011, de 10 de junio (*BOE* de 11 de junio), de medidas urgentes para la reforma de la negociación colectiva; Ley 27/2011, de 1 de agosto (*BOE* de 2 de agosto), sobre actualización, adecuación y modernización del sistema de Seguridad Social; RDL 10/2011, de 26 de agosto (*BOE* de 30 de agosto), de medidas urgentes para la promoción del empleo de los jóvenes, el fomento de la estabilidad en el empleo y el mantenimiento del programa de recualificación profesional de las personas que agoten su protección por desempleo; RDL 14/2011, de 16 de septiembre (*BOE* de 20 de septiembre), de medidas complementarias en materia de políticas de empleo y de regulación del régimen de actividad de las Fuerzas y Cuerpos de Seguridad del Estado; Ley 36/2011, de 10 de octubre (*BOE* de 11 de octubre), Reguladora de la Jurisdicción Social; RDL 3/2012, de 10 de febrero (*BOE* de 12 de febrero), de medidas urgentes para la reforma del mercado laboral; Ley 3/2012, de 6 de julio (*BOE* de 7 de julio), de medidas urgentes para la reforma del mercado laboral; RDL 20/2012, de 13 de julio (*BOE* de 14 de julio), de medidas para garantizar la estabilidad presupuestaria y de fomento de la competitividad.

[2] Para el trabajo autónomo o por cuenta propia, V. disp. final 1.ª

[3] V. Ley 14/1994, de 1 de junio (*BOE* de 2 de junio), por la que se regulan las empresas de trabajo temporal, transcrita en nota al art. 43. Para el empleador en los casos de los profesores de religión católica en los centros docentes públicos, v. disp. adic. 3.ª de la LO 2/2006, de 3 de mayo (*BOE* de 4 de mayo), de Educación.

[4] Art. 103.3 de la CE: «La Ley regulará el estatuto de los funcionarios públicos, el acceso a la función pública de acuerdo con los

principios de mérito y capacidad, las peculiaridades del ejercicio de su derecho a sindicación, el sistema de incompatibilidades y las garantías para la imparcialidad en el ejercicio de sus funciones.» V. Ley 7/2007, de 12 de abril (*BOE* de 13 de abril), por la que se regula el Estatuto Básico del Empleado Público; Resolución de 21 de junio de 2007 (*BOE* de 23 de junio), sobre Instrucciones de 5 de junio de 2007 para la aplicación del Estatuto Básico del Empleado Público en el ámbito de la Administración General del Estado y sus Organismos Públicos. El art. 15 de la Ley 30/1984, de 2 de agosto, de medidas para la reforma de la función pública, modificado por el art. 50.uno de la Ley 62/2003, de 30 de diciembre, de Medidas Fiscales, Administrativas y del Orden Social (*BOE* de 31 de diciembre), dispone:

«1. Las relaciones de puestos de trabajo de la Administración del Estado son el instrumento técnico a través del cual se realiza la ordenación del personal, de acuerdo con las necesidades de los servicios y se precisan los requisitos para el desempeño de cada puesto en los términos siguientes:

»*a*) Las relaciones comprenderán, conjunta o separadamente, los puestos de trabajo del personal funcionario de cada Centro gestor, el número y las características de los que puedan ser ocupados por personal eventual así como los de aquellos otros que puedan desempeñarse por personal laboral.

»*b*) Las relaciones de puestos de trabajo indicarán, en todo caso, la denominación, tipo y sistema de provisión de los mismos; los requisitos exigidos para su desempeño; el nivel de complemento de destino y, en su caso, el complemento específico que corresponda a los mismos, cuando hayan de ser desempeñados por personal funcionario, o la categoría profesional y régimen jurídico aplicable cuando sean desempeñados por personal laboral.

»*c*) Con carácter general, los puestos de trabajo de la Administración del Estado y de sus Organismos Autónomos así como los de las Entidades Gestoras y servicios comunes de la Seguridad Social, serán desempeñados por funcionarios públicos.

»Se exceptúan de la regla anterior y podrán desempeñarse por personal laboral:

»— los puestos de naturaleza no permanente y aquellos cuyas actividades se dirijan a satisfacer necesidades de carácter periódico y discontinuo;

»— los puestos cuyas actividades sean propias de oficios, así como los de vigilancia, custodia, portero y otros análogos;

»— los puestos de carácter instrumental correspondientes a las áreas de mantenimiento y conservación de edificios, equipos e instalaciones, artes gráficas, encuestas, protección civil y comunicación social, así como los puestos de las áreas de expresión artística y los vinculados directamente a su desarrollo, servicios sociales y protección de menores;

»— los puestos correspondientes a áreas de actividades que requieran conocimientos técnicos especializados cuando no existan Cuerpos o Escalas de Funcionarios cuyos miembros tengan la preparación específica necesaria para su desempeño,

»— los puestos de trabajo en el extranjero con funciones administrativas de trámite y colaboración y auxiliares que comporten manejo de máquinas, archivo y similares, y

»— los puestos con funciones auxiliares de carácter instrumental y apoyo administrativo.

»Asimismo, los Organismos Públicos de Investigación podrán contratar personal laboral en los términos previstos en el artículo 17 de la Ley 13/1986, de 14 de abril, de Fomento y Coordinación General de la Investigación Científica y Técnica.

»*d*) La creación, modificación, refundición y supresión de puestos de trabajo se realizará a través de las relaciones de puestos de trabajo.

»*e*) Corresponde a los Ministerios para las Administraciones Públicas y Economía y Hacienda la aprobación conjunta de las relaciones de puestos de trabajo, excepto la asignación inicial de los complementos de destino y específico, que corresponde al Gobierno.

»*f*) La provisión de puestos de trabajo a desempeñar por el personal funcionario, así como la formalización de nuevos contratos de personal laboral fijo, requerirán que los correspondientes puestos figuren detallados en las respectivas relaciones.

»Este requisito no será preciso cuando se trate de realizar tareas de carácter no permanente mediante contratos de trabajo de duración determinada y con cargo a créditos correspondientes a personal laboral eventual o al capítulo de inversiones.»

b) Las prestaciones personales obligatorias[5].

c) La actividad que se limite, pura y simplemente, al mero desempeño del cargo de consejero o miembro de los órganos de administración en las empresas que revistan la forma jurídica de sociedad y siempre que su actividad en la empresa sólo comporte la realización de cometidos inherentes a tal cargo[6].

d) Los trabajos realizados a título de amistad, benevolencia o buena vecindad[7].

e) Los trabajos familiares, salvo que se demuestre la condición de asalariados de quienes los llevan a cabo. Se considerarán familiares, a estos efectos, siempre que convivan con el empresario, el cónyuge, los descendientes, ascendientes y demás parientes por consanguinidad o afinidad, hasta el segundo grado inclusive y, en su caso, por adopción[8].

f) La actividad de las personas que intervengan en operaciones mercantiles por cuenta de uno o más empresarios, siempre que

---

Para la Administración local, v. Ley 7/1985, de 2 de abril (*BOE* de 3 de abril), reguladora de las Bases del Régimen Local, arts. 89 a 98 y 102 a 104, teniendo presente que el art. 92 fue derogado por la Ley 7/2007, de 12 de abril; el art. 102 fue modificado por la Ley 14/2000, de 29 de diciembre (*BOE* de 30 de diciembre), art. 37, y que el art. 94 fue modificado por la Ley 24/2001, de 27 de diciembre (*BOE* de 31 de diciembre), art. 53. V. STC 99/1987, de 11 de junio (*BOE* de 26 de junio), sobre criterios de diferenciación entre funcionarios públicos y personal laboral al servicio de las Administraciones Públicas. Para el personal sanitario, v. Ley 55/2003, de 16 de diciembre (*BOE* de 17 de diciembre), del Estatuto Marco del personal estatutario de los servicios de salud, y nota al art. 2.º1.*i*).

[5] V. arts. 30 y 31.3 CE; Convenio n.º 29 de la Organización Internacional del Trabajo (OIT), ratificado por España por Instrumento de 8 de abril de 1932 (*BOE* de 14 de abril), sobre trabajo forzoso. Supuestos de obligaciones personales obligatorias se encuentran en la LO 5/1995, de 22 de mayo (*BOE* de 23 de mayo), del Tribunal del Jurado, art. 6.º; en la Ley 2/1985, de 21 de enero (*BOE* de 25 de enero), sobre Protección Civil, en particular su art. 4.º; RD Legislativo 781/1986, de 18 de abril (*BOE* de 22 de abril), por el que se aprueba el texto refundido de las disposiciones legales vigentes en materia de Régimen Local, arts. 391 ss.

Para la protección aseguratoria en caso de accidentes de trabajo y enfermedades profesionales con ocasión o por consecuencia de prestaciones personales obligatorias, v. RD 2.765/1976, de 12 de noviembre (*BOE* de 6 de diciembre).

[6] V. art. 2.º1.*a*) ET y nota al mismo.

[7] V. Ley 6/1996, de 15 de enero (*BOE* de 17 de enero), reguladora del Voluntariado Social; RD 519/2006, de 28 de abril (*BOE* de 13 de mayo), por el que se establece el Estatuto de los Cooperantes; STC 63/1994, de 28 de febrero (*BOE* de 24 de marzo), sobre el carácter no laboral de la relación entre una religiosa y su comunidad.

[8] La disp. adic. 10.ª de la Ley 20/2007, de 11 de julio (*BOE* de 12 de julio), modificada por la disp. adic. 5.ª de la Ley 27/2009, de 30 de diciembre, de medidas urgentes para el mantenimiento y el fomento del empleo y la protección de las personas desempleadas (*BOE* de 31 de diciembre), establece:

«*Disp. adic. 10.ª Encuadramiento en la Seguridad Social de los familiares del trabajador autónomo.*—Los trabajadores autónomos podrán contratar, como trabajadores por cuenta ajena, a los hijos menores de treinta años, aunque convivan con él. En este caso, del ámbito de la acción protectora dispensada a los familiares contratados quedará excluida la cobertura por desempleo.

»Se otorgará el mismo tratamiento a los hijos que, aun siendo mayores de treinta años, tengan especiales dificultades para su inserción laboral. A estos efectos, se considerará que existen dichas especiales dificul-

queden personalmente obligados a responder del buen fin de la operación asumiendo el riesgo y ventura de la misma[9].

g) En general, todo trabajo que se efectúe en desarrollo de relación distinta de la que define el apartado 1 de este artículo[10].

A tales efectos se entenderá excluida del ámbito laboral la actividad de las personas prestadoras del servicio de transporte al amparo de autorizaciones administrativas de las que sean titulares, realizada, mediante el correspondiente precio, con vehículos comerciales de servicio público cuya propiedad o poder directo de disposición ostenten, aun cuando dichos servicios se realicen de forma continuada para un mismo cargador o comercializador[11].

4. La legislación laboral española será de aplicación al trabajo que presten los trabajadores españoles contratados en España al servicio de empresas españolas en el extranjero, sin perjuicio de las normas de orden público aplicables en el lugar de trabajo. Dichos trabajadores tendrán, al menos, los derechos económicos

---

tades cuando el trabajador esté incluido en alguno de los grupos siguientes:

»*a*) Personas con parálisis cerebral, personas con enfermedad mental o personas con discapacidad intelectual, con un grado de discapacidad reconocido igual o superior al 33 por 100.

»*b*) Personas con discapacidad física o sensorial, con un grado de discapacidad reconocido igual o superior al 65 por 100.»

Para el cómputo del parentesco, v. arts. 915 ss. del Código Civil, Ley de 24 de julio de 1889; art. 7.º2 de la Ley General de la Seguridad Social, RD Legislativo 1/1994, de 20 de junio (*BOE* de 29 de junio); STC 2/1992, de 13 de enero (*BOE* de 13 de febrero), sobre el alcance de este precepto por lo que se refiere al establecimiento de una relación laboral entre cónyuges. Sobre idéntica materia, v. SSTC 109/1988, de 8 de junio (*BOE* de 25 de junio); 79/1991, de 15 de abril (*BOE* de 14 de mayo); 92/1991, de 6 de mayo (*BOE* de 29 de mayo); 59/1992, de 23 de abril (*BOE* de 13 de mayo); sobre la exclusión de los beneficios económicos como fomento del empleo, v. nota al art. 17.3, párr. 2.º

[9] Ley 12/1992, de 27 de mayo (*BOE* de 29 de mayo), sobre contrato de agencia, modificada por la disp. final 29.ª de la Ley 22/2003, de 9 de julio (*BOE* de 10 de julio):

«*Art. 1.º Contrato de agencia.*—Por el contrato de agencia una persona natural o jurídica, denominada agente, se obliga frente a otra de manera continuada o estable a cambio de una remuneración, a promover actos u operaciones de comercio por cuenta ajena, o a promoverlos y concluirlos por cuenta y en nombre ajenos, como intermediario independiente, sin asumir, salvo pacto contrario, el riesgo y ventura de tales operaciones.

»*Art. 2.º Independencia del agente.*—1. No se considerarán agentes los representantes y viajantes de comercio dependientes ni, en general, las personas que se encuentren vinculadas por una relación laboral, sea común o especial, con el empresario por cuya cuenta actúan.

»2. Se presumirá que existe dependencia cuando quien se dedique a promover actos u operaciones de comercio por cuenta ajena, o a promoverlos y concluirlos por cuenta y en nombre ajenos, no pueda organizar su actividad profesional ni el tiempo dedicado a la misma conforme a sus propios criterios.»

V. Directiva 86/653/CEE, de 18 de diciembre de 1986 (*DOCE* de 31 de diciembre), relativa a la coordinación de los derechos de los Estados miembros en lo referente a los agentes comerciales independientes. V., asimismo, Ley 26/2006, de 17 de julio (*BOE* de 18 de julio), de mediación de seguros y reaseguros privados.

V. art. 2.º1.*f*) ET.

[10] V. RD 63/2006, de 27 de enero (*BOE* de 3 de febrero), por el que se aprueba el estatuto del personal investigador en formación.

[11] V. STC 227/1998, de 26 de noviembre (*BOE* de 30 de diciembre), sobre constituciona-

que les corresponderían de trabajar en territorio español[12].

5. A efectos de esta Ley se considera centro de trabajo la unidad productiva con organización específica, que sea dada de alta, como tal, ante la autoridad laboral[13].

En la actividad de trabajo en el mar se considerará como centro de trabajo el buque, entendiéndose situado en la provincia donde radique su puerto de base.

Art. 2.º *Relaciones laborales de carácter especial.*—1. Se con-

---

lidad de esta letra *g)* y, por tanto, exclusión de los transportistas autónomos. V. arts. 42 ss. de la Ley 16/1987, de 30 de julio, de ordenación del transporte, modificada por Ley 29/2003, de 8 de octubre (*BOE* de 9 de octubre).

[12] Reglamento (CE) 593/2008, de 17 de junio de 2008 (*DOUE* de 4 de julio), sobre la ley aplicable a las obligaciones contractuales (Roma I), reglamento que probablemente ha derogado de forma tácita este apartado 1.4 del Estatuto de los Trabajadores; Ley 45/1999, de 29 de noviembre (*BOE* de 30 de noviembre), sobre el desplazamiento de trabajadores en el marco de una prestación de servicios transnacional, modificada por Ley 62/2003, de 30 de diciembre (*BOE* de 31 de diciembre), que transpone la Directiva 96/71/CE, de 16 de diciembre (*DOCE* de 21 de enero de 1997), sobre el desplazamiento de trabajadores efectuado en el marco de una prestación de servicios. La tipificación de infracciones administrativas respecto de esta última Ley, en el art. 10 LISOS [RD Legislativo 5/2000, de 4 de agosto (*BOE* de 8 de agosto)].

Conforme a la disp. adic. 16.ª8 del Texto Refundido de la Ley de Puertos del Estado y de la Marina Mercante, aprobado por RD Legislativo 2/2011, de 5 de septiembre (*BOE* de 20 de octubre):

«Ocho. Normativa aplicable en materia de jornada laboral y descansos.

»En materia de jornada laboral y descansos, los buques inscritos en el Registro Especial se regirán por lo dispuesto en la Ley del Estatuto de los Trabajadores, texto refundido aprobado por Real Decreto Legislativo 1/1995, de 24 de marzo, y en la normativa sectorial específica, constituida por el Real Decreto 1.561/1995, de 21 de septiembre, sobre jornadas especiales de trabajo, o la norma que lo sustituya, con excepción de lo dispuesto en el apartado 2 del artículo 35 del Estatuto de los Trabajadores, que no será de aplicación.»

V. SSTC 172/2004, de 18 de octubre (*BOE* de 19 de noviembre), sobre ausencia de vulneración del derecho a la tutela judicial efectiva por aplicación de la legislación extranjera, y 29/2004, de 4 de marzo (*BOE* de 6 de abril), sobre ausencia de lesión del derecho a la tutela judicial efectiva por carga de la prueba de la ley laboral extranjera aplicable.

[13] Los aspectos de procedimiento quedan desarrollados por el art. 6 del RDL 1/1986, de 14 de marzo (*BOE* de 26 de marzo):

«*Art. 6.º* 1. Queda suprimido el requisito de la previa autorización para proceder a la apertura de un centro de trabajo o para reanudar o proseguir los trabajos después de efectuar alteraciones, ampliaciones o transformaciones de importancia, previsto en el artículo 187.1 del texto refundido de la Ley General de la Seguridad Social aprobado por Decreto 2.065/1974, de 30 de mayo.

»En adelante, será suficiente la comunicación de la apertura del centro de trabajo o de la reanudación de los trabajos debidamente documentados y ajustados al Ordenamiento Jurídico, dentro de los treinta días siguientes, a la Autoridad Laboral Competente, quien la pondrá en conocimiento de la Inspección de Trabajo y Seguridad Social a los efectos previstos en el Convenio de la OIT de 11 de julio de 1947.

»2. El Ministro de Trabajo y Seguridad Social determinará los requisitos y datos que el Empresario debe declarar y cumplimentar al efectuar la comunicación de apertura prevista en el número anterior.»

Precepto desarrollado por la Orden TIN/1.071/2010, de 27 de abril (*BOE* de 1 de mayo), sobre los requisitos y datos que deben reunir las comunicaciones de apertura o de reanudación de actividades en los centros de trabajo V. STC 23/1993, de 21 de enero (*BOE* de 24 de febrero), sobre constitucionalidad del anterior Real Decreto-Ley.

siderarán relaciones laborales de carácter especial:

a) La del personal de alta dirección no incluido en el artículo 1.3.*c*)[14].

b) La del servicio del hogar familiar[15].

c) La de los penados en las instituciones penitenciarias[16].

d) La de los deportistas profesionales[17].

Esta competencia de recibir la comunicación ha sido transferida a gran número de Comunidades Autónomas: v. RRDD de transferencias citados en nota al art. 6.º4.

[14] Desarrollado por RD 1.383/1985, de 1 de agosto (*BOE* de 12 de agosto), por el que se regula la relación laboral de carácter especial del personal de alta dirección; v. texto íntegro de esta norma en apéndice al final de la obra. Para el personal directivo en el ámbito del empleo público, v. art. 13 de la Ley 7/2007, de 12 de abril (*BOE* de 13 de abril), por la que se regula el Estatuto Básico del Empleado Público. V. asimismo SSTC 49/1983, de 1 de junio (*BOE* de 13 de junio), que no considera discriminatoria la existencia de relaciones laborales especiales y, en concreto, que ello suceda con los altos cargos; 79/1983, de 5 de octubre (*BOE* de 7 de noviembre), sobre la consideración como no discriminatoria de la libertad de despido de los altos cargos; 190/2001, de 1 de octubre (*BOE* de 6 de noviembre), sobre cese de personal directivo, sin considerarlo contrario al derecho de igualdad, a la libertad ideológica ni a la de información.

[15] Desarrollado por RD 1.620/2011, de 14 de noviembre (*BOE* de 17 de noviembre), por el que se regula la relación laboral de carácter especial del servicio del hogar familiar; texto íntegro de esta norma en apéndice al final de la obra. V. Instrumento de ratificación del Acuerdo Europeo sobre la colocación *au pair* hecho en Estrasburgo el 24 de noviembre de 1969 (*BOE* de 6 de septiembre de 1988). V. asimismo STC 26/1984, de 24 de febrero (*BOE* de 9 de marzo), que no considera inconstitucional su tratamiento como relación laboral especial y la no aplicación de las normas del ET.

[16] Desarrollado por la LO 1/1979, de 26 de septiembre (*BOE* de 5 de octubre), General Penitenciaria, arts. 26 ss.; desarrollados a su vez por el RD 782/2001, de 6 de julio (*BOE* de 7 de julio), por el que se regula la relación laboral de carácter especial de los penados que realicen actividades laborales en talleres penitenciarios y la protección de Seguridad Social de los sometidos a penas de trabajo en beneficio de la comunidad, modificado por RD 2.131/2008, de 26 de diciembre (*BOE* de 19 de enero de 2009). V. RD 868/2005, de 15 de julio (*BOE* de 25 de julio), por el que se aprueba el estatuto del organismo autónomo trabajo penitenciario y formación para el empleo. La reducción en las cotizaciones sociales como medida de fomento del empleo, en la disp. adic. 30.ª de la Ley General de la Seguridad Social, redactada conforme al art. 24.4 de la Ley 14/2000, de 29 de diciembre (*BOE* de 30 de diciembre), y conforme a la disp. adic. 39.ª de la Ley 62/2003, de 30 de diciembre (*BOE* de 31 de diciembre), ambas de Medidas Fiscales, Administrativas y del Orden Social. Conforme al art. 21 de la Ley 55/1999, de 29 de diciembre (*BOE* de 30 de diciembre): «El Gobierno regulará la relación laboral de carácter especial de los penados que realicen actividades laborales en talleres penitenciarios. En la referida regulación se establecerá un marco de protección de Seguridad Social de este colectivo, acorde con sus especiales características. A las cotizaciones a la Seguridad Social que hayan de efectuarse por las contingencias cuya cobertura se establezca, se les aplicarán las bonificaciones generales que se otorguen a favor de los trabajadores con especiales dificultades de inserción laboral o las que específicamente se fijen para este colectivo. El Gobierno regulará, asimismo, la protección de Seguridad Social de los sometidos a penas de trabajo en beneficio de la comunidad.» La referencia constitucional se encuentra en el art. 25.2 CE: el condenado «tendrá derecho a un trabajo remunerado y a los beneficios correspondientes de la Seguridad Social». Respecto a la condena a la realización de trabajos en beneficio de la comunidad, v. art. 49 del Código Penal. Cfr. SSTC 17/1993, de 18 de enero (*BOE* de 12 de febrero), sobre el derecho constitucional al trabajo penitenciario, y 172/1989, de 19 de octubre (*BOE* de 7 de noviembre), sobre idéntica materia que la anterior.

[17] Desarrollado por RD 1.006/1985, de 26 de junio (*BOE* de 27 de junio; corrección

e) La de los artistas en espectáculos públicos[18].

f) La de las personas que intervengan en operaciones mercantiles por cuenta de uno o más empresarios sin asumir el riesgo y ventura de aquéllas[19].

g) La de los trabajadores minusválidos que presten sus servicios en los centros especiales de empleo[20].

---

de errores, 28 de junio y 4 de julio), por el que se regula la relación laboral especial de los deportistas profesionales. V. STC 6/1995, de 10 de enero (*BOE* de 11 de febrero), sobre libertad de expresión del deportista.

[18] Desarrollado por RD 1.435/1985, de 1 de agosto (*BOE* de 14 de agosto), por el que se regula la relación laboral especial de los artistas en espectáculos públicos.

[19] Desarrollado por RD 1.438/1985, de 1 de agosto (*BOE* de 15 de agosto), por el que se regula la relación laboral de carácter especial de las personas que intervengan en operaciones mercantiles por cuenta de uno o más empresarios, sin asumir el riesgo y ventura de aquéllas; ver texto íntegro de esta norma en apéndice al final de la obra.

[20] Según el art. 41.1 de la Ley 13/1982, de 7 de abril (*BOE* de 30 de abril), de integración social de los minusválidos:

«Los minusválidos que por razón de la naturaleza o de las consecuencias de sus minusvalías no puedan, provisional o definitivamente, ejercer su actividad laboral en las condiciones habituales, deberán ser empleados en Centros Especiales de Empleo, cuando su capacidad sea igual o superior a un porcentaje de la capacidad habitual que se fijará por la correspondiente norma reguladora de la relación laboral de carácter especial de los trabajadores minusválidos que presten sus servicios en Centros Especiales de Empleo.»

Conforme a su art. 42.2, de acuerdo con la redacción dada por la Ley 66/1997, de 30 de diciembre (*BOE* de 31 de diciembre), de Medidas Fiscales, Administrativas y del Orden Social:

«La plantilla de los Centros Especiales de Empleo estará constituida por el mayor número de trabajadores minusválidos que permita la naturaleza del proceso productivo y, en todo caso, por el 70 por 100 de aquélla. A estos efectos no se contemplará el personal no minusválido dedicado a la prestación de servicios de ajuste personal y social.

»Se entenderán por servicios de ajuste personal y social los de rehabilitación, terapéuticos, de integración social, culturales y deportivos que procuren al trabajador minusválido del Centro Especial de Empleo una mayor rehabilitación personal y una mejor adaptación de su relación social.»

Dicha relación especial ha sido desarrollada por el RD 1.368/1985, de 17 de julio (*BOE* de 8 de agosto), por el que se regula la relación laboral de carácter especial de los minusválidos que trabajen en los Centros Especiales de Empleo —modificado por el RD 427/1999, de 12 de marzo (*BOE* de 26 de marzo)—, y por el RD 2.273/1985, de 4 de diciembre (*BOE* de 9 de diciembre), por el que se aprueba el Reglamento de los Centros Especiales de Empleo, teniendo en cuenta que el capítulo VII de este último ha sido derogado por el RDL 3/2011, de 18 de febrero (*BOE* de 19 de febrero). V. RD 290/2004, de 20 de febrero (*BOE* de 21 de febrero), por el que se regulan los enclaves laborales como medida de fomento del empleo de las personas con discapacidad, teniendo en cuenta que sus arts. 12 y 13 han sido derogados por el citado RDL 3/2011. Sobre las modalidades de contratación laboral en los Centros Especiales de Empleo, v. disp. adic. 8.ª de la Ley 43/2006, de 29 de diciembre (*BOE* de 30 de diciembre); RD 357/2006, de 24 de marzo (*BOE* de 7 de abril), por el que se regula la concesión directa de determinadas subvenciones en los ámbitos del empleo y de la formación profesional ocupacional; disp. adic. 7.ª de la Ley 30/2007, de 30 de octubre (*BOE* de 31 de octubre), de contratos del Sector Público, sobre contratos reservados a los Centros Especiales de Empleo. V. notas a los arts. 17.2 y 17.3, párr. 2.º V. disp. adic. 2.ª, apdo. 4, ET. Para las subvenciones por mantenimiento de empleo a los Centros Especiales de Empleo, v. art. 8.º de la Ley 27/2009, de 30 de diciembre (*BOE* de 31 de diciembre). V. Convenio OIT n.º 159, sobre la readaptación profesional y el empleo de personas inválidas, ratificado por España por Ins-

h) La de los estibadores portuarios que presten servicios a través de sociedades estatales o de los sujetos que desempeñen las mismas funciones que éstas en los puertos gestionados por las Comunidades Autónomas[21].

i) Cualquier otro trabajo que sea expresamente declarado como relación laboral de carácter especial por una Ley[22].

---

trumento de 17 de julio de 1990 (*BOE* de 23 de noviembre).

[21] Sobre la relación laboral de los estibadores portuarios, v. arts. 149 ss. del RD Legislativo 2/2011, de 5 de septiembre, por el que se aprueba el texto refundido de la Ley de Puertos del Estado y de la Marina Mercante (*BOE* de 20 de octubre). V. Convenios n.º 137 OIT, ratificado por España por Instrumento de 22 de marzo de 1975 (*BOE* de 22 de marzo de 1977), sobre trabajo portuario, y n.º 152, ratificado por España por Instrumento de 13 de febrero de 1982 (*BOE* de 10 de diciembre), sobre seguridad e higiene en los trabajos portuarios. V. STC 183/2007, de 10 de septiembre (*BOE* de 16 de octubre), sobre indicios de discriminación contra un dirigente sindical por parte de otro sindicato, impidiendo su contratación por una sociedad estatal de estiba y desestiba.

[22] Según la disp. adic. 1.ª1 de la Ley 22/2005, de 18 de noviembre (*BOE* de 19 de noviembre):

«La actividad profesional de los abogados que prestan servicios retribuidos, por cuenta ajena y dentro del ámbito de organización y dirección del titular de un despacho de abogados, individual o colectivo, tendrá consideración de relación laboral de carácter especial, y ello sin perjuicio de la libertad e independencia que para el ejercicio de dicha actividad profesional reconocen las leyes o las normas éticas o deontológicas que resulten de aplicación.

»No se considerarán incluidos en el ámbito de la relación laboral que se establece en esta disposición, los abogados que ejerzan la profesión por cuenta propia, individualmente o asociados con otros. Asimismo, tampoco estarán incluidas las colaboraciones que se concierten entre abogados cuando se mantenga la independencia de los respectivos despachos.

»En los términos establecidos en el artículo 11 del Estatuto de los Trabajadores, Texto Refundido aprobado por Real Decreto Legislativo 1/1995, de 24 de marzo, se podrán concertar contratos de trabajo en prácticas.»

Su regulación, en RD 1.331/2006, de 17 de noviembre (*BOE* de 18 de noviembre), por el que se regula la relación laboral de carácter especial de los abogados que prestan servicios en despachos de abogados, individuales o colectivos.

La disp. adic. 1.ª de la Ley 44/2003, de 21 de noviembre (*BOE* de 22 de noviembre), de ordenación de las profesiones sanitarias, contempla la relación laboral especial de residencia. V. RD 1.146/2006, de 6 de octubre (*BOE* de 7 de octubre), por el que se regula la relación laboral especial de residencia para la formación de especialistas en Ciencias de la Salud. El art. 39 de la Ley 53/2002, de 30 de diciembre (*BOE* de 31 de diciembre), declara como relación laboral de carácter especial la de los menores en centros de internamiento, conforme a la LO 5/2000, de 12 de enero, reguladora de la responsabilidad penal de los menores sometidos a la ejecución de medidas de internamiento. En cumplimiento de la disp. final 7.ª de la Ley 8/1980, de 10 de marzo (*BOE* de 14 de marzo), del Estatuto de los Trabajadores, se aprobó el RD 2.205/1980, de 13 de junio (*BOE* de 18 de octubre; anexos de 23 de octubre; corrección de errores de 17 de noviembre), sobre relaciones de trabajo del personal civil no funcionario de establecimientos militares; RD 144/1981, de 23 de enero (*BOE* de 3 de febrero), sobre aplicación del RD de 13 de junio de 1980 al personal español destinado en donde haya sido autorizado el uso y entretenimiento de facilidades para fines militares al Gobierno de los EEUU. Según la disp. adic. 3.ª de la LO 11/1985, de 2 de agosto (*BOE* de 8 de agosto), de Libertad Sindical, conforme a la redacción incorporada por la disp. final 2.ª de la LO 9/2011, de

2. En todos los supuestos señalados en el apartado anterior, la regulación de dichas relaciones laborales respetará los derechos básicos reconocidos por la Constitución.

Art. 3.º *Fuentes de la relación laboral.*—1. Los derechos y obligaciones concernientes a la relación laboral se regulan[23]:

a) Por las disposiciones legales y reglamentarias del Estado[24].

---

27 de julio (*BOE* de 28 de julio), de derechos y deberes de los miembros de la Fuerzas Armadas, «el personal civil que ejerza el derecho reconocido en el artículo 2.1.*d*) en unidades, buques y demás establecimientos militares deberá tener en cuenta y respetar el principio de neutralidad política y sindical de los miembros de las Fuerzas Armadas y ajustarse a las normas sobre actividad sindical de los empleados públicos». V. STC 101/1991, de 13 de mayo (*BOE* de 18 de junio), sobre constitucionalidad de esta disp. adic. 3.ª conforme a la regulación anterior en la versión originaria de la Ley Orgánica de Libertad Sindical.

Otras particularidades, sin llegar a calificarlas como relaciones especiales, en la Ley 23/1992, de 30 de julio (*BOE* de 4 de agosto), de seguridad privada.

[23] V. art. 1.º del Código Civil. Para los tratados internacionales, v. arts. 93 a 96 CE. V. STC 180/1993, de 31 de mayo (*BOE* de 5 de julio), en relación con la aplicación de las directivas comunitarias.

[24] Art. 149.1.7.ª CE:

«El Estado tiene competencia exclusiva sobre las siguientes materias:

»[...]

»7.ª Legislación laboral, sin perjuicio de su ejecución por los órganos de las Comunidades Autónomas.»

Sobre el alcance de este apartado, v. SSTC 33/1981, de 5 de noviembre (*BOE* de 19 de noviembre), sobre competencia autonómica en materia de huelgas que afectan a servicios esenciales de la comunidad; 18/1982, de 4 de mayo (*BOE* de 18 de mayo), sobre inclusión de la potestad reglamentaria en el término «legislación laboral» y sobre competencia autonómica de los aspectos de organización interna de la Administración; 35/1982, de 14 de junio (*BOE* de 28 de junio), sobre competencia autonómica en materia de contrato de trabajo; 48/1982, de 12 de julio (*BOE* de 4 de agosto), y 85/1982, de 23 de diciembre (*BOE* de 15 de enero de 1983), sobre competencia autonómica en materia de registro de convenios colectivos; 39/1982, de 30 de junio (*BOE* de 16 de julio), sobre competencia autonómica en materia de información de los representantes de los trabajadores; 7/1985, de 25 de enero (*BOE* de 12 de febrero), sobre competencia estatal en materia de desarrollo reglamentario de fiestas y competencia autonómica en materia de calendario laboral; 17/1986, de 4 de febrero (*BOE* de 5 de marzo), sobre competencia de las Comunidades Autónomas en materias asignadas a la Comisión Consultiva Nacional de Convenios Colectivos; 249/1988, de 20 de diciembre (*BOE* de 19 de enero de 1989), sobre competencia estatal de desarrollo reglamentario en materia de infracciones y sanciones administrativas; 86/1991, de 25 de abril (*BOE* de 29 de mayo), y 102/1991, de 13 de mayo (*BOE* de 18 de junio), sobre competencia autonómica en materia de extensión de convenios colectivos; 360/1993, de 3 de diciembre (*BOE* de 29 de diciembre), sobre competencia estatal en materia de causas de extinción contractual; 13/1992, de 6 de febrero (*BOE* de 3 de marzo), y 68/1996, de 18 de abril (*BOE* de 21 de mayo), sobre regulación y gestión de subvenciones públicas; 194/1994, de 28 de junio (*BOE* de 26 de julio), y 43/1996, de 14 de marzo (*BOE* de 17 de abril), sobre proclamación de resultados electorales; 195/1996, de 28 de noviembre (*BOE* de 3 de enero de 1997), sobre competencia autonómica en materia de ejercicio de la potestad administrativa de sancionar en el ámbito laboral y no de gestión económica de la Seguridad Social. V. SSTC 233/1997, de 18 de diciembre (*BOE* de 21 de enero de 1998), sobre competencia estatal en la fijación de servicios mínimos en huelgas de estibadores en puertos de interés general; 95/2002, de 25 de abril (*BOE* de 22 de mayo), sobre competencia autonómica en materia de gestión de Formación Profesional continua de trabajadores ocupados; 190/2002, de 17 de octubre (*BOE* de 22 de noviembre); 228/2003 y 230/2003, de 18 de diciembre

b) Por los convenios colectivos[25].

c) Por la voluntad de las partes, manifestada en el contrato de trabajo, siendo su objeto lícito y sin que en ningún caso puedan establecerse en perjuicio del trabajador condiciones menos favorables o contrarias a las disposiciones legales y convenios colectivos antes expresados.

d) Por los usos y costumbres locales y profesionales.

2. Las disposiciones legales y reglamentarias se aplicarán con sujeción estricta al principio de jerarquía normativa. Las disposiciones reglamentarias desarrollarán los preceptos que establecen las normas de rango superior, pero no podrán establecer condiciones de trabajo distintas a las establecidas por las leyes a desarrollar[26].

3. Los conflictos originados entre los preceptos de dos o más normas laborales, tanto estatales como pactadas, que deberán respetar en todo caso los mínimos de derecho necesario, se resolverán mediante la aplicación de lo más favorable para el trabajador apreciado en su conjunto, y en cómputo anual, respecto de los conceptos cuantificables.

4. Los usos y costumbres sólo se aplicarán en defecto de disposiciones legales, convencionales o contractuales, a no ser que cuenten con una recepción o remisión expresa.

5. Los trabajadores no podrán disponer válidamente, antes o después de su adquisición, de los derechos que tengan reconocidos por disposiciones legales de derecho necesario. Tampoco podrán disponer válidamente de los derechos reconocidos como indisponibles por convenio colectivo[27].

SECCIÓN 2.ª

Derechos y deberes laborales básicos

Art. 4.º *Derechos laborales*[28].—1. Los trabajadores tie-

(*BOE* de 20 de enero de 2004), sobre idéntica materia a la anterior; 158/2004, de 23 de septiembre (*BOE* de 22 de octubre), sobre idéntica materia a la anterior; 51/2006, de 18 de febrero (*BOE* de 16 de marzo), sobre competencia autonómica en materia de expediente sancionador por parte de la Administración laboral; 194/2011, de 13 de diciembre (*BOE* de 11 de enero de 2012), sobre reparto competencial en materia de ejecución de la legislación laboral en relación con empresas que cuenten con varios centros de trabajo y la resolución administrativa pudiera tener impacto supraautonómico; 111/2012, de 24 de mayo (*BOE* de 20 de junio), sobre reparto competencial en materia de desarrollo reglamentario de la Ley Orgánica de cualificaciones y de la formación profesional.

[25] V. arts. 82 ss. ET.

[26] V. arts. 9.º3 CE y 1.º1 del Código Civil.

[27] Art. 246.1 de la Ley 36/2011, de 10 de octubre (*BOE* de 11 de octubre), Reguladora de la Jurisdicción Social: «Se prohíbe la renuncia de los derechos reconocidos por sentencias favorables al trabajador, sin perjuicio de la posibilidad de transacción dentro de los límites legalmente establecidos.»

[28] Los incumplimientos de este precepto son calificados como infracciones graves por el art. 7.º10 LISOS [RD Legislativo 5/2000, de 4 de agosto (*BOE* de 8 de agosto)].

nen como derechos básicos, con el contenido y alcance que para cada uno de los mismos disponga su específica normativa, los de:

a) Trabajo y libre elección de profesión u oficio[29].

b) Libre sindicación[30].

---

[29] Art. 35.1 CE: «Todos los españoles tienen el deber de trabajar y el derecho al trabajo, a la libre elección de profesión u oficio, a la promoción a través del trabajo y a una remuneración suficiente para satisfacer sus necesidades y las de su familia, sin que en ningún caso pueda hacerse discriminación por razón de sexo.» V. Directiva 2005/36/CE, de 7 de septiembre (*DOUE* de 30 de septiembre), relativa al reconocimiento de cualificaciones profesionales.

[30] Art. 28.1 CE: «Todos tienen derecho a sindicarse libremente. La Ley podrá limitar o exceptuar el ejercicio de este derecho a las Fuerzas o Institutos armados o a los demás cuerpos sometidos a disciplina militar y regulará las peculiaridades de su ejercicio para los funcionarios públicos. La libertad sindical comprende el derecho a fundar sindicatos y a afiliarse al de su elección, así como el derecho de los sindicatos a formar confederaciones y a fundar organizaciones sindicales internacionales o afiliarse a las mismas. Nadie podrá ser obligado a afiliarse a un sindicato.» Asimismo, v. arts. 7.º, 103.3 y 127 CE. Preceptos desarrollados por la LO 11/1985, de 2 de agosto (*BOE* de 8 de agosto), de Libertad Sindical, modificada por la LO 9/2011, de 27 de julio (*BOE* de 28 de julio):

«TÍTULO I: DE LA LIBERTAD SINDICAL.

»*Art. 1.º* 1. Todos los trabajadores tienen derecho a sindicarse libremente para la promoción y defensa de sus intereses económicos y sociales.

»2. A los efectos de esta Ley, se consideran trabajadores tanto aquellos que sean sujetos de una relación laboral como aquellos que lo sean de una relación de carácter administrativo o estatutario al servicio de las Administraciones Públicas.

»3. Quedan exceptuados del ejercicio de este derecho los miembros de las Fuerzas Armadas y de los Institutos Armados de carácter militar.

»4. De acuerdo con lo dispuesto en el artículo 127.1 de la Constitución, los Jueces, Magistrados y Fiscales no podrán pertenecer a sindicato alguno mientras se hallen en activo.

»5. El ejercicio de derecho de sindicación de los miembros de Cuerpos y Fuerzas de Seguridad que no tengan carácter militar, se regirá por su normativa específica, dado el carácter armado y la organización jerarquizada de estos Institutos.

»*Art. 2.º* 1. La libertad sindical comprende:

»*a*) El derecho a fundar sindicatos sin autorización previa, así como el derecho a suspenderlos o a extinguirlos, por procedimientos democráticos.

»*b*) El derecho del trabajador a afiliarse al sindicato de su elección con la sola condición de observar los estatutos del mismo o a separarse del que estuviese afiliado, no pudiendo nadie ser obligado a afiliarse a un sindicato.

»*c*) El derecho de los afiliados a elegir libremente a sus representantes dentro de cada sindicato.

»*d*) El derecho a la actividad sindical.

»2. Las organizaciones sindicales en el ejercicio de la libertad sindical, tienen derecho a:

»*a*) Redactar sus estatutos y reglamento, organizar su administración interna y sus actividades y formular su programa de acción.

»*b*) Constituir federaciones, confederaciones y organizaciones internacionales, así como afiliarse a ellas y retirarse de las mismas.

»*c*) No ser suspendidas ni disueltas sino mediante resolución firme de la Autoridad Judicial, fundada en incumplimiento grave de las Leyes.

»*d*) El ejercicio de la actividad sindical en la empresa o fuera de ella, que comprenderá, en todo caso, el derecho a la negociación colectiva, el ejercicio del derecho de huelga, al planteamiento de conflictos individuales y colectivos y a la presentación de candidaturas para la elección de Comités de Empresa y Delegados de Personal, y de los correspondientes órganos de las Administraciones Públicas, en los términos previstos en las normas correspondientes.

»*Art. 3.º* 1. No obstante lo dispuesto en el artículo 1.º2, los trabajadores por cuenta propia que no tengan trabajadores a su servicio, los trabajadores en paro y los que hayan cesado en su actividad laboral, como consecuencia de su incapacidad o jubilación, podrán afiliarse a las organizaciones sindicales constituidas con arreglo a lo expuesto en la presente Ley, pero no fundar sindicatos que tengan precisamente por objeto la tutela de sus intereses singulares, sin perjuicio de su capacidad para constituir asociaciones al amparo de la legislación específica.

»2. Quienes ostenten cargos directivos o de representación en el sindicato en que estén afiliados, no podrán desempeñar, simultáneamente, en las Administraciones Públicas cargos de libre designación de categoría de Director General o asimilados, así como cualquier otro de rango superior.

»TÍTULO II: DEL RÉGIMEN JURÍDICO SINDICAL.

»*Art. 4.º* 1. Los sindicatos constituidos al amparo de esta Ley, para adquirir la personalidad jurídica y plena capacidad de obrar, deberán depositar, por medio de sus promotores o dirigentes sus estatutos en la oficina pública establecida al efecto.

»2. Las normas estatutarias contendrán al menos:

»*a*) La denominación de la organización que no podrá coincidir ni inducir a confusión con otra legalmente registrada.

»*b*) El domicilio y ámbito territorial y funcional de actuación del sindicato.

»*c*) Los órganos de representación, gobierno y administración y su funcionamiento, así como el régimen de provisión electiva de sus cargos, que habrán de ajustarse a principios democráticos.

»*d*) Los requisitos y procedimientos para la adquisición y pérdida de la condición de afiliados, así como el régimen de modificación de estatutos, de fusión y disolución del sindicato.

»*e*) El régimen económico de la organización que establezca el carácter, procedencia y destino de sus recursos, así como los medios que permitan a los afiliados conocer la situación económica.

»3. La oficina pública dispondrá en el plazo de diez días, la publicidad del depósito, o el requerimiento a sus promotores, por una sola vez, para que en el plazo máximo de otros diez días subsanen los defectos observados. Transcurrido este plazo, la oficina pública dispondrá la publicidad o rechazará el depósito mediante resolución exclusivamente fundada en la carencia de alguno de los requisitos mínimos a que se refiere el número anterior.

»4. La oficina pública dará publicidad al depósito en el tablón de anuncios de la misma, en el *Boletín Oficial del Estado* y, en su caso, en el *Boletín Oficial* correspondiente indicando, al menos, la denominación, el ámbito territorial y funcional, la identificación de los promotores y firmantes del acta de constitución del sindicato.

»La inserción en los respectivos Boletines será dispuesta por la oficina pública en el plazo de diez días y tendrá carácter gratuito.

»5. Cualquier persona estará facultada para examinar los estatutos depositados, debiendo además la oficina facilitar a quien así lo solicite, copia autentificada de los mismos.

»6. Tanto la Autoridad pública, como quienes acrediten un interés directo, personal y legítimo, podrán promover ante la Autoridad Judicial la declaración de no conformidad a derecho de cualesquiera estatutos que hayan sido objeto de depósito y publicación.

»7. El sindicato adquirirá personalidad jurídica y plena capacidad de obrar, transcurridos veinte días hábiles desde el depósito de los estatutos.

»8. La modificación de los estatutos de sus organizaciones sindicales ya constituidas se ajustará al mismo procedimiento de depósito y publicidad regulado en este artículo.

»*Art. 5.º* 1. Los sindicatos constituidos al amparo de la presente Ley responderán por los actos o acuerdos adoptados por sus órganos estatutarios en la esfera de sus respectivas competencias.

»2. El sindicato no responderá por actos individuales de sus afiliados, salvo que aquéllos se produzcan en el ejercicio regular de las funciones representativas o se pruebe que dichos afiliados actuaban por cuenta del sindicato.

»3. Las cuotas sindicales no podrán ser objeto de embargo.

»4. Los sindicatos constituidos al amparo de esta Ley podrán beneficiarse de las exenciones y bonificaciones fiscales que legalmente se establezcan.»

Otros artículos de esta Ley aparecen transcritos en las notas a los arts. 17.1, 61,

85.1 y 87.2.*b*). Ley declarada íntegramente constitucional por la STC 98/1985, de 29 de julio (*BOE* de 14 de agosto). Asimismo, SSTC 101/1991, de 13 de mayo (*BOE* de 18 de junio), sobre constitucionalidad de su disp. adic. 3.ª conforme a su redacción original, y 173/1992, de 29 de octubre (*BOE* de 1 de diciembre), sobre constitucionalidad de su art. 10.1.

V. también arts. 167 ss. de la Ley 36/2011, de 10 de octubre (*BOE* de 11 de octubre), Reguladora de la Jurisdicción Social; Ley 4/1986, de 8 de enero (*BOE* de 14 de enero), de Cesión de bienes del Patrimonio Sindical acumulado, modificada por el art. 129 de la Ley 37/1988, de 28 de diciembre (*BOE* de 29 de diciembre), de Presupuestos Generales del Estado para 1989, y RDL 13/2005, de 28 de octubre (*BOE* de 3 de noviembre); RD 1.671/1986, de 1 de agosto (*BOE* de 8 de agosto), por el que se aprueba el Reglamento de la Ley anterior; LO 9/2011, de 27 de julio (*BOE* de 28 de julio), de derechos y deberes de los miembros de la Fuerzas Armadas. V. LO 11/2007, de 22 de octubre (*BOE* de 23 de octubre), sobre derechos y deberes de los miembros de la Guardia Civil; arts. 18 y 19 de la Ley 20/2007, de 11 julio (*BOE* de 12 de julio), del Estatuto del trabajo autónomo, desarrollado por el RD 197/2009, de 23 de febrero (*BOE* de 4 de marzo); art. 315 del Código Penal, trascrito en nota al art. 4.º1.*e*). Asimismo, Convenios de la OIT n.º 87, ratificado por España por Instrumento de 13 de abril de 1977 (*BOE* de 11 de mayo), relativo a la Libertad Sindical y a la Protección del Derecho de Sindicación; n.º 98, ratificado por España por Instrumento de 13 de abril de 1977 (*BOE* de 10 de mayo), sobre el Derecho de Sindicación y de Negociación Colectiva, y n.º 151, ratificado por España por Instrumento de 22 de junio de 1984 (*BOE* de 12 de diciembre), sobre la protección del derecho de sindicación y los procedimientos para determinar las condiciones de empleo en la Administración Pública. Asimismo, v. SSTC de 23 de noviembre de 1981 (*BOE* de 22 de diciembre), sobre garantías a los candidatos a representantes de personal; 55/1983, de 29 de junio (*BOE* de 15 de julio), sobre discriminación sindical durante el empleo; 20/1985, de 14 de febrero (*BOE* de 5 de marzo), sobre discriminación a los sindicatos por el Estado con motivo de las subvenciones a éstos contenidas en los Presupuestos Generales del Estado; 26/1985, de 22 de febrero (*BOE* de 27 de marzo), sobre idéntica materia que la anterior; 72/1985, de 13 de junio (*BOE* de 17 de julio), sobre idéntica materia; 39/1986, de 31 de marzo (*BOE* de 9 de abril), sobre participación institucional de los sindicatos con ocasión de la creación de determinadas comisiones por el AES; 7/1990, de 18 de enero (*BOE* de 15 de febrero), y 22/1990, de 26 de febrero, sobre presencia de los sindicatos minoritarios en la Comisión Nacional y las Comisiones Provinciales de Elecciones Sindicales; 197/1991, de 29 de noviembre (*BOE* de 10 de enero de 1992), sobre libertad sindical en actos previos a las elecciones a representantes de los trabajadores; 52/1992, de 8 de abril (*BOE* de 13 de mayo), sobre exclusión de los empresarios del ámbito de la libertad sindical; 75/1992, de 14 de mayo (*BOE* de 16 de junio), sobre idéntica materia y acerca de la constitucionalidad de la Ley 4/1986, de 8 de enero, arts. 3.º y 5.º2, citada; 183/1992, de 16 de noviembre (*BOE* de 18 de diciembre), sobre presencia de sindicatos minoritarios en la Comisión Consultiva sobre cesión del patrimonio sindical; 292/1993, de 18 de octubre (*BOE* de 9 de noviembre), sobre el derecho a negarse a comunicar al empresario la condición de afiliado a un sindicato como manifestación de la libertad ideológica; 273/1994, de 17 de octubre (*BOE* de 22 de noviembre), sobre ejercicio de acción sindical y conductas lícitas de presión sindical en la policía local; 67/1995, de 9 de mayo (*BOE* de 13 de junio), en relación con supuesta discriminación entre sindicatos en el nombramiento de consejeros de administración de una sociedad estatal; 85/1995, de 6 de junio (*BOE* de 8 de julio), en relación con supuesta sanción encubierta a un policía por su condición de dirigente sindical; 127/1995, de 25 de julio (*BOE* de 22 de agosto), en relación con idéntica materia a la anterior; 74/1996, de 30 de abril (*BOE* de 31 de mayo), sobre exclusión del comité de empresa de ámbito subjetivo de titularidad de la libertad sindical; 101/1996, de 11 de junio (*BOE* de 12 de julio), en relación con la legitimación procesal del sindicato en el orden contencioso-administrativo; 17/1996, de 7 de febrero (*BOE* de 2 de marzo), sobre remoción injustificada de puesto de libre designación; 168/1996, de 29 de octubre (*BOE* de 3 de diciembre), sobre derecho de reunión de la sección sindical y uso de tablón de anuncios; 27/1997, de 11 de febrero (*BOE* de 14 de marzo), relativa a la posible vulneración de la libertad sindical como consecuencia de la imposición judicialmente de una fianza que en la práctica pudiera paralizar la actividad sindical; 11/1998, de 13 de enero (*BOE* de 12 de febrero); 33 y 35/1998, de 11 de febrero (*BOE* de 17 de marzo); 45/1998, de 24 de febrero (*BOE* de 31 de marzo); 60/1998, de 16 de marzo (*BOE* de 22 de abril); 77/1998, de 31 de marzo (*BOE* de 6 de mayo), sobre discriminación salarial y profesional por ejercicio de cargo representativo sindical; 74/1998, de 31 de marzo (*BOE* de 6 de mayo); 94/1998, de 4 de mayo (*BOE* de 9 de junio), sobre vulneración de la libertad sindical por uso del conocimiento de la afiliación sindical, para presumir la participación en una huelga sin la debida comprobación; 145/1999, de 22 de julio (*BOE* de 26 de agosto), sobre facultad empresarial de requerir el número de afiliados a efectos de acreditar la implantación sindical; 265/2000, de 13 de noviembre (*BOE* de 14 de diciembre), sobre vulneración del derecho a la libertad sindical por denegación de puesto de trabajo porque el interesado ostenta la condición de «liberado sindical»; 308/2000, de 18 de diciembre (*BOE* de 16 de enero de 2001), sobre ausencia de indicios de prueba del carácter antisindical de una alteración de condiciones de trabajo justificada por la reducción de plantilla de un taller; 7/2001, de 15 de enero (*BOE* de 16 de febrero), sobre legitimación del sindicato para interponer recurso contencioso-administrativo frente al nombramiento de inspector-jefe de la Policía Local; 84/2001, de 26 de marzo (*BOE* de 1 de mayo), sobre legitimación procesal de un sindicato para recurrir en el orden contencioso-administrativo; 142/2001, de 18 de junio (*BOE* de 17 de julio), sobre ausencia de vulneración de la libertad sindical por falta de ocupación efectiva de una trabajadora que responde a motivos ajenos a su condición de representante sindical; 84/2002, de 22 de abril (*BOE* de 22 de mayo), sobre indicios razonables de marginación laboral de trabajadores por su condición de representantes sindicales; 188/2004, de 2 de noviembre (*BOE* de 2 de diciembre), sobre idéntica materia a la anterior; 114/2002, de 20 de mayo (*BOE* de 19 de junio), sobre legitimación sindical para impugnar judicialmente un cambio de puesto de trabajo si a consecuencia del mismo pudiera verse afectado su actividad sindical, 89/2003, de 19 de mayo (*BOE* de 10 de junio), sobre legitimación procesal de sindicato en proceso contencioso-administrativo contra prórroga de comisiones de servicios de ciertos funcionarios; 171/2003, de 24 de septiembre (*BOE* de 23 de octubre), sobre vulneración de la libertad sindical por cese en puesto de libre designación a resultas de la elección como presidente del comité de empresa; 185/2003, de 27 de octubre (*BOE* de 26 de noviembre), sobre anulación de sanción penal por ejercicio de la libertad de información en el ámbito de la acción sindical; 112/2004, de 12 de julio (*BOE* de 11 de agosto), sobre legitimidad procesal del sindicato en materia de potestad organizativa de la Administración optando por un sistema de subcontratación de la actividad; 142/2004, de 13 de septiembre (*BOE* de 14 de octubre), sobre legitimidad procesal del sindicato en materia de jornada de trabajo del personal médico; 198/2004, de 15 de noviembre (*BOE* de 21 de diciembre), sobre vulneración de la libertad sindical por distribuir anuncios en prensa y comunicados a clientes criticando a la empresa y anunciando movilizaciones; 17/2005, de 1 de febrero (*BOE* de 3 de marzo), sobre vulneración de la libertad sindical por indicios racionales de discriminación contra delegados de personal que atañe al sindicato al que pertenecen; 216/2005, de 12 de septiembre (*BOE* de 14 de octubre), sobre indicios racionales de discriminación sindical al cesar a un representante sindical de un puesto de libre designación; 234/2005, de 26 de septiembre (*BOE* de 28 de octubre), sobre inexistencia de vulneración de la libertad sindical por denegación de la prestación por desempleo a dirigentes sindicales; 241/2005, de 10 de octubre (*BOE* de 15 de noviembre), sobre vulneración de la libertad sindical por denegación de nombramiento en situación especial en activo, con pérdida retributiva, sufrida por un delegado sindical; 281/2005, de 7 de noviembre (*BOE* de 13 de diciembre), sobre uso del correo electrónico de propiedad de la empresa con fines de información sindical; 326/2005, de 12 de diciembre (*BOE* de 12 de enero de 2006), sobre menoscabo económico por razón de la actividad sindical; 3/2006, de 16 de enero (*BOE* de 15 de febrero), sobre menoscabo económico ajeno a la actividad sindical; 247/2006, de 24 de julio (*BOE* de

c) Negociación colectiva[31].

d) Adopción de medidas de conflicto colectivo[32].

18 de agosto), sobre indemnización por vulneración de la libertad sindical; 227/2006, de 17 de julio (*BOE* de 18 de agosto), sobre vulneración de la libertad sindical por despido de delegado sindical por reunión con clientes de la empresa divulgando la conflictividad laboral interna; 168/2006, de 5 de junio (*BOE* de 7 de julio), sobre indicios de discriminación contra delegado sindical por cesar la relación laboral previa amortización de su puesto de trabajo; 202/2007, de 24 de septiembre (*BOE* de 31 de octubre), sobre legitimación procesal del sindicato en defensa y tutela de empleados; 207/2007, de 24 de septiembre (*BOE* de 31 de octubre), sobre menoscabo económico por razón de la actividad sindical al denegar un complemento de especial dedicación; 257/2007, de 17 de diciembre (*BOE* de 22 de enero de 2008), sobre menoscabo económico por razón de la actividad sindical al denegar un puesto de trabajo sin probar un detrimento de la eficacia de la Administración; 236/2007, de 7 de noviembre (*BOE* de 10 de diciembre), 259/2007, de 19 de diciembre, y 260/2007, de 20 de diciembre (*BOE* de 22 de enero de 2008), sobre derecho de sindicación de los trabajadores extranjeros sin permiso de estancia o residencia; 108/2008, de 22 de septiembre (*BOE* de 10 de octubre), sobre lesión de la libertad sindical en relación con la libertad de expresión por condena por injurias a un delegado sindical por la distribución de pasquines entre clientes criticando a la empresa por razón de un conflicto laboral; 152/2008, de 17 de noviembre (*BOE* de 12 de diciembre), y 96/2009, de 20 de abril (*BOE* de 23 de mayo), sobre derecho a formar confederaciones por parte de una federación de asociaciones de funcionarios a efectos de proclamación de elecciones sindicales.

[31] V. Título III ET.

[32] Art. 37.2 CE: «Se reconoce el derecho de los trabajadores y empresarios a adoptar medidas de conflicto colectivo. La ley que regule el ejercicio de este derecho, sin perjuicio de las limitaciones que pueda establecer, incluirá las garantías precisas para asegurar el funcionamiento de los servicios esenciales de la comunidad.»

V. arts. 85 y 91 y disp. adic. 13.ª ET, así como IV Acuerdo sobre Solución Extrajudicial de Conflictos Laborales (ASEC IV), de 10 de febrero de 2009 (*BOE* de 14 de marzo).

Parcialmente se refiere a este derecho el Título II del RDL 17/1977, de 4 de marzo (*BOE* de 9 de marzo), sobre Relaciones de Trabajo:

«TÍTULO II: CONFLICTOS COLECTIVOS DE TRABAJO.

»CAPÍTULO I.

»*Art. 17.* 1. La solución de situaciones conflictivas que afecten a intereses generales de los trabajadores podrá tener lugar por el procedimiento de conflicto colectivo de trabajo que se regula en este Título.

»2. Cuando los trabajadores utilicen el procedimiento de conflicto colectivo de trabajo no podrán ejercer el derecho de huelga.

»3. Declarada la huelga, podrán, no obstante, los trabajadores desistir de la misma y someterse al procedimiento de conflicto colectivo de trabajo.

»*Art. 18.* 1. Sólo podrán instar la iniciación de conflicto colectivo de trabajo:

»*a*) Los representantes de los trabajadores en el ámbito correspondiente al conflicto, por iniciativa propia o a instancia de sus representados.

»*b*) Los empresarios o sus representantes legales, según el ámbito del conflicto.

»2. Cuando el procedimiento de conflicto colectivo se inicie a instancia de los empresarios, y los trabajadores ejerzan el derecho de huelga, se suspenderá dicho procedimiento, archivándose las actuaciones.

»*Art. 19.* La competencia para conocer de los conflictos colectivos de trabajo corresponde, según su naturaleza:

»*a*) Al Delegado de Trabajo de la provincia en que se plantea el conflicto. La Dirección de Trabajo será competente en los conflictos colectivos laborales que afecten a trabajadores de varias provincias.

»*b*) Al Orden Jurisdiccional laboral, de acuerdo con lo establecido en esta disposición y en la Ley de Procedimiento Laboral.

»*Art. 20.* No podrá plantearse conflicto colectivo de trabajo para modificar lo pactado en convenio colectivo establecido por laudo.

e) Huelga[33].

»CAPÍTULO II: *Procedimiento.*

»*Art. 21.* El planteamiento de conflicto colectivo de trabajo se formalizará por escrito, firmado y fechado, en el que consten nombre, apellidos, domicilio y carácter de las personas que lo planteen y determinación de los trabajadores y empresarios afectados; hechos sobre los que verse el conflicto, peticiones concretas que se formulen, así como los demás datos que procedan.

»*Art. 22.* El escrito a que se refiere el artículo anterior habrá de presentarse ante la Delegación de Trabajo de la provincia en que se plantee el conflicto. Cuando el conflicto afecte a trabajadores de varias provincias, dicho escrito será presentado ante la Dirección General de Trabajo.

»*Art. 23.* En las veinticuatro horas siguientes al día de la presentación del escrito citado en el artículo 21, la Autoridad laboral remitirá copia del mismo a la parte frente a la que se plantee el conflicto y convocará a las partes de comparecencia ante ella, la que habrá de tener lugar dentro de los tres días siguientes.

»*Art. 24.* En la comparecencia, la Autoridad laboral intentará la avenencia entre las partes. Los acuerdos serán adoptados por mayoría simple de las representaciones de cada una de las mismas. Dicho acuerdo tendrá la misma eficacia que lo pactado en convenio colectivo.

»Las partes podrán designar a uno o varios Árbitros. En tal caso, éstos, que cuando sean varios habrán de actuar conjuntamente, deberán dictar su laudo en el término de cinco días. La decisión que adopten tendrá la misma eficacia que si hubiera habido acuerdo entre las partes.

»*Art. 25.* Si las partes no llegaran a un acuerdo, ni designasen a uno o varios Árbitros, la autoridad laboral procederá del siguiente modo:

»*a*) Si el conflicto derivara de discrepancias relativas a la interpretación de una norma preexistente, estatal o convenida colectivamente, remitirá las actuaciones practicadas, con su informe, a la Magistratura de Trabajo, que procederá conforme a lo dispuesto en la Ley de Procedimiento Laboral.

»*b*) [...].»

Las menciones a la Ley de Procedimiento Laboral han de entenderse referidas a la Ley 36/2011, de 10 de octubre (*BOE* de 11 de octubre), Reguladora de la Jurisdicción Social.

Se han omitido aquellos apartados declarados expresamente inconstitucionales por la STC de 11/1981, de 8 de abril (*BOE* de 25 de abril). V. también sentencias del mismo Tribunal 70/1982, de 29 de noviembre (*BOE* de 29 de diciembre), sobre legitimidad de los sindicatos para instar el procedimiento de conflictos colectivos de trabajo; 37/1983, de 11 de mayo (*BOE* de 20 de mayo), sobre idéntica materia; 59/1983, de 6 de julio (*BOE* de 9 de agosto), sobre legitimación del comité de empresa para instar el procedimiento; 74/1983, de 30 de julio (*BOE* de 18 de agosto), sobre idéntica materia que la precedente; 92/1988, de 23 de marzo (*BOE* de 15 de junio), sobre ejecución de las sentencias en procedimientos de conflictos colectivos; 3/1994, de 1 de enero (*BOE* de 17 de febrero), sobre relación entre proceso colectivo y subsiguiente individual.

La competencia ha sido transferida a gran número de Comunidades Autónomas: v. RRDD de transferencias citados en nota al art. 6.º4.

V. también arts. 153 ss. de la Ley 36/2011, de 10 de octubre (*BOE* de 11 de octubre), Reguladora de la Jurisdicción Social.

[33] Art. 28.2 CE: «Se reconoce el derecho a la huelga de los trabajadores para la defensa de sus intereses. La Ley que regule el ejercicio de este derecho establecerá las garantías precisas para asegurar el mantenimiento de los servicios esenciales de la comunidad.»

La regulación legal se encuentra desarrollada provisionalmente en el RDL 17/1977, de 4 de marzo (*BOE* de 9 de marzo), sobre Relaciones de Trabajo:

«TÍTULO I: EL DERECHO DE HUELGA.

» CAPÍTULO I: *La huelga.*

»*Art. 1.º* El derecho de huelga, en el ámbito de las relaciones laborales, podrá ejercerse en los términos previstos en este Real Decreto-Ley.

»*Art. 2.º* Son nulos los pactos establecidos en contratos individuales de trabajo que contengan renuncias o cualquier otra restricción al derecho de huelga.

»*Art. 3.º* 1. [...]

»2. Están facultados para acordar la declaración de huelga:

»*a*) Los trabajadores, a través de sus representantes. El acuerdo será adoptado, en reunión conjunta de dichos representantes, por decisión mayoritaria de los mismos. De la reunión [...] se levantará acta, que deberán firmar los asistentes.

»*b*) Directamente los propios trabajadores del centro de trabajo, afectados por el conflicto [...]. La votación habrá de ser secreta y se decidirá por mayoría simple. El resultado de ésta se hará constar en acta.

»3. El acuerdo de declaración de huelga habrá de ser comunicado al empresario o empresarios afectados y a la autoridad laboral por los representantes de los trabajadores.

»La comunicación de huelga deberá hacerse por escrito y notificada con cinco días naturales de antelación, al menos, a su fecha de iniciación, cuando el acuerdo de declaración de huelga lo adopten directamente los trabajadores mediante votación, el plazo de preaviso comenzará a contarse desde que los representantes de los trabajadores comuniquen al empresario la celebración de la misma.

»La comunicación de huelga habrá de contener los objetivos de ésta, gestiones realizadas para resolver las diferencias, fecha de su inicio y composición del comité de huelga.

»*Art. 4.º* Cuando la huelga afecte a empresas encargadas de cualquier clase de servicios públicos, el preaviso del comienzo de huelga al empresario y a la autoridad laboral habrá de ser, al menos, de diez días naturales. Los representantes de los trabajadores deberán dar a la huelga, antes de su iniciación, la publicidad necesaria para que sea conocida por los usuarios del servicio.

»*Art. 5.º* Sólo podrán ser elegidos miembros del comité de huelga trabajadores del propio centro de trabajo afectados por el conflicto.

»La composición del comité de huelga no podrá exceder de doce personas.

»Corresponde al comité de huelga participar en cuantas actuaciones sindicales, administrativas o judiciales se realicen para la solución del conflicto.

»*Art. 6.º* 1. El ejercicio del derecho de huelga no extingue la relación de trabajo, ni puede dar lugar a sanción alguna, salvo que el trabajador, durante la misma, incurriera en falta laboral.

»2. Durante la huelga se entenderá suspendido el contrato de trabajo y el trabajador no tendrá derecho a salario.

»3. El trabajador en huelga permanecerá en situación de alta especial en la Seguridad Social, con suspensión de la obligación de cotización por parte del empresario y del propio trabajador. El trabajador en huelga no tendrá derecho a la prestación por incapacidad laboral transitoria.

»4. Se respetará la libertad de trabajo de aquellos trabajadores que no quisieran sumarse a la huelga.

»5. En tanto dure la huelga, el empresario no podrá sustituir a los huelguistas por trabajadores que no estuviesen vinculados a la empresa al tiempo de ser comunicada la misma, salvo en caso de incumplimiento de las obligaciones contenidas en el apartado número siete de este artículo.

»6. Los trabajadores en huelga podrán efectuar publicidad de la misma, en forma pacífica, y llevar a efecto recogida de fondos sin coacción alguna.

»7. El comité de huelga habrá de garantizar durante la misma la prestación de los servicios necesarios para la seguridad de las personas y de las cosas, mantenimiento de los locales, maquinaria, instalaciones, materias primas y cualquier otra atención que fuese precisa para la ulterior reanudación de las tareas de la empresa. Corresponde al empresario la designación de los trabajadores que deban efectuar dichos servicios.

»*Art. 7.º* 1. El ejercicio del derecho de huelga habrá de realizarse, precisamente, mediante la cesación de la prestación de servicios por los trabajadores afectados y sin ocupación por los mismos del centro de trabajo o de cualquiera de sus dependencias.

»2. Las huelgas rotatorias, las efectuadas por los trabajadores que presten servicios en sectores estratégicos con la finalidad de interrumpir el proceso productivo, las de celo o reglamento y, en general, cualquier forma de alteración colectiva en el régimen de trabajo distinta a la huelga, se considerarán actos ilícitos o abusivos.

»*Art. 8.º* 1. Los convenios colectivos podrán establecer normas complementarias relacionadas con los procedimientos de solución de los conflictos que den origen a la huelga, así como la renuncia, durante su vigencia, al ejercicio de tal derecho.

»2. Desde el momento del preaviso y durante la huelga, el Comité de huelga y el empresario, y en su caso los representantes designados por los distintos Comités de huelga y por los empresarios afectados, deberán negociar para llegar a un acuerdo, sin perjuicio de que en cualquier momento los trabajadores puedan dar por terminada aquélla. El pacto que ponga fin a la huelga tendrá la misma eficacia que lo acordado en convenio colectivo.

»*Art. 9.º* La Inspección de Trabajo podrá ejercer su función de mediación desde que se comunique la huelga hasta la solución del conflicto.

»*Art. 10.* El Gobierno, a propuesta del Ministerio de Trabajo, teniendo en cuenta la duración o las consecuencias de la huelga, las posiciones de las partes y el perjuicio grave de la economía nacional, podrá acordar [...] el establecimiento de un arbitraje obligatorio. El incumplimiento de este acuerdo podrá dar lugar a la aplicación de lo dispuesto en los artículos 15 y 16.

»Cuando la huelga se declare en empresas encargadas de la prestación de cualquier género de servicios públicos o de reconocida e inaplazable necesidad y concurran circunstancias de especial gravedad, la Autoridad gubernativa podrá acordar las medidas necesarias para asegurar el funcionamiento de los servicios. El Gobierno, asimismo, podrá adoptar a tales fines las medidas de intervención adecuadas.

»*Art. 11.* La huelga es ilegal:

»*a*) Cuando se inicie o sostenga por motivos políticos o con cualquier otra finalidad ajena al interés profesional de los trabajadores afectados.

»*b*) Cuando sea de solidaridad o apoyo, salvo que afecte al interés profesional de quienes las promuevan o sostengan.

»*c*) Cuando tenga por objeto alterar, dentro de su período de vigencia, lo pactado en un convenio colectivo o lo establecido por laudo.

»*d*) Cuando se produzca contraviniendo lo dispuesto en el presente Real Decreto-Ley, o lo expresamente pactado en convenio colectivo para la solución de conflictos.»

Se omiten aquellos apartados declarados expresamente inconstitucionales por la STC 11/1981, de 8 de abril (*BOE* de 25 de abril), teniendo en cuenta además que, según el fallo de dicha sentencia, «el ejercicio del derecho de huelga, que pertenece a los trabajadores, puede ser ejercitado por ellos personalmente, por sus representantes y por las organizaciones sindicales con implantación en el ámbito laboral al que la huelga se extienda»; «que el apartado 1.º del artículo 5.º no es inconstitucional referido a huelgas cuyo ámbito no exceda de un solo centro de trabajo pero que lo es, en cambio, cuando las huelgas comprendan varios centros de trabajo»; «que es inconstitucional el apartado 7.º del artículo 6.º en cuanto atribuye de manera exclusiva al empresario la facultad de designar los trabajadores que durante la huelga deban velar por el mantenimiento de los locales, maquinaria e instalaciones»».

Conforme al art. 131.3 LGSS: «Durante las situaciones de huelga y cierre patronal el trabajador no tendrá derecho a la prestación económica por incapacidad temporal.»

La sustitución empresarial de trabajadores huelguistas es calificada como infracción muy grave por el art. 8.º10 LISOS [Real Decreto Legislativo 5/2000, de 4 de agosto (*BOE* de 8 de agosto)].

Art. 315 del Código Penal:

«1. Serán castigados con las penas de prisión de seis meses a tres años y multa de seis a doce meses los que mediante engaño o abuso de situación de necesidad, impidieren o limitaren el ejercicio de la libertad sindical o el derecho de huelga.

»2. Si las conductas reseñadas en el apartado anterior se llevaren a cabo con fuerza, violencia o intimidación se impondrán las penas superiores en grado.

»3. Las mismas penas del apartado segundo se impondrán a los que, actuando en grupo, o individualmente pero de acuerdo con otros, coaccionen a otras personas a iniciar o continuar una huelga.»

V. también LO 2/1986, de 13 de marzo (*BOE* de 14 de marzo), de Fuerzas y Cuerpos de Seguridad (art. 6.º8). Asimismo, SSTC 26/1981, de 17 de julio (*BOE* de 13 de agosto); 33/1981, de 5 de noviembre (*BOE* de 19 de noviembre); 51/1986, de 24 de abril (*BOE* de 20 de mayo); 53/1986, de 5 de mayo (*BOE* de 20 de mayo); 27/1989, de 3 de febrero (*BOE* de 28 de febrero); 8/1992, de 16 de enero (*BOE* de 13 de febrero); 122 y 123/1990, de 2 de julio (*BOE* de 30 de julio); 362/1993,de 13 de diciembre (*BOE* de 19 de enero de 1994), todas ellas sobre mantenimiento de servicios mínimos en huelgas que afectan a servicios esenciales de la comunidad; 26/1986, de 19 de febrero (*BOE* de 21 de marzo), sobre ejercicio del derecho de huelga por el personal laboral dependiente de la Administración Militar; 13/1986, de 30 de enero (*BOE* de 12 de febrero), sobre notificación de huelgas sectoriales; de 17 de julio de 1981 (*BOE* de 13 de agosto), sobre huelga en servicios esenciales de la comunidad; 72/1982, de 2 de diciembre (*BOE* de 29 de diciembre), sobre cierre patronal con ocasión de una huelga intermitente; 41/1984, de 21 de marzo (*BOE* de 25 de abril), sobre idéntica materia anterior; 120/1983, de 15 de diciembre (*BOE* de 11 de enero de 1984), sobre libertad de expresión durante el desarrollo de una huelga; 90/1984, de 5 de octubre (*BOE* de 31 de octubre), sobre retención de haberes a funcionarios durante el ejercicio del derecho de huelga; 254/1988, de 21 de diciembre (*BOE* de 23 de enero de 1989), sobre la actuación de los piquetes de huelga y el delito de coacciones del art. 496 del Código Penal; 126/1992, de 28 de septiembre (*BOE* de 29 de octubre), sobre adhesión intempestiva e irrazonable a una convocatoria de huelga; 123/1992, de 28 de septiembre (*BOE* de 29 de octubre), sobre sustitución interna de trabajadores durante la huelga; 36/1993, de 8 de febrero (*BOE* de 11 de marzo), sobre notificación de huelgas generales y licitud de las huelgas «políticas»; 148/1993, de 29 de abril (*BOE* de 28 de mayo), sobre suspensión judicial de resoluciones administrativas de fijación de servicios mínimos; 189/1993, de 14 de junio (*BOE* de 19 de julio), sobre primas antihuelga; 332/1994 y 333/1994, de 19 de diciembre (*BOE* de 23 de enero de 1995), y 40/1995, de 13 de febrero (*BOE* de 18 de marzo), sobre despido de trabajadores por participación activa en huelga ilegal; 134/1994, de 9 de mayo (*BOE* de 13 de junio), sobre negativa del trabajador a transmitir opinión del empresario contraria a una huelga; 37/1998, de 17 de febrero (*BOE* de 17 de marzo), sobre vulneración del derecho de huelga como consecuencia de la toma de fotografías y filmación de piquetes que actuaban dentro de la legalidad; 233/1997, de 18 de diciembre (*BOE* de 21 de enero de 1998), sobre fijación de servicios mínimos en huelgas de estibadores portuarios en puertos de interés general; 11/1998, de 13 de enero (*BOE* de 12 de febrero), sobre descuento salarial por huelga de los trabajadores afiliados al sindicato convocante atendiendo a los datos que posee la empresa relativos al descuento por nómina de la cuota sindical; 37/1998, de 17 de febrero (*BOE* de 17 de marzo), sobre el carácter desproporcionado de fin perseguido de la filmación por la policía de la actuación de los piquetes huelguísticos; 66/2002, de 21 de marzo (*BOE* de 16 de abril), sobre vulneración del derecho de huelga por despido de trabajadores y contratación de eventuales con ocasión de convocatorias de huelga; 51/2003, de 17 de marzo (*BOE* de 16 de abril), sobre imposibilidad de deducir la renuncia al ejercicio de acciones judiciales por la firma de un pacto que pone fin a una huelga; 80/2005, de 6 de abril (*BOE* de 10 de mayo), sobre vulneración del derecho de huelga (fijación de servicios de mantenimiento y seguridad dirigidos a conservar el centro de trabajo abierto y en orden; derecho al trabajo de otros trabajadores); 183/2006, 184/2006 y 191/2006, de 19 de junio (*BOE* de 20 de julio), sobre fijación de servicios mínimos motivada pero excesivos en caso de servicios esenciales de la comunidad; 193/2006, de 19 de junio (*BOE* de 20 de julio), sobre lo anterior y sobre delegación de la facultad de determinar el personal mínimo necesario en la empresa, no en una autoridad gubernativa; 310/2006, de 23 de octubre (*BOE* de 28 de noviembre), y 36/2007, de 12 de febrero (*BOE* de 14 de marzo), sobre titular de la facultad de determinar el personal mínimo en caso de huelgas que afectan a servicios esenciales de la comunidad; 18/2007, de 12 de febrero (*BOE* de 14 de marzo), sobre sustitución de trabajadores en huelga no acreditada; 71/2007, de 16 de abril (*BOE* de 23 de mayo), sobre ausencia de vulneración del derecho de huelga por extinción contractual por falta de reincorporación del trabajador en huelga, tras desistir de una primera demanda de despido; 259/2007, de 19 de diciembre, y 260/2007, de 20 de diciembre (*BOE* de 22 de enero de 2008), sobre derecho de huelga de los trabajadores extranjeros sin permiso de trabajo; 75 y 76/2010, de 19 de octubre (*BOE* de 19 de noviembre), y 98 a 105/2010, 16 de noviembre (*BOE* de 17 de diciembre), sobre nulidad de un despido por vulneración del ejercicio del derecho de huelga en un contexto de descentralización productiva; 33/2011, de 28 de marzo (*BOE* de 28 de abril), sobre vulneración del derecho de huelga por utilización de personal directivo de la empresa para editar el periódico durante el desarrollo de una huelga; 104/2011, de 20 de junio (*BOE* de 19

f) Reunión[34].

g) Información, consulta y participación en la empresa[35].

2. En la relación de trabajo, los trabajadores tienen derecho:

a) A la ocupación efectiva[36].

b) A la promoción y formación profesional en el trabajo, incluida la dirigida a su adaptación a las modificaciones operadas en el puesto de trabajo, así como al desarrollo de planes y acciones formativas tendentes a favorecer su mayor empleabilidad[37].

c) A no ser discriminados directa o indirectamente para el empleo, o una vez empleados, por razones de sexo, estado civil, edad dentro de los límites marcados por esta Ley, origen racial o étnico, condición social, religión o convicciones, ideas políticas, orientación sexual, afiliación o no a un sindicato, así como por razón de lengua, dentro del Estado español.

Tampoco podrán ser discriminados por razón de discapacidad, siempre que se hallasen en condiciones de aptitud para desempeñar el trabajo o empleo de que se trate[38].

---

de julio), sobre condena por desobediencia a quien era miembro del comité de huelga que resulta desproporcionada y contraria al ejercicio del derecho a la huelga.

Asimismo, art. 55.1 CE; LO 4/1981, de 1 de junio (*BOE* de 5 de junio), sobre estados de alarma, excepción y sitio, arts. 11, 12, 23 y 32; OM de 30 de abril de 1977 (*BOE* de 16 de mayo), de desarrollo del ejercicio de derecho de huelga en materia de Seguridad Social; art. 8.º*a*) de la Ley de Empresas de Trabajo Temporal, transcrita en nota al art. 43.

[34] V. art. 21 CE; LO 9/1983, de 15 de julio (*BOE* de 18 de julio), reguladora del derecho de reunión; arts. 77 a 80 ET.

[35] V. Título II ET. Apartado *g*) redactado conforme a la Ley 38/2007, de 16 de noviembre (*BOE* de 17 de noviembre).

[36] V. STC 84/2002, de 22 de abril (*BOE* de 22 de mayo), sobre vulneración de la libertad sindical por indicios racionales de marginación laboral.

[37] Letra *b*) conforme a la redacción de la Ley 3/2012, de 6 de julio. V. arts. 35.1 CE y 22 a 24 ET; LO 5/2002, de 19 de junio (*BOE* de 20 de junio), de las cualificaciones y de la formación profesional, modificada por la LO 4/2011, de 11 de marzo (*BOE* de 12 de marzo), y desarrollada por RD 1.128/2003, de 5 de septiembre (*BOE* de 17 de septiembre), por el que se regula dicho catálogo, modificado por el RD 295/2004, de 20 de febrero (*BOE* de 9 de marzo); RD 1.416/2005, de 25 de noviembre (*BOE* de 3 de diciembre); RD 1.087/2005, de 16 de septiembre (*BOE* de 5 de octubre), por el que se establecen nuevas cualificaciones profesionales que se incluyen en el catálogo nacional; RD 1.228/2006, de 27 de octubre (*BOE* de 3 de enero de 2007), por el que se complementa el catálogo nacional de cualificaciones profesionales; RD 34/2008, de 18 de enero (*BOE* de 31 de enero), por el que se regulan los certificados de profesionalidad, modificado por el RD 1.675/2010, de 10 de diciembre (*BOE* de 31 de diciembre).

[38] Letra *c*) conforme a la redacción dada por la Ley 62/2003, de 30 de diciembre (*BOE* de 31 de diciembre). Su desarrollo, en los arts. 27 a 37. Los arts. 28, 34, 35 y 38 establecen lo siguiente:

«*Art. 28. Definiciones.*—1. A los efectos de este Capítulo se entenderá por:

»*a*) Principio de igualdad de trato: la ausencia de toda discriminación directa o indirecta por razón del origen racial o étnico, la religión o convicciones, la discapacidad, la edad o la orientación sexual de una persona.

»*b*) Discriminación directa: cuando una persona sea tratada de manera menos favorable que otra en situación análoga por razón de origen racial o étnico, religión o convicciones, discapacidad, edad u orientación sexual.

»*c*) Discriminación indirecta: cuando una disposición legal o reglamentaria, una cláusula convencional o contractual, un pacto indi-

d) A su integridad física y a una adecuada política de seguridad e higiene[39].

e) Al respeto de su intimidad y a la consideración debida a su dignidad, comprendida la protección

---

vidual o una decisión unilateral, aparentemente neutros, puedan ocasionar una desventaja particular a una persona respecto de otras por razón de origen racial o étnico, religión o convicciones, discapacidad, edad u orientación sexual, siempre que objetivamente no respondan a una finalidad legítima y que los medios para la consecución de esta finalidad no sean adecuados y necesarios.

»*d*) Acoso: toda conducta no deseada relacionada con el origen racial o étnico, la religión o convicciones, la discapacidad, la edad o la orientación sexual de una persona, que tenga como objetivo o consecuencia atentar contra su dignidad y crear un entorno intimidatorio, humillante u ofensivo.

»2. Cualquier orden de discriminar a las personas por razón de origen racial o étnico, religión o convicciones, discapacidad, edad u orientación sexual se considerará en todo caso discriminación.

»El acoso por razón de origen racial o étnico, religión o convicciones, discapacidad, edad u orientación sexual se consideran en todo caso actos discriminatorios.»

«*Art. 34. Ámbito de aplicación de la Sección 3.ª*—1. Esta Sección tiene por objeto establecer medidas para que el principio de igualdad de trato y no discriminación sea real y efectivo en el acceso al empleo, la afiliación y la participación en las organizaciones sindicales y empresariales, las condiciones de trabajo, la promoción profesional y la formación profesional ocupacional y continua, así como en el acceso a la actividad por cuenta propia y al ejercicio profesional y la incorporación y participación en cualquier organización cuyos miembros desempeñen una profesión concreta.

»2. A efectos de lo dispuesto en el apartado anterior, el principio de igualdad de trato supone la ausencia de toda discriminación directa o indirecta por razón del origen racial o étnico, la religión o convicciones, la discapacidad, la edad o la orientación sexual de una persona.

»Las diferencias de trato basadas en una característica relacionada con cualquiera de las causas a que se refiere el párrafo anterior no supondrán discriminación cuando, debido a la naturaleza de la actividad profesional concreta de que se trate o al contexto en que se lleve a cabo, dicha característica constituya un requisito profesional esencial y determinante, siempre que el objetivo sea legítimo y el requisito proporcionado.

»*Art. 35. Medidas de acción positiva.*—Para garantizar en la práctica la plena igualdad por razón de origen racial o étnico, religión o convicciones, discapacidad, edad y orientación sexual, el principio de igualdad de trato no impedirá que se mantengan o se adopten medidas específicas a favor de determinados colectivos destinadas a prevenir o compensar las desventajas que les afecten relativas a las materias incluidas en el ámbito de aplicación de esta Sección.

»*Art. 36. Carga de la prueba.*—En aquellos procesos del orden jurisdiccional civil y del orden jurisdiccional contencioso-administrativo en que de las alegaciones de la parte actora se deduzca la existencia de indicios fundados de discriminación por razón del origen racial o étnico, la religión o convicciones, la discapacidad, la edad o la orientación sexual de las personas respecto de las materias incluidas en el ámbito de aplicación de esta Sección, corresponderá al demandado la aportación de una justificación objetiva y razonable, suficientemente probada, de las medidas adoptadas y de su proporcionalidad.»

V. arts. 17, 22, 23.2, 24.2 y 28 ET. Para el régimen específico de prohibición de discriminación por razón de sexo, v. Ley 3/2007, de 22 de marzo (*BOE* de 23 de marzo).

V. RD 1.971/1999, de 23 de diciembre (*BOE* de 26 de enero de 2000), sobre procedimiento para reconocimiento, declaración y calificación del grado de minusvalía, modificado por RD 1.169/2003, de 12 de septiembre (*BOE* de 4 de octubre); por RD 290/2004, de 20 de febrero (*BOE* de 21 de febrero); por RD 504/2007, de 20 de abril (*BOE* de 21 de abril), y por RD 1.856/2009, de 4 de diciembre (*BOE* de 26 de diciembre).

[39] V. arts. 15 y 40.2 CE y 18 y 19 ET, modificado por RD 1.169/2003, de 12 de septiem-

frente al acoso por razón de origen racial o étnico, religión o convicciones, discapacidad, edad u orientación sexual, y frente al acoso sexual y al acoso por razón de sexo[40].

f) A la percepción puntual de la remuneración pactada o legalmente establecida[41].

g) Al ejercicio individual de las acciones derivadas de su contrato de trabajo[42].

h) A cuantos otros se deriven específicamente del contrato de trabajo[43].

Art. 5.º *Deberes laborales.*— Los trabajadores tienen como deberes básicos:

a) Cumplir con las obligaciones concretas de su puesto de trabajo, de conformidad a las reglas de la buena fe y diligencia[44].

---

bre (*BOE* de 4 de octubre); Ley 31/1995, de 8 de noviembre (*BOE* de 10 de noviembre), de Prevención de Riesgos Laborales.

[40] Letra *e*) conforme a la redacción dada por la LO 3/2007, de 22 de marzo (*BOE* de 23 de marzo). Los incumplimientos de este derecho son tipificados como infracciones muy graves por el art. 8.13 bis LISOS, conforme a la redacción dada por la LO 3/2007, de 22 de marzo (*BOE* de 23 de marzo). V. art. 18 CE; LO 1/1982, de 5 de mayo (*BOE* de 14 de mayo), de protección civil de derecho al honor, a la intimidad personal y familiar y a la propia imagen; LO 15/1999, de 13 de diciembre (*BOE* de 14 de diciembre), de protección de datos de carácter personal; OM de 15 de noviembre de 2000 (*BOE* de 5 de diciembre), por la que se crean, modifican y suprimen ficheros automatizados de datos de carácter personal gestionados por el Ministerio de Trabajo y Asuntos Sociales. V. art. 18 ET. Los actos contrarios a la intimidad y a la dignidad, así como el acoso sexual, son calificados como infracción muy grave por el art. 8.º11 y 13 LISOS [Real Decreto Legislativo 5/2000, de 4 de agosto (*BOE* de 8 de agosto)]. V. SSTC 224/1999, de 13 de diciembre, sobre el alcance constitucional de la conducta de hostigamiento sexual; 207/2001, de 22 de octubre (*BOE* de 21 de noviembre), y 136/2001, de 18 de junio (*BOE* de 17 de julio), sobre falta de prueba del acoso sexual alegado; 250/2007, de 17 de diciembre (*BOE* de 22 de enero de 2008), sobre protección frente a acoso sexual por otro trabajador de la empresa y responsabilidad de esta última.

[41] Su incumplimiento es calificado como infracción muy grave por el art. 8.º1 LISOS [Real Decreto Legislativo 5/2000, de 4 de agosto (*BOE* de 8 de agosto)].

[42] V. art. 2.º*a*) de la Ley 36/2011, de 10 de octubre (*BOE* de 11 de octubre), Reguladora de la Jurisdicción Social. V. STC 38/2005, de 28 de febrero (*BOE* de 5 de abril), sobre garantía de indemnidad (vulneración del derecho a la tutela judicial efectiva por indicios de que el cese de la trabajadora por pérdida de confianza fue una represalia por haber pleiteado contra la empresa); 144/2005, de 6 de junio (*BOE* de 8 de julio), sobre garantía de indemnidad; 171/2005, de 20 de junio (*BOE* de 21 de julio), sobre garantía de indemnidad: indicios de que el cese por extinguirse una beca de investigación fue una represalia por haber pleiteado contra la Administración; 16/2006, de 19 de enero (*BOE* de 15 de febrero), sobre garantía de indemnidad: indicios de discriminación al no contratar como represalia por actuaciones de la Inspección de Trabajo y por conflicto colectivo instado por un sindicato; 120/2006, de 24 de abril (*BOE* de 26 de mayo), sobre garantía de indemnidad: indicios de discriminación por suprimir una mejora salarial como represalia por reclamaciones judiciales y extrajudiciales contra la empresa; 138/2006, de 8 de mayo (*BOE* de 8 de junio), sobre garantía de indemnidad; 125/2008, de 20 de octubre (*BOE* de 21 de noviembre), sobre garantía de indemnidad: despido por haber pleiteado con la empresa.

[43] Sobre el derecho a las invenciones del trabajador, v. Ley 11/1986, de 20 de marzo (*BOE* de 26 de marzo), de Patentes, arts. 15 a 19; RD Legislativo 1/1996, de 12 de abril (*BOE* de 22 de abril), por el que se aprueba el Texto Refundido de la Ley de Propiedad Intelectual, arts. 51 ss., modificada por la Ley 5/1998, de 6 de marzo (*BOE* de 7 de marzo), y la Ley 23/2006, de 7 de julio (*BOE* de 8 de julio).

[44] V. art. 20 ET.

b) Observar las medidas de seguridad e higiene que se adopten[45].

c) Cumplir las órdenes e instrucciones del empresario en el ejercicio regular de sus facultades directivas[46].

d) No concurrir con la actividad de la empresa, en los términos fijados en esta Ley[47].

e) Contribuir a la mejora de la productividad.

f) Cuantos se deriven, en su caso, de los respectivos contratos de trabajo.

SECCIÓN 3.ª

Elementos y eficacia del contrato de trabajo

Art. 6.º *Trabajo de los menores*[48].—1. Se prohíbe la admisión al trabajo a los menores de dieciséis años.

2. Los trabajadores menores de dieciocho años no podrán realizar trabajos nocturnos[49] ni aquellas actividades o puestos de trabajo que el Gobierno, a propuesta del Ministerio de Trabajo y Seguridad Social, previa consulta con las organizaciones sindicales más representativas, declare insalubres, penosos, nocivos o peligrosos, tanto para su salud como para su formación profesional y humana[50].

3. Se prohíbe realizar horas extraordinarias a los menores de dieciocho años[51].

4. La intervención de los menores de dieciséis años en espectáculos públicos sólo se autorizará en casos excepcionales por la autoridad laboral, siempre que no suponga pe-

[45] V. nota al art. 4.º2.*d*).

[46] V. art. 20 ET.

[47] V. art. 21 ET.

[48] La trasgresión de este precepto es calificada como infracción muy grave por los arts. 8.º4 y 13.2 LISOS [Real Decreto Legislativo 5/2000, de 4 de agosto (*BOE* de 8 de agosto)]. V. Convenio n.º 182 de la OIT, ratificado por España por Instrumento de 14 de marzo de 2001 (*BOE* de 17 de mayo), sobre prohibición de las peores formas de trabajo infantil y de la acción inmediata para su erradicación.

[49] La definición de trabajo nocturno, en el art. 36 ET.

[50] Art. 27 de la Ley 31/1995, de 8 de noviembre (*BOE* de 1 de noviembre), de Prevención de Riesgos Laborales:

«*Art. 27. Protección de los menores.*—1. Antes de la incorporación al trabajo de jóvenes menores de dieciocho años, previamente a cualquier modificación importante de sus condiciones de trabajo, el empresario deberá efectuar una evaluación de los puestos de trabajo a desempeñar por los mismos, a fin de determinar la naturaleza, el grado y la duración de su exposición, en cualquier actividad susceptible de presentar un riesgo específico al respecto, a agentes, procesos o condiciones de trabajo que puedan poner en peligro la seguridad o la salud de estos trabajadores.

»A tal fin, la evaluación tendrá especialmente en cuenta los riesgos específicos para la seguridad, la salud y el desarrollo de los jóvenes derivados de su falta de experiencia, de su inmadurez para evaluar los riesgos existentes o potenciales y de su desarrollo todavía incompleto.

»En todo caso, el empresario informará a dichos jóvenes y a sus padres o tutores que hayan intervenido en la contratación, conforme a lo dispuesto en la letra *b*) del artículo 7 del texto refundido de la Ley del Estatuto de los Trabajadores aprobado por el Real Decreto Legislativo 1/1995, de 24 de marzo, de los posibles riesgos y de todas las medidas adoptadas para la protección de su seguridad y salud.

»2. Teniendo en cuenta los factores anteriormente señalados, el Gobierno establecerá las limitaciones a la contratación de jóvenes menores de dieciocho años en trabajos que presenten riesgos específicos.»

ligro para su salud física ni para su formación profesional y humana; el permiso deberá constar por escrito y para actos determinados[52].

Art. 7.º *Capacidad para contratar.*—Podrán contratar la prestación de su trabajo:

a) Quienes tengan plena capacidad de obrar conforme a lo dispuesto en el Código Civil[53].

b) Los menores de dieciocho y mayores de dieciséis años, que vivan de forma independiente, con consentimiento de sus padres o tutores[54] o con autorización de la

---

Desarrollado provisionalmente por el D. de 26 de julio de 1957 (*BOE* de 26 de agosto), sobre trabajos prohibidos a mujeres y menores. V. también Directiva 94/33/CE, de 22 de junio (*DOCE* de 20 de agosto), relativa a la protección de los jóvenes en el trabajo; Convenios OIT n.º 77, ratificado por España por instrumento de 8 de abril de 1971 (*BOE* de 20 de mayo de 1972), sobre examen médico de los menores (industria); n.º 79, ratificado el 8 de abril de 1971 (*BOE* de 22 de mayo), sobre trabajo nocturno de los menores (trabajos no industriales); n.º 78, ratificado el 8 de abril de 1971 (*BOE* de 22 de mayo de 1972), sobre examen médico de los menores (trabajos no industriales); n.º 90, ratificado el 8 de abril de 1971 (*BOE* de 22 de mayo), sobre trabajo nocturno de los menores (industria), y n.º 124, ratificado el 26 de noviembre de 1971 (*BOE* de 30 de noviembre de 1972), sobre examen médico de los menores en trabajos subterráneos.

[51] Otras especialidades en materia de jornada de menores, art. 34.3 y 4 ET.

[52] Desarrollado por el art. 2.º1 del RD 1.435/1985, de 1 de agosto (*BOE* de 14 de agosto), por el que se regula la relación laboral especial de los artistas en espectáculos públicos. Competencia transferida a las Comunidades Autónomas: v. LO 9/1992, de 23 de diciembre (*BOE* de 24 de diciembre), de transferencia de competencias a las Comunidades Autónomas que accedieron a la autonomía por la vía del art. 143 CE. V., para el País Vasco, RD 2.209/1979, de 7 de septiembre (*BOE* de 22 de septiembre); para Cataluña, RD 2.210/1979, de 7 de septiembre (*BOE* de 21 de septiembre); para Galicia, RD 2.412/1982, de 24 de julio (*BOE* de 28 de septiembre); para Andalucía, RD 4.043/1982, de 29 de diciembre (*BOE* de 3 de febrero de 1983); para la Comunidad Valenciana, RD 4.105/1982, de 29 de diciembre (*BOE* de 25 de febrero de 1983); para Canarias, RD 1.033/1984, de 11 de abril (*BOE* de 1 de junio); para Navarra, RD 937/1986, de 11 de abril (*BOE* de 14 de mayo); para Murcia, RD 375/1995, de 10 de marzo (*BOE* de 18 de abril); para Castilla-La Mancha, RD 384/1995, de 10 de marzo (*BOE* de 19 de abril); para Aragón; RD 572/1995, de 7 de abril (*BOE* de 10 de mayo); para Extremadura, RD 642/1995, de 21 de abril (*BOE* de 17 de mayo); para Madrid, RD 932/1995, de 9 de junio (*BOE* de 11 de julio); para Castilla y León, RD 831/1995, de 9 de junio (*BOE* de 6 de julio); para La Rioja, RD 946/1995, de 9 de junio (*BOE* de 6 de julio); para Baleares, RD 98/1996, de 26 de enero (*BOE* de 29 de febrero); para Cantabria, RD 1.900/1996, de 2 de agosto (*BOE* de 9 de septiembre); para Asturias, RD 2.090/1999, de 30 de diciembre (*BOE* de 26 de enero de 2000).

[53] Art. 1.263 del Código Civil, modificado por la Ley 14/1975, del 2 de mayo (*BOE* de 5 de mayo), y por la LO 1/1996, del 15 de enero (*BOE* de 17 de enero):

«No pueden prestar consentimiento:

»1.º Los menores no emancipados.

»2.º Los incapacitados.»

Art. 314 del Código Civil:

«La emancipación tiene lugar:

»1.º Por la mayor edad.

»2.º Por el matrimonio del menor.

»3.º Por concesión de los que ejerzan la patria potestad.

»4.º Por concesión judicial.»

Art. 315 del Código Civil.: «La mayor edad empieza a los dieciocho años cumplidos. Para el cómputo de los años de la mayoría de edad se incluirá completo el día del nacimiento.»

[54] Situación igualmente prevista en la redacción actual del art. 319 del Código Civil, tras la reforma introducida por la Ley 11/1981, de 13 de mayo (*BOE* de 19 de mayo), que añade que: «Los padres podrán revocar este consentimiento.»

persona o institución que les tenga a su cargo[55].

Si el representante legal de una persona de capacidad limitada la autoriza expresa o tácitamente para realizar un trabajo, queda ésta también autorizada para ejercitar los derechos y cumplir los deberes que se derivan de su contrato y para su cesación[56].

c) Los extranjeros, de acuerdo con lo dispuesto en la legislación específica sobre la materia[57].

---

[55] Esta otra situación de capacidad limitada ha sido parcialmente modificada con la nueva redacción del art. 162 del Código Civil, introducida con la Ley 11/1981, de 13 de mayo (*BOE* de 19 de mayo):

«Los padres que ostentan la patria potestad tienen la representación legal de sus hijos no emancipados [...].

»[...] Para celebrar contratos que obliguen al hijo a realizar prestaciones personales se requiere el previo consentimiento de éste si tuviere suficiente juicio, sin perjuicio de lo establecido en el artículo 158.»

Art. 158:

«El Juez [...], a instancia del propio hijo, de cualquier pariente o del Ministerio Fiscal, dictará:

»[...]

»3.º En general, las demás disposiciones que considere oportunas, a fin de apartar al menor de un peligro o de evitarle perjuicios.»

[56] Completado por el art. 164 del Código Civil:

«Los padres administrarán los bienes de los hijos con la misma diligencia que los suyos propios, cumpliendo las obligaciones generales de todo administrador y las especiales establecidas en la Ley Hipotecaria.

»Se exceptúan de la administración paterna:

»[...]

»3.º Los que el hijo mayor de dieciséis años hubiera adquirido con su trabajo o industria. Los actos de administración ordinaria serán realizados por el hijo, que necesitará el consentimiento de los padres para los que excedan de ella.»

[57] V. art. 13 CE; LO 4/2000, de 11 de enero (*BOE* de 12 de enero), sobre derechos y libertades de los extranjeros en España y su integración social, en particular en lo que refiere a la necesidad de permiso de trabajo, modificada por la LO 8/2000, de 22 de diciembre (*BOE* de 23 de diciembre); por la LO 14/2003, de 20 de noviembre (*BOE* de 21 de noviembre), y por la LO 2/2009, de 11 de diciembre (*BOE* de 12 de diciembre). La tipificación de infracciones administrativas en materia de emigración, movimientos migratorios y trabajo de extranjeros, en los arts. 33 a 37 LISOS [RD Legislativo 5/2000, de 4 de agosto (*BOE* de 8 de agosto)], conforme al art. 48 de la Ley 62/2003, de 30 de diciembre (*BOE* de 31 de diciembre), modificado por la Ley 26/2009, de 23 de diciembre (*BOE* de 24 de diciembre):

«1. Cuando se sancione a un empleador que utilice un trabajador extranjero sin la preceptiva autorización de trabajo, el importe de la multa establecido en la Ley Orgánica 4/2000, sobre derechos y libertades de los extranjeros en España y su integración social, se incrementará en la cuantía que resulte de calcular lo que hubiera correspondido ingresar por cuotas de Seguridad Social y demás conceptos de recaudación conjunta, desde el comienzo de la prestación del trabajo del trabajador extranjero hasta el último día en que se constate dicha prestación de servicios.

»2. En el acta de infracción que la Inspección de Trabajo y Seguridad Social levante al efecto, la propuesta de sanción especificará los parámetros utilizados para el cálculo de la cuantía total de la multa según lo indicado en el apartado anterior.

»3. El importe correspondiente al incremento de esta sanción se recaudará conjuntamente con el de esta última conforme al procedimiento reglamentariamente establecido en ejecución de la citada LO 4/2000. Las cantidades recaudadas se transferirán periódicamente a la Tesorería General de la Seguridad Social a instancias del Ministerio de Trabajo e Inmigración.»

Para la asunción de la competencia de las autorizaciones iniciales de trabajo a extranjeros por parte de las Comunidades Autónomas, v. art. 138.2.a LO 6/2006, de 19 de julio, de reforma del Estatuto de Autonomía de Cataluña; art. 62.1.*b*) de la LO 2/2007, de 19 de marzo (*BOE* de 20 de marzo), de reforma del Estatuto de Autonomía para Andalucía. V. STC 31/2010, de 28 de junio, sobre constitucionalidad de la transferencia de esta competencia.

V. RD 557/2011, de 20 de abril (*BOE* de 30 de abril), por el que se aprueba el Reglamento de ejecución de la LO 4/2000, de 11 de enero; RD 1.463/2009, de 18 de septiembre (*BOE* de 22 de septiembre), sobre traspaso de competencias a Cataluña en materia de permiso de trabajo a extranjeros. V. disp. adic. 9.ª de la Ley 43/2006, de 29 de diciembre (*BOE* de 30 de diciembre); RD 865/2001, de 20 de julio (*BOE* de 21 de julio), por el que se aprueba el Reglamento de reconocimiento del estatuto de apátrida, en particular su art. 13; RD 344/2001, de 4 de abril (*BOE* de 6 de abril), por el que se crea el Consejo Superior de Política de Inmigración; RD 345/2001, de 4 de abril (*BOE* de 6 de abril), por el que se regula el Observatorio Permanente de la Inmigración; RD 367/2001, de 4 de abril (*BOE* de 6 de abril), por el que se regulan la composición, competencias y régimen de funcionamiento del Foro para la Integración Social de los Inmigrantes. V. art. 20 de la Ley 55/1999, de 29 de diciembre (*BOE* de 30 de diciembre), de Medidas Fiscales, Administrativas y del Orden Social, en relación con la concesión automática del permiso de trabajo al personal extracomunitario enrolado en buques en el registro especial de buques y empresas navieras; OM de 25 de febrero de 1998 (*BOE* de 7 de marzo), por la que se fijan los requisitos y el procedimiento sobre concesión de autorización para trabajar, aplicación de determinados supuestos de preferencias, modificación de los permisos de trabajo y compatibilidad de permisos de trabajo; Resolución de 10 de octubre de 1988 (*BOE* de 4 de noviembre), sobre la tramitación de solicitudes de permisos de trabajo para realizar prácticas profesionales; OM de 7 de febrero de 1997 (*BOE* de 15 de febrero), por la que se regula la tarjeta de extranjero; Resolución de 26 de diciembre de 2008 (*BOE* de 7 de enero de 2009), por la que se publica el Acuerdo de Consejo de Ministros por el que se regula el contingente de trabajadores extranjeros de régimen no comunitario en España para 2009. Sobre las infracciones administrativas en materia de emigración, movimientos migratorios y trabajo de extranjeros, v. arts. 33 a 37 del RD Legislativo 5/2000, de 4 de agosto (*BOE* de 8 de agosto), por el que se aprueba el texto refundido de la Ley de Infracciones y Sanciones en el Orden Social. Art. 312.2 del Código Penal, modificado por la Ley 4/2000, de 11 de enero (*BOE* de 12 de enero): «En la misma pena [prisión de dos a cinco años y multa de seis a doce meses] incurrirán quienes recluten personas o las determinen a abandonar su puesto de trabajo ofreciendo empleo o condiciones de trabajo engañosas o falsas, y quienes empleen a súbditos extranjeros sin permiso de trabajo en condiciones que perjudiquen, supriman o restrinjan los derechos que tuviesen reconocidos por disposiciones legales, convenios colectivos o contrato individual.»

Art. 313 del Código Penal, modificado por la LO 13/2007, de 19 de noviembre (*BOE* de 20 de noviembre):

«1. El que promoviere o favoreciere por cualquier medio la inmigración clandestina de trabajadores a España, o a otro país de la Unión Europea, será castigado con la pena prevista en el artículo anterior.

»2. Con la misma pena será castigado el que, simulando contrato o colocación, o usando de otro engaño semejante, determinare o favoreciere la emigración de alguna persona a otro país.»

V. Ley 12/2009, de 30 de octubre, reguladora del derecho de asilo y de la protección subsidiaria (*BOE* de 31 de octubre). Para los ciudadanos de los Estados miembros de la UE: RD 240/2007, de 16 de febrero (*BOE* de 28 de febrero), sobre entrada, libre circulación y residencia en España de ciudadanos de los Estados miembros de la Unión Europea y de otros Estados parte en el Acuerdo sobre el Espacio Económico Europeo; RD 1.325/2003, de 24 de octubre (*BOE* de 25 de octubre), del Reglamento de protección temporal en caso de afluencia masiva de personas desplazadas. V. Reglamento CEE 1.612/1968, de 15 de octubre de 1968 (*DOCE* de 19 de octubre), relativo a la libre circulación de trabajadores en el interior de la Comunidad, modificado por la Directiva 2004/38/CE, a continuación citada; Reglamento CEE

Art. 8.º *Forma del contrato.*—1. El contrato de trabajo se podrá celebrar por escrito o de palabra. Se presumirá existente entre todo el que presta un servicio por cuenta y dentro del ámbito de organización y dirección de otro y el que lo recibe a cambio de una retribución a aquél.

2. Deberán constar por escrito los contratos de trabajo cuando así lo exija una disposición legal y, en todo caso, los de prácticas y para la formación y el aprendizaje, los contratos a tiempo parcial, fijos-discontinuos y de relevo, los contratos para la realización de una obra o servicio determinado, los de los trabajadores que trabajen a distancia y los contratados en España al servicio de empresas españolas en el extranjero. Igualmente constarán por escrito los contratos por tiempo determinado cuya duración sea superior a cuatro semanas. De no observarse tal exigencia, el contrato se presumirá celebrado por tiempo indefinido y a jornada completa, salvo prueba en contrario que acredite su naturaleza temporal o el carácter a tiempo parcial de los servicios[58].

3. *a*) El empresario entregará a la representación legal de

1.251/1970, de 29 de junio de 1970 (*DOCE* de 30 de junio), relativo al derecho de los trabajadores a permanecer en el territorio de un Estado miembro después de haber ejercido en él un empleo; Directiva 77/486, de 25 de julio de 1977 (*DOCE* de 6 de agosto), relativa a la escolarización de los trabajadores migrantes; Directiva 2003/86/CE, de 22 de septiembre (*DOUE* de 3 de octubre), sobre el derecho a la reagrupación familiar; Directiva 2004/38/CE, de 29 de abril (*DOUE* de 30 de abril), relativa al derecho de los ciudadanos de la Unión y de los miembros de su familia a circular y residir libremente en el territorio de los Estados miembros; Directiva 2005/71/CE, de 12 de octubre (*DOUE* de 3 de noviembre), relativa a un procedimiento específico de admisión de nacionales de terceros países a efectos de investigación científica; Directiva 2005/85/CE, de 1 de diciembre (*DOUE* de 13 de diciembre), sobre normas mínimas para los procedimientos que deben aplicar los Estados miembros para conceder o retirar la condición de refugiado; Directiva 2008/115, de 16 de diciembre (*DOUE* de 24 de diciembre), relativa a normas y procedimientos comunes en los Estados miembros para el retorno de los nacionales de terceros países en situación irregular; Directiva 2009/50/CE, de 25 de mayo (*DOUE* de 18 de junio), relativa a las condiciones de entrada y residencia de nacionales de terceros países para fines de empleo altamente cualificado; Directiva 2009/52/CE, de 18 de junio (*DOUE* de 30 de junio), por la que se establecen normas mínimas sobre las sanciones y medidas aplicables a los empleadores de nacionales de terceros países en situación irregular. Asimismo, SSTC 107/1984, de 23 de noviembre (*BOE* de 21 de diciembre), sobre licitud de la diferencia de tratamiento de los extranjeros con los españoles en el momento de la contratación laboral; 116/1993, de 29 de marzo, y 150/1994, de 23 de mayo (*BOE* de 25 de junio), sobre la validez de la «tarjeta de estadística» de los residentes en Ceuta y Melilla como permiso de trabajo.

V. también Convenio n.º 97 OIT, ratificado por España por Instrumento de 23 de febrero de 1967 (*BOE* de 7 de junio), sobre trabajadores migrantes; Convenio Europeo relativo al Estatuto Jurídico del Trabajador Migrante, Consejo de Europa, ratificado el 29 de abril de 1980 (*BOE* de 18 de junio de 1983).

[58] Apartado 2 redactado conforme a la Ley 3/2012, de 6 de julio (*BOE* de 7 de julio). V. art. 16 y nota al mismo.

Se exige también la forma escrita para el auxiliar asociado, art. 10.3 ET; para los contratos de interinidad, art. 6.º1 del RD 2.720/1998, de 18 de diciembre (*BOE* de 8 de enero de 1999); contrato para el fomento de la contratación indefinida, RDL 5/2001,

los trabajadores una copia básica de todos los contratos que deban celebrarse por escrito, a excepción de los contratos de relación laboral especial de alta dirección sobre los que se establece el deber de notificación a la representación legal de los trabajadores.

Con el fin de comprobar la adecuación del contenido del contrato a la legalidad vigente, esta copia básica contendrá todos los datos del contrato a excepción del número del documento nacional de identidad, el domicilio, el estado civil y cualquier otro que, de acuerdo con la Ley Orgánica 1/1982, de 5 de mayo, pudiera afectar a la intimidad personal.

La copia básica se entregará por el empresario, en un plazo no superior a diez días desde la formalización del contrato, a los representantes legales de los trabajadores, quienes la firmarán a efectos de acreditar que se ha producido la entrega.

Posteriormente, dicha copia básica se enviará a la oficina de empleo. Cuando no exista representación legal de los trabajadores también deberá formalizarse copia básica y remitirse a la oficina de empleo[59].

b) Los representantes de la Administración, así como los de las organizaciones sindicales y de las asociaciones empresariales, que tengan acceso a la copia básica de los contratos en virtud de su pertenencia a los órganos de participación institucional que reglamentariamente tengan tales facultades, observarán sigilo profesional, no pudiendo utilizar dicha documentación para fines distintos de los que motivaron su conocimiento[60].

4. Cualquiera de las partes podrá exigir que el contrato se forma-

---

de 2 de marzo (*BOE* de 3 de marzo), disp. adic. 1.ª, transcrita en nota al art. 53.5 ET; personal laboral al servicio de las Administraciones Públicas [Ley 7/2007, de 12 de abril (*BOE* de 13 de abril), Estatuto Básico del Empleado Público].

Además se exige su celebración en modelo oficial normalizado en los siguientes casos: contrato a tiempo parcial y de relevo [disp. adic. 1.ª del RD 1.131/2002, de 31 de octubre (*BOE* de 27 de noviembre)]; contrato para el fomento de la contratación indefinida, Real Decreto-Ley 5/2001, de 2 de marzo (*BOE* de 3 de marzo), disp. adic. 1.ª, transcrita en nota al art. 53.5 ET.

El incumplimiento de la forma escrita se califica como infracción grave por el art. 7.º1 LISOS [RD Legislativo 5/2000, de 4 de agosto (*BOE* de 8 de agosto)].

[59] La letra *a*) redactada conforme a la Ley 14/2000, de 29 de diciembre (*BOE* de 30 de diciembre), de Medidas Fiscales, Administrativas y del Orden Social.

V. art. 16.1 ET y nota al mismo. La no entrega de la copia básica a los representantes de los trabajadores es calificada de infracción grave por el art. 14.4 LISOS [RD Legislativo 5/2000, de 4 de agosto (*BOE* de 8 de agosto)]. Para la información a los representantes de los contratos celebrados por su empresa con trabajadores autónomos económicamente dependientes, v. art. 12.1 de la Ley 20/2007, de 11 de julio (*BOE* de 12 de julio), desarrollado por el art. 7.º del RD 197/2009, de 23 de febrero (*BOE* de 4 de marzo).

[60] V. RD 355/1991, de 15 de marzo (*BOE* de 21 de marzo), por el que se regulan las comisiones de seguimiento de la contratación en el seno de las Comisiones Ejecutivas Provinciales o Insulares del Instituto Nacional de Empleo; OM de 17 de enero de 1991 (*BOE* de 19 de enero), por la que se regula el proce-

lice por escrito, incluso durante el transcurso de la relación laboral[61].

5. Cuando la relación laboral sea de duración superior a cuatro semanas, el empresario deberá informar por escrito al trabajador, en los términos y plazos que se establezcan reglamentariamente, sobre los elementos esenciales del contrato y las principales condiciones de ejecución de la prestación laboral, siempre que tales elementos y condiciones no figuren en el contrato de trabajo formalizado por escrito[62].

Art. 9.º *Validez del contrato.*— 1. Si resultase nula sólo una parte del contrato de trabajo, éste permanecerá válido en lo restante, y se entenderá completado con los preceptos jurídicos adecuados conforme a lo dispuesto en el número uno del artículo tercero de esta Ley.

Si el trabajador tuviera asignadas condiciones o retribuciones especiales en virtud de contraprestaciones establecidas en la parte no válida del contrato, la jurisdicción competente que a instancia de parte declare la nulidad hará el debido pronunciamiento sobre la subsistencia o supresión en todo o en parte de dichas condiciones o retribuciones[63].

2. En caso de que el contrato resultase nulo, el trabajador podrá exigir, por el trabajo que ya hubiese prestado, la remuneración consiguiente a un contrato válido.

SECCIÓN 4.ª

Modalidades del contrato de trabajo[64]

Art. 10. *Trabajo en común y contrato de grupo.*—1. Si el empresario diera un trabajo en común a un grupo de sus trabajadores, conservará respecto de cada uno,

---

dimiento de consulta a las organizaciones sindicales y empresariales más representativas para la elaboración de los programas de actuación de la Inspección de Trabajo y Seguridad Social, relativos al control de la contratación laboral; STC 142/1993, de 22 de abril (*BOE* de 28 de mayo), sobre constitucionalidad de este art. 8.º3 ET.

En cuanto al control de los representantes sobre los modelos de contrato, v. art. 64.1.5 ET. V. asimismo art. 15.4 ET.

[61] Su incumplimiento se califica como infracción grave por el art. 7.º1 LISOS [RD Legislativo 5/2000, de 4 de agosto (*BOE* de 8 de agosto)].

[62] V. RD 1.659/1998, de 24 de julio (*BOE* de 12 de agosto), de desarrollo de este apartado en materia de información al trabajador sobre los elementos esenciales del contrato de trabajo, modificado por la disp. final 2.ª del RD 1.620/2011, de 14 de noviembre (*BOE* de 17 de noviembre); su incumplimiento se califica como infracción leve por el art. 6.º4 LISOS [RD Legislativo 5/2000, de 4 de agosto (*BOE* de 8 de agosto)]. V. Directiva CEE 91/533, de 14 de octubre de 1991 (*DOCE* de 18 de octubre), relativa a la obligación del empresario de informar al trabajador acerca de las condiciones aplicables al contrato de trabajo o relación laboral.

[63] Arts. 1.º y 2.º*a*) de la Ley 36/2011, de 10 de octubre (*BOE* de 11 de octubre), Reguladora de la Jurisdicción Social.

[64] V. art. 84 ET. La trasgresión de esta normativa es calificada como infracción grave por el art. 7.º2 LISOS [RD Legislativo 5/2000, de 4 de agosto (*BOE* de 8 de agosto)].

individualmente, sus derechos y deberes.

2. Si el empresario hubiese celebrado un contrato con un grupo de trabajadores considerado en su totalidad, no tendrá frente a cada uno de sus miembros los derechos y deberes que como tal le competen. El jefe del grupo ostentará la representación de los que lo integren, respondiendo de las obligaciones inherentes a dicha representación.

3. Si el trabajador, conforme a lo pactado por escrito, asociare a su trabajo un auxiliar o ayudante, el empresario de aquél lo será también de éste.

Art. 11. *Contratos formativos*[65].—1. El contrato de trabajo en prácticas podrá concertarse con quienes estuvieren en posesión de título universitario o de formación profesional de grado medio o superior o títulos oficialmente reconocidos como equivalentes, de acuerdo con las leyes reguladoras del sistema educativo vigente, o de certificado de profesionalidad de acuerdo con lo previsto en la Ley Orgánica 5/2002, de 19 de junio, de las Cualificaciones y de la Formación Profesional, que habiliten para el ejercicio profesional, dentro de los cinco años, o de siete años cuando el contrato se concierte con un trabajador con discapacidad, siguientes a la terminación de los correspondientes estudios, de acuerdo con las siguientes reglas[66]:

a) El puesto de trabajo deberá permitir la obtención de la práctica profesional adecuada al nivel de estudios o de formación cursados. Mediante convenio colectivo de ámbito sectorial estatal o, en su defecto, en los convenios colectivos sectoriales de ámbito inferior, se podrán

---

[65] Apartado 1 del presente artículo redactado conforme a la Ley 35/2010, de 17 de septiembre (*BOE* de 18 de septiembre)

V. RD 488/1998, de 27 de marzo (*BOE* de 9 de abril), por el que se desarrolla el art. 11 del Estatuto de los Trabajadores en materia de contratos formativos, teniendo en cuenta que sus arts. 10 y 12 han sido derogados por el RD 395/2007, de 23 de marzo (*BOE* de 11 de abril); Resolución de la DGE de 26 de octubre de 1998, por la que se aprueba el modelo de contrato para la formación. V. RD 1.543/2011, de 31 de octubre (*BOE* 18 de noviembre), por el que se regulan las prácticas no laborales en empresas.

V. disp. adic. 2.ª ET.

V. también IV Acuerdo Nacional de Formación de 1 de febrero de 2006 (*BOE* de 27 de marzo); OM de 14 de julio de 1998 (*BOE* de 28 de julio), por la que se regulan aspectos formativos para el contrato para la formación. Su gestión ha sido transferida a las Comunidades Autónomas referidas en la nota al art. 16. V. art. 10.2 de la Ley por la que se regulan las empresas de trabajo temporal, transcrita en nota al art. 43.

[66] V. RD 1.128/2003, de 5 de septiembre (*BOE* de 17 de septiembre), por el que se regula el Catálogo General de Cualificaciones Profesionales. Para la celebración de esta modalidad en relación con la incorporación de investigadores al sistema español de ciencia y tecnología, v. art. 17 de la Ley 13/1986, de 14 de abril, conforme a la redacción dada por la disp. adic. 7.ª de la Ley 12/2001, de 9 de julio (*BOE* de 10 de julio), modificado por la LO 4/2007, de 12 de abril (*BOE* de 13 de abril). V. también art. 8.º del RD 63/2006, de 27 de enero (*BOE* de 3 de febrero), por el que se aprueba el estatuto del personal investigador en formación.

determinar los puestos de trabajo, grupos, niveles o categorías profesionales objeto de este contrato.

b) La duración del contrato no podrá ser inferior a seis meses ni exceder de dos años, dentro de cuyos límites los convenios colectivos de ámbito sectorial estatal o, en su defecto, los convenios colectivos sectoriales de ámbito inferior podrán determinar la duración del contrato, atendiendo a las características del sector y de las prácticas a realizar[67].

Las situaciones de incapacidad temporal, riesgo durante el embarazo, maternidad, adopción o acogimiento, riesgo durante la lactancia y paternidad interrumpirán el cómputo de la duración del contrato.

c) Ningún trabajador podrá estar contratado en prácticas en la misma o distinta empresa por tiempo superior a dos años en virtud de la misma titulación o certificado de profesionalidad.

Tampoco se podrá estar contratado en prácticas en la misma empresa para el mismo puesto de trabajo por tiempo superior a dos años, aunque se trate de distinta titulación o distinto certificado de profesionalidad.

A los efectos de este artículo, los títulos de grado, máster y, en su caso, doctorado, correspondientes a los estudios universitarios no se considerarán la misma titulación, salvo que al ser contratado por primera vez mediante un contrato en prácticas el trabajador estuviera ya en posesión del título superior de que se trate.

No se podrá concertar un contrato en prácticas en base a un certificado de profesionalidad obtenido como consecuencia de un contrato para la formación celebrado anteriormente con la misma empresa.

d) Salvo lo dispuesto en convenio colectivo, el período de prueba no podrá ser superior a un mes para los contratos en prácticas celebrados con trabajadores que estén en posesión de título de grado medio o de certificado de profesionalidad de nivel 1 ó 2, ni a dos meses para los contratos en prácticas celebrados con trabajadores que están en posesión de título de grado superior o de certificado de profesionalidad de nivel 3.

e) La retribución del trabajador será la fijada en convenio colectivo para los trabajadores en prácticas, sin que, en su defecto, pueda ser inferior al 60 o al 75 por 100 durante el primero o el segundo año de vigencia del contrato, respectivamente, del salario fijado en convenio para un trabajador que desempeñe el mismo o equivalente puesto de trabajo.

f) Si al término del contrato el trabajador continuase en la empresa no podrá concertarse un nuevo período de prueba, computándose la duración de las prácticas a efecto de antigüedad en la empresa.

2. El contrato para la formación y el aprendizaje tendrá por objeto

---

[67] Para las bonificaciones por transformación de los contratos en prácticas en indefinidos, v. nota al párrafo 3 del art. 17.3 ET.

la cualificación profesional de los trabajadores en un régimen de alternancia de actividad laboral retribuida en una empresa con actividad formativa recibida en el marco del sistema de formación profesional para el empleo o del sistema educativo[68].

El contrato para la formación y el aprendizaje se regirá por las siguientes reglas:

a) Se podrá celebrar con trabajadores mayores de dieciséis y menores de veinticinco años que carezcan de la cualificación profesional reconocida por el sistema de formación profesional para el empleo o del sistema educativo requerida para concertar un contrato en prácticas[69]. Se podrán acoger a esta modalidad contractual los trabajadores que cursen formación profesional del sistema educativo.

El límite máximo de edad no será de aplicación cuando el contrato se concierte con personas con discapacidad ni con los colectivos en situación de exclusión social

---

[68] Apartado 2 redactado conforme a la Ley 3/2012, de 6 de julio (*BOE* de 7 de julio).

Las medidas de bonificación en la cotización a la Seguridad Social, en el art. 3.º de la Ley 3/2012, de 6 de julio (*BOE* de 7 de julio):

«*Art. 3.º Reducciones de cuotas en los contratos para la formación y el aprendizaje.*—1. Las empresas que, a partir de la entrada en vigor de esta ley celebren contratos para la formación y el aprendizaje con trabajadores desempleados inscritos en la oficina de empleo, tendrán derecho, durante toda la vigencia del contrato, incluidas las prórrogas, a una reducción de las cuotas empresariales a la Seguridad Social por contingencias comunes, así como las correspondientes a accidentes de trabajo y enfermedades profesionales, desempleo, fondo de garantía salarial y formación profesional, correspondientes a dichos contratos, del 100 por 100 si el contrato se realiza por empresas cuya plantilla sea inferior a doscientas cincuenta personas, o del 75 por 100, en el supuesto de que la empresa contratante tenga una plantilla igual o superior a esa cifra.

»Asimismo, en los contratos para la formación y el aprendizaje celebrados o prorrogados según lo dispuesto en el párrafo anterior, se reducirá el 100 por 100 de las cuotas de los trabajadores a la Seguridad Social durante toda la vigencia del contrato, incluidas las prórrogas.

»2. Las empresas que, a la finalización de su duración inicial o prorrogada, transformen en contratos indefinidos los contratos para la formación y el aprendizaje, cualquiera que sea la fecha de su celebración, tendrán derecho a una reducción en la cuota empresarial a la Seguridad Social de 1.500 euros/año, durante tres años. En el caso de mujeres, dicha reducción será de 1.800 euros/año.

»3. En lo no previsto en este artículo, será de aplicación lo establecido en la sección I del capítulo I de la Ley 43/2006, de 29 de diciembre, para la mejora del crecimiento y del empleo.

»4. Las reducciones previstas en este artículo no serán de aplicación en los contratos para la formación y el aprendizaje cuando se suscriban en el marco de las acciones y medidas establecidos en la letra *d*) del artículo 25.1 de la Ley 56/2003, de 16 de diciembre, de Empleo, incluyendo los proyectos de Escuelas Taller, Casas de Oficios y Talleres de Empleo.»

[69] Conforme a la disp. trans. 9.ª de la Ley 3/2012, de 6 de julio (*BOE* de 7 de julio):

«1. Hasta que la tasa de desempleo en nuestro país se sitúe por debajo del 15 por 100 podrán realizarse contratos para la formación y el aprendizaje con trabajadores menores de treinta años sin que sea de aplicación el límite máximo de edad establecido en el párrafo primero del artículo 11.2.*a*) del Estatuto de los Trabajadores.»

previstos en la Ley 44/2007, de 13 de diciembre, para la regulación del régimen de las empresas de inserción, en los casos en que sean contratados por parte de empresas de inserción que estén cualificadas y activas en el registro administrativo correspondiente.

b) La duración mínima del contrato será de un año y la máxima de tres. No obstante, mediante convenio colectivo podrán establecerse distintas duraciones del contrato, en función de las necesidades organizativas o productivas de las empresas, sin que la duración mínima pueda ser inferior a seis meses ni la máxima superior a tres años.

En caso de que el contrato se hubiera concertado por una duración inferior a la máxima legal o convencionalmente establecida, podrá prorrogarse mediante acuerdo de las partes, hasta por dos veces, sin que la duración de cada prórroga pueda ser inferior a seis meses y sin que la duración total del contrato pueda exceder de dicha duración máxima.

Las situaciones de incapacidad temporal, riesgo durante el embarazo, maternidad, adopción o acogimiento, riesgo durante la lactancia y paternidad interrumpirán el cómputo de la duración del contrato.

c) Expirada la duración del contrato para la formación y el aprendizaje, el trabajador no podrá ser contratado bajo esta modalidad por la misma o distinta empresa, salvo que la formación inherente al nuevo contrato tenga por objeto la obtención de distinta cualificación profesional.

No se podrán celebrar contratos para la formación y el aprendizaje cuando el puesto de trabajo correspondiente al contrato haya sido desempeñado con anterioridad por el trabajador en la misma empresa por tiempo superior a doce meses.

d) El trabajador deberá recibir la formación inherente al contrato para la formación y el aprendizaje directamente en un centro formativo de la red a que se refiere la disposición adicional quinta de la Ley Orgánica 5/2002, de 19 de junio, de las Cualificaciones y de la Formación Profesional, previamente reconocido para ello por el Sistema Nacional de Empleo. No obstante, también podrá recibir dicha formación en la propia empresa cuando la misma dispusiera de las instalaciones y el personal adecuados a los efectos de la acreditación de la competencia o cualificación profesional a que se refiere el apartado *e*), sin perjuicio de la necesidad, en su caso, de la realización de períodos de formación complementarios en los centros de la red mencionada.

La actividad laboral desempeñada por el trabajador en la empresa deberá estar relacionada con las actividades formativas. La impartición de esta formación deberá justificarse a la finalización del contrato.

Reglamentariamente se desarrollará el sistema de impartición y las características de la formación de los trabajadores en los centros formativos y en las empresas, así como su reconocimiento, en un régimen de alternancia con el trabajo efectivo para favorecer una mayor relación entre éste y la formación y el aprendizaje del trabajador. Las actividades formativas podrán incluir formación complementaria no referida al Catálogo Nacional de Cualificaciones Profesionales para adaptarse tanto a las necesidades de los trabajadores como de las empresas.

Asimismo serán objeto de desarrollo reglamentario los aspectos relacionados con la financiación de la actividad formativa.

e) La cualificación o competencia profesional adquirida a través del contrato para la formación y el aprendizaje será objeto de acreditación en los términos previstos en la Ley Orgánica 5/2002, de 19 de junio, de las Cualificaciones y de la Formación Profesional, y en su normativa de desarrollo. Conforme a lo establecido en dicha regulación, el trabajador podrá solicitar de la Administración pública competente la expedición del correspondiente certificado de profesionalidad, título de formación profesional o, en su caso, acreditación parcial acumulable.

f) El tiempo de trabajo efectivo, que habrá de ser compatible con el tiempo dedicado a las actividades formativas, no podrá ser superior al 75 por 100, durante el primer año, o al 85 por 100, durante el segundo y tercer año, de la jornada máxima prevista en el convenio colectivo o, en su defecto, a la jornada máxima legal. Los trabajadores no podrán realizar horas extraordinarias, salvo en el supuesto previsto en el artículo 35.3. Tampoco podrán realizar trabajos nocturnos ni trabajo a turnos.

g) La retribución del trabajador contratado para la formación y el aprendizaje se fijará en proporción al tiempo de trabajo efectivo, de acuerdo con lo establecido en convenio colectivo.

En ningún caso, la retribución podrá ser inferior al salario mínimo interprofesional en proporción al tiempo de trabajo efectivo[70].

h) La acción protectora de la Seguridad Social del trabajador contratado para la formación y el aprendizaje comprenderá todas las contingencias, situaciones protegibles y prestaciones, incluido el desempleo. Asimismo, se tendrá derecho a la cobertura del Fondo de Garantía Salarial.

i) En el supuesto de que el trabajador continuase en la empresa al término del contrato se estará a lo establecido en el apartado 1, párrafo *f*), de este artículo.

Art. 12. *Contrato a tiempo parcial y contrato de relevo*[71].—1. El contrato de trabajo se entende-

---

[70] V. art. 27 ET y nota al mismo.

[71] Precepto redactado conforme al RDL 15/1998, de 27 de noviembre (*BOE* de 28 de noviembre), de medidas urgentes para la mejora del mercado de trabajo en relación con el trabajo a tiempo parcial y el fomento de su estabilidad; parcialmente reformado por el art. 19 de la Ley 55/1999,

rá celebrado a tiempo parcial cuando se haya acordado la prestación de servicios durante un número de horas al día, a la semana, al mes o al año inferior a la jornada de trabajo de un trabajador a tiempo completo comparable.

A efectos de lo dispuesto en el párrafo anterior, se entenderá por «trabajador a tiempo completo comparable» a un trabajador a tiempo completo de la misma empresa y centro de trabajo, con el mismo tipo de contrato de trabajo y que realice un trabajo idéntico o similar. Si en la empresa no hubiera ningún trabajador comparable a tiempo completo, se considerará la jornada a tiempo completo prevista en el convenio colectivo de aplicación o, en su defecto, la jornada máxima legal.

2. El contrato a tiempo parcial podrá concertarse por tiempo indefinido o por duración determinada en los supuestos en los que legalmente se permita la utilización de esta modalidad de contratación, excepto en el contrato para la formación.

3. Sin perjuicio de lo señalado en el apartado anterior, el contrato a tiempo parcial se entenderá celebrado por tiempo indefinido cuando se concierte para realizar trabajos fijos y periódicos dentro del volumen normal de actividad de la empresa.

4. El contrato a tiempo parcial se regirá por las siguientes reglas:

a) El contrato, conforme a lo dispuesto en el apartado 2 del artículo 8 de esta Ley, se deberá formalizar necesariamente por escrito, en el modelo que se establezca. En el contrato deberán figurar el número de horas ordinarias de trabajo al día, a la semana, al mes o al año contratadas y su distribución.

De no observarse estas exigencias, el contrato se presumirá celebrado a jornada completa, salvo prueba en contrario que acredite el carácter parcial de los servicios.

b) La jornada diaria en el trabajo a tiempo parcial podrá realizarse de forma continuada o partida. Cuando el contrato a tiempo parcial

---

de 29 de diciembre (*BOE* de 30 de diciembre), de Medidas Fiscales, Administrativas y del Orden Social, y por la Ley 12/2001, de 9 de julio. La tipificación como infracción administrativa grave de la trasgresión de este artículo, en la LISOS, art. 7.º5, conforme a la redacción dada por el art. 14 de la Ley 12/2001, de 9 de julio (*BOE* de 10 de julio). Las medidas de fomento del empleo del trabajo a tiempo parcial, en el RDL 1/2011, de 11 de febrero (*BOE* de 12 de febrero). El régimen de Seguridad Social, en la disp. adic. 7.ª de la Ley General de la Seguridad Social, redactada conforme a la LO 3/2007, de 22 de marzo (*BOE* de 23 de marzo), y a la Ley 2/2008, de 23 de diciembre (*BOE* de 24 de diciembre):

«*Disp. adic. 7.ª Normas aplicables a los trabajadores contratados a tiempo parcial.*—1. La protección social derivada de los contratos de trabajo a tiempo parcial se regirá por el principio de asimilación del trabajador a tiempo parcial al trabajador a tiempo completo y específicamente por las siguientes reglas:

»1.ª Cotización.

»*a*) La base de cotización a la Seguridad Social y de las aportaciones que se recaudan conjuntamente con las cuotas de aquélla será siempre mensual y estará constituida por las retribuciones efectivamente percibidas en función de las horas trabajadas, tanto ordinarias como complementarias.

»*b*) La base de cotización así determinada no podrá ser inferior a las cantidades que reglamentariamente se determinen.

»*c*) Las horas complementarias cotizarán a la Seguridad Social sobre las mismas bases y tipos que las horas ordinarias.

»2.ª Períodos de cotización.

»*a*) Para acreditar los períodos de cotización necesarios para causar derecho a las prestaciones de jubilación, incapacidad permanente, muerte y supervivencia, incapacidad temporal, maternidad y paternidad, se computarán exclusivamente las cotizaciones efectuadas en función de las horas trabajadas, tanto ordinarias como complementarias, calculando su equivalencia en días teóricos de cotización. A tal fin, el número de horas efectivamente trabajadas se dividirá por cinco, equivalente diario del cómputo de mil ochocientas veintiséis horas anuales.

»*b*) Para causar derecho a las pensiones de jubilación e incapacidad permanente, al número de días teóricos de cotización obtenidos conforme a lo dispuesto en la letra *a*) de esta regla se le aplicará el coeficiente multiplicador de 1,5, resultando de ello el número de días que se considerarán acreditados para la determinación de los períodos mínimos de cotización. En ningún caso podrá computarse un número de días cotizados superior al que correspondería de haberse realizado la prestación de servicios a tiempo completo.

»3.ª Bases reguladoras.

»*a*) La base reguladora de las prestaciones de jubilación e incapacidad permanente se calculará conforme a la regla general. Para las prestaciones por maternidad y por paternidad, la base reguladora diaria será el resultado de dividir la suma de las bases de cotización acreditadas en la empresa durante el año anterior a la fecha del hecho causante entre 365.

»*b*) A efecto de las pensiones de jubilación y de la incapacidad permanente, derivada de enfermedad común, la integración de los períodos durante los que no haya habido obligación de cotizar se llevará a cabo con la base mínima de cotización de entre las aplicables en cada momento, correspondiente al número de horas contratadas en último término.

»*c*) El tiempo de cotización que resulte acreditado conforme a lo dispuesto en el apartado *b*) de la regla segunda se computará para determinar el número de años cotizados a efectos de fijar el porcentaje aplicable a la base reguladora de la pensión de jubilación. La fracción de año que pueda resultar se computará como un año completo.

»*d*) No obstante lo dispuesto en los apartados anteriores, las prestaciones por maternidad y paternidad podrán reconocerse mediante resolución provisional por el Instituto Nacional de la Seguridad Social, tomando la última base de cotización que conste en las bases de datos corporativas del sistema, en tanto no esté incorporada a dichas bases la base de cotización por contingencias comunes correspondiente al mes anterior al del inicio del descanso, suspensión del contrato o permiso que se disfruten, momento en el que se emitirá la resolución definitiva con el recálculo del subsidio que corresponda.

»4.ª Protección por desempleo.

»Para determinar los períodos de cotización y de cálculo de la base reguladora de las prestaciones por desempleo se estará a lo que se determine reglamentariamente en su normativa específica.

»2. Las reglas contenidas en el apartado anterior serán de aplicación a los trabajadores con contrato a tiempo parcial, contrato de relevo a tiempo parcial y contrato de trabajo fijo-discontinuo, de conformidad con lo establecido en los artículos 12 y 15.8 de la Ley del Estatuto de los Trabajadores, texto refundido aprobado por Real Decreto Legislativo 1/1995, de 24 de marzo, que estén incluidos en el campo de aplicación del Régimen General y del Régimen especial de la minería del carbón, y a los que, siendo trabajadores por cuenta ajena, estén incluidos en el Régimen especial de los trabajadores del mar.»

La acción protectora de la Seguridad Social se ha desarrollado por el RD 1.131/2002, de 31 de octubre (*BOE* de 27 de noviembre). V. Directiva 97/81/CE, de 15 de diciembre de 1997 (*DOCE* de 20 de enero de 1998), relativa al acuerdo marco sobre el trabajo a tiempo parcial; Directiva 98/23/CE, de 27 de abril de 1998 (*DOCE* de 5 de mayo), que amplía al Reino Unido e Irlanda del Norte aquella Directiva. V. STC 22/1994, de 27 de enero (*BOE* de 2 de marzo), sobre discriminación retributiva de los trabajadores a tiempo parcial.

conlleve la ejecución de una jornada diaria inferior a la de los trabajadores a tiempo completo y ésta se realice de forma partida, sólo será posible efectuar una única interrupción en dicha jornada diaria, salvo que se disponga otra cosa mediante convenio colectivo sectorial o, en su defecto, de ámbito inferior.

c) Los trabajadores a tiempo parcial podrán realizar horas extraordinarias. El número de horas extraordinarias que se podrán realizar será el legalmente previsto en proporción a la jornada pactada.

Las horas extraordinarias realizadas en el contrato a tiempo parcial computarán a efectos de bases de cotización a la Seguridad Social y bases reguladoras de las prestaciones.

La realización de horas complementarias se regirá por lo dispuesto en el apartado 5 de este artículo.

En todo caso, la suma de las horas ordinarias, extraordinarias y complementarias no podrá exceder del límite legal del trabajo a tiempo parcial definido en el apartado uno de este artículo[72].

d) Los trabajadores a tiempo parcial tendrán los mismos derechos que los trabajadores a tiempo completo. Cuando corresponda en atención a su naturaleza, tales derechos serán reconocidos en las disposiciones legales y reglamentarias y en los convenios colectivos de manera proporcional, en función del tiempo trabajado.

e) La conversión de un trabajo a tiempo completo en un trabajo a tiempo parcial y viceversa tendrá siempre carácter voluntario para el trabajador y no se podrá imponer de forma unilateral o como consecuencia de una modificación sustancial de condiciones de trabajo al amparo de lo dispuesto en la letra *a*) del apartado 1 del artículo 41. El trabajador no podrá ser despedido ni sufrir ningún otro tipo de sanción o efecto perjudicial por el hecho de rechazar esta conversión, sin perjuicio de las medidas que, de conformidad con lo dispuesto en los artículos 51 y 52.*c*) de esta Ley, puedan adoptarse por causas económicas, técnicas, organizativas o de producción[73].

A fin de posibilitar la movilidad voluntaria en el trabajo a tiempo parcial, el empresario deberá informar a los trabajadores de la empresa sobre la existencia de puestos de trabajo vacantes, de manera que aquéllos puedan formular solicitudes de conversión voluntaria de un trabajo a tiempo completo en un trabajo a tiempo parcial y viceversa, o para el incremento del tiempo de trabajo de los trabajadores a tiempo parcial, todo ello de conformidad con los procedimientos que se establezcan en los convenios

[72] Letra *c*) redactada conforme a Ley 3/2012, de 6 de julio (*BOE* de 7 de julio).

[73] Para la reducción de jornada a través de expediente de regulación de empleo, v. art. 47 ET.

colectivos sectoriales o, en su defecto, de ámbito inferior[74].

Los trabajadores que hubieran acordado la conversión voluntaria de un contrato de trabajo a tiempo completo en otro a tiempo parcial o viceversa y que, en virtud de las informaciones a las que se refiere el párrafo precedente, soliciten el retorno a la situación anterior, tendrán preferencia para el acceso a un puesto de trabajo vacante de dicha naturaleza que exista en la empresa correspondiente a su mismo grupo profesional o categoría equivalente, de acuerdo con los requisitos y procedimientos que se establezcan en los convenios colectivos sectoriales o, en su defecto, de ámbito inferior. Igual preferencia tendrán los trabajadores que, habiendo sido contratados inicialmente a tiempo parcial, hubieran prestado servicios como tales en la empresa durante tres o más años, para la cobertura de aquellas vacantes a tiempo completo correspondientes a su mismo grupo profesional o categoría equivalente que existan en la empresa.

Con carácter general, las solicitudes a que se refieren los párrafos anteriores deberán ser tomadas en consideración, en la medida de lo posible, por el empresario. La denegación de la solicitud deberá ser notificada por el empresario al trabajador por escrito y de manera motivada.

f) Los convenios colectivos establecerán medidas para facilitar el acceso efectivo de los trabajadores a tiempo parcial a la formación profesional continua, a fin de favorecer su progresión y movilidad profesionales.

g) Los convenios colectivos sectoriales y, en su defecto, de ámbito inferior, podrán establecer, en su caso, requisitos y especialidades para la conversión de contratos a tiempo completo en contratos a tiempo parcial, cuando ello esté motivado principalmente por razones familiares o formativas.

5. Se considerarán horas complementarias aquellas cuya posibilidad de realización haya sido acordada, como adición a las horas ordinarias pactadas en el contrato a tiempo parcial, conforme al régimen jurídico establecido en el presente apartado y, en su caso, en los convenios colectivos sectoriales o, en su defecto, de ámbito inferior.

La realización de horas complementarias está sujeta a las siguientes reglas:

a) El empresario sólo podrá exigir la realización de horas complementarias cuando así lo hubiera pactado expresamente con el trabajador. El pacto sobre horas complementarias podrá acordarse en el momento de la celebración del contrato a tiempo parcial o con posterioridad al mismo, pero constituirá, en todo caso, un pacto específico respecto al contrato. El pacto se formalizará necesariamente por escrito, en el

[74] La ausencia de información de estas vacantes es calificada como infracción administrativa leve por el art. 6.º5 LISOS, en la redacción dada por el art. 14 de la Ley 12/2001, de 9 de julio (*BOE* de 10 de julio).

modelo oficial que al efecto será establecido.

b) Sólo se podrá formalizar un pacto de horas complementarias en el caso de contratos a tiempo parcial de duración indefinida.

c) El pacto de horas complementarias deberá recoger el número de horas complementarias cuya realización podrá ser requerida por el empresario.

El número de horas complementarias no podrá exceder del 15 por 100 de las horas ordinarias de trabajo objeto del contrato. Los convenios colectivos de ámbito sectorial o, en su defecto, de ámbito inferior podrán establecer otro porcentaje máximo, que en ningún caso podrá exceder el 60 por 100 de las horas ordinarias contratadas. En todo caso, la suma de las horas ordinarias y de las horas complementarias no podrá exceder del límite legal del trabajo a tiempo parcial definido en el apartado 1 de este artículo.

d) La distribución y forma de realización de las horas complementarias pactadas deberá atenerse a lo establecido al respecto en el convenio colectivo de aplicación y en el pacto de horas complementarias. Salvo que otra cosa se establezca en convenio, el trabajador deberá conocer el día y hora de realización de las horas complementarias con un preaviso de siete días.

e) La realización de horas complementarias habrá de respetar, en todo caso, los límites en materia de jornada y descansos establecidos en los artículos 34, apartados 3 y 4; 36, apartado 1, y 37, apartado 1, de esta Ley.

f) Las horas complementarias efectivamente realizadas se retribuirán como ordinarias, computándose a efectos de bases de cotización a la Seguridad Social y períodos de carencia y bases reguladoras de las prestaciones. A tal efecto, el número y retribución de las horas complementarias realizadas se deberá recoger en el recibo individual de salarios y en los documentos de cotización a la Seguridad Social.

g) El pacto de horas complementarias podrá quedar sin efecto por renuncia del trabajador, mediante un preaviso de quince días, una vez cumplido un año desde su celebración, cuando concurran las siguientes circunstancias:

— La atención de las responsabilidades familiares enunciadas en el artículo 37.5 de esta Ley.

— Por necesidades formativas, en la forma que reglamentariamente se determine, siempre que se acredite la incompatibilidad horaria.

— Por incompatibilidad con otro contrato a tiempo parcial.

h) El pacto de horas complementarias y las condiciones de realización de las mismas estarán sujetas al cumplimiento de los requisitos establecidos en las letras anteriores y, en su caso, al régimen previsto en los convenios colectivos de aplicación. En caso de incumplimiento de tales requisitos y régimen jurídico, la negativa del trabajador a la realización de las horas complementarias, pese a haber sido pactadas, no constituirá conducta laboral sancionable.

6. Para que el trabajador pueda acceder a la jubilación parcial, en

los términos establecidos en el apartado 2 del artículo 166 de la Ley General de la Seguridad Social y demás disposiciones concordantes, deberá acordar con su empresa una reducción de jornada y de salario de entre un mínimo de un 25 por 100 y un máximo del 75, conforme al citado artículo 166, y la empresa deberá concertar simultáneamente un contrato de relevo, de acuerdo con lo establecido en el apartado siguiente, con objeto de sustituir la jornada de trabajo dejada vacante por el trabajador que se jubila parcialmente. También se podrá concertar el contrato de relevo para sustituir a los trabajadores que se jubilen parcialmente después de haber cumplido sesenta y cinco años.

La reducción de jornada y de salario podrá alcanzar el 85 por 100 cuando el contrato de relevo se concierte a jornada completa y con duración indefinida, siempre que el trabajador cumpla los requisitos establecidos en el artículo 166.2.*c*) de la Ley General de la Seguridad Social.

La ejecución de este contrato de trabajo a tiempo parcial y su retribución serán compatibles con la pensión que la Seguridad Social reconozca al trabajador en concepto de jubilación parcial.

La relación laboral se extinguirá al producirse la jubilación total del trabajador[75].

7. El contrato de relevo se ajustará a las siguientes reglas[76]:

a) Se celebrará con un trabajador en situación de desempleo o que tuviese concertado con la empresa un contrato de duración determinada.

b) Salvo en el supuesto previsto en el párrafo segundo del apartado 6, la duración del contrato de relevo que se celebre como consecuencia de una jubilación parcial tendrá que ser indefinida o como mínimo, igual al tiempo que falte al trabajador sustituido para alcanzar la edad de sesenta y cinco años. Si, al cumplir dicha edad, el trabajador jubilado parcialmente continuase en la empresa, el contrato dc relc-

---

[75] Conforme a la disp. trans. 2.ª del RDL 8/2010, de 20 de mayo:

«Hasta el 31 de diciembre de 2012, podrán acogerse a la modalidad de jubilación parcial establecida en el artículo 166.2 del texto refundido de la Ley General de la Seguridad Social, aprobado por Real Decreto Legislativo 1/1994, de 20 de junio, con el cumplimiento de todos los requisitos exigidos en las letras *b*), *c*), *d*), *e*) y *f*) de dicho artículo, los trabajadores afectados por compromisos adoptados en expedientes de regulación de empleo o por medio de Convenios y acuerdos colectivos de empresa, aprobados o suscritos, respectivamente, con anterioridad a la entrada en vigor de este Real Decreto Ley, a las siguientes edades:

»— Sesenta años si el trabajador relevista es contratado a jornada completa mediante un contrato de duración indefinida.

»— Sesenta años y seis meses si el trabajador relevista es contratado en otras condiciones.»

V. Orden TIN/1.827/2010, de 6 de julio (*BOE* de 8 de julio), por la que se desarrolla, en relación con los acuerdos colectivos de empresa sobre jubilación parcial, lo establecido en la disp. trans. 2.ª del RDL 8/2010.

[76] Para las bonificaciones por transformación de los contratos de relevos en indefinidos, v. nota al párrafo 3 del art. 17.3 ET.

vo que se hubiera celebrado por duración determinada podrá prorrogarse mediante acuerdo de las partes por períodos anuales, extinguiéndose, en todo caso, al finalizar el período correspondiente al año en el que se produzca la jubilación total del trabajador relevado.

En el caso del trabajador jubilado parcialmente después de haber cumplido sesenta y cinco años, la duración del contrato de relevo que podrá celebrar la empresa para sustituir la parte de jornada dejada vacante por el mismo podrá ser indefinida o anual. En este segundo caso, el contrato se prorrogará automáticamente por períodos anuales, extinguiéndose en la forma señalada en el párrafo anterior.

c) Salvo en el supuesto previsto en el párrafo segundo del apartado 6, el contrato de relevo podrá celebrarse a jornada completa o a tiempo parcial. En todo caso, la duración de la jornada deberá ser, como mínimo, igual a la reducción de jornada acordada por el trabajador sustituido. El horario de trabajo del trabajador relevista podrá completar el del trabajador sustituido o simultanearse con él.

d) El puesto de trabajo del trabajador relevista podrá ser el mismo del trabajador sustituido o uno similar, entendiendo por tal el desempeño de tareas correspondientes al mismo grupo profesional o categoría equivalente.

En los supuestos en que, debido a los requerimientos específicos del trabajo realizado por el jubilado parcial, el puesto de trabajo que vaya a desarrollar el relevista no pueda ser el mismo o uno similar que el del jubilado parcial, deberá existir una correspondencia entre las bases de cotización de ambos, en los términos previstos en el artículo 166.2.*e*) de la Ley General de la Seguridad Social.

Reglamentariamente se desarrollarán los requerimientos específicos del trabajo para considerar que el puesto de trabajo del trabajador relevista no pueda ser el mismo o uno similar al que venía desarrollando el jubilado parcial.

e) En la negociación colectiva se podrán establecer medidas para impulsar la celebración de contratos de relevo[77].

[77] Apartados 6 y 7 de este artículo redactados conforme a la Ley 40/2007, de 4 de diciembre (*BOE* de 5 de diciembre), de medidas en materia de Seguridad Social. V. el régimen de Seguridad Social en el art. 166 de la Ley General de Seguridad Social, redactado por la Ley 24/2001, de 27 de diciembre (*BOE* de 31 de diciembre); por la Ley 35/2002, de 12 de julio (*BOE* de 13 de julio), y por la Ley 40/2007, de 4 de diciembre (*BOE* de 5 de diciembre); y desarrollado por RD 1.132/2002, de 31 de octubre (*BOE* de 27 de noviembre), y por RD 1.131/2002, de 31 de octubre (*BOE* de 27 de noviembre), por el que se regula la Seguridad Social de los trabajadores contratados a tiempo parcial, así como la jubilación parcial. V. disp. trans. 12.ª ET, así como SSTC 253/2004, de 22 de diciembre (*BOE* de 21 de enero de 2005), sobre inconstitucionalidad del régimen de determinación de los períodos de cotización de las prestaciones de Seguridad Social computando exclusivamente las horas trabajadas, en perjuicio de las trabajadoras a tiempo parcial, conforme a la versión del art. 12.4.2 del Texto Refundido de 1995; 49/2005, de 14 de marzo (*BOE* de 19 de abril), y 50/2005, de 14 de marzo (*BOE* de 19 de abril), sobre idéntica materia a la anterior.

Art. 13. *Trabajo a distancia*[78].—1. Tendrá la consideración de trabajo a distancia aquel en que la prestación de la actividad laboral se realice de manera preponderante en el domicilio del trabajador o en el lugar libremente elegido por éste, de modo alternativo a su desarrollo presencial en el centro de trabajo de la empresa.

2. El acuerdo por el que se establezca el trabajo a distancia se formalizará por escrito. Tanto si el acuerdo se estableciera en el contrato inicial como si fuera posterior, le serán de aplicación las reglas contenidas en el artículo 8.3 de esta Ley para la copia básica del contrato de trabajo.

3. Los trabajadores a distancia tendrán los mismos derechos que los que prestan sus servicios en el centro de trabajo de la empresa, salvo aquellos que sean inherentes a la realización de la prestación laboral en el mismo de manera presencial. En especial, el trabajador a distancia tendrá derecho a percibir, como mínimo, la retribución total establecida conforme a su grupo profesional y funciones.

El empresario deberá establecer los medios necesarios para asegurar el acceso efectivo de estos trabajadores a la formación profesional para el empleo, a fin de favorecer su promoción profesional. Asimismo, a fin de posibilitar la movilidad y promoción, deberá informar a los trabajadores a distancia de la existencia de puestos de trabajo vacantes para su desarrollo presencial en sus centros de trabajo.

4. Los trabajadores a distancia tienen derecho a una adecuada protección en materia de seguridad y salud resultando de aplicación, en todo caso, lo establecido en la Ley 31/1995, de 8 de noviembre, de Prevención de Riesgos Laborales, y su normativa de desarrollo.

5. Los trabajadores a distancia podrán ejercer los derechos de representación colectiva conforme a lo previsto en la presente Ley. A estos efectos dichos trabajadores deberán estar adscritos a un centro de trabajo concreto de la empresa.

CAPÍTULO II

CONTENIDO DEL CONTRATO DE TRABAJO

SECCIÓN 1.ª

Duración del contrato

Art. 14. *Período de prueba*[79].—1. Podrá concertarse por escrito un período de prueba, con

---

[78] Artículo redactado conforme a Ley 3/2012, de 6 de julio (*BOE* de 7 de julio).

[79] Para el período de prueba en el contrato indefinido para pequeñas empresas, v. nota al art. 15.1 ET. Se permite expresamente la estipulación del período de prueba en los contratos en prácticas [art. 11.1.*d*) ET]. Ver art. 84 ET.

sujeción a los límites de duración que, en su caso, se establezcan en los convenios colectivos. En defecto de pacto en convenio, la duración del período de prueba no podrá exceder de seis meses para los técnicos titulados, ni de dos meses para los demás trabajadores. En las empresas de menos de veinticinco trabajadores el período de prueba no podrá exceder de tres meses para los trabajadores que no sean técnicos titulados.

El empresario y el trabajador, están respectivamente obligados a realizar las experiencias que constituyan el objeto de la prueba.

Será nulo el pacto que establezca un período de prueba cuando el trabajador haya ya desempeñado las mismas funciones con anterioridad en la empresa, bajo cualquier modalidad de contratación.

2. Durante el período de prueba, el trabajador tendrá los derechos y obligaciones correspondientes al puesto de trabajo que desempeñe como si fuera de plantilla, excepto los derivados de la resolución de la relación laboral, que podrá producirse a instancia de cualquiera de las partes durante su transcurso[80].

3. Transcurrido el período de prueba sin que se haya producido el desistimiento, el contrato producirá plenos efectos, computándose el tiempo de los servicios prestados en la antigüedad del trabajador en la empresa.

Las situaciones de incapacidad temporal, maternidad, y adopción o acogimiento, que afecten al trabajador durante el período de prueba, interrumpen el cómputo del mismo siempre que se produzca acuerdo entre ambas partes.

Art. 15. *Duración del contrato.*—1. El contrato de trabajo podrá concertarse por tiempo indefinido o por una duración determinada[81].

---

[80] Importantes matizaciones se formulan en las SSTC 94/1984, de 16 de octubre (*BOE* de 31 de octubre), sobre la extinción de la relación laboral durante el período de prueba fundada en motivos discriminatorios; 166/1988, de 26 de septiembre (*BOE* de 14 de octubre), sobre discriminación durante el período de prueba por embarazo de mujer trabajadora; 198/1996, de 3 de diciembre (*BOE* de 3 de enero de 1997), sobre cese de una trabajadora durante el período de prueba por inadecuación a su puesto de trabajo; 17/2007, de 12 de febrero (*BOE* de 14 de marzo), sobre tratamiento discriminatorio por razón de sexo con ocasión de despido por no superar un segundo período de prueba improcedente a causa de su embarazo.

[81] Para la modalidad de contratación indefinida dirigida a las pequeñas empresas, art. 4.º de la Ley 3/2012, de 6 de julio (*BOE* de 7 de julio):

«*Contrato de trabajo por tiempo indefinido de apoyo a los emprendedores.*—1. Con objeto de facilitar el empleo estable a la vez que se potencia la iniciativa empresarial, las empresas que tengan menos de cincuenta trabajadores podrán concertar el contrato de trabajo de apoyo a los emprendedores que se regula en este artículo.

»2. El contrato se celebrará por tiempo indefinido y a jornada completa, y se formalizará por escrito en el modelo que se establezca.

»3. El régimen jurídico del contrato y los derechos y obligaciones que de él se deriven se regirán, con carácter general, por lo dispuesto en el Texto Refundido de la Ley del Estatuto de los Trabajadores, aprobado por

Real Decreto Legislativo 1/1995, de 24 de marzo, y en los convenios colectivos para los contratos por tiempo indefinido, con la única excepción de la duración del período de prueba a que se refiere el artículo 14 del Estatuto de los Trabajadores, que será de un año en todo caso. No podrá establecerse un período de prueba cuando el trabajador haya ya desempeñado las mismas funciones con anterioridad en la empresa, bajo cualquier modalidad de contratación.

»4. Estos contratos gozarán de los incentivos fiscales contemplados en el artículo 43 del texto refundido de la Ley del Impuesto sobre Sociedades, aprobado por el Real Decreto Legislativo 4/2004, de 5 de marzo.

»El trabajador contratado bajo esta modalidad que hubiera percibido, a fecha de celebración del contrato, prestaciones por desempleo de nivel contributivo durante, al menos, tres meses, podrá voluntariamente compatibilizar cada mes, junto con el salario, el 25 por 100 de la cuantía de la prestación que tuviera reconocida y que estuviera pendiente de percibir, de acuerdo con lo dispuesto en el Título III del texto refundido de la Ley General de la Seguridad Social, aprobado por Real Decreto Legislativo 1/1994, de 20 de junio.

»El derecho a la compatibilidad de la prestación surtirá efecto desde la fecha de inicio de la relación laboral, siempre que se solicite en el plazo de quince días a contar desde la misma. Transcurrido dicho plazo el trabajador no podrá acogerse a esta compatibilidad.

»La compatibilidad se mantendrá exclusivamente durante la vigencia del contrato con el límite máximo de la duración de la prestación pendiente de percibir.

»En el caso de cese en el trabajo que suponga situación legal de desempleo, el beneficiario podrá optar por solicitar una nueva prestación o bien por reanudar la prestación pendiente de percibir. En este supuesto, se considerará como período consumido únicamente el 25 por 100 del tiempo en que se compatibilizó la prestación con el trabajo.

»La entidad gestora y el beneficiario estarán exentos durante la percepción del 25 por 100 de la prestación compatibilizada de la obligación de cotizar a la Seguridad Social.

»Cuando el trabajador no compatibilice la prestación con el salario en los términos de este apartado, se mantendrá el derecho del trabajador a las prestaciones por desempleo que le restasen por percibir en el momento de la colocación, siendo de aplicación lo establecido en los artículos 212.1.*d*) y 213.1.*d*) del texto refundido de la Ley General de la Seguridad Social, aprobado por el Real Decreto Legislativo 1/1994, de 20 de junio.

»5. Con independencia de los incentivos fiscales regulados en el artículo 43 del texto refundido de la Ley del Impuesto sobre Sociedades, aprobado por el Real Decreto Legislativo 4/2004, de 5 de marzo, las contrataciones bajo esta modalidad contractual de desempleados inscritos en la Oficina de empleo darán derecho a las siguientes bonificaciones, siempre que se refieran a alguno de estos colectivos:

»*a*) Jóvenes entre dieciséis y treinta años, ambos inclusive, la empresa tendrá derecho a una bonificación en la cuota empresarial a la Seguridad Social durante tres años, cuya cuantía será de 83,33 euros/mes (1.000 euros/año) en el primer año; de 91,67 euros/mes (1.100 euros/año) en el segundo año, y de 100 euros/mes (1.200 euros/año) en el tercer año.

»Cuando estos contratos se concierten con mujeres en ocupaciones en las que este colectivo esté menos representado las cuantías anteriores se incrementarán en 8,33 euros/mes (100 euros/año).

»*b*) Mayores de cuarenta y cinco años, la empresa tendrá derecho a una bonificación en la cuota empresarial a la Seguridad Social, cuya cuantía será de 108,33 euros/mes (1.300 euros/año) durante tres años.

»Cuando estos contratos se concierten con mujeres en ocupaciones en las que este colectivo esté menos representado, las bonificaciones indicadas serán de 125 euros/mes (1.500 euros/año).

»Estas bonificaciones serán compatibles con otras ayudas públicas previstas con la misma finalidad, sin que en ningún caso la suma de las bonificaciones aplicables pueda superar el 100 por 100 de la cuota empresarial a la Seguridad Social.

»6. No podrá concertar el contrato de trabajo por tiempo indefinido de apoyo a los emprendedores a que se refiere el presente artículo, la empresa que, en los seis meses anteriores a la celebración del contrato, hubiera adoptado decisiones extintivas improcedentes. La limitación afectará únicamente a las extinciones producidas con posterioridad a la entrada en vigor de esta Ley, y para la cobertura de aquellos puestos de trabajo del mismo grupo profesional que los afectados

Podrán celebrarse contratos de duración determinada en los siguientes supuestos[82]:

a) Cuando se contrate al trabajador para la realización de una obra o servicio determinados, con auto-

por la extinción y para el mismo centro o centros de trabajo.

»7. Para la aplicación de los incentivos vinculados al contrato de trabajo por tiempo indefinido de apoyo a los emprendedores, la empresa deberá mantener en el empleo al trabajador contratado al menos tres años desde la fecha de inicio de la relación laboral. Asimismo, deberá mantener el nivel de empleo en la empresa alcanzado con el contrato por tiempo indefinido de apoyo a los emprendedores durante, al menos, un año desde la celebración del contrato. En caso de incumplimiento de estas obligaciones se deberá proceder al reintegro de los incentivos.

»No se considerarán incumplidas la obligaciones de mantenimiento del empleo anteriores cuando el contrato de trabajo se extinga por causas objetivas o por despido disciplinario cuando uno u otro sea declarado o reconocido como procedente, ni las extinciones causadas por dimisión, muerte, jubilación o incapacidad permanente total, absoluta o gran invalidez de los trabajadores o por la expiración del tiempo convenido o realización de la obra o servicio objeto del contrato.

»8. A los efectos de lo dispuesto en este artículo, se tendrá en cuenta el número de trabajadores de la empresa en el momento de producirse la contratación.

»9. En lo no establecido en este artículo serán de aplicación las previsiones contenidas en la sección I del capítulo I de la Ley 43/2006, de 29 de diciembre, para la mejora del crecimiento y del empleo, salvo lo establecido en el artículo 6.2 en materia de exclusiones.»

Conforme a la disp. trans. 9.ª de la Ley 3/2012, de 6 de julio (*BOE* de 7 de julio):

«2. Hasta que la tasa de desempleo en nuestro país se sitúe por debajo del 15 por 100 podrán realizarse contratos de trabajo por tiempo indefinido de apoyo a los emprendedores a que se refiere el artículo 4 de esta Ley.»

[82] V. arts. 8.º2 y 49.1.*c*) ET. Reglamentariamente desarrollado a través del RD 2.720/1998, de 18 de diciembre (*BOE* de 8 de enero de 1999), por el que se desarrolla el art. 15 del Estatuto de los Trabajadores en materia de contratos de duración determinada. Para la fijación de porcentajes mínimos de trabajo por tiempo indefinido en el sector de la construcción, v. art. 4.º4 y disp. adic. 1.ª de la Ley 32/2006, de 18 de octubre (*BOE* de 19 de octubre), reguladora de la subcontratación en el sector de la construcción; desarrollado por el RD 1.109/2007, de 24 de agosto (*BOE* de 25 de agosto); RD 1.194/1985, de 17 de julio (*BOE* de 20 de julio), normas sobre jubilación especial a los sesenta y cuatro años y nuevas contrataciones; disp. adic. 3.ª de la LO 2/2006, de 3 de mayo (*BOE* de 18 de septiembre), de Educación, que contempla la contratación laboral de los profesores que, no perteneciendo a los cuerpos de funcionarios docentes, impartan la enseñanza de las religiones en los centros públicos; arts. 48 a 54 de la LO 6/2001, de 21 de diciembre (*BOE* de 24 de diciembre), de Universidades, sobre contratación laboral temporal del profesorado universitario, modificada por la LO 4/2007, de 12 de abril (*BOE* de 13 de abril); Ley 44/2007, de 13 de diciembre (*BOE* de 14 de diciembre), para la regulación de las empresas de inserción, en especial arts. 11 ss., modificada por la Ley 27/2009, de 30 de diciembre (*BOE* de 31 de diciembre); RD 49/2010, de 22 de enero (*BOE* de 3 de febrero), por el que se crea el Registro Administrativo de Empresas de Inserción del Ministerio de Trabajo e Inmigración. Para la contratación temporal como medida de fomento del empleo, v. art. 17.3 ET y nota al mismo. V. Directiva 1999/70/CE, de 28 de junio (*DOCE* de 10 de julio), relativa al acuerdo marco de la CES, la UNICE y el CEEP sobre trabajo de duración determinada. V. SSTC 38/2007, de 15 de febrero (*BOE* de 14 de marzo), y 80/2007 a 80/2007, de 19 de abril (*BOE* de 23 de mayo), sobre constitucionalidad del régimen de contratación anual de los profesores de enseñanza religiosa en los centros públicos; 128/2007, de 4 de junio (*BOE* de 6 de julio), sobre cese como profesor de religión católica de un sacerdote secularizado por hacerse pública su condición de casado y con hijos y su pertenencia a un movimiento contrario a la ortodoxia. V. STC 51/2011, de 14 de abril (*BOE* de 10 de mayo), sobre discriminación por circunstancias personales y libertad ideo-

nomía y sustantividad propia dentro de la actividad de la empresa y cuya ejecución, aunque limitada en el tiempo, sea en principio de duración incierta. Estos contratos no podrán tener una duración superior a tres años ampliable hasta doce meses más por convenio colectivo de ámbito sectorial estatal o, en su defecto, por convenio colectivo sectorial de ámbito inferior. Transcurridos estos plazos, los trabajadores adquirirán la condición de trabajadores fijos de la empresa.

---

lógica en relación con el derecho a contraer matrimonio con divorciado por parte de una profesora de religión católica en un centro público.

El art. 28 de la Ley 31/1995, de 8 de noviembre (*BOE* de 10 de noviembre), de Prevención de Riesgos Laborales, dispone:

«*Art. 28. Relaciones de trabajo temporales, de duración determinada y en empresas de trabajo temporal.*—1. Los trabajadores con relaciones de trabajo temporales o de duración determinada, así como los contratados por empresas de trabajo temporal, deberán disfrutar del mismo nivel de protección en materia de seguridad y salud que los restantes trabajadores de la empresa en la que prestan sus servicios.

»La existencia de una relación de trabajo de las señaladas en el párrafo anterior no justificará en ningún caso una diferencia de trato por lo que respecta a las condiciones de trabajo, en lo relativo a cualquiera de los aspectos de la protección de la seguridad y la salud de los trabajadores.

»La presente Ley y sus disposiciones de desarrollo se aplicarán plenamente a las relaciones de trabajo señaladas en los párrafos anteriores.

»2. El empresario adoptará las medidas necesarias para garantizar que, con carácter previo al inicio de su actividad, los trabajadores a que se refiere el apartado anterior reciban información acerca de los riesgos a los que vayan a estar expuestos, en particular en lo relativo a la necesidad de cualificaciones o aptitudes profesionales determinadas, la exigencia de controles médicos especiales o la existencia de riesgos específicos del puesto de trabajo a cubrir, así como sobre las medidas de protección y prevención frente a los mismos.

»Dichos trabajadores recibirán, en todo caso, una formación suficiente y adecuada a las características del puesto de trabajo a cubrir, teniendo en cuenta su cualificación y experiencia profesional y los riesgos a los que vayan a estar expuestos.

»3. Los trabajadores a que se refiere el presente artículo tendrán derecho a una vigilancia periódica de su estado de salud, en los términos establecidos en el artículo 22 de esta Ley y en sus normas de desarrollo.

»4. El empresario deberá informar a los trabajadores designados para ocuparse de las actividades de protección y prevención o, en su caso, al servicio de prevención previsto en el artículo 31 de esta Ley de la incorporación de los trabajadores a que se refiere el presente artículo, en la medida necesaria para que puedan desarrollar de forma adecuada sus funciones respecto de todos los trabajadores de la empresa.»

La trasgresión de los límites normativos en materia de contratación temporal es calificada como infracción grave por el art. 7.º2 LISOS [RD Legislativo 5/2000, de 4 de agosto (*BOE* de 8 de agosto)].

Conforme a la disp. adic. 6.ª de la Ley 12/2001, de 9 de julio (*BOE* de 10 de julio): «En los contratos de carácter temporal cuya duración efectiva sea inferior a siete días, la cuota empresarial a la Seguridad Social por contingencias comunes se incrementará en un 36 por 100. Dicho incremento no será de aplicación a los contratos de interinidad.»

V. también SSTC 173/1994, de 7 de junio (*BOE* de 9 de julio); 3/1995, de 10 de enero (*BOE* de 11 de febrero); 17/2003, de 30 de enero (*BOE* de 5 de marzo), sobre el carácter discriminatorio de la no renovación de un contrato temporal por razón de embarazo de la trabajadora; 175/2005, de 4 de julio (*BOE* de 5 de agosto), sobre discriminación por razón del sexo por extinción del contrato temporal de una trabajadora a causa de su embarazo.

Los convenios colectivos sectoriales estatales y de ámbito inferior, incluidos los convenios de empresa, podrán identificar aquellos trabajos o tareas con sustantividad propia dentro de la actividad normal de la empresa que puedan cubrirse con contratos de esta naturaleza[83].

b) Cuando las circunstancias del mercado, acumulación de tareas o exceso de pedidos así lo exigieran, aun tratándose de la actividad normal de la empresa. En tales casos, los contratos podrán tener una duración máxima de seis meses, dentro de un período de doce meses, contados a partir del momento en que se produzcan dichas causas. Por convenio colectivo de ámbito sectorial estatal o, en su defecto, por convenio colectivo sectorial de ámbito inferior, podrá modificarse la duración

---

[83] Letra *a*) redactada conforme a la Ley 35/2010, de 17 de septiembre (*BOE* de 18 de septiembre). Para las Administraciones Públicas, v. disp. adic. 15.ª ET. Conforme a la disp. adic. 1.ª de la Ley 35/2010, de 17 de septiembre (*BOE* de 18 de septiembre):

«*Negociación colectiva y modalidades contractuales.*—1. Lo dispuesto en el artículo 15, apartado 1.*a*), del Estatuto de los Trabajadores, según la redacción dada al mismo por esta Ley, se entiende sin perjuicio de lo que establecen actualmente los convenios colectivos sectoriales sobre la duración máxima del contrato por obra o servicio determinados.

»2. Igualmente, lo dispuesto en el artículo 15, apartados 1.*a*) y 5, y en el artículo 49, apartado 1.*c*), del Estatuto de los Trabajadores, según la redacción dada a los mismos por esta Ley, se entiende sin perjuicio de lo que se establece o pueda establecerse sobre la regulación del contrato fijo de obra, incluida su indemnización por cese, en la negociación colectiva de conformidad con la disposición adicional tercera de la Ley 32/2006, de 18 de octubre, reguladora de la subcontratación en el sector de la construcción.»

Para la subcontratación en el sector de la construcción, v. art. 4.º4 y disp. adic. 3.ª de la Ley 32/2006, de 18 de octubre (*BOE* de 19 de octubre); desarrollado por el RD 1.109/2007, de 24 de agosto (*BOE* de 25 de agosto). Para los contratos de investigación con organismos públicos a través de la modalidad de obra o servicio determinado, v. art. 17 de la Ley 13/1986, de 14 de abril (*BOE* de 18 de abril), de fomento y coordinación general de la investigación científica y técnica, redactado conforme a la disp. adic. 7.ª de la Ley 12/2001, de 9 de julio (*BOE* de 10 de julio), modificado por la LO 4/2007, de 12 de abril (*BOE* de 13 de abril).

Conforme a la Ley 35/2010, de 17 de septiembre (*BOE* de 18 de septiembre):

«*Disp. trans. 1.ª Régimen aplicable a los contratos por obra o servicio determinados.*—Los contratos por obra o servicio determinados concertados con anterioridad a la entrada en vigor de esta Ley se regirán por la normativa legal o convencional vigente en la fecha en que se celebraron. Lo previsto en la redacción dada por esta Ley al artículo 15.1.*a*) del Estatuto de los Trabajadores será de aplicación a los contratos por obra o servicio determinados suscritos a partir de la fecha de entrada en vigor de aquélla.

»*Disp. trans. 2.ª Régimen de entrada en vigor de la limitación del encadenamiento de contratos temporales.*—Lo previsto en la redacción dada por esta Ley al artículo 15.5 del Estatuto de los Trabajadores será de aplicación a los contratos de trabajo suscritos a partir de la fecha de entrada en vigor de aquélla, si bien respecto a los contratos suscritos por el trabajador con anterioridad, a los efectos del cómputo del número de contratos, del período y del plazo previsto en el citado artículo 15.5, se tomará en consideración el vigente a 18 de junio de 2010. Respecto a los contratos suscritos por el trabajador antes del 18 de junio de 2010, seguirá siendo de aplicación, a los efectos del cómputo del número de contratos, lo establecido en el artículo 15.5 según la redacción dada al mismo por la Ley 43/2006, de 29 de diciembre, para la mejora del crecimiento y del empleo.»

máxima de estos contratos y el período dentro del cual se puedan realizar en atención al carácter estacional de la actividad en que dichas circunstancias se puedan producir. En tal supuesto, el período máximo dentro del cual se podrán realizar será de dieciocho meses, no pudiendo superar la duración del contrato las tres cuartas partes del período de referencia establecido ni, como máximo, doce meses.

En caso de que el contrato se hubiera concertado por una duración inferior a la máxima legal o convencionalmente establecida, podrá prorrogarse mediante acuerdo de las partes, por una única vez, sin que la duración total del contrato pueda exceder de dicha duración máxima.

Por convenio colectivo se podrán determinar las actividades en las que puedan contratarse trabajadores eventuales, así como fijar criterios generales relativos a la adecuada relación entre el volumen de esta modalidad contractual y la plantilla total de la empresa[84].

c) Cuando se trate de sustituir a trabajadores con derecho a reserva del puesto de trabajo, siempre que en el contrato de trabajo se especifique el nombre del sustituido y la causa de sustitución[85].

d) [...][86]

2. Adquirirán la condición de trabajadores fijos, cualquiera que haya sido la modalidad de su contratación, los que no hubieran sido dados de alta en la Seguridad Social, una vez transcurrido un plazo igual al que legalmente hubiera podido fijar para el período de prueba, salvo que de la propia naturaleza de las actividades o de los servicios contratados se deduzca claramente la duración temporal de los mismos, todo ello sin perjuicio de las demás responsabilidades a que hubiere lugar en derecho[87].

3. Se presumirán por tiempo indefinido los contratos temporales celebrados en fraude de ley.

4. Los empresarios habrán de notificar a la representación legal de los trabajadores en las empresas los contratos realizados de acuerdo con las modalidades de contratación por tiempo determinado previstas en este artículo cuando no exista obligación legal de entregar copia básica de los mismos[88].

---

[84] Apartado *b*) redactado conforme a la Ley 12/2001, de 9 de julio (*BOE* de 10 de julio).

[85] Para las bonificaciones por transformación de los contratos de sustitución en indefinidos, v. nota al párrafo 3 del art. 17.3 ET. V. art. 45 y disp. adic. 14.ª ET y nota a la misma; STC 49/2003, de 17 de marzo (*BOE* de 16 de abril), sobre nulidad del despido de interino por amortización de puesto de trabajo que en realidad obedece a que pertenece a un partido político.

[86] Letra *d*) suprimida por la disp. derog. de la Ley 43/2006, de 29 de diciembre (*BOE* de 30 de diciembre).

[87] V. art. 49.1.*c*) ET; art. 7.º2 del RD Legislativo 5/2000, de 4 de agosto (*BOE* de 8 de agosto); art. 100 de la Ley General de Seguridad Social, texto refundido aprobado por RD Legislativo 1/1994, de 20 de junio (*BOE* de 29 de junio).

[88] V. art. 8.º3 ET. La no notificación es calificada como infracción grave por el art. 15.4 LISOS [RD Legislativo 5/2000, de 4 de agosto (*BOE* de 8 de agosto)].

5. Sin perjuicio de lo dispuesto en los apartados 1.*a*), 2 y 3 de este artículo, los trabajadores que en un período de treinta meses hubieran estado contratados durante un plazo superior a veinticuatro meses, con o sin solución de continuidad, para el mismo o diferente puesto de trabajo con la misma empresa o grupo de empresas, mediante dos o más contratos temporales, sea directamente o a través de su puesta a disposición por empresas de trabajo temporal, con las mismas o diferentes modalidades contractuales de duración determinada, adquirirán la condición de trabajadores fijos.

Lo establecido en el párrafo anterior también será de aplicación cuando se produzcan supuestos de sucesión o subrogación empresarial conforme a lo dispuesto legal o convencionalmente.

Atendiendo a las peculiaridades de cada actividad y a las características del puesto de trabajo, la negociación colectiva establecerá requisitos dirigidos a prevenir la utilización abusiva de contratos de duración determinada con distintos trabajadores para desempeñar el mismo puesto de trabajo cubierto anteriormente con contratos de ese carácter, con o sin solución de continuidad, incluidos los contratos de puesta a disposición realizados con empresas de trabajo temporal.

Lo dispuesto en este apartado no será de aplicación a la utilización de los contratos formativos, de relevo e interinidad, a los contratos temporales celebrados en el marco de programas públicos de empleo-formación, así como a los contratos temporales que sean utilizados por empresas de inserción debidamente registradas y el objeto de dichos contratos sea considerado como parte esencial de un itinerario de inserción personalizado[89].

---

[89] Apartado 5 redactado conforme a la Ley 35/2010, de 17 de septiembre (*BOE* de 18 de septiembre). Conforme al art. 5.º del RDL 10/2011, de 26 de agosto (*BOE* de 30 de agosto), vigente desde el día 31 de agosto de 2011 y modificado por la Ley 3/2012, de 6 de julio (*BOE* de 7 de julio):

«1. Se suspende, hasta el 31 de diciembre de 2012, la aplicación de lo dispuesto en el artículo 15.5 del texto refundido de la Ley del Estatuto de los Trabajadores, aprobado por Real Decreto Legislativo 1/1995, de 24 de marzo.

»2. A los efectos de lo establecido en el apartado anterior, quedará excluido del cómputo del plazo de veinticuatro meses y del período de treinta a que se refiere el artículo 15.5 del Estatuto de los Trabajadores, el tiempo transcurrido entre el 31 de agosto de 2011 y el 31 de diciembre de 2012, haya existido o no prestación de servicios por el trabajador entre dichas fechas, computándose en todo caso a los efectos de lo indicado en dicho artículo los períodos de servicios transcurridos, respectivamente, con anterioridad o posterioridad a las mismas.»

Para las Administraciones Públicas, v. disp. adic. 15.ª ET.

Según el art. 147 de la Ley 36/2011, de 10 de octubre (*BOE* de 11 de octubre), Reguladora de la Jurisdicción Social:

«1. Cuando la Entidad Gestora de las prestaciones por desempleo constate que, en los cuatro años inmediatamente anteriores a una solicitud de prestaciones, el trabajador hubiera percibido prestaciones por finalización de varios contratos temporales con una misma empresa, podrá dirigirse de oficio a la autoridad judicial demandando que el empresario sea declarado responsable del abono de las mismas, salvo de la prestación correspondiente al último contrato temporal,

6. Los trabajadores con contratos temporales y de duración determinada tendrán los mismos derechos que los trabajadores con contratos de duración indefinida, sin perjuicio de las particularidades específicas de cada una de las modalidades contractuales en materia de extinción del contrato y de aquellas expresamente previstas en la Ley en relación con los contratos formativos. Cuando corresponda en atención a su naturaleza, tales derechos serán reconocidos en las disposiciones legales y reglamentarias y en los convenios colectivos de manera proporcional, en función del tiempo trabajado.

Cuando un determinado derecho o condición de trabajo esté atribuido en las disposiciones legales o reglamentarias y en los convenios colectivos en función de una previa antigüedad del trabajador, ésta deberá computarse según los mismos criterios para todos los trabajadores, cualquiera que sea su modalidad de contratación[90].

7. El empresario deberá informar a los trabajadores de la empresa con contratos de duración determinada o temporales, incluidos los contratos formativos, sobre la existencia de puestos de trabajo vacantes, a fin de garantizarles las mismas oportunidades de acceder a puestos permanentes que los demás trabajadores. Esta información podrá facilitarse mediante un anuncio público en un lugar adecuado de la empresa o centro de trabajo, o mediante otros medios previstos en la negociación colectiva, que aseguren la transmisión de la información[91].

Los convenios podrán establecer criterios objetivos y compromisos de conversión de los contratos de duración determinada o temporales en indefinidos.

Los convenios colectivos establecerán medidas para facilitar el acceso efectivo de estos trabajadores a la formación profesional continua, a fin de mejorar su cualificación y favorecer su progresión y movilidad profesionales.

8. El contrato por tiempo indefinido de fijos-discontinuos se concertará para realizar trabajos que tengan el carácter de fijos-discontinuos y no se repitan en fechas ciertas, dentro del volumen normal de actividad de la empresa. A los supuestos de trabajos discontinuos que se repitan en fechas ciertas les será de aplicación la regulación del contrato a tiempo parcial celebrado por tiempo indefinido. Los trabajadores fijos-discontinuos serán llamados en el orden y la forma que se determine

---

si la reiterada contratación temporal fuera abusiva o fraudulenta, así como la condena al empresario a la devolución a la Entidad Gestora de aquellas prestaciones junto con las cotizaciones correspondientes.»

[90] V. STC 104/2004, de 28 de junio (*BOE* de 27 de julio), sobre el carácter discriminatorio de diferencia de tratamiento en función de la duración del contrato para el acceso a un plan de pensiones.

[91] La ausencia de información sobre estas vacantes es calificada como infracción administrativa leve por el art. 6.º5 LISOS, redactado por el art. 14 de la Ley 12/2001, de 9 de julio (*BOE* de 10 de julio).

en los respectivos convenios colectivos, pudiendo el trabajador, en caso de incumplimiento, reclamar en procedimiento de despido ante la jurisdicción competente, iniciándose el plazo para ello desde el momento en que tuviese conocimiento de la falta de convocatoria[92].

Este contrato se deberá formalizar necesariamente por escrito en el modelo que se establezca, y en él deberá figurar una indicación sobre la duración estimada de la actividad, así como sobre la forma y orden de llamamiento que establezca el convenio colectivo aplicable, haciendo constar igualmente, de manera orientativa, la jornada laboral estimada y su distribución horaria.

Los convenios colectivos de ámbito sectorial podrán acordar, cuando las peculiaridades de la actividad del sector así lo justifiquen, la utilización en los contratos de fijos-discontinuos de la modalidad de tiempo parcial, así como los requisitos y especialidades para la conversión de contratos temporales en contratos de fijos-discontinuos[93].

9. En los supuestos previstos en los apartados 1.*a*) y 5, el empresario deberá facilitar por escrito al trabajador, en los diez días siguientes al cumplimiento de los plazos indicados, un documento justificativo sobre su nueva condición de trabajador fijo de la empresa. En todo caso, el trabajador podrá solicitar, por escrito, al Servicio Público de Empleo correspondiente un certificado de los contratos de duración determinada o temporales celebrados, a los efectos de poder acreditar su condición de trabajador fijo en la empresa. El Servicio Público de Empleo emitirá dicho documento y lo pondrá en conocimiento de la empresa en la que el trabajador preste sus servicios[94].

---

[92] Conforme a la disp. adic. 12.ª de la Ley 3/2012, de 6 de julio (*BOE* de 7 de julio):

«1. Las empresas, excluidas las pertenecientes al sector público, dedicadas a actividades encuadradas en los sectores de turismo, comercio vinculado al mismo y hostelería que generen actividad productiva en los meses de marzo y de noviembre de cada año y que inicien y/o mantengan en alta durante dichos meses la ocupación de los trabajadores con contratos de carácter fijo discontinuo, podrán aplicar una bonificación en dichos meses del 50 por 100 de las cuotas empresariales a la Seguridad Social por contingencias comunes, así como por los conceptos de recaudación conjunta de Desempleo, FOGASA y Formación profesional de dichos trabajadores.

»2. Lo dispuesto en esta disposición adicional será de aplicación desde la entrada en vigor de esta Ley hasta el día 31 de diciembre de 2013.

»3. El Gobierno procederá a la evaluación de la eficacia de esta disposición y sus efectos en la prolongación de los períodos de actividad de los trabajadores con contratos de carácter fijo discontinuo. Esta evaluación se realizará con anterioridad al 31 de diciembre de 2013.

»A la vista de dicha evaluación, y en función de la duración de los períodos de actividad durante 2012 y 2013, el Gobierno adoptará las medidas que correspondan sobre su mantenimiento, prórroga o modificación.»

[93] Los apartados 6, 7 y 8 de este artículo han sido redactados conforme a la Ley 12/2001, de 9 de julio (*BOE* de 10 de julio). Para la situación legal de desempleo, art. 208.1.4 de la Ley General de la Seguridad Social, redactado por a la Ley 43/2006, de 29 de diciembre (*BOE* de 30 de diciembre).

[94] Apartado 9 redactado conforme a la Ley 35/2010, de 17 de septiembre (*BOE* de 18 de

10. Se autoriza el Gobierno para desarrollar reglamentariamente lo previsto en este artículo[95].

Art. 16. *Ingreso al trabajo*[96].—1. Los empresarios están obligados a comunicar a la oficina pú-

---

septiembre). El incumplimiento de este deber empresarial es calificado como infracción administrativa leve por el art. 6.º4 bis LISOS [RD Legislativo 5/2000, de 4 de agosto, conforme a la redacción de la Ley 35/2010, de 17 de septiembre (*BOE* de 18 de septiembre)].

[95] V. RD citado en nota al art. 15.1.

[96] El apartado 1 de este artículo figura redactado conforme a la Ley 14/2000, de 29 de diciembre (*BOE* de 30 de diciembre). La política de colocación y los servicios públicos de empleo, en la Ley 56/2003, de 16 de diciembre (*BOE* de 17 de diciembre), de Empleo, modificada por la Ley 35/2010, de 17 de 17 de septiembre (*BOE* de 18 de septiembre); por el RDL 3/2011, de 18 de febrero (*BOE* de 19 de febrero), de medidas urgentes para la mejora de la empleabilidad y la reforma de las políticas activas de empleo; por el RDL 8/2011, de 1 de julio (*BOE* de 7 de julio); por el RDL 14/2011, de 16 de septiembre (*BOE* de 20 de septiembre), de medidas complementarias en materia de políticas de empleo y de regulación del régimen de actividad de las Fuerzas y Cuerpos de Seguridad del Estado, y por Ley 3/2012, de 6 de julio (*BOE* de 7 de julio):

«*Art. 20. Concepto*.—1. La intermediación laboral es el conjunto de acciones que tienen por objeto poner en contacto las ofertas de trabajo con los trabajadores que buscan un empleo, para su colocación. La intermediación laboral tiene como finalidad proporcionar a los trabajadores un empleo adecuado a sus características y facilitar a los empleadores los trabajadores más apropiados a sus requerimientos y necesidades.

»2. También se considerará intermediación laboral la actividad destinada a la recolocación de los trabajadores que resultaran excedentes en procesos de reestructuración empresarial, cuando aquélla hubiera sido establecida o acordada con los trabajadores o sus representantes en los correspondientes planes sociales o programas de recolocación.

»3. Con independencia del agente que la realice, la intermediación laboral tiene la consideración de un servicio de carácter público.

»*Art. 21 bis. Agencias de colocación*.—1. A efectos de lo previsto en esta Ley se entenderá por agencias de colocación aquellas entidades públicas o privadas, con o sin ánimo de lucro, que realicen actividades de intermediación laboral de acuerdo con lo establecido en el artículo 20, bien como colaboradores de los Servicios Públicos de Empleo, bien de forma autónoma pero coordinada con los mismos. Asimismo, podrán desarrollar actuaciones relacionadas con la búsqueda de empleo, tales como orientación e información profesional, y con la selección de personal.

»Las empresas de recolocación son agencias de colocación especializadas en la actividad a que se refiere el artículo 20.2.

»2. Las personas físicas o jurídicas, incluidas las empresas de trabajo temporal, que deseen actuar como agencias de colocación deberán obtener autorización del servicio público de empleo que se concederá de acuerdo con los requisitos que se establezcan reglamentariamente. La autorización, que será única y tendrá validez en todo el territorio español, se concederá por el Servicio Público de Empleo Estatal en el supuesto de que la agencia pretenda realizar su actividad en diferentes Comunidades Autónomas o utilizando exclusivamente medios electrónicos o por el equivalente de la Comunidad Autónoma, en el caso de que la agencia únicamente pretenda actuar en el territorio de una Comunidad.

»El vencimiento del plazo máximo del procedimiento de autorización sin haberse notificado resolución expresa al interesado supondrá la estimación de la solicitud por silencio administrativo.

»3. Reglamentariamente se regulará un sistema telemático común que permita integrar el conjunto de la información proporcionada por el Servicio Público de Empleo Estatal y por los servicios de las Comunidades Autónomas respecto a las agencias de colocación autorizadas de manera que éstos puedan conocer en todo momento las agencias que operan en su territorio.

»4. En todo caso, sin perjuicio de las obligaciones previstas en este Capítulo y de las específicas que se determinen reglamentariamente, las agencias de colocación deberán:

»*a*) Suministrar a los servicios públicos de empleo la información que se determine por vía reglamentaria, con la periodicidad y

blica de empleo, en el plazo de los diez días siguientes a su concertación y en los términos que reglamentariamente se determinen, el

---

la forma que allí se establezca sobre los trabajadores atendidos y las actividades que desarrollan, así como sobre las ofertas de empleo y los perfiles profesionales que correspondan con esas ofertas.

»*b*) Respetar la intimidad y dignidad de los trabajadores y cumplir la normativa aplicable en materia de protección de datos.

»*c*) Elaborar y ejecutar planes específicos para la colocación de trabajadores desempleados integrantes de los colectivos mencionados en el artículo 26, que concluyan con la colocación de aquéllos, en los términos que se determinen reglamentariamente en función de la situación del mercado de trabajo.

»*d*) Disponer de sistemas electrónicos compatibles y complementarios con los de los servicios públicos de empleo.

»*e*) Cumplir la normativa vigente en materia laboral y de Seguridad Social.

»*f*) Cumplir con las normas sobre accesibilidad universal de las personas con discapacidad y, en particular, velar por la correcta relación entre las características de los puestos de trabajo ofertados y el perfil académico y profesional requerido, a fin de no excluir del acceso al empleo a las personas con discapacidad.

»5. Las agencias de colocación autorizadas podrán ser consideradas entidades colaboradoras de los servicios públicos de empleo mediante la suscripción de un convenio de colaboración con los mismos, con el alcance previsto en las normas de desarrollo de esta Ley y en los propios convenios que se suscriban.

»El convenio de colaboración a que se refiere el párrafo anterior deberá regular los mecanismos de comunicación por parte de las agencias de colocación de los incumplimientos de las obligaciones de los trabajadores y de los solicitantes y beneficiarios de prestaciones por desempleo previstas en el artículo 231.1 del texto refundido de la Ley General de la Seguridad Social, aprobado por Real Decreto Legislativo 1/1994, de 20 de junio.

»Tal comunicación se realizará a los efectos de la adopción por parte de los servicios públicos de empleo de las medidas que, en su caso, procedan.

»*Art. 22. Principios básicos de la intermediación laboral.*—1. La intermediación laboral realizada por los servicios públicos de empleo y las agencias de colocación, así como las acciones de intermediación que puedan realizar otras entidades colaboradoras de aquéllos, se prestarán de acuerdo a los principios constitucionales de igualdad de oportunidades en el acceso al empleo y no discriminación, garantizándose la plena transparencia en el funcionamiento de los mismos.

»Los servicios públicos de empleo, agencias y entidades señalados en el apartado anterior someterán su actuación en el tratamiento de datos de los trabajadores a la normativa aplicable en materia de protección de datos.

»2. Con el fin de asegurar el cumplimiento de los citados principios, los servicios públicos de empleo garantizarán que el proceso específico de selección y casación entre oferta de trabajo y demanda de empleo corresponda, con carácter general, al servicio público de empleo y a las agencias de colocación debidamente autorizadas.

»En el supuesto de colectivos con especiales dificultades de inserción laboral, los servicios públicos de empleo podrán contar con entidades colaboradoras especializadas para realizar el proceso a que se refiere el párrafo anterior.

»3. Los servicios públicos de empleo asumen la dimensión pública de la intermediación laboral, si bien podrán establecer con otras entidades y con agencias de colocación, convenios, acuerdos u otros instrumentos de coordinación que tengan por objeto favorecer la colocación de demandantes de empleo.

»4. La intermediación laboral realizada por los servicios públicos de empleo, por sí mismos o a través de las entidades o agencias de colocación cuando realicen actividades incluidas en el ámbito de la colaboración con aquéllos, conforme a lo establecido en este Capítulo, se realizará de forma gratuita para los trabajadores y para los empleadores.

»La intermediación realizada por las agencias de colocación con independencia de los servicios públicos de empleo deberá garantizar a los trabajadores la gratuidad por la prestación de servicios, no pudiéndose exigir a éstos ninguna contraprestación por los mismos.

»5. A efectos de la intermediación que realicen los servicios públicos de empleo y, en su caso, las entidades colaboradoras de los mismos y de la ejecución de los programas y

contenido de los contratos de trabajo que celebren o las prórrogas de los mismos, deban o no formalizarse por escrito.

---

medidas de políticas activas de empleo, tendrán exclusivamente la consideración de demandantes de empleo aquéllos que se inscriban como tales en dichos servicios públicos de empleo.

»*Art. 22 bis. Discriminación en el acceso al empleo.*—1. Los servicios públicos de empleo, sus entidades colaboradoras y las agencias de colocación en la gestión de la intermediación laboral deberán velar específicamente para evitar la discriminación tanto directa como indirecta en el acceso al empleo.

»Los gestores de la intermediación laboral cuando, en las ofertas de colocación, apreciasen carácter discriminatorio, lo comunicarán a quienes hubiesen formulado la oferta.

»2. En particular, se considerarán discriminatorias las ofertas referidas a uno de los sexos, salvo que se trate de un requisito profesional esencial y determinante de la actividad a desarrollar.

»En todo caso se considerará discriminatoria la oferta referida a uno solo de los sexos basada en exigencias del puesto de trabajo relacionadas con el esfuerzo físico.»

V. RD 1.722/2007, de 21 de diciembre (*BOE* de 23 de enero de 2008), en materia de órganos, instrumentos de coordinación y evaluación del Sistema Nacional de Empleo; RD 1.424/2002, de 27 de diciembre (*BOE* de 19 de febrero), por el que se regula la comunicación del contenido de los contratos de trabajo y de sus copias básicas a los Servicios Públicos de Empleo, y el uso de medios telemáticos en relación con aquello, modificado por el RD 1.715/2004, de 23 de julio (*BOE* de 6 de agosto), y desarrollado por la Orden TAS/770/2003, de 14 de marzo (*BOE* de 5 de abril); Orden TAS/503/2007, de 28 de febrero (*BOE* de 8 de marzo), por el que se crea un Registro Telemático en el Servicio Público de Empleo Estatal para la presentación de escritos; Orden TAS/2.307/2007, de 27 de julio (*BOE* de 31 de julio), sobre los ficheros de datos personales de titularidad del Servicio Público de Empleo Estatal. V. disp. adic. 6.ª de la Ley 43/2006, de 29 de diciembre (*BOE* de 30 de diciembre). Competencia transferida a las siguientes Comunidades Autónomas: Galicia [RD 1.375/1997, de 29 de agosto (*BOE* de 1 de octubre), y RD 232/1998, de 16 de febrero (*BOE* de 4 de marzo)]; Cataluña [RD 1.050/1997, de 27 de junio (*BOE* de 29 de julio), modificado por el RD 774/1999, de 7 de mayo]; Navarra [RD 811/1999, de 14 de mayo (*BOE* de 9 de junio), y RD 311/2001, de 23 de marzo (*BOE* de 9 de abril)]; Comunidad Valenciana [RD 2.673/1998, de 11 de diciembre (*BOE* de 29 de diciembre)]; Canarias [RD 150/1999, de 23 de enero (*BOE* de 17 de febrero), modificada por el RD 748/2001, de 29 de junio (*BOE* de 13 de julio); RD 115/2000, de 28 de enero (*BOE* de 12 de febrero)]; Madrid [RD 30/2000, de 14 de enero (*BOE* de 2 de febrero)]; Asturias [RD 11/2001, de 12 de enero (*BOE* de 31 de enero)]; Extremadura [RD 664/2001, de 22 de junio (*BOE* de 5 de julio)]; Castilla y León [RD 1.187/2001, de 2 de noviembre (*BOE* de 22 de noviembre)]; Cantabria [RD 1.418/2001, de 14 de diciembre (*BOE* de 31 de diciembre)]; Islas Baleares [RD 1.268/2001, de 29 de noviembre (*BOE* de 5 de diciembre)]; La Rioja [RD 1.379/2001, de 7 de diciembre (*BOE* de 25 de diciembre)]; Aragón [RD 646/2002, de 5 de julio (*BOE* de 10 de julio)]; Castilla-La Mancha [RD 1.385/ 2002, de 20 de diciembre (*BOE* de 23 de diciembre)]; Murcia [RD 468/2003, de 25 abril (*BOE* de 29 de abril)]; Andalucía [RD 467/2003, de 25 abril (*BOE* de 30 de abril)]. V. Convenio n.º 88 OIT, ratificado por España por Instrumento de 14 de enero de 1960 (*BOE* de 11 de enero de 1961), sobre el servicio de empleo; Convenio n.º 96 OIT, ratificado por España por Instrumento de 28 de marzo de 1971 (*BOE* de 23 de mayo de 1972), sobre agencias retribuidas de colocación; Convenio n.º 181 OIT, ratificado por España por Instrumento de 19 de mayo de 1999 (*BOE* de 13 de septiembre), sobre agencias de empleo privadas. También es obligatoria la comunicación a la oficina de empleo de la prórroga o prórrogas de los contratos de duración determinada [art. 6.º3 del RD 2.720/1998, de 18 de diciembre (*BOE* de 8 de enero de 1999)]; de los contratos en prácticas y para la formación [art. 17 del RD 488/1998, de 27 de marzo (*BOE* de 9 de abril)]. Para las infracciones administrativas en materia de colocación, v. arts. 14 a 17 y 46 LISOS [RD Legislativo 5/2000, de 4 de agosto (*BOE* de 8 de agosto), teniendo en cuenta que el art. 17.1 ha sido modificado por el RDL 3/2011, de 18 de febrero (*BOE* de 19 de febrero)]. V. arts. 312 y 313 del Código Penal, transcritos en nota al art. 7.º*c*) ET; STC 214/2006, de 3 de julio (*BOE* de 4 de agosto), sobre discriminación por razón de sexo al suspender la condición de demandante de empleo durante la situación de baja por maternidad.

2. Los Servicios Públicos de Empleo podrán autorizar, en las condiciones que se determinan en la Ley 56/2003, de 16 de diciembre, de Empleo, la existencia de agencias de colocación públicas o privadas. Dichas agencias deberán garantizar, en su ámbito de actuación, el principio de igualdad en el acceso al empleo, no pudiendo establecer discriminación alguna, directa o indirecta, basada en motivos de origen, incluido el racial o étnico, sexo, edad, estado civil, religión o convicciones, opinión política, orientación sexual, afiliación sindical, condición social, lengua dentro del Estado y discapacidad, siempre que los trabajadores se hallasen en condiciones de aptitud para desempeñar el trabajo o empleo de que se trate.

Las agencias de colocación en sus actuaciones deberán respetar la intimidad y dignidad de los trabajadores, cumplir la normativa aplicable en materia de protección de datos y garantizar a los trabajadores la gratuidad por la prestación de servicios[97].

3. La actividad consistente en la contratación de trabajadores para cederlos temporalmente a otras empresas se realizará exclusivamente por empresas de trabajo temporal autorizadas de acuerdo con su legislación específica. Las empresas de trabajo temporal podrán, además, actuar como agencias de colocación cuando cuenten con la correspondiente autorización de acuerdo con lo establecido en la normativa aplicable[98].

SECCIÓN 2.ª

Derechos y deberes derivados del contrato

Art. 17. *No discriminación en las relaciones laborales.*—1. Se entenderán nulos y sin efecto los preceptos reglamentarios, las cláusulas de los convenios colectivos, los pactos individuales y las decisiones unilaterales del empresario que den lugar en el empleo, así como en materia de retribuciones, jornada y demás

[97] Apartado 2 conforme a la redacción dada por la Ley 35/2010, de 17 de septiembre (*BOE* de 18 de septiembre). V. arts. 4.º2.*c*) y 17.1 ET. La trasgresión de este apartado es calificada como infracción muy grave por el art. 16.1 LISOS [RD Legislativo 5/2000, de 4 de agosto (*BOE* de 8 de agosto)]. V. RD 1.796/2010, de 30 de diciembre (*BOE* de 31 de diciembre), por la que se regulan las agencias de colocación. V. art. 71 de la Ley 13/1996, de 30 de diciembre (*BOE* de 31 de diciembre), sobre comprobación administrativa de las auditorías presentadas al INEM por las agencias de colocación. Competencia transferida a las Comunidades Autónomas referidas en la nota anterior.

[98] Apartado 3 conforme a la redacción dada por Ley 3/2012, de 6 de julio (*BOE* de 7 de julio). V. art. 43 ET y nota al mismo. Conforme a la disp. adic. 2.ª de la Ley 56/2003, citada, según redacción dada por la Ley 3/2012:

«Las empresas de trabajo temporal ajustarán su actividad a lo establecido en la normativa reguladora de las mismas.

»No obstante, podrán actuar como agencias de colocación si se ajustan a lo establecido respecto de dichas agencias en esta ley y sus disposiciones de desarrollo, incluida la obligación de garantizar a los trabajadores la gratuidad por la prestación de servicios.»

condiciones de trabajo, a situaciones de discriminación directa o indirecta desfavorables por razón de edad o discapacidad o a situaciones de discriminación directa o indirecta por razón de sexo, origen, incluido el racial o étnico, estado civil, condición social, religión o convicciones, ideas políticas, orientación o condición sexual, adhesión o no a sindicatos y a sus acuerdos, vínculos de parentesco con personas pertenecientes a o relacionadas con la empresa y lengua dentro del Estado español.

Serán igualmente nulas las órdenes de discriminar y las decisiones del empresario que supongan un trato desfavorable de los trabajadores como reacción ante una reclamación efectuada en la empresa o ante una acción administrativa o judicial destinada a exigir el cumplimiento del principio de igualdad de trato y no discriminación[99].

---

[99] Párrafo 1.º conforme a la redacción dada por la Ley 35/2010, de 17 de septiembre (*BOE* de 18 de septiembre); y párrafo 2.º conforme a la redacción dada por la LO 3/2007, de 22 de marzo (*BOE* de 23 de marzo). Esta prohibición constituye una concreción de la más genérica establecida en el art. 14 CE: «Los españoles son iguales ante la ley, sin que pueda prevalecer discriminación alguna por razón de nacimiento, raza, sexo, religión, opinión o cualquier otra condición o circunstancia personal o social.» V. arts. 4.º2.*c*), 16.2 y 28 ET. Las decisiones empresariales discriminatorias son calificadas como infracciones muy graves por el art. 8.º12 LISOS [RD Legislativo 5/2000, de 4 de agosto (*BOE* de 8 de agosto)], conforme a la redacción dada por la Ley 62/2003, de 30 de diciembre (*BOE* de 31 de diciembre); Ley 30/2003, de 13 de octubre (*BOE* de 14 de octubre), sobre medidas para incorporar la valoración del impacto de género en las disposiciones normativas que elabore el Gobierno; Ley 51/2003, de 2 de diciembre (*BOE* de 3 de diciembre), de igualdad de oportunidades, no discriminación y accesibilidad universal de las personas con discapacidad; RD 141/2006, de 1 de diciembre (*BOE* de 16 de diciembre), por el que se determina la consideración de persona con discapacidad a los efectos de la Ley anterior; RD 1.615/2009, de 26 de octubre (*BOE* de 3 de noviembre), por el que se regula la concesión y utilización del distintivo «Igualdad en la Empresa». V. Orden PRE/525/2005, de 7 de marzo (*BOE* de 8 de marzo), por la que se adoptan medidas para favorecer la igualdad entre mujeres y hombres. V., asimismo, Directiva 2000/78/CE, de 27 de noviembre (*DOCE* de 2 de diciembre), relativa al establecimiento de un marco general para la igualdad de trato en el empleo y la ocupación; Directiva 2000/43/CE, de 24 de julio (*DOCE* de 19 de julio), relativa a la aplicación del principio de igualdad de trato de las personas independientemente de su origen racial o étnico; Directiva 2006/54/CE, de 5 de julio de 2006 (*DOUE* de 26 de julio), relativa a la aplicación del principio de igualdad de oportunidades e igualdad de trato entre hombres y mujeres en asuntos de empleo y ocupación (refundición). En materia sindical, v. arts. 12 a 15 de la LO 11/1985, de 2 de agosto (*BOE* de 8 de agosto), de Libertad Sindical:

«*Art. 12.* Serán nulos y sin efecto los preceptos reglamentarios, las cláusulas de los convenios colectivos, los pactos individuales y las decisiones unilaterales del empresario que contengan o supongan cualquier tipo de discriminación en el empleo o en las condiciones de trabajo, sean favorables o adversas, por razón de adhesión o no a un sindicato, a sus acuerdos o al ejercicio en general de actividades sindicales.

»*Art. 13.* Cualquier trabajador o sindicato que considere lesionados los derechos de libertad sindical, por actuación del empleador, asociación patronal, Administraciones Públicas o cualquier otra persona, entidad o corporación pública o privada, podrá recabar la tutela del derecho ante la jurisdicción competente a través del proceso de protección jurisdiccional de los derechos fundamentales de la persona.

»Expresamente serán consideradas lesiones a la libertad sindical los actos de injerencia consistentes en fomentar la constitu-

2. Podrán establecerse por ley las exclusiones, reservas y preferencias para ser contratado libremente[100].

---

ción de sindicatos dominados o controlados por un empleador o una asociación empresarial, o en sostener económicamente o en otra forma sindicatos con el mismo propósito de control.

»*Art. 14.* El sindicato a que pertenezca el trabajador presuntamente lesionado, así como cualquier sindicato que ostente la condición de más representativo, podrá personarse como coadyuvante en el proceso incoado por aquél.

»*Art. 15.* Si el órgano judicial entendiese probada la violación del derecho de libertad sindical decretará el cese inmediato del comportamiento antisindical, así como la reparación consiguiente de sus consecuencias ilícitas, remitiendo las actuaciones al Ministerio Fiscal, a los efectos de depuración de eventuales conductas delictivas.»

V. también arts. 177 ss. de la Ley 36/2011, de 10 de octubre (*BOE* de 11 de octubre), Reguladora de la Jurisdicción Social; Ley 13/1982, de 7 de abril (*BOE* de 30 de abril), de integración social de minusválidos, art. 38.2. En materia penal, art. 314 CP, redactado conforme a la LO 15/2003, de 25 de noviembre (*BOE* de 26 de noviembre).

«Los que produzcan una grave discriminación en el empleo, público o privado, contra alguna persona por razón de su ideología, religión o creencias, su pertenencia a una etnia, raza o nación, su sexo, orientación sexual, situación familiar, enfermedad o minusvalía, por ostentar la representación legal o sindical de los trabajadores, por el parentesco con otros trabajadores de la empresa o por el uso de alguna de las lenguas oficiales dentro del Estado español, y no restablezcan la situación de igualdad ante la ley tras requerimiento o sanción administrativa, reparando los daños económicos que se hayan derivado, serán castigados con la pena de prisión de seis meses a dos años o multa de doce a veinticuatro meses.»

Asimismo, Convenio n.º 111 OIT, ratificado por España por instrumento de 26 de octubre de 1967 (*BOE* de 4 de diciembre de 1968), sobre discriminación (empleo y ocupación), y art. 14 del Convenio n.º 117 OIT, ratificado el 19 de febrero de 1973 (*BOE* de 5 de julio de 1974), sobre política social (normas y objetivos básicos); Convenios sobre la eliminación de todas las formas de discriminación contra la mujer, ratificados por España por instrumento de 17 de julio de 1980 (*BOE* de 21 de marzo de 1984).

Asimismo, SSTC 38/1986, de 21 de marzo (*BOE* de 9 de abril), sobre carga de la prueba del tratamiento discriminatorio; 229/1992, de 14 de diciembre (*BOE* de 19 de enero de 1993), sobre el carácter discriminatorio de la prohibición del trabajo de la mujer en el interior de las minas; 2/1998, de 12 de enero (*BOE* de 12 de febrero), sobre diferencia salarial no discriminatoria y límites a la autonomía de la voluntad de la Administración Pública; 41/1999, de 22 de marzo (*BOE* de 27 de abril), sobre falta de diligencia del órgano judicial a fin de probar el carácter discriminatorio observado por la empresa en la selección de personal; 214/2001, de 29 de octubre (*BOE* de 30 de noviembre), sobre diferencias salariales que no acreditan una discriminación retributiva por ser representante sindical; 27/2004, de 4 de marzo (*BOE* de 6 de abril), sobre vulneración del derecho a la igualdad por el establecimiento de un plus salarial en convenio en cuantía diferente por razón de la fecha de ingreso en la empresa; 41/2006, de 13 de febrero (*BOE* de 16 de marzo), sobre discriminación por razón de orientación sexual; 5/2007, de 15 de enero (*BOE* de 15 de febrero), sobre vulneración del principio de igualdad por retribuciones diferentes a profesores españoles e italianos en un centro de enseñanza privado de un Estado extranjero sin justificación objetiva y razonable; 26/2011, de 14 de marzo (*BOE* de 11 de abril), sobre vulneración de la prohibición de discriminación por circunstancias familiares por no reconocimiento del derecho a elegir turno de trabajo a padre con responsabilidades familiares; 36/2011, de 28 de marzo (*BOE* de 28 de abril), sobre diferencias salariales por razón de la fecha de ingreso en la empresa resultantes de una decisión empresarial.

[100] V. Ley 13/1982, de 7 de abril (*BOE* de 30 de abril), de integración social de los minusválidos, art. 38.1, conforme a la redacción dada por la disp. adic. 38.ª de la Ley 24/2001, de 27 de diciembre (*BOE* de 31 de diciembre):

3. No obstante lo dispuesto en el apartado anterior, el Gobierno podrá regular medidas de reserva, duración o preferencia en el empleo que tengan por objeto facilitar la colocación de trabajadores demandantes de empleo[101].

«1. Las empresas públicas y privadas que empleen a un número de cincuenta o más trabajadores vendrán obligadas a que de entre ellos, al menos, el 2 por 100 sean trabajadores minusválidos. El cómputo mencionado anteriormente se realizará sobre la plantilla total de la empresa correspondiente, cualquiera que sea el número de centros de trabajo de aquélla y cualquiera que sea la forma de contratación laboral que vincule a los trabajadores de la empresa. Igualmente se entenderá que estarán incluidos en dicho cómputo los trabajadores minusválidos que se encuentren en cada momento prestando servicios en las empresas públicas o privadas, en virtud de los contratos de puesta a disposición que las mismas hayan celebrado con empresas de trabajo temporal.

»De manera excepcional, las empresas públicas y privadas podrán quedar exentas de esta obligación, de forma parcial o total, bien a través de acuerdos recogidos en la negociación colectiva sectorial de ámbito estatal y, en su defecto, de ámbito inferior, a tenor de lo dispuesto en el artículo 83, números 2 y 3, del Real Decreto Legislativo 1/1995, de 24 de marzo, por el que se aprueba el texto refundido de la Ley del Estatuto de los Trabajadores, bien por opción voluntaria del empresario, debidamente comunicada a la autoridad laboral, y siempre que en ambos supuestos se apliquen las medidas alternativas que se determinen reglamentariamente.»

V. Ley 53/2003, de 10 de diciembre (*BOE* de 11 de diciembre), sobre empleo público de discapacitados, arts. 37 y 37 bis; Ley 13/1982, antes citada, conforme a la redacción dada por la Ley 62/2003, de 30 de diciembre (*BOE* de 31 de diciembre); RD 364/2005, de 8 de abril (*BOE* de 20 de abril), por el que se regula el cumplimiento alternativo con carácter excepcional de la cuota de reserva en favor de los trabajadores con discapacidad. El incumplimiento de este deber de reserva es calificado como infracción grave por el art. 15.3 LISOS [RD Legislativo 5/2000, de 4 de agosto (*BOE* de 8 de agosto)]. V. disp. adic. 14.ª de la Ley 39/2006, de 14 de diciembre (*BOE* de 15 de diciembre), de promoción de la autonomía personal y de atención a las personas en situación de dependencia. V., asimismo, disp. adic. 6.ª de la Ley 13/1996, de 30 de diciembre (*BOE* de 31 de diciembre); RD 1.451/1983, de 11 de mayo (*BOE* de 4 de junio), sobre medidas de empleo selectivo y fomento del empleo de minusválidos, arts. 4.º a 6.º Su art. 7.º fue modificado por el RD 4/1999, de 8 de enero (*BOE* de 26 de enero); RD 357/2006, de 24 de marzo (*BOE* de 7 de abril), por el que se regula la concesión de determinadas subvenciones en los ámbitos del empleo y de la formación profesional ocupacional. El incumplimiento de los apartados 2 y 3 del art. 17 ET es considerado como infracción grave por el art. 15.2 LISOS; para la contratación temporal de discapacitados v. nota siguiente. V. también disp. adic. 6.ª de la Ley 30/2007, de 30 de octubre (*BOE* de 31 de octubre), de Contratos del Sector Público, sobre contratación con empresas que tengan en su plantilla personas con discapacidad o en situación de exclusión social y con entidades sin ánimo de lucro; RD 1.865/2004, de 6 de septiembre (*BOE* de 7 de septiembre), por el que se regula el Consejo Nacional de la Discapacidad.

[101] Conforme a la Ley 43/2006, de 29 de diciembre (*BOE* de 30 de diciembre):

«*Disp. adic. 1.ª Contrato temporal de fomento del empleo para personas con discapacidad.*—1. Las empresas podrán contratar temporalmente para la realización de sus actividades, cualquiera que fuere la naturaleza de las mismas, a trabajadores con discapacidad desempleados inscritos en la Oficina de Empleo, con un grado de minusvalía igual o superior al 33 por 100 o a pensionistas de la Seguridad Social que tengan reconocida una pensión de incapacidad permanente en el grado de total, absoluta o gran invalidez y a pensionistas de clases pasivas que tengan reconocida una pensión de jubilación o de retiro por incapacidad permanente para el servicio o inutilidad.

»2. La duración de estos contratos no podrá ser inferior a doce meses ni superior a tres años. Cuando se concierten por un plazo inferior al máximo establecido podrán prorrogarse antes de su terminación por períodos no inferiores a doce meses.

Asimismo, el Gobierno podrá otorgar subvenciones, desgravaciones y otras medidas para fomentar el empleo de grupos específicos de trabajadores que encuentren dificultades especiales para acceder al empleo. La regulación de las mismas se hará previa consulta a las organizaciones sindicales y asociaciones empresariales más representativas.

Las medidas a las que se refieren los párrafos anteriores se orientarán prioritariamente a fomentar el empleo estable de los trabajadores desempleados y la conversión de contratos temporales en contratos por tiempo indefinido[102].

»3. A la terminación del contrato el trabajador tendrá derecho a percibir una compensación económica equivalente a doce días de salario por año de servicio.

»4. No podrán contratar temporalmente al amparo de la presente disposición las empresas que en los doce meses anteriores a la contratación hayan extinguido contratos indefinidos por despido reconocido o declarado improcedente o por despido colectivo.

»El período de exclusión se contará a partir del reconocimiento o de la declaración de improcedencia del despido o de la extinción derivada del despido colectivo.

»5. A estos contratos les será de aplicación la subvención establecida en el artículo 12 del Real Decreto 1.451/1983, de 11 de mayo, por el que, en cumplimiento de lo previsto en la Ley 13/1982, de 7 de abril, se regula el empleo selectivo y las medidas de fomento del empleo de los trabajadores inusválidos.

»6. La transformación de los contratos de duración determinada regulados en esta disposición en contratos indefinidos dará derecho a la obtención de las subvenciones establecidas en el Real Decreto 1.451/1983, de 11 de mayo.

»7. Los empresarios deberán contratar a los trabajadores a través de la Oficina de Empleo y formalizar los contratos por escrito en el modelo oficial que se facilite por el Servicio Público de Empleo Estatal.

»8. El Gobierno podrá modificar lo establecido en esta disposición, de acuerdo con el artículo 17.3 del Estatuto de los Trabajadores, previa consulta a las Organizaciones Empresariales y Sindicales más representativas.»

Téngase en cuenta que el capítulo II del RD 1.451/1983, de 11 de mayo, ha sido derogado por el RDL 3/2011, de 18 de febrero (*BOE* de 19 de febrero).

V. Ley 44/2007, de 13 de diciembre (*BOE* de 14 de diciembre), para la regulación de las empresas de inserción, en especial sus arts. 11 ss.

[102] Para las bonificaciones por transformación de contratos en prácticas, de relevo y de sustitución en indefinidos, conforme al art. 7.º de la Ley 3/2012, de 6 de julio (*BOE* de 11 de febrero):

«1. Las empresas que transformen en indefinidos contratos en prácticas, a la finalización de su duración inicial o prorrogada, o que transformen en indefinidos contratos de relevo y de sustitución por anticipación de la edad de jubilación, cualquiera que sea la fecha de su celebración, tendrán derecho a una bonificación en la cuota empresarial a la Seguridad Social de 41,67 euros/mes (500 euros/año), durante tres años.

»En el caso de mujeres, dichas bonificaciones serán de 58,33 euros/mes (700 euros/año).

»2. Podrán ser beneficiarios de las bonificaciones establecidas en este artículo las empresas que tengan menos de cincuenta trabajadores en el momento de producirse la contratación, incluidos los trabajadores autónomos, y sociedades laborales o cooperativas a las que se incorporen trabajadores como socios trabajadores o de trabajo, siempre que estas últimas hayan optado por un régimen de Seguridad Social propio de trabajadores por cuenta ajena.

»3. En lo no previsto en esta disposición, será de aplicación lo establecido en la sección 1.ª del capítulo I de la Ley 43/2006, de 29 de diciembre, para la mejora del crecimiento y del empleo.»

V. Reglamento 2204/2002 de la Comisión, de 12 de diciembre (*DOCE* de 13 de diciembre), relativo a la aplicación de los arts. 87 y 88 del Tratado CE a las ayudas estatales para el empleo. Las subvenciones principales se

4. Sin perjuicio de lo dispuesto en los apartados anteriores, la negociación colectiva podrá establecer medidas de acción positiva para fa-

---

encuentran en la Sección 1.ª del Capítulo I de la Ley 43/2006, de 29 de diciembre (*BOE* de 30 de diciembre), modificada por Ley 44/2007, de 13 de diciembre; por Ley 51/2007, de 26 de diciembre; por RD 1.917/2008, de 21 de noviembre; por RD 1.975/2008, de 28 de noviembre; por Ley 27/2009, de 30 de diciembre (*BOE* de 31 de diciembre); por Ley 35/2010, de 17 de septiembre (*BOE* de 18 de septiembre); por Ley 35/2012, de 6 de julio (*BOE* de 7 de julio), y por RDL 20/2012, de 13 de julio (*BOE* de 14 de julio):

«CAPÍTULO I: *Medidas de impulso de la contratación indefinida.*

»*Sección 1.ª*: Programa de fomento del empleo.

»*Art. 1.º Objeto del Programa y beneficiarios.*—1. El presente Programa regula las bonificaciones por la contratación indefinida, tanto a tiempo completo como a tiempo parcial e incluida la modalidad de fijo discontinuo, de los trabajadores desempleados inscritos en la Oficina de Empleo, incluidos aquellos que estén trabajando en otra empresa con un contrato a tiempo parcial, siempre que su jornada de trabajo sea inferior a un tercio de la jornada de trabajo de un trabajador a tiempo completo comparable.

»Igualmente se regulan las bonificaciones para el mantenimiento del empleo de determinados trabajadores.

»2. Asimismo, se regulan con carácter excepcional bonificaciones para los contratos temporales que se celebren con trabajadores con discapacidad o con personas que se encuentren en situación de exclusión social, siempre que, en ambos casos, estén desempleados e inscritos en la Oficina de Empleo, así como con personas que tengan acreditada la condición de víctima de violencia de género en los términos de la Ley Orgánica 1/2004, de 28 de diciembre, de Medidas de Protección Integral contra la Violencia de Género, o de víctima de violencia doméstica.

»3. Podrán ser beneficiarios de las bonificaciones establecidas en este Programa de Fomento del Empleo las empresas, incluidos los trabajadores autónomos, y sociedades laborales o cooperativas a las que se incorporen trabajadores como socios trabajadores o de trabajo, siempre que estas últimas hayan optado por un régimen de Seguridad Social propio de trabajadores por cuenta ajena.

»También podrán ser beneficiarios de dichas bonificaciones las empresas, incluidos los trabajadores autónomos, y sociedades laborales y cooperativas a que se refiere el párrafo anterior en el caso de transformación de contratos temporales en contratos o vínculos societarios indefinidos, en los supuestos incluidos en este Programa de Fomento del Empleo.

»4. Quedarán excluidos de los beneficios del presente Programa la Administración General del Estado y los Organismos regulados en el Título III y en la disposición adicional décima de la Ley 6/1997, de 14 de abril, de Organización y Funcionamiento de la Administración General del Estado, así como las Administraciones Autonómicas y las Entidades Locales y sus Organismos públicos.

»No se aplicará lo establecido en este apartado cuando se trate de la contratación de trabajadores con discapacidad por centros especiales de empleo de titularidad pública.

»5. La cuantía y duración de las bonificaciones se regirán por lo establecido en los artículos siguientes, incluyéndose a efectos informativos un cuadro-resumen de las mismas en el Anexo de esta Ley.

»*Art. 2.º Ámbito de aplicación e incentivos a la contratación.*—[...]

»2. Los empleadores que contraten a personas con discapacidad tendrán derecho a las siguientes bonificaciones:

»1) En el supuesto de contratación indefinida, tendrán derecho a una bonificación mensual de la cuota empresarial a la Seguridad Social o, en su caso, de su equivalente diario por trabajador contratado, de 375 euros/mes (4.500 euros/año) durante toda la vigencia del contrato. La misma bonificación se disfrutará en el supuesto de transformación en indefinidos de los contratos temporales de fomento del empleo celebrados con personas con discapacidad, o de transformación en indefinidos de contratos formativos suscritos con trabajadores con discapacidad.

»2) En el supuesto del número anterior, la bonificación será de 425 euros/mes (5.100 euros/año) si el trabajador con discapacidad está incluido en alguno de los grupos siguientes:

vorecer el acceso de las mujeres a todas las profesiones. A tal efecto podrá establecer reservas y preferencias en las condiciones de con-

---

»*a*) Personas con parálisis cerebral, personas con enfermedad mental o personas con discapacidad intelectual, con un grado de minusvalía reconocido igual o superior al 33 por 100.

»*b*) Personas con discapacidad física o sensorial, con un grado de minusvalía reconocido igual o superior al 65 por 100.

»3) Si el trabajador con discapacidad tiene en el momento de la contratación cuarenta y cinco o más años o si se trata de una mujer, la bonificación que corresponda de acuerdo con los números anteriores, se incrementará, respectivamente, en 100 euros/mes (1.200 euros/año) o en 70,83 euros/mes (850 euros/año), sin que los incrementos establecidos en este número sean compatibles entre sí.

»4) En el caso de que las personas con discapacidad sean contratadas mediante el contrato temporal de fomento del empleo, la bonificación ascenderá a 291,66 euros/mes (3.500 euros/año) durante toda la vigencia del contrato.

»La bonificación será de 341,66 euros/mes (4.100 euros/año) si el trabajador con discapacidad está incluido en alguno de los grupos siguientes:

»i) Personas con parálisis cerebral, personas con enfermedad mental o personas con discapacidad intelectual, con un grado de minusvalía reconocido igual o superior al 33 por 100.

»ii) Personas con discapacidad física o sensorial, con un grado de minusvalía reconocido igual o superior al 65 por 100.

»Si el trabajador tiene en el momento de la contratación cuarenta y cinco o más años, o si se trata de una mujer, la bonificación que corresponda de acuerdo con los párrafos anteriores, se incrementará, en ambos supuestos, en 50 euros/mes (600 euros/año), siendo tales incrementos compatibles entre sí.

»5) Para tener derecho a los beneficios establecidos en este apartado los trabajadores con discapacidad deberán tener un grado de minusvalía igual o superior al 33 por 100, o la específicamente establecida en cada caso. Se considerarán también incluidos los pensionistas de la Seguridad Social que tengan reconocida una pensión de incapacidad permanente en el grado de total, absoluta o gran invalidez, así como los pensionistas de clases pasivas que tengan reconocida una pensión de jubilación o de retiro por incapacidad permanente para el servicio o inutilidad.

»3. No obstante lo establecido en el apartado anterior, cuando se trate de trabajadores con discapacidad, que reúnan los requisitos a que se refiere su último párrafo, contratados por un centro especial de empleo, mediante un contrato indefinido o temporal, incluidos los contratos formativos, se aplicarán las bonificaciones del 100 por 100 de la cuota empresarial a la Seguridad Social, incluidas las de accidentes de trabajo y enfermedad profesional y las cuotas de recaudación conjunta. La misma bonificación se disfrutará por los centros especiales de empleo en el supuesto de transformación en indefinidos de los contratos temporales de fomento de empleo de personas con discapacidad o de transformación en indefinidos de los contratos de duración determinada o temporales, incluidos los formativos suscritos con trabajadores con discapacidad.

»4. Los empleadores que contraten indefinidamente a personas que tengan acreditada la condición de víctima de violencia de género en los términos de la Ley Orgánica 1/2004, de 28 de diciembre, de Medidas de Protección Integral contra la Violencia de Género, o de víctima de violencia doméstica, sin que sea necesaria la condición de estar en desempleo, tendrán derecho, desde la fecha de celebración del contrato, a una bonificación mensual de la cuota empresarial a la Seguridad Social o, en su caso, por su equivalente diario, por trabajador contratado de 70,83 euros/mes (850 euros/año) durante cuatro años.

»En el caso de que se celebren contratos temporales con estas personas se tendrá derecho a una bonificación mensual de la cuota empresarial a la Seguridad Social o, en su caso, por su equivalente diario, por trabajador contratado de 50 euros/mes (600 euros/año), durante toda la vigencia del contrato.

»4 bis. Los empleadores que contraten indefinidamente a personas que tengan acreditada la condición de víctima del terro-

tratación de modo que, en igualdad de condiciones de idoneidad, tengan preferencia para ser contratadas las personas del sexo menos repre-

---

rismo, de acuerdo con lo dispuesto en el artículo 34 de la Ley 29/2011, de 22 de septiembre, de Reconocimiento y Protección Integral a las Víctimas del Terrorismo, sin que sea necesaria la condición de estar en desempleo, tendrán derecho, desde la fecha de celebración del contrato, a una bonificación mensual de la cuota empresarial a la Seguridad Social o, en su caso, por su equivalente diario, por trabajador contratado de 125 euros/mes (1.500 euros/año) durante cuatro años.

»En el caso de que se celebren contratos temporales con estas personas se tendrá derecho a una bonificación mensual de la cuota empresarial a la Seguridad Social o, en su caso, por su equivalente diario, por trabajador contratado de 50 euros/mes (600 euros/año), durante toda la vigencia del contrato.

»5. Los empleadores que contraten indefinidamente a trabajadores en situación de exclusión social, incluidos en los colectivos relacionados en la disposición adicional segunda de esta Ley, y que tengan acreditada esta condición por los servicios sociales u órganos competentes, podrán acogerse a las bonificaciones mensuales de la cuota empresarial a la Seguridad Social o, en su caso, por su equivalente diario, por trabajador contratado, de 50 euros/mes (600 euros/año) durante cuatro años.

»En el caso de que la contratación sea temporal dará derecho a una bonificación de 41,67 euros/mes (500 euros/año), durante toda la vigencia del contrato.

»6. Las bonificaciones por contratación indefinida establecidas en los apartados 4, 4 bis y 5 serán de aplicación asimismo en los supuestos de transformación en indefinidos de los contratos temporales celebrados con las personas pertenecientes respectivamente a cada uno de los colectivos a que se refieren dichos apartados.

»[...]

»*Art. 6.º Exclusiones.*—1. Las bonificaciones previstas en este Programa no se aplicarán en los siguientes supuestos:

»*a*) Relaciones laborales de carácter especial previstas en el artículo 2 del Estatuto de los Trabajadores, Texto Refundido aprobado por el Real Decreto Legislativo 1/1995, de 24 de marzo u otras disposiciones legales, con la excepción de la relación laboral de trabajadores con discapacidad en Centro Especial de Empleo.

»*b*) Contrataciones que afecten al cónyuge, ascendientes, descendientes y demás parientes por consanguinidad o afinidad, hasta el segundo grado inclusive, del empresario o de quienes tengan el control empresarial, ostenten cargos de dirección o sean miembros de los órganos de administración de las entidades o de las empresas que revistan la forma jurídica de sociedad, así como las que se produzcan con estos últimos.

»No será de aplicación esta exclusión cuando el empleador sea un trabajador autónomo que contrate como trabajador por cuenta ajena a los hijos menores de treinta años, tanto si conviven o no con él, o cuando se trate de un trabajador autónomo sin asalariados, y contrate a un solo familiar menor de cuarenta y cinco años, que no conviva en su hogar ni esté a su cargo.

»*c*) Contrataciones realizadas con trabajadores que en los veinticuatro meses anteriores a la fecha de la contratación hubiesen prestado servicios en la misma empresa, grupo de empresas o entidad mediante un contrato por tiempo indefinido, o en los últimos seis meses mediante un contrato de duración determinada o temporal o mediante un contrato formativo, de relevo o de sustitución por jubilación.

»No se aplicará lo establecido en el párrafo anterior en los supuestos de transformación de los contratos, en que se estará a lo previsto en los artículos 2.º6, 3.º y 4.º2.

»Lo dispuesto en este apartado será también de aplicación en el supuesto de vinculación laboral anterior del trabajador con empresas a las que el solicitante de los beneficios haya sucedido en virtud de lo establecido en el artículo 44 del Estatuto de los Trabajadores.

»*d*) Trabajadores que hayan finalizado su relación laboral de carácter indefinido en otra empresa en un plazo de tres meses previos a la formalización del contrato. Esta exclusión no se aplicará cuando la finalización del contrato sea por despido reconoci-

sentado en el grupo o categoría profesional de que se trate.

Asimismo, la negociación colectiva podrá establecer este tipo

---

do o declarado improcedente, o por despido colectivo.

»2. Las empresas que hayan extinguido o extingan por despido reconocido o declarado improcedente o por despido colectivo contratos bonificados quedarán excluidas por un período de doce meses de las bonificaciones establecidas en este Programa. La citada exclusión afectará a un número de contratos igual al de las extinciones producidas.

»El período de exclusión se contará a partir del reconocimiento o de la declaración de improcedencia del despido o de la extinción derivada del despido colectivo.

»3. Cuando se trate de contrataciones con trabajadores con discapacidad, sólo les serán de aplicación las exclusiones de la letra *c*), si el contrato previo hubiera sido por tiempo indefinido, y de la letra *d*) del apartado 1, así como la establecida en el apartado 2.

»No obstante, la exclusión establecida en la letra *d*) del apartado 1 no será de aplicación en el supuesto de contratación de trabajadores con discapacidad procedentes de centros especiales de empleo, tanto en lo que se refiere a su incorporación a una empresa ordinaria, como en su posible retorno al centro especial de empleo de procedencia o a otro centro especial de empleo. Tampoco será de aplicación dicha exclusión en el supuesto de incorporación a una empresa ordinaria de trabajadores con discapacidad en el marco del programa de empleo con apoyo.

»En todo caso, las exclusiones de las citadas letras *c*) y *d*) no se aplicarán si se trata de trabajadores con especiales dificultades para su inserción laboral. A estos efectos, se considerará que existen dichas especiales dificultades cuando el trabajador esté incluido en alguno de los grupos siguientes:

»*a*) Personas con parálisis cerebral, personas con enfermedad mental o personas con discapacidad intelectual, con un grado de discapacidad reconocido igual o superior al 33 por 100.

»*b*) Personas con discapacidad física o sensorial, con un grado de discapacidad reconocido igual o superior al 65 por 100

»*Art. 7.º Concurrencia, cuantía máxima e incompatibilidad de las bonificaciones.*—1. En el supuesto en que la contratación de un trabajador pudiera dar lugar simultáneamente a su inclusión en más de uno de los supuestos para los que están previstas bonificaciones en este Programa, sólo será posible aplicarlas respecto de uno de ellos, correspondiendo la opción al beneficiario en el momento de formalizar el alta del trabajador en la Seguridad Social que da derecho a la aplicación de las bonificaciones.

»No obstante lo señalado en el párrafo anterior, las bonificaciones en las cotizaciones previstas para los contratos indefinidos con trabajadores de sesenta o más años y con una antigüedad en la empresa de cinco o más años serán compatibles con las bonificaciones establecidas con carácter general, sin que en ningún caso la suma de las bonificaciones aplicables pueda superar el 100 por 100 de la cuota empresarial a la Seguridad Social, sin perjuicio, en su caso, de lo dispuesto en el artículo 112 bis del Texto Refundido de la Ley General de la Seguridad Social, aprobado por Real Decreto Legislativo 1/1994, de 20 de junio.

»[...]

»2. Las bonificaciones no podrán, en ningún caso, superar el 100 por 100 de la cuota empresarial a la Seguridad Social que hubiera correspondido ingresar.

»3. Las bonificaciones aquí previstas no podrán, en concurrencia con otras medidas de apoyo público establecidas para la misma finalidad, superar el 60 por 100 del coste salarial anual correspondiente al contrato que se bonifica, salvo en el caso de los trabajadores con discapacidad contratados por los Centros Especiales de Empleo, en que se estará a lo establecido en la normativa reguladora de las ayudas y subvenciones destinadas a la integración laboral de las personas con discapacidad en estos Centros.

»*Art. 8.º Mantenimiento de bonificaciones.*—1. Cuando, durante la vigencia de un contrato bonificado al amparo de esta Ley que se hubiera concertado a tiempo parcial, se transforme en a tiempo completo, o viceversa, no se perderán las bonificaciones, sino que se percibirán conforme corresponda al nuevo contrato, sin que ello suponga el inicio de ningún nuevo período de bonificación.

de medidas en las condiciones de clasificación profesional, promoción y formación, de modo que, en igualdad de condiciones de

---

»En el supuesto de que se reitere la novación del contrato a que se refiere el párrafo anterior, se perderán las bonificaciones a partir de la segunda novación, salvo que esta última sea de tiempo parcial a tiempo completo.

»No se producirá tampoco la pérdida de las bonificaciones en los supuestos en que los trabajadores jubilados parcialmente incrementen anualmente la reducción de su jornada de trabajo y salario, de acuerdo con lo establecido en la normativa aplicable.

»2. Se podrán mantener las bonificaciones de las cuotas a la Seguridad Social que se vinieran disfrutando por la contratación indefinida de un trabajador cuando éste haya extinguido voluntariamente un contrato acogido a medidas previstas en los Programas de Fomento del Empleo de aplicación a partir del 17 de mayo de 1997, incluidas las medidas reguladas en este Programa de Fomento, y sea contratado sin solución de continuidad mediante un nuevo contrato indefinido, a tiempo completo o parcial, incluida la modalidad de fijo discontinuo, por otra empresa o entidad, dentro del mismo grupo de empresas.

»En este caso, al nuevo contrato le serán de aplicación las bonificaciones de las cuotas a la Seguridad Social que respecto del trabajador se vinieran disfrutando por el anterior empleador, en la misma cuantía y por el tiempo que reste para completar el período total previsto en el momento de su contratación indefinida inicial. En el supuesto de que el contrato fuera a tiempo parcial y se transforme en a tiempo completo o viceversa, se estará a lo establecido en el apartado anterior.

»Si el primer empleador hubiera percibido alguna otra ayuda de fomento del empleo por la misma contratación, no estará obligado a su devolución, ni se tendrá derecho a una nueva ayuda en su caso por el nuevo contrato.

»3. En caso de sucesión de empresas, en virtud de lo establecido en el artículo 44 del Estatuto de los Trabajadores, el nuevo empleador no perderá el derecho a las bonificaciones disfrutadas por el anterior, beneficiándose de ellas por el tiempo que reste hasta el período máximo que correspondiera.

»*Art. 9.º Reintegro de los beneficios.*—1. En los supuestos de obtención de las bonificaciones sin reunir los requisitos exigidos, procederá la devolución de las cantidades dejadas de ingresar por bonificación de cuotas a la Seguridad Social con el recargo y los intereses de demora correspondientes, según lo establecido en las normas recaudatorias en materia de Seguridad Social.

»2. La obligación de reintegro establecido en el párrafo anterior se entiende sin perjuicio de lo previsto en la Ley sobre Infracciones y Sanciones en el Orden Social.

»[...]

»*Disp. adic. 2.ª Exclusión social y fomento del empleo.*—A efectos del Programa de Fomento del Empleo regulado en la Sección 1.ª del Capítulo I de esta Ley, la situación de exclusión social se acreditará por la pertenencia a alguno de los colectivos relacionados en el apartado 1 del artículo 2 de la Ley para la regulación de las empresas de inserción.

»*Disp. adic. 3.ª Financiación, aplicación y control de los incentivos del Programa de Fomento del Empleo.*—1. Las bonificaciones previstas para las contrataciones establecidas en el Programa de Fomento del Empleo regulado en esta Ley, se financiarán con cargo a la correspondiente partida presupuestaria del Servicio Público de Empleo Estatal.

»2. Las bonificaciones de cuotas de la Seguridad Social se aplicarán por los empleadores con carácter automático en los correspondientes documentos de cotización, sin perjuicio de su control y revisión por la Inspección de Trabajo y Seguridad Social, por la Tesorería General de Seguridad Social y por el Servicio Público de Empleo Estatal.

»3. La Tesorería General de la Seguridad Social facilitará mensualmente al Servicio Público de Empleo Estatal, el número de trabajadores objeto de bonificaciones de cuotas a la Seguridad Social, desagregados por cada uno de los colectivos de bonificación, con sus respectivas bases de cotización y las deducciones que se apliquen de acuerdo con los programas de incentivos al empleo y que son financiadas por el Servicio Público de Empleo Estatal.

»4. Con la misma periodicidad, la Dirección General del Servicio Público de Empleo

idoneidad, tengan preferencia las personas del sexo menos representado para favorecer su acceso en el grupo, categoría profesional o puesto de trabajo de que se trate.

Estatal, facilitará a la Dirección General de Inspección de Trabajo y Seguridad Social la información necesaria sobre el número de contratos comunicados objeto de bonificaciones de cuotas, detallados por colectivos, así como cuanta información relativa a las cotizaciones y deducciones aplicadas a los mismos sea precisa, al efecto de facilitar a este centro directivo la planificación y programación de la actuación inspectora que permita vigilar la adecuada aplicación de las bonificaciones previstas en los correspondientes programas de incentivos al empleo, por los sujetos beneficiarios de la misma.»

»[...]»

Para las bonificaciones a los contratos para la formación y el aprendizaje, disp. adic. 6.ª de la Ley 2/2012, de 29 de junio (*BOE* de 30 de junio), de Presupuestos Generales del Estado para el año 2012.

Conforme a la disp. trans. 6.ª del RDL 20/2012, de 13 de julio (*BOE* de 14 de julio):

«*Supresión del derecho a la aplicación de bonificaciones*.—1. *a*) Queda suprimido el derecho de las empresas a la aplicación de bonificaciones por contratación, mantenimiento del empleo o fomento del autoempleo, en las cuotas a la Seguridad Social y, en su caso, cuotas de recaudación conjunta, que se estén aplicando a la entrada en vigor de este Real Decreto-ley, en virtud de cualquier norma, en vigor o derogada, en que hubieran sido establecidas.

»*b*) Lo dispuesto en el párrafo anterior será de aplicación a las bonificaciones en las cuotas devengadas a partir del mes siguiente al de la entrada en vigor de este Real Decreto-ley.

»2. No será de aplicación lo previsto en el apartado 1 a las bonificaciones recogidas en las siguientes disposiciones:

»*a*) Real Decreto-ley 3/2012, de 10 de febrero, de medidas urgentes para la reforma del mercado laboral.

»*b*) Ley 3/2012, de 6 de julio, de medidas urgentes para la reforma del mercado laboral.

»*c*) Los apartado 2, 3, 4, 4 bis, 5 y 6 del artículo 2 de la Ley 43/2006, de 29 de diciembre, para la mejora del crecimiento y del empleo.

»*d*) Real Decreto-ley 18/2011, de 18 de noviembre, por el que se regulan las bonificaciones de cuotas a la Seguridad Social de los contratos de trabajo celebrados con personas con discapacidad por la Organización Nacional de Ciegos Españoles (ONCE) y se establecen medidas de Seguridad Social para las personas trabajadoras afectadas por la crisis de la bacteria *E. coli*.

»*e*) Artículo 21.3 de la Ley Orgánica 1/2004, de 28 de diciembre, de Medidas de Protección Integral contra la Violencia de Género.

»*f*) Real Decreto-ley 11/98, de 4 de septiembre, por el que se regulan las bonificaciones de cuotas a la Seguridad Social de los contratos de interinidad que se celebren con personas desempleadas para sustituir a trabajadores durante los períodos de descanso por maternidad, adopción y acogimiento.

»*g*) Disposición adicional novena de la Ley 45/2002, de 12 de diciembre, de medidas urgentes para la reforma del sistema de protección por desempleo y mejora de la ocupabilidad.

»*h*) Disposición adicional trigésima quinta del texto refundido de la Ley General de la Seguridad Social, aprobado por el Real Decreto legislativo 1/1994, de 20 de junio.

»*i*) Disposición adicional undécima de la Ley 45/2002, de 12 de diciembre, de medidas urgentes para la reforma del sistema de protección por desempleo y mejora de la ocupabilidad.

»*j*) La disposición adicional segunda de la Ley 12/2001, de 9 de julio, de medidas urgentes de reforma del mercado de trabajo para el incremento del empleo y la mejora de su calidad.

»*k*) Artículo 9 de la Ley 40/2003, de 18 de noviembre, de Protección a las Familias Numerosas.

»*l*) La disposición adicional trigésima del Real Decreto Legislativo 1/1994, de 20 de junio, por el que se aprueba el texto refundido de la Ley General de la Seguridad Social.»

La obtención indebida de todo este conjunto de subvenciones es calificada como infracción muy grave por el art. 16.3 LISOS [RD Legislativo 5/2000, de 4 de agosto (*BOE*

5. El establecimiento de planes de igualdad en las empresas se ajustará a lo dispuesto en esta Ley y en la Ley Orgánica para la igualdad efectiva de mujeres y hombres[103].

Art. 18. *Inviolabilidad de la persona del trabajador.*—Sólo podrán realizarse registros sobre la persona del trabajador, en sus taquillas y efectos particulares, cuando sean necesarios para la protección del patrimonio empresarial y del de los demás trabajadores de la empresa, dentro del centro de trabajo y en horas de trabajo. En su realización se respetará al máximo la dignidad e intimidad del trabajador y se contará con la asistencia de un representante legal de los trabajadores o, en su ausencia del centro de trabajo, de otro trabajador de la empresa, siempre que ello fuera posible[104].

Art. 19. *Seguridad e higiene*[105].—1. El trabajador, en la

de 8 de agosto)]. V. Orden TAS/1.622/2002, de 13 de junio (*BOE* de 29 de junio), por la que se regula la forma de garantizar, por los beneficiarios de las subvenciones y ayudas públicas que concede al Instituto Nacional de Empleo, los anticipos de pago sobre las mismas, así como por los obligados al pago en período voluntario de los fraccionamientos y aplazamientos que se concedan.

[103] Apartados 4 y 5 trascritos conforme a la redacción dada por la LO 3/2007, de 22 de marzo (*BOE* de 23 de marzo). El incumplimiento de este deber es tipificado como infracción administrativa grave o muy grave según la conducta por los arts. 7.º13, 8.º17 y 46 bis del RD Legislativo 5/2000, de 4 de agosto, según la redacción establecida por la anterior LO 3/2007.

[104] V. arts. 18 CE y 4.º2.*d*) ET.

[105] V. arts. 40.2 CE y 4.º2.*d*), 5.º*b*) y 84 ET. La regulación general, en Ley 31/1995, de 8 de noviembre (*BOE* de 10 de noviembre), de Prevención de Riesgos Laborales, modificada por la Ley 50/1998, de 30 de diciembre (*BOE* de 31 de diciembre), de Medidas Fiscales, Administrativas y del Orden Social; por la Ley 54/2003, de 12 de diciembre (*BOE* de 13 de diciembre), y por la LO 3/2007, de 22 de marzo (*BOE* de 23 de marzo); algunos de sus artículos transcritos en notas a los arts. 6.º2, 15.1, 19.4 y 5, 39.1 y 64.7.2.º ET. V. art. 84 ET. Las infracciones administrativas en esta materia, en los arts. 11 a 13 LISOS [RD Legislativo 5/2000, de 4 de agosto (*BOE* de 8 de agosto)]; Ley 28/2005, de 26 de diciembre (*BOE* de 27 de diciembre), de medidas sanitarias frente al tabaquismo; 32/2006, de 18 de octubre (*BOE* de 19 de octubre), reguladora de la subcontratación en el sector de la construcción; desarrollada por RD 1.109/2007, de 24 de agosto (*BOE* de 25 de agosto), modificado por RD 337/2010, de 19 de marzo (*BOE* de 23 de marzo); RD 707/2002, de 19 de julio (*BOE* de 31 de julio), por el que se aprueba el Reglamento sobre el procedimiento administrativo especial de actuación de la Inspección de Trabajo y Seguridad Social y para la imposición de medidas correctoras de incumplimientos en materia de prevención de riesgos laborales en el ámbito de la Administración General del Estado, modificado por RD 464/2003, de 25 de abril (*BOE* de 11 de junio); RD 597/2007, de 4 de mayo (*BOE* de 5 de mayo), sobre la publicación de las sanciones por infracciones muy graves en materia de prevención de riesgos laborales. V. RD 39/1997, de 17 de enero (*BOE* de 31 de enero), por el que se aprueba el Reglamento de los Servicios de Prevención, modificado por RD 780/1998, de 30 de abril (*BOE* de 1 de mayo); por RD 604/2006, de 19 de mayo (*BOE* de 29 de mayo); por RD 298/2009, de 6 de marzo (*BOE* de 7 de marzo), y por RD 337/2010, de 19 de marzo (*BOE* de 23 de marzo); Orden TIN/2.504/2010, de 20 de septiembre (*BOE* de 28 de septiembre), de desarrollo del Reglamento anterior; RD 171/2004, de 30 de enero (*BOE* de 31 de enero), de desarrollo del art. 24 LPRL en materia de coordinación de actividades empresariales; RD 413/1997, de 21 de marzo (*BOE* de 16 de abril), sobre protección operacional de los trabajadores externos con riesgo de exposición a radiaciones ionizantes por intervención en zona controlada; RD 485/1997, de

prestación de sus servicios, tendrá derecho a una protección eficaz en materia de seguridad e higiene.

2. El trabajador está obligado a observar en su trabajo las medidas legales y reglamentarias de seguridad e higiene.

3. En la inspección y control de dichas medidas que sean de observancia obligada por el empresa-

14 de abril (*BOE* de 23 de abril), sobre disposiciones mínimas sobre señalización de seguridad y salud en el trabajo; RD 486/1997, de 14 de abril (*BOE* de 23 de abril), por el que se establecen las disposiciones mínimas de seguridad y salud en los lugares de trabajo; RD 487/1997, de 14 de abril (*BOE* de 23 de abril), sobre disposiciones mínimas de seguridad y salud relativas a la manipulación manual de cargas que entrañe riesgos, en particular dorsolumbares, para los trabajadores; RD 488/1997, de 14 de abril (*BOE* de 23 de abril), sobre disposiciones mínimas de seguridad y salud relativas al trabajo con equipos que incluyan pantallas de visualización; RD 664/1997, de 12 de mayo (*BOE* de 24 de mayo), sobre protección de los trabajadores contra los riesgos relacionados con la exposición a agentes biológicos durante el trabajo; OM de 25 de marzo de 1998 (*BOE* de 30 de marzo), por la que se adapta el RD anterior en función del progreso técnico; RD 665/1997, de 12 de mayo (*BOE* de 24 de mayo), sobre protección de los trabajadores contra la exposición a riesgos cancerígenos durante el trabajo, modificado por RD 1.124/2000, de 16 de junio (*BOE* de 17 de junio), y por RD 349/2003, de 21 de marzo (*BOE* de 5 de abril); RD 258/1999, de 12 de febrero (*BOE* de 24 de febrero), por el que se establecen las condiciones mínimas de protección de la salud y asistencia médica de los trabajadores del mar, modificado por RD 568/2011, de 20 de abril (*BOE* de 13 de mayo); RD 1.755/2007, de 28 de diciembre (*BOE* de 18 de enero de 2008), sobre prevención de riesgos laborales del personal militar de las Fuerzas Armadas y de la organización de los servicios de prevención del Ministerio de Defensa, modificado por RD 640/2011, de 9 de mayo (*BOE* de 31 de mayo); RD 374/2001, de 6 de abril (*BOE* de 1 de mayo), sobre protección de la seguridad y la salud de los trabajadores contra los riesgos relacionados con los agentes químicos durante el trabajo; OM de 22 de abril de 1997 (*BOE* de 24 de abril), por la que se regula el régimen de las Mutuas en el desarrollo de actividades de prevención de riesgos laborales; RD 773/1997, de 30 de mayo (*BOE* de 12 de junio), sobre disposiciones mínimas de seguridad y salud relativas a la utilización por los trabajadores de equipos de protección individual; RD 1.215/1997, de 18 de julio (*BOE* de 7 de agosto), sobre disposiciones mínimas de seguridad y salud para la utilización por los trabajadores de los equipos de trabajo, modificado por RD 2.177/2004, de 12 de noviembre (*BOE* de 13 de noviembre); RD 1.216/1997, de 18 de julio (*BOE* de 7 de agosto), sobre disposiciones mínimas de seguridad y salud en el trabajo a bordo de los buques de pesca; RD 1.389/1997, de 7 de octubre (*BOE* de 8 de octubre), por el que se aprueban las disposiciones mínimas destinadas a proteger la seguridad y la salud de los trabajadores en las actividades mineras; RD 1.627/1997, de 24 de octubre (*BOE* de 25 de octubre), sobre disposiciones mínimas de seguridad y salud en las obras de construcción, modificado por el RD 604/2006, de 19 de mayo (*BOE* de 29 de mayo), y por RD 337/2010, de 19 de marzo (*BOE* de 23 de marzo); RD 688/2005, de 10 de junio (*BOE* de 11 de junio), por el que se regula el régimen de funcionamiento de las Mutuas de Accidentes de Trabajo y Enfermedades Profesionales de la Seguridad Social como servicio de prevención ajeno; RD 216/1999, de 5 de febrero (*BOE* de 24 de febrero), sobre disposiciones mínimas de seguridad y salud en el trabajo en el ámbito de las empresas de trabajo temporal; RD 614/2001, de 8 de junio (*BOE* de 21 de junio), sobre disposiciones mínimas para la protección de la salud y seguridad de los trabajadores frente al riesgo eléctrico; RD 681/2003, de 12 de junio (*BOE* de 18 de junio), sobre la protección de la salud y la seguridad de los trabajadores expuestos a los riesgos derivados de atmósferas explosivas en el lugar de trabajo; RD 1.879/1996, de 2 de agosto, modificado por RD 309/2001, de 23 de marzo (*BOE* de 5 de abril), y por RD 1.595/2004, de 2 de julio (*BOE* de 3 de julio), por el que se regula la composición de la Comisión Nacional de Seguridad y Salud en el Trabajo; RD 179/2005, de 18 de febrero (*BOE* de 26 de febrero), sobre prevención de riesgos laborales en la Guar-

dia Civil; RD 1.311/2005, de 4 de noviembre (*BOE* de 5 de noviembre), sobre protección de la salud y la seguridad de los trabajadores frente a los riesgos derivados o que pueden derivarse de la exposición a vibraciones mecánicas, modificado por el RD 330/2009, de 13 de marzo (*BOE* de 26 de marzo); RD 2/2006, de 16 de enero (*BOE* de 16 de enero), por el que se establecen normas sobre prevención de riesgos laborales en la actividad de los funcionarios del Cuerpo Nacional de Policía; RD 286/2006, de 10 de marzo (*BOE* de 11 de marzo), sobre protección de la salud y la seguridad de los trabajadores contra los riesgos relacionados con la exposición al ruido; Orden INT/724/2006, de 10 de marzo (*BOE* de 16 de marzo), por la que se regulan los órganos de prevención de riesgos laborales en la Guardia Civil; RD 396/2006, de 31 de marzo (*BOE* de 11 de abril), por el que se establecen las disposiciones mínimas de seguridad y salud aplicables a los trabajadores con riesgo de exposición al amianto; RD 1.696/2007, de 14 de diciembre (*BOE* de 31 de diciembre), por el que se regulan los reconocimientos médicos de embarque marítimo; RD 1.775/2007, de 28 de diciembre (*BOE* de 8 de enero de 2008), de prevención de riesgos laborales del personal militar de la Fuerzas Armadas y de la organización de los servicios de prevención del Ministerio de Defensa; RD 67/2010, de 29 de enero (*BOE* de 10 de febrero), de adaptación de la legislación de Prevención de Riesgos Laborales a la Administración General del Estado; RD 486/2010, de 23 de abril (*BOE* de 24 de abril), sobre la protección de la salud y la seguridad de los trabajadores contra los riesgos relacionados con la exposición a radiaciones ópticas artificiales. V. Directiva CEE 89/391, de 12 de junio de 1989 (*DOCE* de 29 de junio), relativa a la aplicación de medidas para promover la mejora de la seguridad y de la salud de los trabajadores en el trabajo; Directiva 89/654, de 30 de noviembre de 1989 (*DOCE* de 30 de diciembre), sobre disposiciones mínimas de seguridad y de salud en los lugares de trabajo (Primera Directiva específica); Directiva 2009/104, de 16 de septiembre (*DOUE* de 3 de octubre), sobre disposiciones mínimas de seguridad y de salud para la utilización por los trabajadores en el trabajo de los equipos de trabajo (Segunda Directiva específica); Directiva 89/656, de 30 de noviembre de 1989 (*DOCE* de 30 de diciembre), sobre disposiciones mínimas de seguridad y de salud para la utilización por los trabajadores en el trabajo de equipos de protección individual (Tercera Directiva específica); Directiva CEE 90/269, de 29 de mayo de 1990 (*DOCE* de 21 de junio), sobre disposiciones mínimas de seguridad y de salud relativas a la manipulación de cargas que entrañen riesgos, en particular dorsolumbares, para los trabajadores (Cuarta Directiva específica); Directiva 90/270, de 29 de mayo de 1990 (*DOCE* de 21 de junio), sobre disposiciones mínimas de seguridad y salud relativas al trabajo con equipos que incluyen pantallas de visualización (Quinta Directiva específica); Directiva 2004/37, de 24 de abril (*DOUE* de 30 de abril), relativa a la protección contra los riesgos relacionados con la exposición a agentes cancerígenos o mutágenos durante el trabajo (Sexta Directiva específica); Directiva 2000/54, de 18 de septiembre (*DOCE* de 17 de octubre), sobre la protección de los trabajadores contra los riesgos relacionados con la exposición a agentes biológicos durante el trabajo (Séptima Directiva específica); Directiva 92/57, de 24 de junio de 1992 (*DOCE* de 26 de agosto), relativa a las disposiciones mínimas de seguridad y de salud que deben aplicarse en las obras de construcción temporales o móviles (Octava Directiva específica); Directiva 92/58, de 24 de junio de 1992 (*DOCE* de 26 de agosto), relativa a las disposiciones mínimas en materia de señalización de seguridad y de salud en el trabajo (Novena Directiva específica); Directiva 92/85, de 19 de octubre de 1992 (*DOCE* de 28 de noviembre), relativa a la aplicación de medidas para promover la mejora de la seguridad y la salud en el trabajo de la trabajadora embarazada, que haya dado a luz o en período de lactancia (Décima Directiva específica); Directiva 92/91, de 3 de noviembre de 1992 (*DOCE* de 28 de noviembre), relativa a las disposiciones mínimas destinadas a mejorar la protección en materia de seguridad y de salud de los trabajadores de las industrias extractivas por sondeos (Undécima Directiva específica); Directiva 92/104, de 3 de diciembre de 1992 (*DOCE* de 31 de diciembre), relativa a las disposiciones mínimas destinadas a mejorar la protección en materia de seguridad y de salud de los trabajadores en industrias extractivas a cielo abierto o subterráneos (Duodécima Directiva específica); Directiva 93/103, de 23 de noviembre (*DOCE* de 13 de diciembre), relativa a las disposiciones mínimas de seguridad y de salud en el

rio, el trabajador tiene derecho a participar por medio de sus representantes legales en el centro de trabajo, si no se cuenta con órga-

trabajo a bordo de los buques de pesca (Decimotercera Directiva específica); Directiva 98/24, de 7 de abril de 1998 (*DOCE* de 5 de mayo), relativa a la protección de los trabajadores contra los riesgos relacionados con los agentes químicos durante el trabajo (Decimocuarta Directiva específica); Directiva 2000/39, de 8 de junio (*DOCE* de 16 de junio), por la que se establece una primera lista de valores límite de exposición profesional indicativos en aplicación de la Directiva anterior; Directiva 2006/15, de 7 de febrero (*DOUE* de 9 de febrero), por la que se establece una segunda lista de valores límite de exposición profesional indicativos; Directiva 1999/92, de 16 de diciembre (*DOCE* de 28 de enero de 2001), relativa a las disposiciones mínimas para la mejora de la protección de la salud y la seguridad de los trabajadores expuestos a los riesgos derivados de atmósferas explosivas (Decimoquinta Directiva específica); Directiva 2002/44, de 25 de junio (*DOCE* de 6 de julio), sobre las disposiciones mínimas de seguridad y de salud relativas a la exposición de los trabajadores a los riesgos derivados de los agentes físicos (vibraciones) (Decimosexta Directiva específica); Directiva 2003/10, de 6 de febrero (*DOCE* de 15 de febrero), sobre las disposiciones mínimas de seguridad y de salud relativas a la exposición de los trabajadores a los riesgos derivados de los agentes físicos (ruidos) (Decimoséptima Directiva específica); Directiva 2004/40, de 29 de abril (*DOUE* de 30 de abril), sobre las disposiciones mínimas de seguridad y de salud relativas a la exposición de los trabajadores a los riesgos derivados de los agentes físicos (campos electromagnéticos) (Decimoctava Directiva específica), modificada por la Directiva 2008/46, de 23 de abril (*DOUE* de 26 de abril); Directiva 91/383, de 25 de junio de 1991 (*DOCE* de 29 de julio), que completa las medidas tendentes a promover la mejora de la seguridad y de la salud en el trabajo de los trabajadores con una relación laboral de duración determinada o de empresas de trabajo temporal; Directiva 2009/148, de 30 de noviembre (*DOUE* de 16 de diciembre), sobre la protección de los trabajadores contra la exposición al amiento durante el trabajo; Directiva 92/29, de 31 de marzo de 1992 (*DOCE* de 30 de abril), relativa a las disposiciones mínimas de seguridad y de salud para promover una mejor asistencia médica a bordo de los buques; Directiva 96/82, de 9 de diciembre de 1996 (*DOCE* de 14 de enero de 1997), relativa al control de los riesgos inherentes a los accidentes graves en los que intervengan sustancias peligrosas; Directiva 91/322, de 29 de mayo de 1991 (*DOCE* de 5 de julio), relativa al establecimiento de valores límite de carácter indicativo; Directiva 78/610, de 29 de junio de 1978 (*DOCE* de 22 de julio), referente a la aproximación de las disposiciones legales, reglamentarias y administrativas de los Estados miembros, relativas a la protección sanitaria de los trabajadores expuestos al cloruro de vinilo monómero; Directiva 82/501, de 24 de junio de 1982 (*DOCE* de 5 de agosto), relativa a los riesgos de accidentes graves en determinadas actividades industriales; Directiva Euratom 80/836, de 15 de julio de 1980 (*DOCE* de 17 de septiembre), por la que se modifican las Directivas que establecen las normas básicas relativas a la protección sanitaria de la población y de los trabajadores contra los riesgos que resultan de las radiaciones ionizantes; Directiva Euratom 90/641, de 4 de diciembre de 1990 (*DOCE* de 13 de diciembre), relativa a la protección operacional de los trabajadores exteriores con riesgo de exposición a radiaciones ionizantes por intervención en zona controlada; Directiva Euratom 96/29, de 13 de mayo de 1996 (*DOCE* de 29 de junio), por la que se establecen normas básicas relativas a la protección sanitaria de los trabajadores y de la población contra los riesgos que resultan de las radiaciones ionizantes; Reglamento 2062/94, de 18 de julio (*DOCE* de 20 de agosto), por el que se crea la Agencia Europea para la seguridad y salud en el trabajo, modificado por el Reglamento 1643/95, de 29 de junio (*DOCE* de 7 de julio), y por el Reglamento 1112/2005, de 20 de diciembre (*DOUE* de 15 de julio); Recomendaciones CEE de 20 de julio de 1962, relativa a la medicina del trabajo en la empresa, y de 23 de julio de 1962, concerniente a la adopción de una lista europea de enfermedades profesionales (ambas en *DOCE* de 31 de agosto de 1962).

nos o centros especializados competentes en la materia a tenor de la legislación vigente[106].

4. El empresario está obligado a facilitar una formación práctica y adecuada en materia de seguridad e higiene a los trabajadores que contrata, o cuando cambien de puesto de trabajo o tengan que aplicar una nueva técnica que pueda ocasionar riesgos graves para el propio trabajador o para sus compañeros o terceros, ya sea con servicios propios, ya sea con la intervención de los servicios oficiales correspondientes. El trabajador está obligado a seguir dichas enseñanzas y a realizar las prácticas cuando se celebren dentro de la jornada de trabajo o en otras horas, pero con el descuento en aquélla del tiempo invertido en las mismas[107].

5. Los órganos internos de la empresa competentes en materia de seguridad y, en su defecto, los representantes legales de los trabajadores en el centro de trabajo, que aprecien una probabilidad seria y grave de accidente por la inobservancia de la legislación aplicable en la materia, requerirán al empresario por escrito para que adopte las medidas oportunas que hagan desaparecer el estado de riesgo; si la petición no fuese atendida en un plazo de cuatro días, se dirigirán a la autoridad competente; ésta, si apreciase las circunstancias alegadas, mediante resolución fundada, requerirá al empresario para que adopte las medidas de seguridad apropiadas o que suspenda sus actividades en la zona o local de trabajo o con el material en peligro. También podrá ordenar, con los informes técnicos precisos, la paralización inmediata del trabajo si se estima un riesgo grave de accidente.

Si el riesgo de accidente fuera inminente, la paralización de las

---

[106] Aparte de las competencias generales atribuidas a los comités de empresa y delegados de personal por el art. 64.1.7.*a*) ET de vigilancia y control de las condiciones de seguridad e higiene, v. los órganos de representación creados por la Ley 31/1995, cuyos artículos más relevantes a estos efectos se encuentran transcritos en nota al art. 64.7.

[107] Art. 19 de la Ley 31/1995, de 8 de noviembre (*BOE* de 10 de noviembre), de Prevención de Riesgos Laborales:

«*Art. 19. Formación de los trabajadores.*—1. En cumplimiento del deber de protección, el empresario deberá garantizar que cada trabajador reciba una formación teórica y práctica, suficiente y adecuada, en materia preventiva, tanto en el momento de su contratación, cualquiera que sea la modalidad o duración de ésta, como cuando se produzcan cambios en las funciones que desempeñe o se introduzcan nuevas tecnologías o cambios en los equipos de trabajo.

»La formación deberá estar centrada específicamente en el puesto de trabajo o función de cada trabajador, adaptarse a la evolución de los riesgos y a la aparición de otros nuevos y repetirse periódicamente, si fuera necesario.

»2. La formación a que se refiere el apartado anterior deberá impartirse, siempre que sea posible, dentro de la jornada de trabajo o, en su defecto, en otras horas pero con el descuento en aquélla del tiempo invertido en la misma. La formación se podrá impartir por la empresa mediante medios propios o concertándola con servicios ajenos, y su coste no recaerá en ningún caso sobre los trabajadores.»

Para las empresas de trabajo temporal, v. nota al art. 43.

actividades podrá ser acordada por decisión de los órganos competentes de la empresa en materia de seguridad o por el 75 por 100 de los representantes de los trabajadores en empresas con procesos discontinuos y de la totalidad de los mismos en aquellas cuyo proceso sea continuo; tal acuerdo será comunicado de inmediato a la empresa y a la autoridad laboral, la cual, en veinticuatro horas, anulará o ratificará la paralización acordada[108].

---

[108] Apartado sustituido por el art. 21 de la Ley 31/1995, de 8 de noviembre (*BOE* de 10 de noviembre), de Prevención de Riesgos Laborales:

«*Art. 21. Riesgo grave e inminente.*—1. Cuando los trabajadores estén o puedan estar expuestos a un riesgo grave e inminente con ocasión de su trabajo, el empresario estará obligado a:

»*a*) Informar lo antes posible a todos los trabajadores afectados acerca de la existencia de dicho riesgo y de las medidas adoptadas o que, en su caso, deban adoptarse en materia de protección.

»*b*) Adoptar las medidas y dar las instrucciones necesarias para que, en caso de peligro grave, inminente e inevitable, los trabajadores puedan interrumpir su actividad y, si fuera necesario, abandonar de inmediato el lugar de trabajo. En este supuesto no podrá exigirse a los trabajadores que reanuden su actividad mientras persista el peligro, salvo excepción debidamente justificada por razones de seguridad y determinada reglamentariamente.

»*c*) Disponer lo necesario para que el trabajador que no pudiera ponerse en contacto con su superior jerárquico, ante una situación de peligro grave e inminente para su seguridad, la de otros trabajadores o la de terceros a la empresa, esté en condiciones, habida cuenta de sus conocimientos y de los medios técnicos puestos a su disposición, de adoptar las medidas necesarias para evitar las consecuencias de dicho peligro.

»2. De acuerdo con lo previsto en el apartado 1 del artículo 14 de la presente Ley, el trabajador tendrá derecho a interrumpir su actividad y abandonar el lugar de trabajo, en caso necesario, cuando considere que dicha actitud entraña un riesgo grave e inminente para su vida o su salud.

»3. Cuando en el caso a que se refiere el apartado 1 de este artículo el empresario no adopte o no permita la adopción de las medidas necesarias para garantizar la seguridad y la salud de los trabajadores, los representantes legales de éstos podrán acordar, por mayoría de sus miembros, la paralización de la actividad de los trabajadores afectados por dicho riesgo. Tal acuerdo será comunicado de inmediato a la empresa y a la autoridad laboral, la cual, en el plazo de veinticuatro horas, anulará o ratificará la paralización acordada.

»El acuerdo a que se refiere el párrafo anterior podrá ser adoptado por decisión mayoritaria de los Delegados de Prevención cuando no resulte posible reunir con la urgencia requerida al órgano de representación del personal.

»4. Los trabajadores o sus representantes no podrán sufrir perjuicio alguno derivado de la adopción de las medidas a que se refieren los apartados anteriores, a menos que hubieran obrado de mala fe o cometido negligencia grave.»

V. STC 195/1996, de 28 de noviembre (*BOE* de 3 de enero de 1997), sobre competencia de las Comunidades Autónomas en esta materia.

V. art. 53 de la Ley 31/1995, antes referida.

V. también arts. 123 y 127.3 de la Ley General de la Seguridad Social, texto refundido aprobado por RD Legislativo 1/1994, de 20 de junio (*BOE* de 29 de junio). En el ámbito penal, art. 316 del Código Penal: «Los que con infracción de las normas de prevención de riesgos laborales y estando legalmente obligados, no faciliten los medios necesarios para que los trabajadores desempeñen su actividad con las medidas de seguridad e higiene adecuadas, de forma que pongan así en peligro grave su vida, salud o integridad física, serán castigados con las penas de prisión de seis meses a tres años y multa de seis a doce meses.» Art. 317 CP: «Cuando el delito a que se refiere el artículo anterior se cometa por imprudencia grave, será castigado con la pena inferior en grado.»

Art. 20. *Dirección y control de la actividad laboral.*—1. El trabajador estará obligado a realizar el trabajo convenido bajo la dirección del empresario o persona en quien éste delegue[109].

2. En el cumplimiento de la obligación de trabajar asumida en el contrato, el trabajador debe al empresario la diligencia y la colaboración en el trabajo que marquen las disposiciones legales, los convenios colectivos y las órdenes o instrucciones adoptadas por aquél en el ejercicio regular de sus facultades de dirección y, en su defecto, por los usos y costumbres. En cualquier caso, el trabajador y el empresario se someterán en sus prestaciones recíprocas a las exigencias de la buena fe[110].

3. El empresario podrá adoptar las medidas que estime más oportunas de vigilancia y control para verificar el cumplimiento por el trabajador de sus obligaciones y deberes laborales, guardando en su adopción y aplicación la consideración debida a su dignidad humana y teniendo en cuenta la capacidad real de los trabajadores disminuidos, en su caso[111].

4. El empresario podrá verificar el estado de enfermedad o accidente del trabajador que sea alegado por éste para justificar sus faltas de asistencia al trabajo, mediante reconocimiento a cargo de personal médico[112]. La negativa del trabajador a dichos reconocimientos podrá determinar la suspensión de los derechos económicos que pudieran existir a cargo del empresario por dichas situaciones.

Art. 21. *Pacto de no concurrencia y de permanencia en la empresa.*—1. No podrá efectuarse la prestación laboral de un trabajador para diversos empresarios cuando se estime concurrencia desleal o cuando se pacte la plena dedicación mediante compensación económica expresa, en los términos que al efecto se convengan[113].

---

[109] V. art. 5.º*a*) y *c*) ET.

[110] V. arts. 21 y 54.2.*d*) ET; SSTC 88/1985, de 19 de julio (*BOE* de 14 de agosto); 6/1995, de 10 de enero (*BOE* de 11 de febrero); 106/1996, de 12 de junio (*BOE* de 12 de julio); 186/1996, de 25 de noviembre (*BOE* de 3 de enero de 1997), sobre la relación entre buena fe contractual y libertad de expresión; 99/1994, de 11 de abril (*BOE* de 17 de mayo), sobre poder de dirección y derecho a la propia imagen.

V. LO 2/1997, de 19 de junio (*BOE* de 20 de junio), reguladora de la cláusula de conciencia de los profesionales de la información.

[111] V. art. 64.5.*f*) ET; SSTC 98/2000, de 10 de abril, sobre vulneración del derecho a la intimidad personal por instalación de aparatos de captación y grabación del sonido en el centro de trabajo que no es indispensable para la seguridad y buen funcionamiento de la empresa, y 186/2000, de 10 de julio (*BOE* de 11 de agosto), sobre instalación por la empresa de un circuito cerrado de televisión para controlar determinados puestos de trabajo que se encuentra justificada y es proporcionada.

[112] V. SSTC 202/1999, de 8 de noviembre (*BOE* de 16 de diciembre), sobre imposibilidad de almacenamiento informático de los datos relativos al diagnóstico médico de la salud de los trabajadores, sin mediar consentimiento, y 153/2004, de 20 de septiembre (*BOE* de 22 de octubre), sobre derecho a la ejecución en sus propios términos de la sentencia anterior.

[113] V. art. 54.2.*d*) ET.

2. El pacto de no competencia para después de extinguido el contrato de trabajo, que no podrá tener una duración superior a dos años para los técnicos y de seis meses para los demás trabajadores, sólo será válido si concurren los requisitos siguientes:

a) Que el empresario tenga un efectivo interés industrial o comercial en ello, y

b) Que se satisfaga al trabajador una compensación económica adecuada.

3. En el supuesto de compensación económica por la plena dedicación, el trabajador podrá rescindir el acuerdo y recuperar su libertad de trabajo en otro empleo, comunicándolo por escrito al empresario con un preaviso de treinta días, perdiéndose en este caso la compensación económica u otros derechos vinculados a la plena dedicación[114].

4. Cuando el trabajador haya recibido una especialización profesional con cargo al empresario para poner en marcha proyectos determinados o realizar un trabajo específico, podrá pactarse entre ambos la permanencia en dicha empresa durante cierto tiempo. El acuerdo no será de duración superior a dos años y se formalizará siempre por escrito. Si el trabajador abandona el trabajo antes del plazo, el empresario tendrá derecho a una indemnización de daños y perjuicios.

SECCIÓN 3.ª

Clasificación profesional y promoción en el trabajo

Art. 22. *Sistema de clasificación profesional*[115].—1. Mediante la negociación colectiva o, en su defecto, acuerdo entre la empresa y los representantes de los trabajadores, se establecerá el sistema de clasificación profesional de los trabajadores por medio de grupos profesionales[116].

2. Se entenderá por grupo profesional el que agrupe unitariamente las aptitudes profesionales, titulaciones y contenido general de la prestación, y podrá incluir distintas tareas, funciones, especialidades profesionales o responsabilidades asignadas al trabajador.

---

[114] STC 125/2007, de 21 de mayo (*BOE* de 22 de junio), sobre vulneración del derecho de libertad de expresión por denegación autorización al redactor de un periódico con dedicación exclusiva para que siga participando en un programa de televisión tras haber criticado a su empresa en relación con una huelga general.

[115] Artículo redactado conforme a la Ley 3/2012, de 6 de julio (*BOE* de 7 de julio). Su disp. adic. 9.ª establece:

«*Adaptación de los convenios colectivos al nuevo sistema de clasificación profesional.*—En el plazo de un año los convenios colectivos en vigor deberán adaptar su sistema de clasificación profesional al nuevo marco jurídico previsto en el artículo 22 del Estatuto de los Trabajadores, en la redacción dada por esta Ley.»

[116] V. arts. 16, 24, 39 y 84 ET.

3. La definición de los grupos profesionales se ajustará a criterios y sistemas que tengan como objeto garantizar la ausencia de discriminación directa e indirecta entre mujeres y hombres.

4. Por acuerdo entre el trabajador y el empresario se asignará al trabajador un grupo profesional y se establecerá como contenido de la prestación laboral objeto del contrato de trabajo la realización de todas las funciones correspondientes al grupo profesional asignado o solamente de alguna de ellas. Cuando se acuerde la polivalencia funcional o la realización de funciones propias de más de un grupo, la equiparación se realizará en virtud de las funciones que se desempeñen durante mayor tiempo.

Art. 23. *Promoción y formación profesional en el trabajo*[117].— 1. El trabajador tendrá derecho:

a) Al disfrute de los permisos necesarios para concurrir a exámenes, así como a una preferencia a

---

[117] Artículo redactado conforme a la Ley 3/2012, de 6 de julio (*BOE* de 7 de julio). Su trasgresión es calificada de infracción grave por el art. 7.º5 LISOS [RD Legislativo 5/2000, de 4 de agosto (*BOE* de 8 de agosto). V. RD 395/2007, de 23 de marzo (*BOE* de 11 de abril), por el que se regula el subsistema de formación profesional para el empleo; RD 357/2006, de 24 de marzo (*BOE* de 7 de abril), por el que se regula la concesión directa de determinadas subvenciones en los ámbitos del empleo y de la formación profesional ocupacional; O. TAS/2.307/2007, de 27 de julio (*BOE* de 31 de julio), por la que se desarrolla el anterior RD y se regula el subsistema de formación profesional para el empleo en materia de formación de demanda y su financiación; O. TAS/718/2008, de 7 de marzo (*BOE* de 18 de marzo), por la que se regula el subsistema de formación profesional para el empleo en materia de formación de oferta y se establecen las bases reguladoras para la concesión de subvenciones públicas destinada a su financiación; IV Acuerdo Nacional de Formación, de 1 de febrero de 2006 (*BOE* de 27 de marzo). Conforme a la Ley 43/2006, de 29 de diciembre (*BOE* de 30 de diciembre):

«*Disp. adic. 5.ª Gestión de la formación profesional y Ley General de Subvenciones.*— 1. La Fundación Tripartita para la Formación en el Empleo actuará como entidad colaboradora y de apoyo técnico del Servicio Público de Empleo Estatal en el marco del Sistema de Formación Profesional, en los términos que se establezcan reglamentariamente.

»2. En el ámbito de la formación profesional se considerará a efectos de lo dispuesto en el artículo 31.3 de la Ley 38/2003, de 17 de noviembre, General de Subvenciones, que el beneficiario ha cumplido lo allí establecido cuando justifique de modo razonado que la elección del proveedor responde a los criterios de eficacia y economía, teniendo en cuenta la formación a realizar y el ámbito en que ésta se desarrolla.

»A estos efectos, la normativa reguladora de la formación profesional podrá concretar dichos criterios.»

V. STC 95/2002, de 25 de abril (*BOE* de 22 de mayo), sobre incompatibilidad de este Acuerdo con las competencias ejecutivas de gestión de la formación continua por las Comunidades Autónomas; RD 1.684/1997, de 7 de noviembre (*BOE* de 18 de noviembre), por el que se aprueba el Reglamento de funcionamiento del Consejo General de Formación Profesional. Competencia de formación profesional transferida a las Comunidades Autónomas. Ver disposiciones en notas a los arts. 6.4 y 16 ET. Además, para La Rioja, RD 41/1999, de 15 de enero (*BOE* de 30 de enero), y RD 528/2006, de 28 de abril (*BOE* de 16 de mayo); para Navarra, RD 1.319/1997, de 1 de agosto (*BOE* de 1 de octubre), y RD 311/2001, de 23 de marzo (*BOE* de 9 de abril); para Asturias, RD 2.088/1999, de 30 de diciembre (*BOE* de 4 de febrero de 2000); para Murcia, RD 1.598/1999, de 15 de octubre (*BOE* de 5 de noviembre).

elegir turno de trabajo, si tal es el régimen instaurado en la empresa, cuando curse con regularidad estudios para la obtención de un título académico o profesional.

b) A la adaptación de la jornada ordinaria de trabajo para la asistencia a cursos de formación profesional.

c) A la concesión de los permisos oportunos de formación o perfeccionamiento profesional con reserva del puesto de trabajo[118].

d) A la formación necesaria para su adaptación a las modificaciones operadas en el puesto de trabajo. La misma correrá a cargo de la empresa, sin perjuicio de la posibilidad de obtener a tal efecto los créditos destinados a la formación. El tiempo destinado a la formación se considerará en todo caso tiempo de trabajo efectivo.

2. En la negociación colectiva se pactarán los términos del ejercicio de estos derechos, que se acomodarán a criterios y sistemas que garanticen la ausencia de discriminación directa o indirecta entre trabajadores de uno y otro sexo.

3. Los trabajadores con al menos un año de antigüedad en la empresa tienen derecho a un permiso retribuido de veinte horas anuales de formación profesional para el empleo, vinculada a la actividad de la empresa, acumulables por un período de hasta cinco años. El derecho se entenderá cumplido en todo caso cuando el trabajador pueda realizar las acciones formativas dirigidas a la obtención de la formación profesional para el empleo en el marco de un plan de formación desarrollado por iniciativa empresarial o comprometido por la negociación colectiva. Sin perjuicio de lo anterior, no podrá comprenderse en el derecho a que se refiere este apartado la formación que deba obligatoriamente impartir la empresa a su cargo conforme a lo previsto en otras leyes. En defecto de lo previsto en convenio colectivo, la concreción del modo de disfrute del permiso se fijará de mutuo acuerdo entre trabajador y empresario.

Art. 24. *Ascensos.*—1. Los ascensos dentro del sistema de clasificación profesional se producirán conforme a lo que se establezca en convenio o, en su defecto, en acuerdo colectivo entre la empresa y los representantes de los trabajadores[119].

En todo caso los ascensos se producirán teniendo en cuenta la formación, méritos, antigüedad del trabajador, así como las facultades organizativas del empresario.

2. Los ascensos y la promoción profesional en la empresa se ajustarán a criterios y sistemas que

[118] Convenio OIT n.º 140, ratificado por España por Instrumento de 16 de agosto de 1978 (*BOE* de 31 de octubre de 1979), sobre licencia pagada de estudios.

[119] V. arts. 22 y 39 ET.

tengan como objetivo garantizar la ausencia de discriminación directa o indirecta entre mujeres y hombres, pudiendo establecerse medidas de acción positiva dirigidas a eliminar o compensar situaciones de discriminación[120].

Art. 25. *Promoción económica.*—1. El trabajador, en función del trabajo desarrollado, podrá tener derecho a una promoción económica en los términos fijados en convenio colectivo o contrato individual.

2. Lo dispuesto en el número anterior se entiende sin perjuicio de los derechos adquiridos o en curso de adquisición en el tramo temporal correspondiente.

SECCIÓN 4.ª

Salarios y garantías salariales

Art. 26. *Del salario.*—1. Se considerará salario la totalidad de las percepciones económicas de los trabajadores, en dinero o en especie, por la prestación profesional de los servicios laborales por cuenta ajena, ya retribuyan el trabajo efectivo, cualquiera que sea la forma de remuneración, o los períodos de descanso computables como de trabajo.

En ningún caso, incluidas las relaciones laborales de carácter especial a que se refiere el artículo 2 de esta Ley, el salario en especie podrá superar el 30 por 100 de las percepciones salariales del trabajador, ni dar lugar a la minoración de la cuantía íntegra en dinero del salario mínimo interprofesional[121].

2. No tendrán la consideración de salario las cantidades percibidas por el trabajador en concepto de indemnizaciones o suplidos por los gastos realizados como consecuencia de su actividad laboral, las prestaciones e indemnizaciones de la Seguridad Social y las indemnizaciones correspondientes a traslados, suspensiones o despidos.

3. Mediante la negociación colectiva o, en su defecto, el contrato individual, se determinará la estructura del salario, que deberá comprender el salario base, como retribución fijada por unidad de tiempo o de obra y, en su caso, complementos salariales fijados en función de circunstancias rela-

---

[120] Apartado 2 redactado conforme a la Ley 35/2010, de 17 de septiembre (*BOE* de 18 de septiembre). V. STC 182/205, de 4 de julio (*BOE* de 5 de agosto), sobre postergación profesional de una trabajadora a causa de sus embarazos y maternidades.

[121] Apartado 1 redactado conforme a la Ley 35/2010, de 17 de septiembre (*BOE* de 18 de septiembre). Según su disp. trans. 12.ª: «Lo previsto en la redacción dada por esta Ley al artículo 26.1 del Estatuto de los Trabajadores será también de aplicación a los contratos de trabajo vigentes a la fecha de entrada en vigor de aquélla, si bien únicamente a partir de dicha fecha.» V. Ley 29/1994, de 24 de noviembre (*BOE* de 25 de noviembre), de Arrendamientos Urbanos, art. 5.º*a*), sobre la vivienda como salario en especie.

tivas a las condiciones personales del trabajador, al trabajo realizado o a la situación y resultados de la empresa, que se calcularán conforme a los criterios que a tal efecto se pacten. Igualmente se pactará el carácter consolidable o no de dichos complementos salariales, no teniendo el carácter de consolidables, salvo acuerdo en contrario, los que estén vinculados al puesto de trabajo o a la situación y resultados de la empresa[122].

4. Todas las cargas fiscales y de Seguridad Social a cargo del trabajador serán satisfechas por el mismo, siendo nulo todo pacto en contrario[123].

5. Operará la compensación y absorción cuando los salarios realmente abonados, en su conjunto y cómputo anual, sean más favorables para los trabajadores que los fijados en el orden normativo o convencional de referencia.

Art. 27. *Salario mínimo interprofesional*[124].—1. El Gobierno fijará, previa consulta con las organizaciones sindicales y asociaciones empresariales más

---

[122] V. disp. adic. 4.ª ET; V. SSTC 2/1998, de 12 de enero (*BOE* de 12 de febrero), sobre diferencia de trato salarial no discriminatoria; 39/2003, de 27 de febrero (*BOE* de 14 de marzo), sobre carácter no discriminatorio al denegar complemento por rendimiento derivado de situación de necesidad de reducción de empleo; 119/2002, de 20 de mayo (*BOE* de 19 de junio), sobre diferencia de retribuciones entre el personal contratado de la empresa y el de nuevo ingreso objetivamente justificado.

[123] V. Ley 35/2006, de 28 de noviembre (*BOE* de 29 de noviembre), del Impuesto sobre la Renta de las Personas Físicas y de modificación parcial de las Leyes de los Impuestos sobre Sociedades, sobre la Renta de no Residentes y sobre el Patrimonio; RD 214/1999, de 5 de febrero (*BOE* de 9 de febrero), que aprueba el Reglamento; arts. 59 y 87 de la Ley 13/2000, de 28 de diciembre (*BOE* de 29 de diciembre), de Presupuestos Generales del Estado para el año 2001.

[124] V. art. 35 CE. La cuantía del salario mínimo interprofesional para el año 2012 viene regulada por el RD 1.888/2011, de 30 de diciembre (*BOE* de 31 de diciembre), conforme a su art. 1.º:

«El salario mínimo para cualesquiera actividades en la agricultura, en la industria y en los servicios, sin distinción de sexo ni edad de los trabajadores, queda fijado en 21,38 euros/día o 641,40 euros/mes, según que el salario esté fijado por días o por meses. En el salario mínimo se computan tanto la retribución en dinero, sin que el salario en especie pueda, en ningún caso, dar lugar a la minoración de la cuantía íntegra en dinero de aquél. Este salario se entiende referido a la jornada legal de trabajo en cada actividad, sin incluir en el caso del salario diario la parte proporcional de los domingos y festivos. Si se realizase jornada inferior se percibirá a prorrata. Para la aplicación en cómputo anual del salario mínimo se tendrán en cuenta las reglas sobre compensación que se establecen en los artículos siguientes.»

Para la retribución de los contratos para la formación y el aprendizaje, v. art. 11.2.*g*) ET. Para la diferencia de su cuantía por edades, v. STC 31/1984, de 7 de marzo (*BOE* de 3 de abril).

Ver RDL 3/2004, de 25 de junio (*BOE* de 26 de junio), para la racionalización de la regulación del salario mínimo interprofesional y para el incremento de su cuantía:

«*Art. 1.º Desvinculación del salario mínimo interprofesional de otros efectos distintos de los laborales.*—1. Con el fin de garantizar la función del salario mínimo interprofesional como garantía salarial mínima de los trabajadores por cuenta ajena establecida en el artículo 27 del texto refundido de la Ley del Estatuto de los Trabajadores, aprobado por el Real Decreto Legislativo 1/1995, de 24 de marzo, y de limitar sus efectos a los estrictamente laborales, a partir de la

representativas, anualmente, el salario mínimo interprofesional, teniendo en cuenta:

a) El índice de precios al consumo.

b) La productividad media nacional alcanzada.

c) El incremento de la participación del trabajo en la renta nacional.

---

fecha de entrada en vigor de este Real Decreto-Ley dicho salario se desvinculará de otros efectos o finalidades distintas de la indicada anteriormente.

»2. De acuerdo en el apartado anterior, se mantendrá la vinculación con el salario mínimo interprofesional en los supuestos que se indican a continuación para determinar:

»*a*) El salario del trabajador en los términos y condiciones establecidos en las normas reguladoras de las relaciones laborales de carácter especial a que se refiere el artículo 2 del texto refundido de la Ley del Estatuto de los Trabajadores.

»*b*) La retribución del trabajador contratado para la formación, en los términos del artículo 11.2 del texto refundido de la Ley del Estatuto de los Trabajadores.

»*c*) Las garantías, privilegios y preferencias del salario establecidas en el artículo 32 del texto refundido de la Ley del Estatuto de los Trabajadores, así como en la legislación procesal civil y en la legislación concursal.

»*d*) Los límites de la responsabilidad del Fondo de Garantía Salarial, en los términos del artículo 33 del texto refundido de la Ley del Estatuto de los Trabajadores.

»*e*) El salario correspondiente a una colocación para que ésta sea considerada adecuada a los efectos de la protección por desempleo, según lo dispuesto en el último párrafo del artículo 231.3 del texto refundido de la Ley General de la Seguridad Social, aprobado por el Real Decreto Legislativo 1/1994, de 20 de junio.

»*f*) La cuantía máxima del anticipo al que tiene derecho el trabajador que haya obtenido a su favor una sentencia en la que se condene al empresario al pago de una cantidad y contra la que se haya interpuesto recurso, conforme al artículo 287.3 del texto refundido de la Ley de Procedimiento Laboral, aprobado por el Real Decreto Legislativo 2/1995, de 7 de abril.

»*g*) El importe de la garantía financiera que deben constituir las empresas de trabajo temporal, en los términos establecidos en el artículo 3 de la Ley 14/1994, de 1 de junio, por la que se regulan las empresas de trabajo temporal.

»*h*) Los límites de referencia de las compensaciones mínimas que corresponden a los socios de trabajo y a los socios de las cooperativas de explotación comunitaria de la tierra, en los términos establecidos, respectivamente, en los artículos 13.4 y 97.5 de la Ley 27/1999, de 16 de julio, de Cooperativas.

»*i*) La retribución de los trabajadores declarados en situación de incapacidad permanente parcial que se reincorporen a la empresa, en los términos establecidos en el artículo 1 del Real Decreto 1.451/1983, de 11 de mayo, por el que, en cumplimiento de lo previsto en la Ley 13/1982, de 7 de abril, se regula el empleo selectivo y las medidas de fomento del empleo de los trabajadores minusválidos.

»[...]

»*k*) La cuantía de la subvención de los costes salariales derivados de los contratos que se suscriban con los alumnos trabajadores establecida en las siguientes normas:

»[...]

»3.ª Asimismo, se mantendrá la vinculación con el salario mínimo interprofesional para determinar:

»*a*) Las bases mínimas de cotización en los regímenes de la Seguridad Social, según lo dispuesto en el artículo 16 del texto refundido de la Ley General de la Seguridad Social.

»*b*) Los requisitos de acceso y, en su caso, mantenimiento de las pensiones de viudedad, orfandad, prestaciones en favor de familiares, prestaciones familiares y por nacimiento o adopción del tercer o sucesivos hijos, así como el importe de la prestación económica por parto o adopción múltiples, establecida en el artículo 188 del texto refundido de la Ley General de la Seguridad Social.

»*c*) Los requisitos para el acceso y mantenimiento de las prestaciones que integran el sistema de protección por desempleo, en los términos que se determinan en el artículo 3.1 de este Real Decreto-Ley.

»[...]

d) La coyuntura económica general.

Igualmente se fijará una revisión semestral para el caso de que no se cumplan las previsiones sobre el índice de precios citado.

La revisión del salario mínimo interprofesional no afectará a la estructura ni a la cuantía de los salarios profesionales cuando éstos, en su conjunto y cómputo anual, fueran superiores a aquél.

2. El salario mínimo interprofesional, en su cuantía, es inembargable[125].

Art. 28. *Igualdad de remuneración por razón de sexo.*—El em-

---

»*Art. 3.º Sistema de protección por desempleo.*—[...]

»4. Se mantendrá la vinculación con el salario mínimo interprofesional de la cuantía de las percepciones que, de acuerdo con el artículo 38.4 del Real Decreto 1.445/1982, de 25 de junio, modificado por el Real Decreto 1.809/1986, de 28 de junio, deben garantizarse a los perceptores de prestaciones por desempleo en relación con los trabajos de colaboración social que realicen conforme a lo previsto en el artículo 213.3 del texto refundido de la Ley General de la Seguridad Social.»

La referencia a la Ley de Procedimiento Laboral ha de entenderse efectuada a la Ley 36/2011, de 10 de octubre (*BOE* de 11 de octubre), Reguladora de la Jurisdicción Social, art. 289.3.

La cuantía para 2012 del Indicador Público de Efectos Múltiples (IPREM) viene determinada por la disp. adic. 14.ª de la Ley 2/2012, de 29 de junio (*BOE* de 30 de junio), de Presupuestos Generales del Estado para el año 2012.

[125] Completado por los arts. 607 ss. Ley 1/2000, de 7 de enero (*BOE* de 8 de enero), de Enjuiciamiento Civil, modificado por la Ley 13/2009, de 3 de noviembre (*BOE* de 4 de noviembre), de reforma de la legislación procesal para la implantación de la nueva Oficina judicial:

«*Art. 607. Embargo de sueldos y pensiones.*—1. Es inembargable el salario, sueldo, pensión, retribución o su equivalente, que no exceda de la cuantía señalada para el salario mínimo interprofesional.

»2. Los salarios, sueldos, jornales, retribuciones o pensiones que sean superiores al salario mínimo interprofesional se embargarán conforme a esta escala:

»1.º Para la primera cuantía adicional hasta la que suponga el importe del doble del salario mínimo interprofesional, el 30 por 100.

»2.º Para la cuantía adicional hasta el importe equivalente a un tercer salario mínimo interprofesional, el 50 por 100.

»3.º Para la cuantía adicional hasta el importe equivalente a un cuarto salario mínimo interprofesional, el 60 por 100.

»4.º Para la cuantía adicional hasta el importe equivalente a un quinto salario mínimo interprofesional, el 75 por 100.

»5.º Para cualquier cantidad que exceda de la anterior cuantía, el 90 por 100.

»3. Si el ejecutado es beneficiario de más de una percepción, se acumularán todas ellas para deducir una sola vez la parte inembargable. Igualmente serán acumulables los salarios, sueldos y pensiones, retribuciones o equivalentes de los cónyuges cuando el régimen económico que les rija no sea el de separación de bienes y rentas de toda clase, circunstancia que habrán de acreditar al Secretario judicial.

»4. En atención a las cargas familiares del ejecutado, el Secretario judicial podrá aplicar una rebaja de entre un 10 a un 15 por 100 en los porcentajes establecidos en los números 1, 2, 3 y 4 del apartado 2 del presente artículo.

»5. Si los salarios, sueldos, pensiones o retribuciones estuvieren gravados con descuentos permanentes o transitorios de carácter público, en razón de la legislación fiscal, tributaria o de Seguridad Social, la cantidad líquida que percibiera el ejecutado, deducidos éstos, será la que sirva de tipo para regular el embargo.

»6. Los anteriores apartados de este artículo serán de aplicación a los ingresos

presario está obligado a pagar por la prestación de un trabajo de igual valor la misma retribución, satisfecha directa o indirectamente, y cualquiera que sea la naturaleza de la misma, salarial o extrasalarial, sin que pueda producirse discriminación alguna por razón de sexo en ninguno de los elementos o condiciones de aquélla[126].

Art. 29. *Liquidación y pago.*—1. La liquidación y el pago del salario se harán puntual y documentalmente en la fecha y lugar convenidos o conforme a los usos y costumbres. El período de tiempo a que se refiere el abono de las retribuciones periódicas y regulares no podrá exceder de un mes[127].

---

procedentes de actividades profesionales y mercantiles autónomas.»

Asimismo, conforme al art. 1.º del RDL 8/2011, de 1 de julio (*BOE* de 7 de julio):

«En el caso de que, de acuerdo con lo dispuesto en el artículo 129 de la Ley Hipotecaria, el precio obtenido por la venta de la vivienda habitual hipotecada sea insuficiente para cubrir el crédito garantizado, en la ejecución forzosa posterior basada en la misma deuda, la cantidad inembargable establecida en el artículo 607.1 de la Ley de Enjuiciamiento Civil se incrementará en un 50 por 100 y además en otro 30 por 100 del salario mínimo interprofesional por cada miembro del núcleo familiar que no disponga de ingresos propios regulares, salario o pensión superiores al salario mínimo interprofesional. A estos efectos, se entiende por núcleo familiar, el cónyuge o pareja de hecho, los ascendientes y descendientes de primer grado que convivan con el ejecutado.

»Los salarios, sueldos, jornales, retribuciones o pensiones que sean superiores al salario mínimo interprofesional y, en su caso, a las cuantías que resulten de aplicar la regla para la protección del núcleo familiar prevista en el apartado anterior, se embargarán conforme a la escala prevista en el artículo 607.2 de la misma ley.»

[126] Artículo redactado conforme a la Ley 33/2002, de 5 de julio (*BOE* de 6 de julio).

V. arts. 14 y 35.1 CE y 17 ET; Convenio OIT n.º 100, ratificado por España por Instrumento de 26 de octubre de 1967 (*BOE* de 4 de diciembre), sobre igualdad de remuneración; Directiva 2006/54/CE, de 5 de julio de 2006 (*DOUE* 26 de julio), relativa a la aplicación del principio de igualdad de oportunidades e igualdad de trato entre hombres y mujeres en asuntos de empleo y ocupación (refundición); SSTC 128/1987, de 16 de julio (*BOE* de 11 de agosto), sobre el carácter no discriminatorio de la percepción sólo por las mujeres de una ayuda económica por guardería como medida de acción positiva; 145/ 1991, de 1 de julio (*BOE* de 22 de julio), sobre discriminación salarial por razón de sexo; 199/1991, de 28 de octubre (*BOE* de 27 de noviembre), sobre igualdad en materia salarial; 28/1992, de 9 de marzo (*BOE* de 10 de abril), sobre igualdad en percepciones extrasalariales; 58/1994, de 28 de febrero (*BOE* de 24 de marzo), sobre discriminación salarial por razón de sexo en la realización de trabajos diferentes pero de igual valor; 286/1994, de 27 de octubre (*BOE* de 29 de noviembre), sobre idéntica materia a la anterior; 317/1994, de 28 noviembre (*BOE* de 28 de diciembre), sobre el carácter discriminatorio de la dote por matrimonio; 147/1995, de 16 de octubre (*BOE* de 10 de noviembre), sobre discriminación salarial por razón de sexo en la realización de trabajos diferentes pero de igual valor; 250/2000, de 30 de octubre (*BOE* de 1 de diciembre), sobre la toma en consideración del esfuerzo físico como factor diferencial del desarrollo de trabajos de distinto valor con distintas retribuciones, y 183/2000, de 10 de julio (*BOE* de 11 de agosto), sobre el carácter discriminatorio por razón de sexo del cálculo de indemnizaciones por extinción de los contratos, sobre la base de un salario declarado judicialmente discriminatorio.

[127] Se califica como infracción leve no entregar el recibo de salario, grave no consignar las cantidades realmente abonadas, y muy grave el impago o los retrasos continuados en el abono del salario, según arts. 6.º2, 7.º3 y 8.º1 LISOS [RD Legislativo 5/2000, de 4 de agosto (*BOE* de 8 de agosto)].

El trabajador y, con su autorización, sus representantes legales, tendrán derecho a percibir, sin que llegue el día señalado para el pago, anticipos a cuenta del trabajo ya realizado[128].

La documentación del salario se realizará mediante la entrega al trabajador de un recibo individual y justificativo del pago del mismo. El recibo de salarios se ajustará al modelo que apruebe el Ministerio de Trabajo y Seguridad Social, salvo que por convenio colectivo o, en su defecto, por acuerdo entre la empresa y los representantes de los trabajadores, se establezca otro modelo que contenga con la debida claridad y separación las diferentes percepciones del trabajador, así como las deducciones que legalmente procedan[129].

La liquidación de los salarios que correspondan a quienes presten servicios en trabajos que tengan el carácter de fijos discontinuos, en los supuestos de conclusión de cada período de actividad, se llevará a cabo con sujeción a los trámites y garantías establecidos en el apartado 2 del artículo 49.

2. El derecho al salario a comisión nacerá en el momento de realizarse y pagarse el negocio, la colocación o venta en que hubiera intervenido el trabajador, liquidándose y pagándose, salvo que se hubiese pactado otra cosa, al finalizar el año[130].

El trabajador y sus representantes legales pueden pedir en cualquier momento comunicaciones de la parte de los libros referentes a tales devengos.

3. El interés por mora en el pago del salario será el 10 por 100 de lo adeudado.

4. El salario, así como el pago delegado de las prestaciones de la Seguridad Social, podrá efectuarlo el empresario en moneda de curso legal o mediante talón u otra modalidad de pago similar a través de entidades de crédito, previo informe al comité de empresa o delegados de personal.

Art. 30. *Imposibilidad de la prestación.*—Si el trabajador no pudiera prestar sus servicios una vez vigente el contrato porque el empresario se retrasare en darle trabajo por impedimentos imputables al mismo y no al trabajador, éste conservará el derecho a su salario, sin que pueda hacérsele compensar el que perdió con otro trabajo realizado en otro tiempo[131].

Art. 31. *Gratificaciones extraordinarias.*—El trabajador tiene derecho a dos gratificaciones extraordi-

[128] V. D. 3.084/1974, de 11 de octubre (*BOE* de 13 de noviembre), sobre anticipos de salarios en ofertas de empleo.

[129] V. OM de 27 de diciembre de 1994 (*BOE* de 13 de enero de 1995), por la que se aprueba el modelo de recibo individual de salario.

[130] Para el caso específico de los Representantes de Comercio, v. art. 8.º del RD 1.438/1985, de 1 de agosto (*BOE* de 15 de agosto), por el que se regula la relación laboral de carácter especial de las personas que intervengan en operaciones mercantiles por cuenta de uno o más empresarios, sin asumir el riesgo y ventura de aquéllas, recogido en Apéndice al final de esta obra.

[131] V. art. 47 ET.

narias al año, una de ellas con ocasión de las fiestas de Navidad y la otra en el mes que se fije por convenio colectivo o por acuerdo entre el empresario y los representantes legales de los trabajadores. Igualmente se fijará por convenio colectivo la cuantía de tales gratificaciones[132].

No obstante, podrá acordarse en convenio colectivo que las gratificaciones extraordinarias se prorrateen en las doce mensualidades.

Art. 32. *Garantías del salario*[133].—1. Los créditos por salarios por los últimos treinta días de trabajo y en cuantía que no supere el doble del salario mínimo interprofesional, gozarán de preferencia sobre cualquier otro crédito, aunque éste se encuentre garantizado por prenda o hipoteca[134].

2. Los créditos salariales gozarán de preferencia sobre cualquier otro crédito respecto de los objetos elaborados por los trabajadores, mientras sean propiedad o estén en posesión del empresario.

3. Los créditos por salarios no protegidos en los apartados anteriores tendrán la condición de singularmente privilegiados en la cuantía que resulte de multiplicar el triple del salario mínimo interprofesional por el número de días de salario pendientes de pago, gozando de preferencia sobre cualquier otro crédito, excepto los créditos con derecho real, en los supuestos en los que éstos, con arreglo a la Ley, sean preferentes. La misma consideración tendrán las indemnizaciones por despido en la cuantía correspondiente al mínimo legal calculada sobre una base que no supere el triple del salario mínimo[135].

4. El plazo para ejercitar los derechos de preferencia del crédito salarial es de un año, a contar desde el momento en que debió percibirse el salario, transcurrido el cual prescribirán tales derechos.

5. Las preferencias reconocidas en los apartados precedentes serán de aplicación en todos los supuestos en los que, no hallándose el

---

[132] V. STC 177/1993, de 31 de mayo (*BOE* de 5 de julio), sobre discriminación de trabajadores temporales en la determinación de la cuantía de las gratificaciones extraordinarias.

[133] Artículo modificado conforme a la Ley 22/2003, de 9 de julio (*BOE* de 10 de julio), Concursal.

[134] La cuantía del salario mínimo, en nota al art. 27. Art. 121.2 de la Ley General de la Seguridad Social: «Las prestaciones que deban satisfacer los empresarios a su cargo, conforme a lo establecido en el apartado 2 del artículo 126 [prestaciones en caso de incumplimiento de obligaciones de afiliación, altas, bajas y cotización] y en el párrafo segundo del apartado 1 del artículo 131 de esta Ley [prestaciones de incapacidad temporal del 4.º al 15.º día] y, en su caso, las Mutuas de Accidentes de Trabajo y Enfermedades Profesionales de la Seguridad Social en régimen de liquidación, tendrán el carácter de créditos privilegiados, gozando al efecto, del régimen establecido en el artículo 32 del Estatuto de los Trabajadores.»

[135] Para las cantidades no protegidas por estos privilegios, v. arts. 1.924.2.º*d*) del Código Civil y 913.1 y 914.2 del Código de Comercio. Para la protección de los créditos en concepto de derechos de autor, v. art. 54 de la Ley 22/1987, de 11 de noviembre, de Propiedad Intelectual.

empresario declarado en concurso, los correspondientes créditos concurran con otro u otros sobre bienes de aquél. En caso de concurso, serán de aplicación las disposiciones de la Ley Concursal relativas a la clasificación de los créditos y a las ejecuciones y apremios[136].

Art. 33. *El Fondo de Garantía Salarial.*—1. El Fondo de Garantía Salarial, Organismo autónomo adscrito al Ministerio de Empleo y Seguridad Social, con personalidad jurídica y capacidad de obrar para el cumplimiento de sus fines, abonará a los trabajadores el importe de los salarios pendientes de pago a causa de insolvencia o concurso del empresario.

A los anteriores efectos, se considerará salario la cantidad reconocida como tal en acto de conciliación o en resolución judicial por todos los conceptos a que se refiere el artículo 26.1, así como los salarios de tramitación en los supuestos en que legalmente procedan, sin que pueda el Fondo abonar, por uno u otro concepto, conjunta o separadamente, un importe superior a la cantidad resultante de multiplicar el doble del salario mínimo interprofesional diario, incluyendo la parte proporcional de las pagas extraordinarias, por el número de días de salario pendiente de pago, con un máximo de ciento veinte días[137].

2. El Fondo de Garantía Salarial, en los casos del apartado anterior, abonará indemnizaciones reconocidas como consecuencia de sentencia, auto, acto de conciliación judicial o resolución administrativa a favor de los trabajadores a causa de despido o extinción de los contratos conforme a los artículos 50, 51 y 52 de esta Ley, y de extinción de contratos conforme al artículo 64 de la Ley 22/2003, de 9 de julio, Concursal, así como las indemnizaciones por extinción de contratos temporales o de duración determinada en los casos que legalmente

---

[136] Para las situaciones de concurso de acreedores, v. Ley 22/2003, de 9 de julio (*BOE* de 10 de julio), Concursal, modificada por la Ley 38/2011, de 10 de octubre (*BOE* de 11 de octubre), arts. 84.2.1.º y 5.º, 90.1.3.º y 91.1.º

[137] Apartado 1 redactado conforme al RD-ley 20/2012, de 13 de julio (*BOE* de 14 de julio), de medidas para garantizar la estabilidad presupuestaria y de fomento de la competitividad. Desarrollado reglamentariamente por RD 505/1985, de 6 de marzo (*BOE* de 17 de abril; corrección de errores de 27 de mayo), sobre organización y funcionamiento del Fondo de Garantía Salarial, modificado por RD 372/2001, de 6 de abril (*BOE* de 7 de abril), y por RD 1.300/2009, de 31 de julio (*BOE* de 19 de agosto); OM de 20 de agosto de 1985 (*BOE* de 28 de agosto), por la que se desarrollan los acuerdos de devolución de las cantidades satisfechas por el Fondo de Garantía Salarial, modificada por OM de 20 de enero de 1999 (*BOE* de 30 de enero); OM de 24 de octubre de 1985 (*BOE* de 26 de noviembre), de constitución de las Comisiones Provinciales de Seguimiento del Fondo de Garantía Salarial, modificada por OM de 5 de octubre de 1999 (*BOE* de 16 de octubre). Para el salario mínimo, art. 27 ET y nota al mismo. V., asimismo, Directiva 80/1987, de 20 de octubre de 1980 (*DOCE* de 28 de octubre), concerniente a la armonización de las legislaciones de los Estados miembros relativas a la protección de los trabajadores asalariados en los casos de insolvencia del empleador, modificada por la Directiva 87/164, de 2 de marzo de 1987 (*DOCE* de 11 de marzo), y por la Directiva 2002/74, de 23 de septiembre de 2002 (*DOCE* de 8 de octubre).

procedan. En todos los casos con el límite máximo de una anualidad, sin que el salario diario, base del cálculo, pueda exceder del doble del salario mínimo interprofesional, incluyendo la parte proporcional de las pagas extraordinarias[138].

El importe de la indemnización, a los solos efectos de abono por el Fondo de Garantía Salarial para los casos de despido o extinción de los contratos conforme al artículo 50 de esta Ley, se calculará sobre la base de treinta días por año de servicio, con el límite fijado en el párrafo anterior[139].

3. En caso de procedimientos concursales, desde el momento en que se tenga conocimiento de la existencia de créditos laborales o se presuma la posibilidad de su existencia, el juez, de oficio o a instancia de parte, citará al FOGASA, sin cuyo requisito no asumirá éste las obligaciones señaladas en los apartados anteriores. El Fondo se personará en el expediente como responsable legal subsidiario del pago de los citados créditos, pudiendo instar lo que a su derecho convenga y sin perjuicio de que, una vez realizado, continúe como acreedor en el expediente. A los efectos del abono por el FOGASA de las cantidades que resulten reconocidas a favor de los trabajadores, se tendrán en cuenta las reglas siguientes:

1.ª Sin perjuicio de los supuestos de responsabilidad directa del organismo en los casos legalmente establecidos, el reconocimiento del derecho a la prestación exigirá que los créditos de los trabajadores aparezcan incluidos en la lista de acreedores o, en su caso, reconocidos como deudas de la masa por el órgano del concurso competente para ello en cuantía igual o superior a la que se solicita del FOGASA, sin perjuicio de la obligación de aquéllos de reducir su solicitud o de reembolsar al FOGASA la cantidad que corresponda cuando la cuantía reconocida en la lista definitiva fuese inferior a la solicitada o a la ya percibida.

2.ª Las indemnizaciones a abonar a cargo del FOGASA, con independencia de lo que se pueda pactar en el proceso concursal, se calcularán sobre la base de veinte días por año de servicio, con el límite máximo de una anualidad, sin que el salario diario, base del cálculo, pueda exceder del doble del salario mínimo interprofesional, incluyendo la parte proporcional de las pagas extraordinarias.

3.ª En el supuesto de que los trabajadores perceptores de estas indemnizaciones solicitaran del FOGASA el abono de la parte de indemnización no satisfecha por el empresario, el límite de la presta-

---

[138] El art. 64 de la Ley Concursal se encuentra trascrito en la nota al art. 51.10 ET. V. STC 103/2002, de 6 de mayo (*BOE* de 5 de junio), sobre vulneración del derecho a la igualdad por denegación del abono por el Fondo de Garantía Salarial de las indemnizaciones por despido objetivo del art. 52.*c*) ET conforme a la legislación precedente.

[139] Apartado 2 redactado conforme al RD-ley 20/2012, de 13 de julio (*BOE* de 14 de julio), de medidas para garantizar la estabilidad presupuestaria y de fomento de la competitividad.

ción indemnizatoria a cargo del Fondo se reducirá en la cantidad ya percibida por aquéllos[140].

4. El Fondo asumirá las obligaciones especificadas en los números anteriores, previa instrucción de expediente para la comprobación de su procedencia[141].

Para el reembolso de las cantidades satisfechas, el Fondo de Garantía Salarial se subrogará obligatoriamente en los derechos y acciones de los trabajadores, conservando el carácter de créditos privilegiados que les confiere el artículo 32 de esta Ley. Si dichos créditos concurriesen con los que puedan conservar los trabajadores por la parte no satisfecha por el Fondo, unos y otros se abonarán a prorrata de sus respectivos importes[142].

5. El Fondo de Garantía Salarial se financiará con las aportaciones efectuadas por todos los empresarios a que se refiere el apartado 2 del artículo 1 de esta Ley, tanto si son públicos como privados.

El tipo de cotización se fijará por el Gobierno sobre los salarios que sirvan de base para el cálculo de la

---

[140] Apartado 3 redactado conforme a la disp. final 14.ª de la Ley 22/2003, de 9 de julio (*BOE* de 10 de julio), Concursal, modificada por la Ley 38/2011, de 10 de octubre (*BOE* de 11 de octubre), con entrada en vigor el 1 de enero de 2012. Regla 2.ª redactada conforme al RD-ley 20/2012, de 13 de julio (*BOE* de 14 de julio), de medidas para garantizar la estabilidad presupuestaria y de fomento de la competitividad.

[141] V. arts. 2.º*ñ*), 23 y 24 de la Ley 36/2011, de 10 de octubre (*BOE* de 11 de octubre), Reguladora de la Jurisdicción Social. V. también Resolución de 5 de julio de 2001 (*BOE* de 31 de julio), por la que se aprueba el modelo impreso de solicitud de prestaciones; STC 90/1994, de 17 de marzo (*BOE* de 14 de abril), sobre constitucionalidad de la presunción de veracidad de las afirmaciones de hecho contenidas en el expediente administrativo y vinculación de este último por lo resuelto en el proceso de cognición previo.

[142] Para las excepciones en caso de concurso de acreedores, v. nota al art. 44.1 ET. Conforme al art. 2.º5 y 6 del RD 505/1985, de 6 de marzo, redactado por el RD 372/2001, de 6 de abril (*BOE* de 7 de abril), modificado por el RD 1.300/2009, de 31 de julio (*BOE* de 19 de agosto):

«5. No obstante lo anterior, cuando los beneficiarios de las prestaciones del Fondo de Garantía Salarial fueran trabajadores que, tras cesar en la empresa en la que prestaban servicios, constituyan una sociedad laboral, una cooperativa de trabajo asociado u otro tipo de cooperativa, a cuyos socios trabajadores les sean de aplicación las normas establecidas para los socios trabajadores de las mencionadas cooperativas de trabajo asociado, no procederá la devolución de las prestaciones recibidas, siempre que el importe de las deudas derivadas de las mismas haya sido íntegramente aportado a la sociedad o cooperativa constituida, como capital social.

»6. Si la sociedad, por cualquier causa, perdiera su calificación de laboral en un plazo de quince años a contar desde su constitución, deberá restituir al Fondo de Garantía Salarial las cantidades que les fueron abonadas por dicho organismo a sus socios trabajadores en concepto de salarios o indemnizaciones adeudadas por la empresa precedente.

»Esto mismo será de aplicación si en dicho plazo causa baja como socio de la sociedad laboral o cooperativa de las referidas en el apartado anterior, cualquiera de los socios trabajadores que hubieran percibido las prestaciones del Fondo de Garantía Salarial y que fueron aportadas a la constitución de la propia sociedad laboral o cooperativa, en cuanto a la parte correspondiente al socio que causa baja, salvo que la baja se haya producido por causas ajenas a la autonomía de la voluntad de las partes, como el fallecimiento, incapacidad permanente o la jubilación del socio trabajador y siempre que no suponga la disminución del nivel de empleo que tenía la sociedad a la fecha de su constitución.»

cotización para atender las contingencias derivadas de accidentes de trabajo, enfermedad profesional y desempleo en el Sistema de la Seguridad Social[143].

6. A los efectos de este artículo se entiende que existe insolvencia del empresario cuando, instada la ejecución en la forma establecida por la Ley de Procedimiento Laboral, no se consiga satisfacción de los créditos laborales. La resolución en que conste la declaración de insolvencia será dictada previa audiencia del Fondo de Garantía Salarial[144].

7. El derecho a solicitar del Fondo de Garantía Salarial el pago de las prestaciones que resultan de los apartados anteriores prescribirá al año de la fecha del acto de conciliación, sentencia, auto o resolución de la Autoridad Laboral en que se reconozca la deuda por salarios o se fijen las indemnizaciones[145].

Tal plazo se interrumpirá por el ejercicio de las acciones ejecutivas o de reconocimiento del crédito en procedimiento concursal y por las demás formas legales de interrupción de la prescripción.

8. En los contratos de carácter indefinido celebrados por empresas de menos de veinticinco trabajadores, cuando el contrato se extinga por las causas previstas en los artículos 51 y 52 de esta Ley o en el artículo 64 de la Ley 22/2003, de 9 de julio, Concursal, el Fondo de Garantía Salarial abonará al trabajador una parte de la indemnización en cantidad equivalente a ocho días de salario por año de servicio, prorrateándose por meses los períodos de tiempo inferiores al año. No responderá el Fondo de cuantía indemnizatoria alguna en los supuestos de decisiones extintivas improcedentes, estando a cargo del empresario, en tales casos, el pago íntegro de la indemnización.

El cálculo del importe de este abono se realizará sobre las indemnizaciones ajustadas a los límites previstos en el apartado 2 de este artículo[146].

---

[143] Actualmente el tipo de cotización fijado es del 0,2 por 100, siendo su base de cotización la correspondiente a las contingencias de accidente de trabajo y enfermedades profesionales [art. 120.10 de la Ley 2/2012, de 29 de junio (*BOE* de 30 de junio), de Presupuestos Generales del Estado para el año 2012].

Conforme a la Ley 43/2006, de 29 de diciembre (*BOE* de 30 de diciembre):

«*Disp. adic. 4.ª Modificaciones futuras de la cotización y prestaciones del Fondo de Garantía Salarial.*—Las modificaciones futuras en el tipo de cotización y en la cuantía de las prestaciones del Fondo de Garantía Salarial estarán determinadas por la situación del excedente financiero del mismo, que podrá utilizarse como fondo de estabilización para la financiación de las necesidades anuales del organismo, todo ello previa consulta a su Consejo Rector.»

[144] La referencia a la Ley de Procedimiento Laboral debe entenderse efectuada a la Ley 36/2011, de 10 de octubre (*BOE* de 11 de octubre), Reguladora de la Jurisdicción Social (LJS). V. arts. 276 y 277 LJS.

[145] Este párrafo 1.º del apartado 7, redactado conforme a la Ley 43/2006, de 29 de diciembre (*BOE* de 30 de diciembre).

[146] Apartado 8 conforme a la redacción de la Ley 3/2012, de 6 de julio (*BOE* de 11 de febrero). V. Instrucción de 29 de junio de 1994 (*BOE* de 2 de agosto); STC 103/2002, de 6 de mayo (*BOE* de 5 de junio), sobre el derecho a esta reducción con independencia del procedimiento individual o colectivo de resolución contractual.

9. El Fondo de Garantía Salarial tendrá la consideración de parte en la tramitación de los procedimientos arbitrales, a efectos de asumir las obligaciones previstas en este artículo[147].

10. El Fondo de Garantía Salarial dispensará la protección regulada en el presente artículo en relación con los créditos impagados de los trabajadores que ejerzan o hayan ejercido habitualmente su trabajo en España cuando pertenezcan a una empresa con actividad en el territorio de al menos dos Estados miembros de la Unión Europea, uno de los cuales sea España, cuando concurran, conjuntamente, las siguientes circunstancias:

a) Que se haya solicitado la apertura de un procedimiento colectivo basado en la insolvencia del empresario en un Estado miembro distinto de España, previsto por sus disposiciones legales y administrativas, que implique el desapoderamiento parcial o total del empresario y el nombramiento de un síndico o persona que ejerza una función similar.

b) Que se acredite que la autoridad competente, en virtud de dichas disposiciones, ha decidido la apertura del procedimiento; o bien que ha comprobado el cierre definitivo de la empresa o el centro de trabajo del empresario, así como la insuficiencia del activo disponible para justificar la apertura del procedimiento.

Cuando, de acuerdo con los términos establecidos en este apartado, la protección de los créditos impagados corresponda al Fondo de Garantía Salarial, éste solicitará información de la institución de garantía del Estado miembro en el que se tramite el procedimiento colectivo de insolvencia sobre los créditos pendientes de pago de los trabajadores y sobre los satisfechos por dicha institución de garantía y pedirá su colaboración para garantizar que las cantidades abonadas a los trabajadores sean tenidas en cuenta en el procedimiento, así como para conseguir el reembolso de dichas cantidades.

11. En el supuesto de procedimiento concursal solicitado en España en relación con una empresa con actividad en el territorio de al menos otro Estado miembro de la Unión Europea, además de España, el Fondo de Garantía Salarial estará obligado a proporcionar información a la institución de garantía del Estado en cuyo territorio los trabajadores de la empresa en estado de insolvencia hayan ejercido o ejerzan habitualmente su trabajo, en particular, poniendo en su conocimiento los créditos pendientes de pago de los trabajadores, así como los satisfechos por el propio Fondo de Garantía Salarial.

Asimismo, el Fondo de Garantía Salarial prestará a la institución de garantía competente la colaboración que le sea requerida en relación con su intervención en el

---

147 V. art. 91 ET.

procedimiento y con el reembolso de las cantidades abonadas a los trabajadores[148].

SECCIÓN 5.ª

Tiempo de trabajo[149]

Art. 34. *Jornada.*—1. La duración de la jornada de trabajo será la pactada en los convenios colectivos o contratos de trabajo.

La duración máxima de la jornada ordinaria de trabajo será de cuarenta horas semanales de trabajo efectivo de promedio en cómputo anual.

2. Mediante convenio colectivo o, en su defecto, por acuerdo entre la empresa y los representantes de los trabajadores, se podrá establecer la distribución irregular de la jornada a lo largo del año. En defecto de pacto, la empresa podrá distribuir de manera irregular a lo largo del año el 10 por 100 de la jornada de trabajo. Dicha distribución deberá respetar en todo caso los períodos mínimos de descanso diario y semanal previstos en la Ley y el trabajador deberá conocer con un preaviso mínimo de cinco días el día y la hora de la prestación de trabajo resultante de aquélla[150].

3. Entre el final de una jornada y el comienzo de la siguiente mediarán, como mínimo, doce horas.

El número de horas ordinarias de trabajo efectivo no podrá ser superior a nueve diarias, salvo que por convenio colectivo o, en su defecto, acuerdo entre la empresa y los representantes de los trabajadores, se establezca otra distribución del tiempo de trabajo diario, respetando en todo caso el descanso entre jornadas.

Los trabajadores menores de dieciocho años no podrán realizar más de ocho horas diarias de trabajo efectivo, incluyendo, en su caso, el tiempo dedicado a la formación y, si trabajasen para varios empleadores, las horas realizadas con cada uno de ellos[151].

---

[148] Apartados 10 y 11 incorporados por medio de la Ley 38/2007, de 16 de noviembre (*BOE* de 17 de noviembre).

[149] Esta Sección 5.ª está desarrollada reglamentariamente por el RD 1.561/1995, de 21 de septiembre (*BOE* de 26 de septiembre), sobre jornadas especiales de trabajo, modificado por el RD 285/2002, de 22 de marzo (*BOE* de 5 de abril); por el RD 294/2004, de 20 de febrero (*BOE* de 27 de febrero), y por el RD 1.579/2008, de 26 de septiembre (*BOE* de 4 de octubre). También modificado por el RD 902/2007, de 6 de julio (*BOE* de 18 de julio), en lo relativo al tiempo de trabajo de los trabajadores que realizan actividades móviles en transportes por carretera. También modificado por el RD 1.635/2011, de 14 de diciembre (*BOE* de 17 de diciembre), en materia de tiempo de presencia en el transporte por carretera. V. disp. trans. 5.ª ET. La trasgresión de las normas sobre jornada es calificada como infracción grave por el art. 7.º5 LISOS [RD Legislativo 5/2000, de 4 de agosto (*BOE* de 8 de agosto)]. V., asimismo, Directiva 2003/88, de 4 de noviembre (*DOUE* de 18 de noviembre), relativa a determinados aspectos de la ordenación del tiempo de trabajo; Directiva 2002/15, de 11 de marzo (*DOCE* de 23 de marzo), relativa a la ordenación del tiempo de trabajo de las personas que realizan actividades móviles de transporte por carretera.

[150] Apartado 2 redactado conforme a la Ley 3/2012, de 6 de julio (*BOE* de 7 de julio).

[151] Para las limitaciones al trabajo de los menores, v. art. 6.º ET.

4. Siempre que la duración de la jornada diaria continuada exceda de seis horas, deberá establecerse un período de descanso durante la misma de duración no inferior a quince minutos. Este período de descanso se considerará tiempo de trabajo efectivo cuando así esté establecido o se establezca por convenio colectivo o contrato de trabajo.

En el caso de los trabajadores menores de dieciocho años, el período de descanso tendrá una duración mínima de treinta minutos, y deberá establecerse siempre que la duración de la jornada diaria continuada exceda de cuatro horas y media.

5. El tiempo de trabajo se computará de modo que tanto al comienzo como al final de la jornada diaria el trabajador se encuentre en su puesto de trabajo.

6. Anualmente se elaborará por la empresa el calendario laboral, debiendo exponerse un ejemplar del mismo en un lugar visible de cada centro de trabajo[152].

7. El Gobierno, a propuesta del Ministro de Trabajo y Seguridad Social y previa consulta a las organizaciones sindicales y empresariales más representativas, podrá establecer ampliaciones o limitaciones en la ordenación y duración de la jornada de trabajo y de los descansos, para aquellos sectores y trabajos que por sus peculiaridades así lo requieran[153].

8. El trabajador tendrá derecho a adaptar la duración y distri-

---

[152] La no exposición en lugar visible del calendario es calificada de infracción leve por el art. 6.º1 LISOS [RD Legislativo 5/2000, de 4 de agosto (*BOE* de 8 de agosto)]. V. disp. adic. 3.ª del RD 1.561/1995, de 21 de septiembre (*BOE* de 26 de septiembre), sobre jornadas especiales de trabajo.

[153] Dicha autorización la ha ejercido el Gobierno a través del RD 1.561/1995, de 21 septiembre (*BOE* de 26 de septiembre), arts. 3.º ss., modificado por el RD 285/2002, de 22 de marzo (*BOE* de 5 de abril), por el RD 294/2004, de 20 de febrero (*BOE* de 27 de febrero), y por el RD 902/2007, de 6 de julio (*BOE* de 18 de julio), en lo relativo al tiempo de trabajo de los trabajadores que realizan actividades móviles en transportes por carretera. V. también, RD 525/2002, de 14 de junio (*BOE* de 26 de junio), sobre el control de cumplimiento del acuerdo comunitario relativo a la ordenación del tiempo de trabajo de la gente de mar; RDL 1/2010, de 5 de febrero (*BOE* de 5 de febrero), por el que se regula la prestación de servicios de tránsito aéreo, se establecen las obligaciones de los proveedores civiles de dichos servicios y se fijan determinadas condiciones laborales para los controladores civiles de tránsito aéreo. Las ampliaciones afectan a empleados de fincas urbanas y guardas vigilantes no ferroviarios, trabajo en el campo, trabajo de puesta a punto y cierre de los demás, transportes por carretera, trabajo en el mar, transportes ferroviarios, trabajo del personal de vuelo y de tierra relacionado con el tráfico aéreo, trabajo en situaciones especiales de aislamiento. Las limitaciones afectan a los tiempos de exposición al riesgo, trabajo en el campo, trabajo de interior en minas, construcción y obras públicas y trabajo en cámaras frigoríficas y de congelación. V. Directiva 1999/63, de 21 de junio (*DOCE* de 10 de julio), relativa a la aplicación del Acuerdo europeo sobre la ordenación del tiempo de trabajo de la gente del mar, suscrito por la Asociación de Armadores de la Comunidad Europea (ECSA) y la Federación de Sindicatos del Transporte de la Unión Europea (FST), modificada por la Directiva 2009/13, de 16 de febrero (*DOUE* de 20 de mayo); Directiva 1999/95, de 13 de diciembre (*DOCE* de 20 de enero de 2000), sobre el cumplimiento de las disposiciones relativas al tiempo de trabajo de

bución de la jornada de trabajo para hacer efectivo su derecho a la conciliación de la vida personal, familiar y laboral en los términos que se establezcan en la negociación colectiva o en el acuerdo a que llegue con el empresario respetando, en su caso, lo previsto en aquélla.

A tal fin, se promoverá la utilización de la jornada continuada, el horario flexible u otros modos de organización del tiempo de trabajo y de los descansos que permitan la mayor compatibilidad entre el derecho a la conciliación de la vida personal, familiar y laboral de los trabajadores y la mejora de la productividad en las empresas[154].

Art. 35. *Horas extraordinarias.*—1. Tendrán la consideración de horas extraordinarias aquellas horas de trabajo que se realicen sobre la duración máxima de la jornada ordinaria de trabajo, fijada de acuerdo con el artículo anterior. Mediante convenio colectivo o, en su defecto, contrato individual, se optará entre abonar las horas extraordinarias en la cuantía que se fije, que en ningún caso podrá ser inferior al valor de la hora ordinaria, o compensarlas por tiempos equivalentes de descanso retribuido. En ausencia de pacto al respecto, se entenderá que las horas extraordinarias realizadas deberán ser compensadas mediante descanso dentro de los cuatro meses siguientes a su realización[155].

2. El número de horas extraordinarias no podrá ser superior a ochenta al año, salvo lo previsto en el apartado 3 de este artículo. Para los trabajadores que por la modalidad o duración de su contrato realizasen una jornada en cómputo anual inferior a la jornada general en la empresa, el número máximo anual de horas extraordinarias se reducirá en la misma proporción que exista entre tales jornadas.

A los efectos de lo dispuesto en el párrafo anterior, no se computarán las horas extraordinarias que hayan sido compensadas mediante descanso dentro de los cuatro meses siguientes a su realización.

El Gobierno podrá suprimir o reducir el número máximo de horas extraordinarias por tiempo determinado, con carácter general o para ciertas ramas de actividad o ámbitos territoriales, para incrementar

---

la gente del mar a bordo de buques que hagan escala en puertos de la Comunidad;. Directiva 2000/79, de 27 de noviembre (*DOCE* de 1 de diciembre), relativa a la aplicación del Acuerdo europeo sobre la ordenación del tiempo de trabajo del personal de vuelo en la aviación civil; Directiva 2005/47, de 18 de julio (*DOUE* de 25 de julio), relativa a la aplicación del acuerdo sobre condiciones de los trabajadores móviles que realizan servicios de interoperatividad transfronterizo en el sector ferroviario.

[154] Apartado 8 redactado conforme a la Ley 3/2012, de 6 de julio (*BOE* de 7 de julio). V. STC 26/2011, de 14 de marzo (*BOE* de 11 de abril), sobre vulneración de la prohibición de discriminación por circunstancias familiares por no reconocimiento del derecho a elegir turno de trabajo a padre con responsabilidades familiares.

[155] Para el régimen de las horas extraordinarias complementarias de los trabajadores a tiempo parcial, v. art. 12.5 ET.

las oportunidades de colocación de los trabajadores en paro forzoso[156].

3. No se tendrá en cuenta, a efectos de la duración máxima de la jornada ordinaria laboral, ni para el cómputo del número máximo de las horas extraordinarias autorizadas, el exceso de las trabajadas para prevenir o reparar siniestros y otros daños extraordinarios y urgentes, sin perjuicio de su compensación como horas extraordinarias.

4. La prestación de trabajo en horas extraordinarias será voluntaria, salvo que su realización se haya pactado en convenio colectivo o contrato individual de trabajo, dentro de los límites del apartado 2 de este artículo[157].

5. A efectos del cómputo de horas extraordinarias, la jornada de cada trabajador se registrará día a día y se totalizará en el período fijado para el abono de las retribuciones, entregando copia del resumen al trabajador en el recibo correspondiente.

Art. 36. *Trabajo nocturno, trabajo a turnos y ritmo de trabajo.*— 1. A los efectos de lo dispuesto en la presente Ley, se considera trabajo nocturno el realizado entre las diez de la noche y las seis de la mañana. El empresario que recurra regularmente a la realización del trabajo nocturno deberá informar de ello a la autoridad laboral[158].

La jornada de trabajo de los trabajadores nocturnos no podrá exceder de ocho horas diarias de promedio, en un período de referencia de quince días. Dichos trabajadores no podrán realizar horas extraordinarias.

Para la aplicación de lo dispuesto en el párrafo anterior, se considerará trabajador nocturno a aquel que realice normalmente en período nocturno una parte no inferior a tres horas de su jornada diaria de trabajo, así como a aquel que se prevea que puede realizar en tal período una parte no inferior a un tercio de su jornada de trabajo anual.

Resultará de aplicación a lo establecido en el párrafo segundo lo dispuesto en el apartado 7 del artículo 34 de esta Ley. Igualmente, el Gobierno podrá establecer limitaciones y garantías adicionales a las previstas en el presente artículo para la realización de trabajo nocturno en ciertas actividades o por determinada categoría de trabajadores, en función de los riesgos que comporten para su salud y seguridad.

2. El trabajo nocturno tendrá una retribución específica que se determinará en la negociación colectiva, salvo que el salario se haya establecido atendiendo a que el trabajo sea nocturno por su propia naturaleza o se haya acor-

---

[156] Para las limitaciones de las horas extraordinarias del trabajo de interior en minas, v. art. 28 del RD 1.561/1995, de 21 de septiembre (*BOE* de 26 de septiembre), sobre jornadas especiales de trabajo. Para los buques, v. nota al art. 1.º4 ET.

[157] Para las limitaciones en el trabajo de menores, v. art. 6.º3 ET; para las limitaciones en el trabajo nocturno, v. art. 36.1 ET.

[158] Para las limitaciones en el trabajo de menores, v. art. 6.º2 ET.

dado la compensación de este trabajo por descansos.

3. Se considera trabajo a turnos toda forma de organización del trabajo en equipo según la cual los trabajadores ocupan sucesivamente los mismos puestos de trabajo, según un cierto ritmo, continuo o discontinuo, implicando para el trabajador la necesidad de prestar sus servicios en horas diferentes en un período determinado de días o de semanas[159].

En las empresas con procesos productivos continuos durante las veinticuatro horas del día, en la organización del trabajo de los turnos se tendrá en cuenta la rotación de los mismos y que ningún trabajador estará en el de noche más de dos semanas consecutivas, salvo adscripción voluntaria.

Las empresas que por la naturaleza de su actividad realicen el trabajo en régimen de turnos, incluidos los domingos y días festivos, podrán efectuarlo bien por equipos de trabajadores que desarrollen su actividad por semanas completas, o contratando personal para completar los equipos durante uno o más días a la semana[160].

4. Los trabajadores nocturnos y quienes trabajen a turnos deberán gozar en todo momento de un nivel de protección en materia de salud y seguridad adaptado a la naturaleza de su trabajo, incluyendo unos servicios de protección y prevención apropiados, y equivalentes a los de los restantes trabajadores de la empresa.

El empresario deberá garantizar que los trabajadores nocturnos que ocupe dispongan de una evaluación gratuita de su salud, antes de su afectación a un trabajo nocturno y, posteriormente, a intervalos regulares, en los términos que se establezca en la normativa específica en la materia. Los trabajadores nocturnos a los que se reconozcan problemas de salud ligados al hecho de su trabajo nocturno tendrán derecho a ser destinados a un puesto de trabajo diurno que exista en la empresa y para el que sean profesionalmente aptos. El cambio de puesto de trabajo se llevará a cabo de conformidad con lo dispuesto en los artículos 39 y 41, en su caso, de la presente Ley.

5. El empresario que organice el trabajo en la empresa según un cierto ritmo deberá tener en cuenta el principio general de adaptación del trabajo a la persona, especialmente de cara a atenuar el trabajo monótono y repetitivo en función del tipo de actividad y de las exigencias en materia de seguridad y salud de los trabajadores. Dichas exigencias deberán ser tenidas particularmente en cuenta a la hora de determinar los períodos de descanso durante la jornada de trabajo.

Art. 37. *Descanso semanal, fiestas y permisos.*—1. Los trabajado-

---

[159] Para las peculiaridades del descanso diario y semanal en estos casos de trabajos a turnos, v. RD 1.561/1995, de 21 septiembre, art. 32.

[160] Para las especialidades en el trabajo a tiempo parcial, v. art. 12 ET.

res tendrán derecho a un descanso mínimo semanal, acumulable por períodos de hasta catorce días, de día y medio ininterrumpido que, como regla general, comprenderá la tarde del sábado o, en su caso, la mañana del lunes y el día completo del domingo. La duración del descanso semanal de los menores de dieciocho años será, como mínimo, de dos días ininterrumpidos[161].

Resultará de aplicación al descanso semanal lo dispuesto en el apartado 7 del artículo 34 en cuanto a ampliaciones y reducciones, así como para la fijación de regímenes de descanso alternativos para actividades concretas.

2. Las fiestas laborales, que tendrán carácter retribuido y no recuperable, no podrán exceder de catorce al año, de las cuales dos serán locales. En cualquier caso se respetarán como fiestas de ámbito nacional las de la Natividad del Señor, Año Nuevo, 1 de mayo, como Fiesta del Trabajo, y 12 de octubre, como Fiesta Nacional de España.

Respetando las expresadas en el párrafo anterior, el Gobierno podrá trasladar a los lunes todas las fiestas de ámbito nacional que tengan lugar entre semana, siendo, en todo caso, objeto de traslado al lunes inmediatamente posterior el descanso laboral correspondiente a las fiestas que coincidan con domingo.

Las Comunidades Autónomas, dentro del límite anual de catorce días festivos, podrán señalar aquellas fiestas que por tradición les sean propias, sustituyendo para ello las de ámbito nacional que se determinen reglamentariamente y, en todo caso, las que se trasladen a lunes. Asimismo, podrán hacer uso de la facultad de traslado a lunes prevista en el párrafo anterior.

Si alguna Comunidad Autónoma no pudiera establecer una de sus fiestas tradicionales por no coincidir con domingo un suficiente número de fiestas nacionales podrá, en el año que así ocurra, añadir una fiesta más, con carácter de recuperable, al máximo de catorce[162].

---

[161] V. arts. 2.º, 9.º, 18 y 27 del RD 1.561/1991, de 21 de septiembre. La competencia en materia de régimen de descanso dominical y semanal ha sido transferida a las Comunidades Autónomas; v. RRDD de transferencia citados en nota al art. 6.º4 ET. Para el descanso laboral semanal y fiestas anuales de conformidad con las prácticas de determinadas confesiones religiosas, v. Acuerdo con la Santa Sede sobre asuntos jurídicos de 3 de junio de 1979; Ley 24/1992, de 10 de noviembre (*BOE* de 12 de noviembre), sobre acuerdo de cooperación del Estado con la Federación de Entidades Evangélicas de España, art. 12; Ley 25/1992, de 10 de noviembre (*BOE* de 12 de noviembre), sobre acuerdo de cooperación del Estado con la Federación de Comunidades Israelitas de España, art. 12; Ley 26/1992, de 10 de noviembre (*BOE* de 12 de noviembre), sobre acuerdo de cooperación del Estado con la Comisión Islámica del Estado, art. 12. Asimismo, STC 19/1985, de 13 de febrero (*BOE* de 15 de marzo), sobre derecho al descanso sabático por razones religiosas.

[162] V. arts. 45 a 47 del RD 2.001/1983, de 28 de julio (*BOE* de 29 de julio), sobre regulación de la jornada de trabajo, jornadas especiales y descanso. Se ha producido en esta materia transferencia de competencia a las Comunidades Autónomas. V. normas citadas en nota al art. 6.º4 ET; asimismo, STC 7/1985, de 25 de enero (*BOE* de 12 de febrero), sobre competencia del Estado y no de las Comunidades Autónomas para desarrollar reglamentariamente el art. 37.2 ET.

3. El trabajador, previo aviso y justificación, podrá ausentarse del trabajo, con derecho a remuneración, por alguno de los motivos y por el tiempo siguiente:

a) Quince días naturales en caso de matrimonio.

b) Dos días por el nacimiento de hijo y por el fallecimiento, accidente o enfermedad graves, hospitalización o intervención quirúrgica sin hospitalización que precise reposo domiciliario, de parientes hasta el segundo grado de consanguinidad o afinidad. Cuando con tal motivo el trabajador necesite hacer un desplazamiento al efecto, el plazo será de cuatro días[163].

c) Un día por traslado del domicilio habitual.

d) Por el tiempo indispensable, para el cumplimiento de un deber inexcusable de carácter público y personal, comprendido el ejercicio del sufragio activo. Cuando conste en una norma legal o convencional un período determinado, se estará a lo que ésta disponga en cuanto a duración de la ausencia y a su compensación económica[164].

Cuando el cumplimiento del deber antes referido suponga la imposibilidad de la prestación del trabajo debido en más del 20 por 100 de las horas laborales en un período de tres meses, podrá la empresa pasar al trabajador afectado a la situación de excedencia regulada en el apartado 1 del artículo 46 de esta Ley.

En el supuesto de que el trabajador, por cumplimiento del deber o desempeño del cargo, perciba una indemnización, se descontará el importe de la misma del salario a que tuviera derecho en la empresa.

e) Para realizar funciones sindicales o de representación del personal en los términos establecidos legal o convencionalmente[165].

f) Por el tiempo indispensable para la realización de exámenes prenatales y técnicas de preparación al parto que deban realizarse dentro de la jornada de trabajo[166].

4. En los supuestos de nacimiento de hijo, adopción o acogimiento de acuerdo con el artículo 45.1.*d*) de esta Ley, para la lactancia del menor hasta que éste cumpla nueve meses, los trabajadores

---

163 Letra *b*) conforme a la redacción dada por la LO 3/2007, de 22 de marzo (*BOE* de 23 de marzo).

164 V. art. 7.º de la LO 5/1995, de 22 de mayo (*BOE* de 23 de mayo), del Tribunal del Jurado. El régimen retributivo e indemnizatorio del desempeño de tales funciones está regulado por el RD 385/1996, de 1 de marzo (*BOE* de 14 de marzo). Respecto de la compatibilidad con el ejercicio del sufragio activo, v. art. 13 del RD 605/1999, de 16 de abril (*BOE* de 17 de abril), de regulación complementaria de los procesos electorales. Respecto de la compatibilidad con la condición de miembro de la mesa electoral, interventores o apoderados electorales, v. arts. 28.1, 76.4 y 78.4 de la LO 5/1985, de 19 de junio, de Régimen Electoral General.

165 V. arts. 68.*e*) ET y 9.º1.*a*), 9.º2 y 10.3 de la LO 11/1985, de 1 de agosto (*BOE* de 8 de agosto), de Libertad Sindical, transcritos en nota al art. 61.

166 Letra *f*) introducida por la Ley 31/1995, de 8 de noviembre (*BOE* de 10 de noviembre), de Prevención de Riesgos Laborales.

tendrán derecho a una hora de ausencia del trabajo, que podrán dividir en dos fracciones. La duración del permiso se incrementará proporcionalmente en los casos de parto, adopción o acogimiento múltiples.

Quien ejerza este derecho, por su voluntad, podrá sustituirlo por una reducción de su jornada en media hora con la misma finalidad o acumularlo en jornadas completas en los términos previstos en la negociación colectiva o en el acuerdo a que llegue con el empresario respetando, en su caso, lo establecido en aquélla.

Este permiso constituye un derecho individual de los trabajadores, hombres o mujeres, pero sólo podrá ser ejercido por uno de los progenitores en caso de que ambos trabajen[167].

4 bis. En los casos de nacimiento de hijos prematuros o que, por cualquier causa, deban permanecer hospitalizados a continuación del parto, la madre o el padre tendrán derecho a ausentarse del trabajo durante una hora. Asimismo, tendrán derecho a reducir su jornada de trabajo hasta un máximo de dos horas, con la disminución proporcional del salario. Para el disfrute de este permiso se estará a lo previsto en el apartado 6 de este artículo[168].

5. Quien por razones de guarda legal tenga a su cuidado directo algún menor de ocho años o una persona con discapacidad física, psíquica o sensorial, que no desempeñe una actividad retribuida, tendrá derecho a una reducción de la jornada de trabajo diaria, con la disminución proporcional del salario entre, al menos, un octavo y un máximo de la mitad de la duración de aquélla[169].

Tendrá el mismo derecho quien precise encargarse del cuidado directo de un familiar, hasta el segundo grado de consanguinidad o afinidad, que por razones de edad, accidente o enfermedad no pueda valerse por sí mismo, y que no desempeñe actividad retribuida.

El progenitor, adoptante o acogedor de carácter preadoptivo o permanente, tendrá derecho a una reducción de la jornada de trabajo, con la disminución proporcional del salario de, al menos, la mitad de la duración de aquélla, para el cuidado, durante la hospitalización y tratamiento continuado, del menor a su cargo afectado por cáncer (tumores malignos, melanomas y carcinomas), o por cualquier otra enfermedad grave, que implique un ingreso hospitalario de larga duración y requiera la necesidad de su cuidado directo, continuo y permanente, acreditado por el informe del Servicio Público de Salud u órgano administrativo sanitario de la Comunidad Autónoma correspon-

[167] Apartado 4 conforme al RDL 3/2012, de 10 de febrero (*BOE* de 11 de febrero).

[168] Apartado 4 bis añadido por la Ley 12/2001, de 9 de julio (*BOE* de 10 de julio).

[169] Apartado 5 redactado conforme a la Ley 3/2012, de 6 de julio (*BOE* de 7 de julio). V. disps. adics. 17.ª y 18.ª ET; STC 3/2007, de 15 de enero (*BOE* de 15 de febrero), sobre vulneración del derecho a no ser discriminada por razón de sexo por denegación del derecho a reducción de jornada por guarda legal de hijo menor interpretando la ley sin ponderar el derecho fundamental.

diente y, como máximo, hasta que el menor cumpla los dieciocho años. Por convenio colectivo, se podrán establecer las condiciones y supuestos en los que esta reducción de jornada se podrá acumular en jornadas completas.

Las reducciones de jornada contempladas en el presente apartado constituyen un derecho individual de los trabajadores, hombres o mujeres. No obstante, si dos o más trabajadores de la misma empresa generasen este derecho por el mismo sujeto causante, el empresario podrá limitar su ejercicio simultáneo por razones justificadas de funcionamiento de la empresa[170].

6. La concreción horaria y la determinación del período de disfrute del permiso de lactancia y de la reducción de jornada, previstos en los apartados 4 y 5 de este artículo, corresponderán al trabajador, dentro de su jornada ordinaria. No obstante, los convenios colectivos podrán establecer criterios para la concreción horaria de la reducción de jornada a que se refiere el apartado 5, en atención a los derechos de conciliación de la vida personal, familiar y laboral del trabajador y las necesidades productivas y organizativas de las empresas. El trabajador, salvo fuerza mayor, deberá preavisar al empresario con una antelación de quince días o la que se determine en el convenio colectivo aplicable, precisando la fecha en que iniciará y finalizará el permiso de lactancia o la reducción de jornada.

Las discrepancias surgidas entre empresario y trabajador sobre la concreción horaria y la determinación de los períodos de disfrute previstos en los apartados 4 y 5 de este artículo serán resueltas por la jurisdicción social a través del procedimiento establecido en el artículo 139 de la Ley 36/2011, de 10 de octubre, reguladora de la jurisdicción social[171].

7. Los trabajadores que tengan la consideración de víctimas de violencia de género o de víctimas del terrorismo tendrán derecho para hacer efectiva su protección o su derecho a la asistencia social integral, a la reducción de la jornada de trabajo con disminución proporcional del salario o a la reordenación del tiempo de trabajo, a través de la adaptación del horario, de la aplicación del horario flexible o de otras formas de ordenación del tiempo de trabajo que se utilicen en la empresa.

Estos derechos se podrán ejercitar en los términos que para estos

---

[170] Párrafos 3.º y 4.º introducidos por la Ley 39/2010, de 22 de diciembre (*BOE* de 23 de diciembre), de Presupuestos Generales del Estado para el año 2011. Para la cotización a la Seguridad Social de la situación contemplada en el párrafo 3.º, v. art. 180.3 de la Ley General de la Seguridad Social, conforme a la redacción dada por la Ley anterior. Para la prestación de Seguridad Social por reducción de jornada del párrafo 3.º, v. art. 135 quáter de la Ley General de la Seguridad Social, conforme a la redacción dada por la disp. final 21.ª de la Ley 39/2010.

[171] Apartado 6 redactado conforme al RDL 3/2012, de 10 de febrero (*BOE* de 11 de febrero). V. SSTC 109/993, de 25 de marzo (*BOE* de 27 de abril), y 187/1993, de 14 de junio (*BOE* de 19 de julio), sobre trato diferenciado por razón de sexo durante el período de lactancia.

supuestos concretos se establezcan en los convenios colectivos o en los acuerdos entre la empresa y los representantes de los trabajadores, o conforme al acuerdo entre la empresa y los trabajadores afectados. En su defecto, la concreción de estos derechos corresponderá a éstos, siendo de aplicación las reglas establecidas en el apartado anterior, incluidas las relativas a la resolución de discrepancias[172].

Art. 38. *Vacaciones anuales*[173].—1. El período de vacaciones anuales retribuidas, no sustituible por compensación económica, será el pactado en convenio colectivo o contrato individual. En ningún caso la duración será inferior a treinta días naturales[174].

2. El período o períodos de su disfrute se fijará de común acuerdo entre el empresario y el trabajador, de conformidad con lo establecido en su caso en los convenios colectivos sobre planificación anual de las vacaciones.

En caso de desacuerdo entre las partes, la jurisdicción competente fijará la fecha que para el disfrute corresponda y su decisión será irrecurrible. El procedimiento será sumario y preferente[175].

3. El calendario de vacaciones se fijará en cada empresa. El trabajador conocerá las fechas que le correspondan dos meses antes, al menos, del comienzo del disfrute.

Cuando el período de vacaciones fijado en el calendario de vacaciones de la empresa al que se refiere el párrafo anterior coincida en el tiempo con una incapacidad temporal derivada del embarazo, el parto o la lactancia natural o con el período de suspensión del contrato de trabajo previsto en el artículo 48.4 y 48 bis de esta Ley, se tendrá derecho a disfrutar las vacaciones en fecha distinta a la de la incapacidad temporal o a la del disfrute del permiso que por aplicación de dicho precepto le correspondiera, al finalizar el período de suspensión, aunque haya terminado el año natural a que correspondan.

En el supuesto de que el período de vacaciones coincida con una incapacidad temporal por contingencias distintas a las señaladas en el párra-

---

[172] Apartado 7 introducido a través de la LO 1/2004, de 28 de diciembre (*BOE* de 29 diciembre), de medidas de protección integral contra la violencia de género, y posteriormente redactado conforme a la Ley 3/2012, de 6 de julio (*BOE* de 7 de julio), de medidas urgentes para la reforma del mercado laboral. Para el otorgamiento de idéntico tratamiento a las víctimas de terrorismo, v. disp. adic. 22.ª ET.

[173] La trasgresión de este precepto es calificada como infracción grave por el art. 7.º5 LISOS [RD Legislativo 5/2000, de 4 de agosto (*BOE* de 8 de agosto)].

[174] Art. 40.2 CE. El régimen jurídico de las vacaciones se completa con el Convenio OIT n.º 132, ratificado por España por Instrumento de 16 de junio de 1972 (*BOE* de 5 de julio de 1974), sobre vacaciones pagadas; Convenio OIT n.º 146, ratificado el 16 de febrero de 1979 (*BOE* de 20 de marzo de 1980), sobre vacaciones anuales pagadas (gentes de mar). V. también art. 58.3 ET; STC 192/2003, de 27 de octubre (*BOE* de 26 de noviembre), sobre el derecho a trabajar en otra empresa durante el período vacacional.

[175] V. arts. 2.º*a*), 125 y 126 de la Ley 36/2011, de 10 de octubre (*BOE* de 11 de octubre), Reguladora de la Jurisdicción Social.

fo anterior que imposibilite al trabajador disfrutarlas, total o parcialmente, durante el año natural a que corresponden, el trabajador podrá hacerlo una vez finalice su incapacidad y siempre que no hayan transcurrido más de dieciocho meses a partir del final del año en que se hayan originado[176].

CAPÍTULO III

Modificación, suspensión y extinción del contrato de trabajo

SECCIÓN 1.ª

Movilidad funcional y geográfica

Art. 39. *Movilidad funcional*[177].—1. La movilidad funcional en la empresa se efectuará de acuerdo a las titulaciones académicas o profesionales precisas para ejercer la prestación laboral y con respeto a la dignidad del trabajador[178].

2. La movilidad funcional para la realización de funciones, tanto superiores como inferiores, no correspondientes al grupo profesional sólo será posible si existen, además, razones técnicas u organizativas que la justifiquen y por el tiempo imprescindible para su atención[179].

El empresario deberá comunicar su decisión y las razones de ésta a los representantes de los trabajadores.

En el caso de encomienda de funciones superiores a las del grupo profesional por un período superior a seis meses durante un año u ocho durante dos años, el trabajador podrá reclamar el ascenso, si a ello no obsta lo

[176] Apartado 3 conforme a la redacción de la Ley 3/2012, de 6 de julio (*BOE* de 7 de julio), de medidas urgentes para la reforma del mercado laboral.

[177] Artículo redactado conforme a la Ley 3/2012, de 6 de julio (*BOE* de 7 de julio).

[178] Art. 25.1, párrafo 2.º, de la Ley 31/1995, de 8 de noviembre (*BOE* de 10 de noviembre), de Prevención de Riesgos Laborales: «Los trabajadores no serán empleados en aquellos puestos de trabajo en los que, a causa de sus características personales, estado biológico o por su discapacidad física, psíquica o sensorial debidamente reconocida, puedan ellos, los demás trabajadores u otras personas relacionadas con la empresa ponerse en situación de peligro o, en general, cuando se encuentren manifiestamente en estados o situaciones transitorias que no respondan a las exigencias psicofísicas de los respectivos puestos de trabajo.» V. art. 52.*a*) y *b*) ET; SSTC 128/2002, de 3 de junio (*BOE* de 26 de junio), sobre vulneración del derecho a la tutela judicial efectiva por sentencia que no razona la inexistencia de represalia empresarial por movilidad funcional presuntamente decidida por ejercer acciones judiciales el trabajador afectado, y 114/2002, de 20 de mayo (*BOE* de 19 de junio), sobre vulneración de la libertad sindical de un representante sindical, funcionario público, por cambio de puesto de trabajo, no justificado por razones de organización del servicio.

[179] V. arts. 22 y 24 ET y art. 26 de la Ley 31/1995, de 8 de noviembre (*BOE* de 10 de noviembre), de Prevención de Riesgos Laborales, redactado conforme a la Ley 39/1999, de 5 de noviembre (*BOE* de 12 de noviembre), para promover la conciliación de la vida familiar y laboral de las personas trabajadoras y conforme a la LO 3/2007, de 22 de marzo (*BOE* de 23 de marzo), para la igualdad efectiva de mujeres y hombres:

«*Art. 26. Protección de la maternidad.*—1. La evaluación de los riesgos a que se refiere el artículo 16 de la presente Ley deberá comprender la determinación de la naturaleza, el

dispuesto en convenio colectivo o, en todo caso, la cobertura de la vacante correspondiente a las funciones por él realizadas conforme a las reglas en materia de ascensos aplicables en la empresa, sin perjuicio de reclamar la diferencia salarial correspondiente. Estas acciones serán acumulables.

---

grado y la duración de la exposición de las trabajadoras en situación de embarazo o parto reciente a agentes, procedimientos o condiciones de trabajo que puedan influir negativamente en la salud de las trabajadoras o del feto, en cualquier actividad susceptible de presentar un riesgo específico. Si los resultados de la evaluación revelasen un riesgo para la seguridad y la salud o una posible repercusión sobre el embarazo o la lactancia de las citadas trabajadoras, el empresario adoptará las medidas necesarias para evitar la exposición a dicho riesgo, a través de una adaptación de las condiciones o del tiempo de trabajo de la trabajadora afectada. Dichas medidas incluirán, cuando resulte necesario, la no realización de trabajo nocturno o de trabajo a turnos.

»2. Cuando la adaptación de las condiciones o del tiempo de trabajo no resultase posible o, a pesar de tal adaptación, las condiciones de un puesto de trabajo pudieran influir negativamente en la salud de la trabajadora embarazada o del feto, y así lo certifiquen los Servicios Médicos del Instituto Nacional de la Seguridad Social o de las Mutuas, con el informe del médico del Servicio Nacional de la Salud que asista facultativamente a la trabajadora, ésta deberá desempeñar un puesto de trabajo o función diferente y compatible con su estado. El empresario deberá determinar, previa consulta con los representantes de los trabajadores, la relación de los puestos de trabajo exentos de riesgos a estos efectos.

»El cambio de puesto o función se llevará a cabo de conformidad con las reglas y criterios que se apliquen en los supuestos de movilidad funcional y tendrá efectos hasta el momento en que el estado de salud de la trabajadora permita su reincorporación al anterior puesto.

»En el supuesto de que, aun aplicando las reglas señaladas en el párrafo anterior, no existiese puesto de trabajo o función compatible, la trabajadora podrá ser destinada a un puesto no correspondiente a su grupo o categoría equivalente, si bien conservará el derecho al conjunto de retribuciones de su puesto de origen.

»3. Si dicho cambio de puesto no resultara técnica u objetivamente posible, o no pueda razonablemente exigirse por motivos justificados, podrá declararse el paso de la trabajadora afectada a la situación de suspensión del contrato por riesgo durante el embarazo, contemplada en el artículo 45.1.*d*) del Estatuto de los Trabajadores, durante el período necesario para la protección de su seguridad o de su salud y mientras persista la imposibilidad de reincorporarse a su puesto anterior o a otro puesto compatible con su estado.

»4. Lo dispuesto en los números 1 y 2 de este artículo será también de aplicación durante el período de lactancia natural, si las condiciones de trabajo pudieran influir negativamente en la salud de la mujer o del hijo y así lo certifiquen los Servicios Médicos del Instituto Nacional de la Seguridad Social o de las Mutuas, en función de la Entidad con la que la empresa tenga concertada la cobertura de los riesgos profesionales, con el informe del médico del Servicio Nacional de Salud que asista facultativamente a la trabajadora o a su hijo. Podrá, asimismo, declararse el pase de la trabajadora afectada a la situación de suspensión del contrato por riesgo durante la lactancia natural de hijos menores de nueve meses contemplada en el artículo 45.1.*d*) del Estatuto de los Trabajadores, si se dan las circunstancias previstas en el número 3 de este artículo.

»5. Las trabajadoras embarazadas tendrán derecho a ausentarse del trabajo, con derecho a remuneración, para la realización de exámenes prenatales y técnicas de preparación al parto, previo aviso al empresario y justificación de la necesidad de su realización dentro de la jornada de trabajo.»

Para las especialidades de la cotización a la Seguridad Social en estos casos, v. disp. adic. 6.ª de la Ley 2/2012, de 29 de junio (*BOE* de 30 de junio), de Presupuestos Generales del Estado para el año 2012.

V. STC 87/1998, de 21 de abril (*BOE* de 20 de mayo), sobre lesión a la libertad sindical con motivo del ejercicio de la movilidad funcional empresarial.

Contra la negativa de la empresa, y previo informe del comité o, en su caso, de los delegados de personal, el trabajador podrá reclamar ante la jurisdicción social[180]. Mediante la negociación colectiva se podrán establecer períodos distintos de los expresados en este artículo a efectos de reclamar la cobertura de vacantes.

3. El trabajador tendrá derecho a la retribución correspondiente a las funciones que efectivamente realice, salvo en los casos de encomienda de funciones inferiores, en los que mantendrá la retribución de origen. No cabrá invocar las causas de despido objetivo de ineptitud sobrevenida o de falta de adaptación en los supuestos de realización de funciones distintas de las habituales como consecuencia de la movilidad funcional[181].

4. El cambio de funciones distintas de las pactadas no incluido en los supuestos previstos en este artículo requerirá el acuerdo de las partes o, en su defecto, el sometimiento a las reglas previstas para las modificaciones substanciales de condiciones de trabajo o a las que a tal fin se hubieran establecido en convenio colectivo[182].

Art. 40. *Movilidad geográfica*[183].— 1. El traslado de trabajadores que no hayan sido contratados específicamente para prestar sus servicios en empresas con centros de trabajo móviles o itinerantes a un centro de trabajo distinto de la misma empresa que exija cambios de residencia requerirá la existencia de razones económicas, técnicas, organizativas o de producción que lo justifiquen. Se considerarán tales las que estén relacionadas con la competitividad, productividad u organización técnica o del trabajo en la empresa, así como las contrataciones referidas a la actividad empresarial.

La decisión de traslado deberá ser notificada por el empresario al trabajador, así como a sus representantes legales, con una antelación mínima de treinta días a la fecha de su efectividad.

Notificada la decisión de traslado, el trabajador tendrá derecho a optar entre el traslado, percibiendo una compensación por gastos, o la extinción de su contrato, percibiendo una indemnización de veinte días de salario por año de servicio, prorrateándose por meses los períodos de tiempo inferiores a un año y con un máximo de doce mensualidades. La compensación a que se refiere el primer supuesto comprenderá tanto los gastos propios

[180] V. art. 137 de la Ley 36/2011, de 10 de octubre (*BOE* de 11 de octubre), Reguladora de la Jurisdicción Social. V. STC 20/1993, de 18 de enero (*BOE* de 12 de febrero), sobre acumulabilidad de demanda judicial de clasificación profesional y diferencia retributiva.

[181] V. art. 52.*a*) y *b*) ET.

[182] V. arts. 41 y 85.1 ET; STC 105/ 1992, de 1 de julio (*BOE* de 24 de julio), sobre la imposibilidad de que el pacto individual sustituya al acuerdo de los representantes colectivos previsto en el art. 41 ET.

[183] Apartados 1, 2, 3 bis, 3 ter y 5 del presente artículo redactados conforme a la Ley 3/2012, de 6 de julio (*BOE* de 7 de julio).

como los de los familiares a su cargo, en los términos que se convengan entre las partes, que nunca será inferior a los límites mínimos establecidos en los convenios colectivos.

Sin perjuicio de la ejecutividad del traslado en el plazo de incorporación citado, el trabajador que no habiendo optado por la extinción de su contrato se muestre disconforme con la decisión empresarial podrá impugnarla ante la jurisdicción competente. La sentencia declarará el traslado justificado o injustificado y, en este último caso, reconocerá el derecho del trabajador a ser reincorporado al centro de trabajo de origen[184].

Cuando, con objeto de eludir las previsiones contenidas en el apartado siguiente de este artículo, la empresa realice traslados en períodos sucesivos de noventa días en número inferior a los umbrales allí señalados, sin que concurran causas nuevas que justifiquen tal actuación, dichos nuevos traslados se considerarán efectuados en fraude de ley y serán declarados nulos y sin efecto.

2. El traslado a que se refiere el apartado anterior deberá ir precedido de un período de consultas con los representantes legales de los trabajadores de una duración no superior a quince días, cuando afecte a la totalidad del centro de trabajo, siempre que éste ocupe a más de cinco trabajadores, o cuando, sin afectar a la totalidad del centro de trabajo, en un período de noventa días comprenda a un número de trabajadores de, al menos:

a) Diez trabajadores, en las empresas que ocupen menos de cien trabajadores.

b) El 10 por 100 del número de trabajadores de la empresa en aquellas que ocupen entre cien y trescientos trabajadores.

c) Treinta trabajadores en las empresas que ocupen más de trescientos trabajadores.

La intervención como interlocutores ante la dirección de la empresa en el procedimiento de consultas corresponderá a las secciones sindicales cuando éstas así lo acuerden, siempre que sumen la mayoría de los miembros del comité de empresa o entre los delegados de personal.

Dicho período de consultas deberá versar sobre las causas motivadoras de la decisión empresarial y la posibilidad de evitar o reducir sus efectos, así como sobre las medidas necesarias para atenuar sus consecuencias para los trabajadores afectados.

La apertura del período de consultas y las posiciones de las partes tras su conclusión deberán ser notificadas a la autoridad laboral para su conocimiento.

Durante el período de consultas, las partes deberán negociar de buena

[184] V. art. 138 de la Ley 36/2011, de 10 de octubre (*BOE* de 11 de octubre), Reguladora de la Jurisdicción Social. V. también art. 59.4 ET.

fe, con vistas a la consecución de un acuerdo[185].

Dicho acuerdo requerirá la conformidad de la mayoría de los miembros del comité o comités de empresa, de los delegados de personal, en su caso, o de representaciones sindicales, si las hubiere, que, en su conjunto, representen a la mayoría de aquéllos.

En los supuestos de ausencia de representación legal de los trabajadores en la empresa, éstos podrán atribuir su representación a una comisión designada conforme a lo dispuesto en el artículo 41.4.

Tras la finalización del período de consultas el empresario notificará a los trabajadores su decisión sobre el traslado, que se regirá a todos los efectos por lo dispuesto en el apartado 1 de este artículo.

Contra las decisiones a que se refiere el presente apartado se podrá reclamar en conflicto colectivo, sin perjuicio de la acción individual prevista en el apartado 1 de este artículo. La interposición del conflicto paralizará la tramitación de las acciones individuales iniciadas, hasta su resolución[186].

El acuerdo con los representantes legales de los trabajadores en el período de consultas se entenderá sin perjuicio del derecho de los trabajadores afectados al ejercicio de la opción prevista en el párrafo tercero del apartado 1 de este artículo.

El empresario y la representación legal de los trabajadores podrán acordar en cualquier momento la sustitución del período de consultas a que se refiere este apartado por la aplicación del procedimiento de mediación o arbitraje que sea de aplicación en el ámbito de la empresa, que deberá desarrollarse dentro del plazo máximo señalado para dicho período.

3. Si por traslado uno de los cónyuges cambia de residencia, el otro, si fuera trabajador de la misma empresa, tendrá derecho al traslado a la misma localidad, si hubiera puesto de trabajo.

3 bis. Los trabajadores que tengan la consideración de víctimas de violencia de género o de víctimas del terrorismo que se vean obligados a abandonar el puesto de trabajo en la localidad donde venían prestando sus servicios, para hacer efectiva su protección o su derecho a la asistencia social integral, tendrán derecho preferente a ocupar otro puesto de trabajo, del mismo grupo profesional o categoría equivalente, que la empresa tenga vacante en cualquier otro de sus centros de trabajo.

En tales supuestos, la empresa estará obligada a comunicar a los trabajadores las vacantes existentes en dicho momento o las que se pudieran producir en el futuro.

El traslado o el cambio de centro de trabajo tendrá una duración inicial de seis meses, durante los cuales la empresa tendrá la obliga-

---

[185] V. art. 85.1 ET.

[186] V. arts. 138 y 153 ss. de la Ley 36/2011, de 10 de octubre (*BOE* de 11 de octubre), Reguladora de la Jurisdicción Social.

ción de reservar el puesto de trabajo que anteriormente ocupaban los trabajadores.

Terminado este período, los trabajadores podrán optar entre el regreso a su puesto de trabajo anterior o la continuidad en el nuevo. En este último caso, decaerá la mencionada obligación de reserva[187].

3 ter. Para hacer efectivo su derecho de protección a la salud, los trabajadores con discapacidad que acrediten la necesidad de recibir fuera de su localidad un tratamiento de rehabilitación, físico o psicológico relacionado con su discapacidad, tendrán derecho preferente a ocupar otro puesto de trabajo, del mismo grupo profesional, que la empresa tuviera vacante en otro de sus centros de trabajo en una localidad en que sea más accesible dicho tratamiento, en los términos y condiciones establecidos en el apartado anterior para las trabajadoras víctimas de violencia de género y para las víctimas del terrorismo.

4. Por razones económicas, técnicas, organizativas o de producción, o bien por contrataciones referidas a la actividad empresarial, la empresa podrá efectuar desplazamientos temporales de sus trabajadores que exijan que éstos residan en población distinta de la de su domicilio habitual, abonando, además de los salarios, los gastos de viaje y las dietas.

El trabajador deberá ser informado del desplazamiento con una antelación suficiente a la fecha de su efectividad, que no podrá ser inferior a cinco días laborales en el caso de desplazamientos de duración superior a tres meses; en este último supuesto, el trabajador tendrá derecho a un permiso de cuatro días laborables en su domicilio de origen por cada tres meses de desplazamiento, sin computar como tales los de viaje, cuyos gastos correrán a cargo del empresario.

Contra la orden de desplazamiento, sin perjuicio de su ejecutividad, podrá recurrir el trabajador en los mismos términos previstos en el apartado 1 de este artículo para los traslados.

Los desplazamientos cuya duración en un período de tres años exceda de doce meses tendrán, a todos los efectos, el tratamiento previsto en esta Ley para los traslados[188].

5. Los representantes legales de los trabajadores tendrán prioridad de permanencia en los puestos de trabajo a que se refiere este artículo. Mediante convenio colectivo o acuerdo alcanzado durante el período de consultas se podrán establecer prioridades de permanencia

[187] Apartado 3 bis introducido a través de la LO 1/2004, de 28 de diciembre (*BOE* de 29 de diciembre), de medidas de protección integral contra la violencia de género, aunque modificado posteriormente (v. nota a la cabecera del presente artículo). Para el otorgamiento de idéntico tratamiento a las víctimas de terrorismo, v. disp. adic. 22.ª ET.

[188] V. Ley 45/1999, de 29 de noviembre (*BOE* de 30 de noviembre), sobre el desplazamiento de trabajadores en el marco de una prestación de servicios transnacional, modificada por el RD Legislativo 5/2000, de 4 de agosto (*BOE* de 8 de agosto), y por la Ley 62/2003, de 30 de diciembre (*BOE* de 31 de diciembre).

a favor de trabajadores de otros colectivos, tales como trabajadores con cargas familiares, mayores de determinada edad o personas con discapacidad.

Art. 41. *Modificaciones sustanciales de condiciones de trabajo*[189].— 1. La dirección de la empresa podrá acordar modificaciones sustanciales de las condiciones de trabajo cuando existan probadas razones económicas, técnicas, organizativas o de producción. Se considerarán tales las que estén relacionadas con la competitividad, productividad u organización técnica o del trabajo en la empresa.

Tendrán la consideración de modificaciones sustanciales de las condiciones de trabajo, entre otras, las que afecten a las siguientes materias:

a) Jornada de trabajo[190].

b) Horario y distribución del tiempo de trabajo.

c) Régimen de trabajo a turnos.

d) Sistema de remuneración y cuantía salarial.

e) Sistema de trabajo y rendimiento.

f) Funciones, cuando excedan de los límites que para la movilidad funcional prevé el artículo 39 de esta Ley.

2. Las modificaciones sustanciales de las condiciones de trabajo podrán afectar a las condiciones reconocidas a los trabajadores en el contrato de trabajo, en acuerdos o pactos colectivos o disfrutadas por éstos en virtud de una decisión unilateral del empresario de efectos colectivos.

Se considera de carácter colectivo la modificación que, en un período de noventa días, afecte al menos a:

a) Diez trabajadores, en las empresas que ocupen menos de cien trabajadores.

b) El 10 por 100 del número de trabajadores de la empresa en aquellas que ocupen entre cien y trescientos trabajadores.

c) Treinta trabajadores, en las empresas que ocupen más de trescientos trabajadores.

Se considera de carácter individual la modificación que, en el período de referencia establecido, no alcance los umbrales señalados para las modificaciones colectivas.

3. La decisión de modificación sustancial de condiciones de trabajo de carácter individual deberá ser notificada por el empresario al trabajador afectado y a sus representantes legales con una antelación

[189] Artículo redactado conforme a la Ley 3/2012, de 6 de julio (*BOE* de 7 de julio). El incumplimiento de los procedimientos previstos en el presente artículo es calificado como infracción grave por el art. 7.º6 LISOS [RD Legislativo 5/2000, de 4 de agosto (*BOE* de 8 de agosto)]. Para el procedimiento de modificación en situaciones de concurso de acreedores, v. nota al art. 51.10 ET

[190] Para la modificación en el trabajo a tiempo parcial, v. art. 12.4.*e*) ET; para la reducción temporal de jornada, v. art. 47 ET. Ídem para las situaciones de concurso de acreedores, conforme al art. 66 de la Ley 22/2003, de 9 de julio (*BOE* de 10 de julio), Concursal; v. nota al art. 51.10 ET.

mínima de quince días a la fecha de su efectividad.

En los supuestos previstos en los párrafos *a*), *b*), *c*), *d*) y *f*) del apartado 1 de este artículo, si el trabajador resultase perjudicado por la modificación sustancial tendrá derecho a rescindir su contrato y percibir una indemnización de veinte días de salario por año de servicio prorrateándose por meses los períodos inferiores a un año y con un máximo de nueve meses.

Sin perjuicio de la ejecutividad de la modificación en el plazo de efectividad anteriormente citado, el trabajador que no habiendo optado por la rescisión de su contrato se muestre disconforme con la decisión empresarial podrá impugnarla ante la jurisdicción social. La sentencia declarará la modificación justificada o injustificada y, en este último caso, reconocerá el derecho del trabajador a ser repuesto en sus anteriores condiciones[191].

Cuando con objeto de eludir las previsiones contenidas en el apartado siguiente de este artículo, la empresa realice modificaciones sustanciales de las condiciones de trabajo en períodos sucesivos de noventa días en número inferior a los umbrales que establece el apartado segundo para las modificaciones colectivas, sin que concurran causas nuevas que justifiquen tal actuación, dichas nuevas modificaciones se considerarán efectuadas en fraude de ley y serán declaradas nulas y sin efecto.

4. Sin perjuicio de los procedimientos específicos que puedan establecerse en la negociación colectiva, la decisión de modificación sustancial de condiciones de trabajo de carácter colectivo deberá ir precedida en las empresas en que existan representantes legales de los trabajadores de un período de consultas con los mismos de duración no superior a quince días, que versará sobre las causas motivadoras de la decisión empresarial y la posibilidad de evitar o reducir sus efectos, así como sobre las medidas necesarias para atenuar sus consecuencias para los trabajadores afectados.

La intervención como interlocutores ante la dirección de la empresa en el procedimiento de consultas corresponderá a las secciones sindicales cuando éstas así lo acuerden, siempre que sumen la mayoría de los miembros del comité de empresa o entre los delegados de personal.

Durante el período de consultas, las partes deberán negociar de buena fe, con vistas a la consecución de un acuerdo. Dicho acuerdo requerirá la conformidad de la mayoría de los miembros del comité o comités de empresa, de los delegados de personal, en su caso, o de representaciones sindicales, si las hubiere,

---

191 V. art. 138 de la Ley 36/2011, de 10 de octubre (*BOE* de 11 de octubre), Reguladora de la Jurisdicción Social; STC 87/1996, de 21 de mayo (*BOE* de 21 de junio), sobre ejecución provisional de la sentencia de instancia.

que, en su conjunto, representen a la mayoría de aquéllos.

En las empresas en las que no exista representación legal de los mismos, éstos podrán optar por atribuir su representación para la negociación del acuerdo, a su elección, a una comisión de un máximo de tres miembros integrada por trabajadores de la propia empresa y elegida por éstos democráticamente o a una comisión de igual número de componentes designados, según su representatividad, por los sindicatos más representativos y representativos del sector al que pertenezca la empresa y que estuvieran legitimados para formar parte de la comisión negociadora del convenio colectivo de aplicación a la misma.

En todos los casos, la designación deberá realizarse en un plazo de cinco días a contar desde el inicio del período de consultas, sin que la falta de designación pueda suponer la paralización del mismo. Los acuerdos de la comisión requerirán el voto favorable de la mayoría de sus miembros. En el supuesto de que la negociación se realice con la comisión cuyos miembros sean designados por los sindicatos, el empresario podrá atribuir su representación a las organizaciones empresariales en las que estuviera integrado, pudiendo ser las mismas más representativas a nivel autonómico, y con independencia de la organización en la que esté integrado tenga carácter intersectorial o sectorial.

El empresario y la representación de los trabajadores podrán acordar en cualquier momento la sustitución del período de consultas por el procedimiento de mediación o arbitraje que sea de aplicación en el ámbito de la empresa, que deberá desarrollarse dentro del plazo máximo señalado para dicho período.

Cuando el período de consultas finalice con acuerdo se presumirá que concurren las causas justificativas a que alude el apartado 1 y sólo podrá ser impugnado ante la jurisdicción competente por la existencia de fraude, dolo, coacción o abuso de derecho en su conclusión.

Ello sin perjuicio del derecho de los trabajadores afectados a ejercitar la opción prevista en el párrafo segundo del apartado 3 de este artículo.

5. La decisión sobre la modificación colectiva de las condiciones de trabajo será notificada por el empresario a los trabajadores una vez finalizado el período de consultas sin acuerdo y surtirá efectos en el plazo de los siete días siguientes a su notificación.

Contra las decisiones a que se refiere el presente apartado se podrá reclamar en conflicto colectivo, sin perjuicio de la acción individual prevista en el apartado 3 de este artículo. La interposición del conflicto paralizará la tramitación de las acciones individuales iniciadas hasta su resolución[192].

---

[192] V. arts. 138 y 153 ss. de la Ley 36/2011, de 10 de octubre (*BOE* de 11 de octubre), Reguladora de la Jurisdicción Social, y 59.4 ET.

6. La modificación de las condiciones de trabajo establecidas en los convenios colectivos regulados en el Título III de la presente Ley deberá realizarse conforme a lo establecido en el artículo 82.3.

7. En materia de traslados se estará a lo dispuesto en las normas específicas establecidas en el artículo 40 de esta Ley

SECCIÓN 2.ª

Garantías por cambio de empresario

Art. 42. *Subcontratación de obras y servicios*[193].—1. Los empresarios que contraten o subcontraten con otros la realización de obras o servicios correspondientes a la propia actividad de aquéllos deberán comprobar que dichos contratistas están al corriente en el pago de las cuotas de la Seguridad Social. Al efecto, recabarán por escrito, con identificación de la empresa afectada, certificación negativa por descubiertos en la Tesorería General de la Seguridad Social, que deberá librar inexcusablemente dicha certificación en el término de treinta días improrrogables y en los términos que reglamentariamente se establezcan. Transcurrido este plazo, quedará exonerado de responsabilidad el empresario solicitante[194].

2. El empresario principal, salvo el transcurso del plazo antes señalado respecto a la Seguridad Social, y durante el año siguiente a la terminación de su encargo, responderá solidariamente de las obligaciones de naturaleza salarial contraídas por los contratistas y subcontratistas con sus trabajadores y de las referidas a la Seguridad Social durante el período de vigencia de la contrata.

No habrá responsabilidad por los actos del contratista cuando la actividad contratada se refiera exclusivamente a la construcción o reparación que pueda contratar un cabeza de familia respecto de su vivienda, así como cuando el propietario de la obra o industria no

[193] Artículo redactado conforme a la Ley 12/2001, de 9 de julio (*BOE* de 10 de julio), y a la Ley 43/2006, de 29 de junio (*BOE* de 30 de junio). V. Ley 32/2006, de 18 de octubre (*BOE* de 19 de octubre), reguladora de la subcontratación en el sector de la construcción, modificada por la Ley 25/2009, de 22 de diciembre (*BOE* de 23 de diciembre), y desarrollada por RD 1.109/2007, de 24 de agosto (*BOE* de 25 de agosto), modificado por RD 327/2009, de 13 de marzo (*BOE* de 14 de marzo). V. art. 1.º4 del RD 290/2004, de 20 de febrero (*BOE* de 21 de febrero), por el que se regulan los enclaves laborales como medida de fomento del empleo de las personas con discapacidad.

[194] Para la extensión de esta obligación y correspondiente responsabilidad a las contratas «que se presten de forma continuada en sus centros de trabajo», v. art. 5.º del RDL 5/2011, de 29 de abril (*BOE* de 6 de mayo). La responsabilidad administrativa, en el art. 22.12 LISOS [RD Legislativo 5/2000, de 4 de agosto (*BOE* de 8 de agosto), conforme a la redacción dada por el anterior RDL 5/2011]. V. art. 127.1 de la Ley General de la Seguridad Social, Texto Refundido, Ley 1/1996, de 20 de junio (*BOE* de 29 de junio).

contrate su realización por razón de una actividad empresarial[195].

3. Los trabajadores del contratista o subcontratista deberán

[195] La responsabilidad en materia de seguridad y salud laborales viene establecida por el art. 42.3 LISOS [RD Legislativo 5/2000, de 4 de agosto (*BOE* de 8 de agosto)], modificado por la Ley 54/2003, de 12 de diciembre (*BOE* de 13 de diciembre):

«3. La empresa principal responderá solidariamente con los contratistas y subcontratistas a que se refiere el apartado 3 del artículo 24 de la Ley de Prevención de Riesgos Laborales del cumplimiento, durante el período de la contrata, de las obligaciones impuestas por dicha Ley en relación con los trabajadores que aquéllos ocupen en los centros de trabajo de la empresa principal, siempre que la infracción se haya producido en el centro de trabajo de dicho empresario principal.

»En las relaciones de trabajo mediante empresas de trabajo temporal, y sin perjuicio de las responsabilidades propias de éstas, la empresa usuaria será responsable de las condiciones de ejecución del trabajo en todo lo relacionado con la protección de la seguridad y la salud de los trabajadores, así como del recargo de prestaciones económicas del sistema de Seguridad Social que puedan fijarse, en caso de accidente de trabajo o enfermedad profesional que tenga lugar en su centro de trabajo durante el tiempo de vigencia del contrato de puesta a disposición y traigan su causa de falta de medidas de seguridad e higiene.

»Los pactos que tengan por objeto la elusión, en fraude de ley, de las responsabilidades establecidas en este apartado son nulos y no producirán efecto alguno.»

Art. 24 de la Ley 31/1995, de 8 de noviembre (*BOE* de 10 de noviembre), de Prevención de Riesgos Laborales, modificado por la Ley 29/1999, de 16 de julio (*BOE* de 17 de julio), y por la Ley 54/2003, de 12 de diciembre (*BOE* de 13 de diciembre):

«*Art. 24. Coordinación de actividades empresariales.*—1. Cuando en un mismo centro de trabajo desarrollen actividades trabajadores de dos o más empresas, éstas deberán cooperar en la aplicación de la normativa sobre prevención de riesgos laborales. A tal fin, establecerán los medios de coordinación que sean necesarios en cuanto a la protección y prevención de riesgos laborales y la información sobre los mismos a sus respectivos trabajadores, en los términos previstos en el apartado 1 del artículo 18 de esta Ley.

»2. El empresario titular del centro de trabajo adoptará las medidas necesarias para que aquellos otros empresarios que desarrollen actividades en su centro de trabajo reciban la información y las instrucciones adecuadas, en relación con los riesgos existentes en el centro de trabajo y con las medidas de protección y prevención correspondientes, así como sobre las medidas de emergencia a aplicar, para su traslado a sus respectivos trabajadores.

»3. Las empresas que contraten o subcontraten con otras la realización de obras o servicios correspondientes a la propia actividad de aquéllas y que se desarrollen en sus propios centros de trabajo deberán vigilar el cumplimiento por dichos contratistas y subcontratistas de la normativa de prevención de riesgos laborales.

»4. Las obligaciones consignadas en el último párrafo del apartado 1 del artículo 41 de esta Ley serán también de aplicación, respecto de las operaciones contratadas, en los supuestos en que los trabajadores de la empresa contratista o subcontratista no presten servicios en los centros de trabajo de la empresa principal, siempre que tales trabajadores deban operar con maquinaria, equipos, productos, materias primas o útiles proporcionados por la empresa principal.

»5. Los deberes de cooperación y de información e instrucción recogidos en los apartados 1 y 2 serán de aplicación respecto de los trabajadores autónomos que desarrollen actividades en dichos centros de trabajo.

»6. Las obligaciones previstas en este artículo serán desarrolladas reglamentariamente.»

Art. 23.2, párrafo 3.º, LISOS [RD Legislativo 5/2000, de 4 de agosto (*BOE* de 8 de agosto)]: «Los empresarios que contraten o subcontraten la realización de obras o servicios, correspondientes a la propia actividad, responderán solidariamente de las infracciones a que se refiere el apartado 1

ser informados por escrito por su empresario de la identidad de la empresa principal para la cual estén prestando servicios en cada momento. Dicha información deberá facilitarse antes del inicio de la respectiva prestación de servicios e incluirá el nombre o razón social del empresario principal, su domicilio social y su número de identificación fiscal. Asimismo, el contratista o subcontratista deberán informar de la identidad de la empresa principal a la Tesorería General de la Seguridad Social en los términos que regamentariamente se determinen[196].

4. Sin perjuicio de la información sobre previsiones en materia de subcontratación a la que se refiere el artículo 64 de esta Ley, cuando la empresa concierte un contrato de prestación de obras o servicios con una empresa contratista o subcontratista, deberá informar a los representantes legales de sus trabajadores sobre los siguientes extremos:

a) Nombre o razón social, domicilio y número de identificación fiscal de la empresa contratista o subcontratista.

b) Objeto y duración de la contrata.

c) Lugar de ejecución de la contrata.

d) En su caso, número de trabajadores que serán ocupados por la contrata o subcontrata en el centro de trabajo de la empresa principal.

e) Medidas previstas para la coordinación de actividades desde el punto de vista de la prevención de riesgos laborales.

Cuando las empresas principal, contratista o subcontratista compartan de forma continuada un mismo centro de trabajo, la primera deberá disponer de un libro registro en el que se refleje la información anterior respecto de todas las empresas citadas. Dicho libro estará a dispo-

---

anterior, cometidos por el empresario contratista o subcontratista durante todo el período de vigencia de la contrata.» El n.º 1 citado califica como infracción muy grave «dar ocupación como trabajadores a beneficiarios o solicitantes de pensiones u otras prestaciones periódicas de la Seguridad Social, cuyo disfrute sea incompatible con el trabajo por cuenta ajena, cuando no se les haya dado de alta en la Seguridad Social con carácter previo al inicio de la actividad.» V. RD 171/2004, de 30 de enero (*BOE* de 31 de enero), por el que se desarrolla la Ley de Prevención de Riesgos Laborales en materia de coordinación de actividades empresariales.

Cfr. también los arts. 104.1 y 127.1 de la Ley General de la Seguridad Social, texto refundido aprobado por RD Legislativo 1/1994, de 20 de junio (*BOE* de 29 de junio); el primero de los preceptos conforme a la redacción dada por la Ley 52/2003, de 10 de diciembre (*BOE* de 11 de diciembre); STC 81/1995, de 5 de junio (*BOE* de 8 de julio), relativa a la responsabilidad solidaria por el recargo de prestaciones económicas de Seguridad Social con ocasión de incumplimientos en materia de seguridad en el trabajo. Para la responsabilidad en materia tributaria por repercusión o retenciones a los trabajadores, art. 43.1.*f*) de la Ley 58/2003, de 17 de diciembre (*BOE* de 18 de diciembre), General Tributaria.

[196] Se califica como infracción administrativa grave la ausencia de cumplimiento de este deber de información [art. 7.º11 LISOS, en la redacción dada por el art. 14 de la Ley 12/2001, de 9 de julio (*BOE* de 10 de julio)].

sición de los representantes legales de los trabajadores[197].

5. La empresa contratista o subcontratista deberá informar igualmente a los representantes legales de sus trabajadores, antes del inicio de la ejecución de la contrata, sobre los mismos extremos a que se refieren el apartado 3 anterior y las letras *b*) a *e*) del apartado 4.

6. Los trabajadores de las empresas contratistas y subcontratistas, cuando no tengan representación legal, tendrán derecho a formular a los representantes de los trabajadores de la empresa principal cuestiones relativas a las condiciones de ejecución de la actividad laboral, mientras compartan centro de trabajo y carezcan de representación.

Lo dispuesto en el párrafo anterior no será de aplicación a las reclamaciones del trabajador respecto de la empresa de la que depende.

7. Los representantes legales de los trabajadores de la empresa principal y de las empresas contratistas y subcontratistas, cuando compartan de forma continuada centro de trabajo, podrán reunirse a efectos de coordinación entre ellos y en relación con las condiciones de ejecución de la actividad laboral en los términos previstos en el artículo 81 de esta Ley.

La capacidad de representación y ámbito de actuación de los representantes de los trabajadores, así como su crédito horario, vendrán determinados por la legislación vigente y, en su caso, por los convenios colectivos de aplicación[198].

Art. 43. *Cesión de trabajadores*[199].—1. La contratación de

---

[197] Apartado 4 redactado conforme a la Ley 43/2006, de 29 de diciembre (*BOE* de 30 de diciembre). Se tipifica como infracción grave «no disponer la empresa principal del libro de registro de las empresas contratistas o subcontratistas que compartan de forma continuada un mismo centro de trabajo a que se refiere el artículo 42.4 del Estatuto de los Trabajadores, cuando ello comporte la ausencia de información a los representantes legales de los trabajadores» [art. 7.12 LISOS, conforme a la redacción del art. 14 Ley 43/2006, de 29 de diciembre (*BOE* de 30 de diciembre)].

[198] Apartados 6 y 7 añadidos por la Ley 43/2006, de 29 de diciembre (*BOE* de 30 de diciembre).

[199] Artículo redactado conforme a la Ley 43/2006, de 29 de diciembre (*BOE* de 30 de diciembre). Las empresas de trabajo temporal, reguladas por la Ley 14/1994, de 1 de junio (*BOE* de 2 de junio), modificada por las disposiciones que se indican al final de la presente nota:

«CAPÍTULO I: *Empresas de trabajo temporal.*

»*Art. 1.º Concepto.*—Se denomina empresa de trabajo temporal aquella cuya actividad fundamental consiste en poner a disposición de otra empresa usuaria, con carácter temporal, trabajadores por ella contratados. La contratación de trabajadores para cederlos temporalmente a otra empresa sólo podrá efectuarse a través de empresas de trabajo temporal debidamente autorizadas en los términos previstos en esta Ley.

»Las empresas de trabajo temporal podrán, además, actuar como agencias de colocación cuando cumplan los requisitos establecidos en la Ley 56/2003, de 16 de diciembre, de Empleo, y su normativa de desarrollo.

»En su relación tanto con los trabajadores como con las empresas clientes las empresas de trabajo temporal deberán informar expresamente y en cada caso si su actuación lo es en la condición de empresa de trabajo temporal o de agencia de colocación.

trabajadores para cederlos temporalmente a otra empresa sólo podrá efectuarse a través de empresas de trabajo temporal debidamente auto-

---

»*Art. 2.º Autorización administrativa.*—1. Las personas físicas o jurídicas que pretendan realizar la actividad a que se refiere el artículo anterior deberán obtener autorización administrativa previa, justificando ante el órgano administrativo competente el cumplimiento de los requisitos siguientes:

»*a*) Disponer de una estructura organizativa que le permita cumplir las obligaciones que asume como empleador en relación con el objeto social.

»*b*) Dedicarse exclusivamente a la actividad constitutiva de empresa de trabajo temporal, sin perjuicio de lo establecido en el artículo 1 de la presente Ley.

»*c*) Carecer de obligaciones pendientes de carácter fiscal o de Seguridad Social.

»*d*) Garantizar, de forma especial, en los términos previstos en el artículo siguiente, el cumplimiento de las obligaciones salariales y para con la Seguridad Social.

»*e*) No haber sido sancionada con suspensión de actividad en dos o más ocasiones.

»*f*) Incluir en su denominación los términos "empresa de trabajo temporal".

»A efectos de apreciar el cumplimiento del requisito relativo a la estructura organizativa, se valorarán la adecuación y suficiencia de los elementos de la empresa para desarrollar la actividad planteada como objeto de la misma, particularmente en lo que se refiere a la selección de los trabajadores, su formación y las restantes obligaciones laborales.

»Para esta valoración se tendrán en cuenta factores tales como la dimensión, equipamiento y régimen de titularidad de los centros de trabajo; el número, dedicación, cualificación profesional y estabilidad en el empleo de los trabajadores contratados para prestar servicios bajo la dirección de la empresa de trabajo temporal; y el sistema organizativo y los procesos tecnológicos utilizados para la selección y formación de los trabajadores contratados para su puesta a disposición en empresas usuarias.

»En todo caso, la empresa de trabajo temporal deberá contar con un número mínimo de doce trabajadores contratados para prestar servicios bajo su dirección con contratos estables o de duración indefinida, a tiempo completo o parcial, por cada mil trabajadores o fracción contratados en el año inmediatamente anterior, computados teniendo en cuenta el número de días totales de puesta a disposición del conjunto de los trabajadores cedidos, dividido por trescientos sesenta y cinco. Este requisito mínimo deberá acreditarse para la concesión de la primera prórroga anual, y mantenerse en lo sucesivo adaptándolo anualmente a la evolución del número de contratos gestionados.

»2. La autorización administrativa para operar como empresa de trabajo temporal se concederá por los órganos competentes de las Comunidades Autónomas o de la Administración General del Estado, en el caso de Ceuta y de Melilla.

»Si la empresa de trabajo temporal posee centros de trabajo en varias provincias, la autorización se concederá por la Dirección General de Empleo o por el órgano equivalente de la Comunidad Autónoma competente, si el ámbito de actuación de dicha empresa coincide con el de la Comunidad Autónoma.

»Cuando la apertura de nuevos centros de trabajo suponga una alteración del ámbito geográfico de actuación, la Autoridad Laboral que resulte competente por el nuevo ámbito, conforme a lo previsto en el párrafo anterior, concederá nueva autorización administrativa, quedando sin efecto la anterior.

»3. La autorización tendrá una validez de un año, y se prorrogará por dos períodos sucesivos iguales, siempre que se solicite con una antelación mínima de tres meses a la expiración de cada uno de dichos períodos y la empresa haya cumplido las obligaciones legalmente establecidas.

»La autorización se concederá sin límite de duración cuando la empresa de trabajo temporal haya realizado su actividad durante tres años, en base a las autorizaciones correspondientes, expirando cuando se deje de realizar la actividad durante un año ininterrumpido.

»4. La solicitud de autorización presentada conforme a lo previsto en este artículo

rizadas en los términos que legalmente se establezcan.

2. En todo caso, se entienden que se incurre en la cesión ilegal

---

se resolverá en el plazo de tres meses siguientes a su presentación.

»Transcurrido dicho plazo sin que haya recaído resolución expresa dicha solicitud se entenderá estimada.

»5. La empresa de trabajo temporal estará obligada a mantener una estructura organizativa que responda a las características que se valoraron para conceder la autorización. Si como consecuencia de la vigilancia del cumplimiento de la normativa laboral la autoridad laboral que concedió la autorización apreciase el incumplimiento de esta obligación, procederá a iniciar de oficio el oportuno procedimiento de extinción total o parcial de la autorización.

»La apertura de este procedimiento se notificará a la empresa de trabajo temporal, a fin de que pueda efectuar las alegaciones que considere oportunas, recabándose informe preceptivo y no vinculante de la Inspección de Trabajo y Seguridad Social, e informe de los representantes de los trabajadores de la empresa de trabajo temporal.

»Si en el expediente quedase acreditado el incumplimiento de la obligación de mantenimiento de la estructura organizativa de la empresa, la resolución procederá a declarar la extinción total o parcial de la autorización, especificando las carencias o deficiencias que la justifican y el ámbito territorial afectado. La reanudación de la actividad de la empresa requerirá de una nueva autorización.

»*Art. 3.º Garantía financiera.*—1. Las empresas de trabajo temporal deberán constituir una garantía, a disposición de la Autoridad Laboral que conceda la autorización administrativa que podrá consistir en:

»*a*) Depósito de dinero efectivo o en valores públicos en la Caja General de Depósitos o en sucursales.

»*b*) Aval o fianza de carácter solidario prestado por un Banco, Caja de Ahorros, Cooperativa de Crédito, Sociedad de Garantía Recíproca o mediante póliza de seguros contratada al efecto.

»2. La garantía, prevista en el número anterior, debe alcanzar para obtener la primera autorización, un importe igual a veinticinco veces el salario mínimo interprofesional, en cómputo anual. Para obtener las autorizaciones administrativas subsiguientes, esta garantía debe alcanzar un importe igual al 10 por 100 de la masa salarial del ejercicio económico inmediato anterior, sin que, en ningún caso, pueda ser inferior al importe de la garantía exigido para el primer año de actividad.

»3. Cuando se haya concedido la autorización sin límite de duración, la empresa deberá actualizar anualmente la garantía financiera en los términos previstos en el número anterior.

»4. Si la apertura de nuevos centros de trabajo exige solicitar nueva autorización administrativa, conforme a lo previsto en el artículo 2, la Autoridad Laboral que resulte competente por el nuevo ámbito de actuación se subrogará en la titularidad de la garantía anteriormente constituida.

»5. La garantía constituida responderá, en la forma prevista reglamentariamente, de las deudas por indemnizaciones salariales y de Seguridad Social.

»6. La garantía constituida será devuelta cuando la empresa de trabajo temporal haya cesado en su actividad y no tenga obligaciones indemnizatorias, salariales o de Seguridad Social pendientes, extremos que deberán acreditarse ante la Autoridad Laboral que conceda la autorización administrativa.

»*Art. 4.º Registro.*— 1. La autoridad laboral que, de conformidad con lo establecido en el artículo 2 de esta Ley, conceda la autorización administrativa llevará un Registro de las Empresas de Trabajo Temporal, en el que se inscribirán las empresas autorizadas, haciendo constar los datos relativos a la identificación de la empresa, nombre de quienes ostenten cargos de dirección o sean miembros de los órganos de administración de las empresas que revistan la forma jurídica de sociedad, domicilio, ámbito profesional y geográfico de actuación, número de autorización administrativa y vigencia de la misma, así como si la empresa de trabajo temporal actúa también como agencia de colocación.

»Asimismo serán objeto de inscripción la suspensión de actividades que se acuerde por la autoridad laboral conforme a lo previsto en esta Ley así como el cese en la condición de empresa de trabajo temporal.

»Reglamentariamente se determinarán las conexiones que deben existir entre los Registros de Empresas de Trabajo Temporal de los diferentes ámbitos territoriales.

»Reglamentariamente se determinarán las conexiones que deben existir entre los Registros de empresas de los diferentes ámbitos territoriales.

»2. La empresa de trabajo temporal deberá hacer constar su identificación como tal empresa y el número de autorización administrativa y autoridad que la ha concedido en la publicidad y ofertas de empleo que efectúe.

»*Art. 5.º Obligaciones de información a la Autoridad Laboral.*—1. La empresa de trabajo temporal deberá remitir a la autoridad laboral que haya concedido la autorización administrativa una relación de los contratos de puesta a disposición celebrados, en los términos que reglamentariamente se establezcan. Dicha relación será remitida por la autoridad laboral a los órganos de participación institucional a los que se refiere la letra *b*) del apartado 3 del artículo 8 del Estatuto de los Trabajadores, resultando igualmente de aplicación lo dispuesto en el mismo en materia de sigilo profesional.

»2. Igualmente, la empresa de trabajo temporal deberá informar a dicha autoridad laboral sobre todo cambio de titularidad, apertura y cierre de centros de trabajo y ceses de la actividad.

»3. Si el lugar de ejecución del contrato de trabajo, o de la orden de servicio en su caso, se encontrase situado en un territorio no incluido en el ámbito geográfico de actuación autorizado de la empresa de trabajo temporal, ésta deberá notificar a la autoridad laboral de dicho territorio la prestación de estos servicios, con carácter previo a su inicio, adjuntando una copia del contrato de trabajo y de su autorización administrativa.

»CAPÍTULO II: *Contrato de puesta a disposición.*

»*Art. 6.º Supuestos de utilización.*—1. El contrato de puesta a disposición es el celebrado entre la empresa de trabajo temporal y la empresa usuaria teniendo por objeto la cesión del trabajador para prestar servicios en la empresa usuaria, a cuyo poder de dirección quedará sometido aquél.

»2. Podrán celebrarse contratos de puesta a disposición entre una empresa de trabajo temporal y una empresa usuaria en los mismos supuestos y bajo las mismas condiciones y requisitos en que la empresa usuaria podría celebrar un contrato de duración determinada conforme a lo dispuesto en el artículo 15 del Estatuto de los Trabajadores.

»3. El contrato de puesta a disposición se formalizará por escrito en los términos que reglamentariamente se establezcan.

»*Art. 7.º Duración.*—1. En materia de duración del contrato de puesta a disposición se estará a lo dispuesto en el artículo 15 del Estatuto de los Trabajadores y en sus disposiciones de desarrollo para la modalidad de contratación correspondiente al supuesto del contrato de puesta a disposición, sin perjuicio de lo dispuesto en el artículo 12.3 de esta Ley en cuanto a los eventuales períodos de formación previos a la prestación efectiva de servicios.

»2. Si a la finalización del plazo de puesta a disposición el trabajador continuara prestando servicios en la empresa usuaria, se le considerará vinculado a la misma por un contrato indefinido.

»3. Será nula la cláusula del contrato de puesta a disposición que prohíba la contratación del trabajador por la empresa usuaria a la finalización del contrato de puesta a disposición.

»*Art. 8.º Exclusiones.*—Las empresas no podrán celebrar contratos de puesta a disposición en los siguientes casos:

»*a*) Para sustituir a trabajadores en huelga en la empresa usuaria.

»*b*) Para la realización de trabajos u ocupaciones especialmente peligrosos para la seguridad y la salud en el trabajo, en los términos previstos en la disposición adicional segunda de esta Ley y, de conformidad con ésta, en los convenios o acuerdos colectivos.

»*c*) Cuando en los doce meses inmediatamente anteriores a la contratación la empresa haya amortizado los puestos de trabajo que se pretendan cubrir por despido improcedente o por las causas previstas en los artículos 50, 51 y 52, apartado *c*), del Estatuto de los Trabajadores, excepto en los supuestos de fuerza mayor.

»*d*) Para ceder trabajadores a otra empresa de trabajo temporal.

»*Art. 9.º Información a los representantes de los trabajadores en la empresa.*— La empresa usuaria deberá informar a los representantes de los trabajadores sobre cada contrato de puesta a disposición y motivo de utilización, dentro de los diez días siguientes a la celebración. En el mismo plazo deberá entregarles una copia básica del contrato de trabajo o de la orden de servicio, en su caso, del trabajador puesto a disposición, que le deberá haber facilitado la empresa de trabajo temporal.

»CAPÍTULO III: *Relaciones laborales en la empresa de trabajo temporal.*

»*Art. 10. Forma y duración.*—1. El contrato de trabajo celebrado entre la empresa de trabajo temporal y el trabajador para prestar servicios en empresas usuarias podrá concertarse por tiempo indefinido o por duración determinada coincidente con la del contrato de puesta a disposición.

»Dichos contratos se deberán formalizar por escrito de acuerdo con lo establecido para cada modalidad. Asimismo, la empresa de trabajo temporal deberá comunicar su contenido a la oficina pública de empleo, en los términos que reglamentariamente se determinen, en el plazo de los diez días siguientes a su celebración.

»2. Las empresas de trabajo temporal no podrán celebrar contratos de aprendizaje [para la formación] con los trabajadores contratados para ser puestos a disposición de las empresas usuarias.

»3. La empresa de trabajo temporal podrá celebrar también con el trabajador un contrato de trabajo para la cobertura de varios contratos de puesta a disposición sucesivos con empresas usuarias diferentes, siempre que tales contratos de puesta a disposición estén plenamente determinados en el momento de la firma del contrato de trabajo y respondan en todos los casos a un supuesto de contratación eventual de los contemplados en la letra *b*) del apartado 1 del artículo 15 del Estatuto de los Trabajadores, debiendo formalizarse en el contrato de trabajo cada puesta a disposición con los mismos requisitos previstos en el apartado 1 de este artículo y en sus normas de desarrollo reglamentario.

»*Art. 11. Derechos de los trabajadores.*— 1. Los trabajadores contratados para ser cedidos a empresas usuarias tendrán derecho durante los períodos de prestación de servicios en las mismas a la aplicación de las condiciones esenciales de trabajo y empleo que les corresponderían de haber sido contratados directamente por la empresa usuaria para ocupar el mismo puesto.

»A estos efectos, se considerarán condiciones esenciales de trabajo y empleo las referidas a la remuneración, la duración de la jornada, las horas extraordinarias, los períodos de descanso, el trabajo nocturno, las vacaciones y los días festivos.

»La remuneración comprenderá todas las retribuciones económicas, fijas o variables, establecidas para el puesto de trabajo a desarrollar en el convenio colectivo aplicable a la empresa usuaria que estén vinculadas a dicho puesto de trabajo. Deberá incluir, en todo caso, la parte proporcional correspondiente al descanso semanal, las pagas extraordinarias, los festivos y las vacaciones. Será responsabilidad de la empresa usuaria la cuantificación de las percepciones finales del trabajador y, a tal efecto, dicha empresa usuaria deberá consignar las retribuciones a que se refiere este párrafo en el contrato de puesta a disposición del trabajador.

»Asimismo, los trabajadores contratados para ser cedidos tendrán derecho a que se les apliquen las mismas disposiciones que a los trabajadores de la empresa usuaria en materia de protección de las mujeres embarazadas y en período de lactancia, y de los menores, así como a la igualdad de trato entre hombres y mujeres y a la aplicación de las mismas disposiciones adoptadas con vistas a combatir las discriminaciones basadas en el sexo, la raza o el origen étnico, la religión o las creencias, la discapacidad, la edad o la orientación sexual.

»2. Cuando el contrato se haya concertado por tiempo determinado el trabajador tendrá derecho, además, a recibir una indemnización económica a la finalización del contrato de puesta a disposición equivalente a la parte proporcional de la cantidad que resultaría de abonar doce días de salario por cada año de servicio, o a la establecida en su caso, en la normativa específica que sea de aplicación. La indemnización podrá ser prorrateada durante la vigencia del contrato

»*Art. 12. Obligaciones de la empresa.*—1. Corresponde a la empresa de trabajo temporal el cumplimiento de las obligaciones salariales y de Seguridad Social en relación con los trabajadores contratados para ser puestos a disposición de la empresa usuaria.

»2. Las empresas de trabajo temporal estarán obligadas a destinar anualmente el 1 por 100 de la masa salarial a la formación de los trabajadores contratados para ser cedidos a empresas usuarias, sin perjuicio de la obligación legal de cotizar por formación profesional.

»3. La empresa de trabajo temporal deberá asegurarse de que el trabajador, previamente a su puesta a disposición de la empresa usuaria, posee la formación teórica y práctica en materia de prevención de riesgos laborales necesaria para el puesto de trabajo a desempeñar, teniendo en cuenta su cualificación y experiencia profesional y los riesgos a los que vaya a estar expuesto. En caso contrario, deberá facilitar dicha formación al trabajador, con medios propios o concertados, y durante el tiempo necesario, que formará parte de la duración del contrato de puesta a disposición pero será en todo caso previo a la prestación efectiva de los servicios. A tal efecto, la celebración de un contrato de puesta a disposición sólo será posible para la cobertura de un puesto de trabajo respecto del que se haya realizado previamente la preceptiva evaluación de riesgos laborales, conforme a lo dispuesto en los artículo 15.1.*b*) y 16 de la Ley 31/1995, de 8 de noviembre, de Prevención de Riesgos Laborales.

»El gasto de formación en materia preventiva será computado a efectos de lo dispuesto en el apartado 2 anterior, pero el montante establecido en dicho apartado no constituye en ningún caso un límite a las necesidades de formación en materia preventiva.

»4. Será nula toda cláusula del contrato de trabajo que obligue al trabajador a pagar a la empresa de trabajo temporal cualquier cantidad a título de gasto de selección, formación o contratación.

»*Art. 13. Negociación colectiva.*—En ausencia de órganos de representación legal de los trabajadores, estarán legitimados para negociar los convenios colectivos que afecten a las empresas de trabajo temporal las Organizaciones Sindicales más representativas, entendiéndose válidamente constituida la representación de los trabajadores en la Comisión negociadora cuando de ella formen parte tales Organizaciones.

»*Art. 14. Aplicación de la normativa laboral común.*—Lo previsto en el presente Capítulo, excepto en el artículo 13, no será de aplicación a los trabajadores contratados por la empresa de trabajo temporal para prestar servicios exclusivamente bajo su dirección y control.

»CAPÍTULO IV: *Relación del trabajador con la empresa usuaria.*

»*Art. 15. Dirección y control de la actividad laboral.*—1. Cuando los trabajadores desarrollen tareas en el ámbito de la empresa usuaria, de acuerdo con lo previsto en esta norma, las facultades de dirección y control de la actividad laboral serán ejercidas por aquélla durante el tiempo de prestación de servicios en su ámbito.

»2. En tales supuestos y sin perjuicio del ejercicio por la empresa de trabajo temporal de la facultad disciplinaria atribuida por el artículo 58 del Estatuto de los Trabajadores, cuando una empresa usuaria considere que por parte del trabajador se hubiera producido un incumplimiento contractual lo pondrá en conocimiento de la empresa de trabajo temporal a fin de que por ésta se adopten las medidas sancionadoras correspondientes.

»*Art. 16. Obligaciones de la empresa usuaria.*—1. Con carácter previo al inicio de la prestación de servicios, la empresa usuaria deberá informar al trabajador sobre los riesgos derivados de su puesto de trabajo así como las medidas de protección y prevención contra los mismos.

»2. La empresa usuaria es responsable de la protección en materia de seguridad e higiene en el trabajo así como del recargo de prestaciones de Seguridad Social a que se refiere el artículo 93 del Decreto 2.065/1974, de 30 de mayo [actualmente art. 123 del RDL 1/1994], por el que se aprueba el Texto Refundido de la Ley General de la Seguridad Social, en caso de accidente de trabajo o enfermedad profesional que tenga lugar en su centro de trabajo durante la vigencia del contrato de puesta a disposición y traigan su causa de falta de medidas de seguridad e higiene.

»3. La empresa usuaria responderá subsidiariamente de las obligaciones salariales y de Seguridad Social contraídas con el trabajador durante la vigencia del contrato de puesta a disposición, así como de la indemnización económica derivada de la extinción del contrato de trabajo. Dicha responsabilidad será solidaria en el caso de que el referido contrato se haya realizado incumpliendo lo dispuesto en los artículos 6 y 8 de la presente Ley.

»Reglamentariamente se determinará la información que la empresa de trabajo temporal debe suministrar a la empresa usuaria.

»*Art. 17. Derechos de los trabajadores en la empresa usuaria.*—1. Los trabajadores puestos a disposición tendrán derecho a presentar a través de los representantes de los trabajadores de la empresa usuaria reclamaciones en relación con las condiciones de ejecución de su actividad laboral.

»Los representantes de los trabajadores de la empresa usuaria tendrán atribuida la representación de los trabajadores en misión, mientras ésta dure, a efectos de formular cualquier reclamación en relación con las condiciones de ejecución de la actividad laboral, en todo aquello que atañe a la prestación de sus servicios en éstas, sin que ello pueda suponer una ampliación del crédito de horas mensuales retribuidas a que tengan derecho dichos representantes, conforme a lo dispuesto en el apartado *e*) del artículo 68 del Estatuto de los Trabajadores.

»Lo dispuesto en los párrafos anteriores no será de aplicación a las reclamaciones del trabajador respecto de la empresa de trabajo temporal de la cual depende.

»2. Igualmente, tendrán derecho a la utilización de los servicios de transporte, de comedor, de guardería y otros servicios comunes e instalaciones colectivas de la empresa usuaria durante el plazo de duración del contrato de puesta a disposición en las mismas condiciones que los trabajadores contratados directamente por la empresa usuaria.

»3. La empresa usuaria deberá informar a los trabajadores cedidos por empresas de trabajo temporal, sobre la existencia de puestos de trabajo vacantes, a fin de garantizarles las mismas oportunidades de acceder a puestos permanentes que a los trabajadores contratados directamente por aquélla. Esta información podrá facilitarse mediante un anuncio público en un lugar adecuado de la empresa o centro de trabajo, o mediante otros medios previstos en la negociación colectiva, que aseguren la transmisión de la información.

»4. Mediante la negociación colectiva se adoptarán las medidas adecuadas para facilitar el acceso de los trabajadores cedidos por empresas de trabajo temporal a la formación disponible para los trabajadores de las empresas usuarias.

»[...]

»CAPÍTULO VI: *Actividad transnacional de las empresas de trabajo temporal.*

»*Sección 1.ª*: Actividad en España de empresas de trabajo temporal de la Unión Europea y del Espacio Económico Europeo.

»*Art. 22. Requisitos de la actividad en España de empresas de trabajo temporal de la Unión Europea y del Espacio Económico Europeo.*—1. Las empresas de trabajo temporal establecidas en otros Estados miembros de la Unión Europea o en Estados signatarios del Acuerdo sobre el Espacio Económico Europeo podrán desplazar temporalmente a sus trabajadores para su puesta a disposición de empresas usuarias establecidas o que ejerzan su actividad en España cuando se cumplan los siguientes requisitos:

»*a*) La empresa de trabajo temporal deberá, de conformidad con la legislación de su Estado de establecimiento, estar válidamente constituida y reunir los requisitos para poner a disposición de empresas usuarias, con carácter temporal, trabajadores por ella contratados, no siendo de aplicación el Capítulo I de la presente Ley.

»*b*) El contrato de puesta a disposición entre la empresa de trabajo temporal y la empresa usuaria, sin perjuicio de la legislación aplicable al mismo, deberá formalizarse por escrito y adecuarse a lo dispuesto en el Capítulo II de la presente Ley, a excepción de la obligación de formalización en el modelo reglamentariamente establecido.

»*c*) La empresa de trabajo temporal estará sujeta a lo establecido en la Ley sobre el desplazamiento de trabajadores en el marco de una prestación de servicios transnacional y deberá garantizar a sus trabajadores desplazados las condiciones de trabajo previstas en la misma, no siendo de aplicación el Capítulo III de la presente Ley, a excepción de lo dispuesto en el apartado 1 de su artículo 11.

»2. Lo dispuesto en el presente artículo se entiende sin perjuicio del cumplimiento de la normativa sobre entrada, permanencia, trabajo y establecimiento de los extranjeros en España y de las obligaciones tributarias de las empresas a que se refiere el apartado 1.

»*Art. 23. Disposiciones aplicables a las empresas usuarias españolas.*—Las empresas usuarias establecidas o que ejerzan su actividad en España podrán celebrar contratos de puesta a disposición con las empresas de trabajo temporal a que se refiere el artículo 22 cuando éstas, de conformidad con la legislación de su Estado de establecimiento, estén válidamente constituidas y reúnan los requisitos para poner a disposición de empresas usuarias, con carácter temporal, trabajadores por ellas contratados.

»En los supuestos a que se refiere el párrafo anterior, la relación entre el trabajador desplazado a España y la empresa usuaria se ajustará a lo establecido en el Capítulo IV de la presente Ley.

»*Art. 24. Infracciones.*—1. Las infracciones administrativas de las empresas de trabajo temporal y de las empresas usuarias en los supuestos a que se refiere esta Sección serán las establecidas en los apartados siguientes de este artículo.

»2. Constituyen infracciones graves de las empresas de trabajo temporal:

»*a*) No formalizar por escrito el contrato de puesta a disposición.

»*b*) Formalizar contratos de puesta a disposición para supuestos no previstos en el artículo 6.2 de esta Ley.

»3. Constituyen infracciones muy graves de las empresas de trabajo temporal:

»*a*) Formalizar contratos de puesta a disposición sin estar válidamente constituidas como empresa de trabajo temporal según la legislación del Estado de establecimiento o sin reunir los requisitos exigidos por la citada legislación para poner a disposición de empresas usuarias, con carácter temporal, trabajadores por ella contratados.

»*b*) Formalizar contratos de puesta a disposición para la realización de actividades y trabajos que por su especial peligrosidad para la seguridad o la salud se determinen reglamentariamente.

»*c*) Ceder trabajadores con contrato temporal a otra empresa de trabajo temporal o a otras empresas para su posterior cesión a terceros.

»4. Constituye infracción administrativa leve de las empresas usuarias la prevista en el artículo 20.1.*b*) de la presente Ley [léase art. 19.1.*b*) LISOS, conforme a la redacción dada por la Ley 35/2010, de 17 de diciembre].

»5. Constituyen infracciones administrativas graves de las empresas usuarias las previstas en el artículo 20.2 de la presente Ley [léase art. 18.2 LISOS].

»6. Constituyen infracciones muy graves de las empresas usuarias:

»*a*) Formalizar contratos de puesta a disposición con empresas de trabajo temporal que no estén válidamente constituidas como tales según la legislación del Estado de establecimiento o que no reúnan los requisitos exigidos por la citada legislación para poner a disposición de empresas usuarias, con carácter temporal, trabajadores por ellas contratados.

»*b*) Las previstas en el artículo 20.3 de la presente Ley [léase art. 19.3 LISOS, conforme a la redacción dada por la Ley 35/2010, de 17 de diciembre].

»*Art. 25. Sanciones.*—1. Las infracciones tipificadas y calificadas conforme a lo dispuesto en esta Sección serán sancionadas según lo establecido en la Real Decreto Legislativo 5/2000, de 4 de agosto, de Infracciones y Sanciones en el Orden Social.

»2. Sin perjuicio de lo establecido en el artículo 39 de la Ley de Infracciones y Sanciones de Orden Social, la reincidencia de las empresas de trabajo temporal establecidas en otros Estados miembros de la Unión Europea o con Estados signatarios del Acuerdo sobre el Espacio Económico Europeo en la comisión de infracciones tipificadas como muy graves en el artículo 24.3 de la presente Ley podrá dar lugar a la prohibición durante un año de la puesta a disposición de trabajadores a empresas usuarias establecidas o que ejerzan su actividad en España o, si dicha sanción se impone en dos ocasiones, por tiempo indefinido.

»Cuando el expediente sancionador lleve aparejada la propuesta de prohibición a que se refiere el párrafo anterior, será competente para resolver el Ministro de Trabajo y Asuntos Sociales o la autoridad equivalente de las Comunidades Autónomas con competencia de ejecución de la legislación laboral.

»*Sección 2.ª*: Actividad en la Unión Europea o en el Espacio Económico Europeo de empresas de trabajo temporal españolas.

»*Art. 26. Disposiciones aplicables a la actividad transnacional de empresas de tra-*

bajo temporal españolas.—1. Las empresas de trabajo temporal que dispongan de autorización administrativa de acuerdo con lo dispuesto en la presente Ley podrán poner a sus trabajadores a disposición de empresas usuarias establecidas o que ejerzan su actividad en otros Estados miembros de la Unión Europea o en Estados signatarios del Acuerdo sobre el Espacio Económico Europeo en los términos previstos en la legislación de tales Estados y en la presente Ley.

»El contrato de puesta a disposición entre la empresa de trabajo temporal y la empresa usuaria se regirá por lo dispuesto en el Capítulo II, a excepción de lo dispuesto en los artículos 8.*c*) y 9, que no serán de aplicación.

»2. En los supuestos a que se refiere el apartado anterior, las relaciones laborales en la empresa de trabajo temporal se regirán por lo dispuesto en el Capítulo III de la presente Ley. En todo caso, las empresas de trabajo temporal españolas deberán garantizar a sus trabajadores las condiciones de trabajo previstas en el país de desplazamiento por las normas nacionales de transposición de la Directiva 96/71/CE, del Parlamento Europeo y del Consejo, de 16 de diciembre, sobre el desplazamiento de trabajadores efectuado en el marco de una prestación de servicios, quedando sujetas a lo dispuesto en la disposición adicional primera de la Ley sobre el desplazamiento de trabajadores en el marco de una prestación de servicios.

»*Art. 27. Infracciones y sanciones.*—1. Las infracciones y sanciones de las empresas de trabajo temporal en los supuestos a que se refiere esta Sección serán las establecidas en el Capítulo V de la presente Ley y, en su caso, en el apartado 3 de la disposición adicional primera de la Ley sobre el desplazamiento de trabajadores en el marco de una prestación de servicios transnacional.

»2. Lo dispuesto en el apartado anterior no podrá dar lugar a que se sancionen las acciones u omisiones de las empresas de trabajo temporal que hayan sido ya sancionadas penal o administrativamente por los Estados cuya legislación sea aplicable a la actividad transnacional de las empresas de trabajo temporal españolas en los casos en que se aprecie identidad de sujeto, hecho y fundamento.»

»*Disp. adic. 1.ª* En todo lo no previsto en la presente Ley se aplicará la legislación laboral y de seguridad social a las relaciones existentes entre la empresa de trabajo temporal y el trabajador, y entre éste y la empresa usuaria, y la legislación civil y mercantil a las relaciones entre la empresa de trabajo temporal y la empresa usuaria.

»*Disp. adic. 2.ª Trabajos u ocupaciones de especial peligrosidad para la seguridad y la salud en el trabajo.*—1. De conformidad con lo dispuesto en el artículo 8.*b*) de esta Ley, no podrán celebrarse contratos de puesta a disposición para la realización de los siguientes trabajos en actividades de especial peligrosidad:

»*a*) Trabajos que impliquen la exposición a radiaciones ionizantes en zonas controladas según el Real Decreto 783/2001, de 6 de julio, por el que se aprueba el Reglamento sobre protección sanitaria contra radiaciones ionizantes.

»*b*) Trabajos que impliquen la exposición a agentes cancerígenos, mutagénicos o tóxicos para la reproducción, de primera y segunda categoría, según el Real Decreto 363/1995, de 10 de marzo, por el que se aprueba el Reglamento sobre notificación de sustancias nuevas y clasificación, envasado y etiquetado de sustancias peligrosas, y el Real Decreto 255/2003, de 28 de febrero, por el que se aprueba el Reglamento sobre clasificación, envasado y etiquetado de preparados peligrosos, así como sus respectivas normas de desarrollo y de adaptación al progreso técnico.

»*c*) Trabajos que impliquen la exposición a agentes biológicos de los grupos 3 y 4, según el Real Decreto 664/1997, de 12 de mayo, sobre la protección de los trabajadores contra los riesgos relacionados con la exposición a agentes biológicos durante el trabajo, así como sus normas de modificación, desarrollo y adaptación al progreso técnico.

»2. Con anterioridad al 31 de marzo de 2011, mediante los acuerdos interprofesionales o convenios colectivos a que se refiere el artículo 83 del texto refundido de la Ley del Estatuto de los Trabajadores, aprobado por Real Decreto Legislativo 1/1995, de 24 de marzo, o la negociación colectiva sectorial de ámbito estatal en las actividades de la construcción, la minería a cielo abierto y de interior, las industrias extractivas por sondeos en superficie terrestre, los trabajos en plataformas marinas, la fabricación, manipulación y utilización de explosivos, incluidos los artículos pirotécnicos y otros objetos o instrumentos que contengan explosivos y los trabajos con riesgos eléctricos en alta tensión podrán determinarse, por razones de seguridad y salud en el trabajo, limitaciones para la celebración de contratos de puesta a disposición, siempre que cumplan los siguientes requisitos:

»*a*) Deberán referirse a ocupaciones o puestos de trabajo concretos o a tareas determinadas.

»*b*) Habrán de justificarse por razón de los riesgos para la seguridad y salud en el trabajo asociados a los puestos o trabajos afectados.

»*c*) Deberán fundamentarse en un informe razonado que se acompañará a la documentación exigible para el registro, depósito y publicación del convenio o acuerdo colectivo por la autoridad laboral.

»3. Desde el 1 de abril de 2011, respetando las limitaciones que, en su caso, hubieran podido establecerse mediante la negociación colectiva conforme a lo señalado en el apartado anterior, podrán celebrarse contratos de puesta a disposición en el ámbito de las actividades antes señaladas. Sin perjuicio del cumplimiento de los requisitos establecidos legal y reglamentariamente, la celebración de contratos de puesta a disposición estará sujeta a los siguientes requisitos:

»*a*) La empresa de trabajo temporal deberá organizar de forma total o parcial sus actividades preventivas con recursos propios debidamente auditados conforme a la normativa de prevención de riesgos laborales y tener constituido un comité de seguridad y salud en el trabajo del que formen parte un número no inferior a cuatro delegados de prevención.

»*b*) El trabajador deberá poseer las aptitudes, competencias, cualificaciones y formación específica requeridas para el desempeño del puesto de trabajo, debiendo acreditarse las mismas documentalmente por la empresa de trabajo temporal.

»4. Lo establecido en los convenios o acuerdos colectivos conforme a lo señalado en el apartado 2 se entiende sin perjuicio de las reglas sobre vigencia, prórroga, denuncia y renegociación de los convenios colectivos en el Título III del texto refundido del Estatuto de los Trabajadores.

»*Disp. Adic. 3.ª* 1. Las Cooperativas, debidamente constituidas e inscritas de acuerdo con su legislación específica, podrán obtener la correspondiente autorización administrativa para operar como empresas de trabajo temporal en los términos establecidos en la presente Ley.

»A tal efecto, las Cooperativas de Trabajo Asociado podrán contratar a cuantos trabajadores precisen para ponerlos a disposición de las empresas usuarias, de conformidad con lo establecido en los artículos 6, 8 y 10 de esta Ley, aunque el número de asalariados con contrato por tiempo indefinido supere el 10 por 100 del total de sus socios.

»2. Las relaciones entre la Cooperativa que actúe como empresa de trabajo temporal y sus socios trabajadores o socios de trabajo cuya actividad consista en prestar servicios en empresas usuarias, así como las correspondientes obligaciones de Seguridad Social, se regirán por lo previsto en la legislación aplicable a dicho tipo de sociedades.

»*Disp. adic. 4.ª Validez de limitaciones o prohibiciones de recurrir a empresas de trabajo temporal.*—A partir del 1 de abril de 2011, se suprimen todas las limitaciones o prohibiciones actualmente vigentes para la celebración de contratos de puesta a disposición por las empresas de trabajo temporal, incluida la establecida en la Disposición adicional quinta de la Ley 30/2007, de 30 de octubre, de contratos del sector público, con la única excepción de lo establecido en la presente Ley. A partir de esa fecha, las limitaciones o prohibiciones que puedan ser establecidas sólo serán válidas cuando se justifiquen por razones de interés general relativas a la protección de los trabajadores cedidos por empresas de trabajo temporal, a la necesidad de garantizar el buen funcionamiento del mercado de trabajo y a evitar posibles abusos.

»Antes de la fecha señalada en el párrafo anterior, previa negociación en la Mesa General de Negociación de las Administraciones Públicas, el Gobierno establecerá los criterios funcionales de aplicación de lo dispuesto en dicho párrafo en el ámbito de dichas Administraciones.

»Las empresas de trabajo temporal no podrán realizar con las Administraciones Públicas contratos de puesta a disposición de trabajadores para la realización de tareas que, por una norma con rango de Ley, estén reservadas a los funcionarios públicos.

»*Disp. final.* Se faculta al Gobierno para dictar cuantas disposiciones sean nece-

de trabajadores contemplada en el presente artículo cuando se produzca alguna de las siguientes circunstancias: que el objeto de los contratos de servicios entre las empresas se limite a una mera puesta a disposición de los trabajadores de la empresa cedente a la empresa cesionaria, o que la empresa cedente carezca de una actividad o de una organización propia y estable, o no cuente con los medios necesarios para el desarrollo de su actividad, o no ejerzan las funciones inherentes a su condición de empresario.

3. Los empresarios, cedente y cesionario, que infrinjan lo señalado en los apartados anteriores responderán solidariamente de las obligaciones contraídas con los trabajadores y con la Seguridad Social, sin perjuicio de las demás responsabilidades, incluso penales, que procedan por dichos actos[200].

---

sarias para la aplicación y desarrollo de esta Ley.»

Téngase en cuenta que esta Ley ha sido modificada sucesivamente por las normas siguientes: Ley 63/1997, de 26 de diciembre (*BOE* de 30 de diciembre); Ley 50/1998, de 30 de diciembre (*BOE* de 31 de diciembre), de Medidas Fiscales, Administrativas y del Orden Social; Ley 29/1999, de 16 de julio (*BOE* de 17 de julio); Ley 45/1999, de 29 de noviembre (*BOE* de 30 de noviembre), sobre el desplazamiento de trabajadores en el marco de una prestación de servicios transnacional; Real Decreto Legislativo 5/2000, de 4 de agosto (*BOE* de 8 de agosto), por el que se aprueba el texto refundido de la Ley sobre Infracciones y Sanciones en el Orden Social; Ley 14/2000, de 29 de diciembre (*BOE* de 30 de diciembre), de Medidas Fiscales, Administrativas y del Orden Social; Ley 12/2001, de 9 de julio (*BOE* de 10 de julio), de medidas urgentes de reforma del mercado de trabajo para el incremento del empleo y la mejora de su calidad; Ley 43/2006, de 29 de diciembre (*BOE* de 30 de diciembre), para la mejora del crecimiento y del empleo; Ley 35/2010, de 17 de septiembre (*BOE* de 18 de septiembre), de medidas urgentes para la reforma del mercado de trabajo; RDL 8/2011, de 1 de julio (*BOE* de 7 de julio); Ley 3/2012, de 6 de julio (*BOE* de 7 de julio). V. Directiva 2008/104, de 19 de noviembre (*DOUE* de 5 de diciembre), relativa al trabajo a través de empresas de trabajo temporal.

La tipificación de infracciones administrativas, en arts. 18 y 19 LISOS [RD Legislativo 5/2000, de 4 de agosto (*BOE* de 8 de agosto)]. V. igualmente art. 42 de esta última Ley. V. también Ley 45/1999, de 29 de noviembre (*BOE* de 30 de noviembre), sobre el desplazamiento de trabajadores en el marco de una prestación de servicios transnacional; RD 4/1995, de 13 de enero (*BOE* de 1 de febrero), por el que se desarrollan las Empresas de Trabajo Temporal. V. art. 28 de la Ley 31/1995, de 8 de noviembre (*BOE* de 10 de noviembre), de Prevención de Riesgos Laborales, parcialmente trascrito en nota al art. 15.1 ET. V. art. 2.º*a*) de la Ley 36/2011, de 10 de octubre (*BOE* de 11 de octubre), Reguladora de la Jurisdicción Social, y RD 216/1999, de 5 de febrero (*BOE* de 24 de febrero), sobre disposiciones mínimas de seguridad y salud en el trabajo en el ámbito de las empresas de trabajo temporal.

[200] La cesión ilegal se califica como infracción muy grave por el art. 8.º2 LISOS [RD Legislativo 5/2000, de 4 de agosto (*BOE* de 8 de agosto)]. Art. 312.1 del Código Penal, conforme a la redacción dada por la LO 4/2000, de 11 de enero (*BOE* de 12 de enero), sobre derechos y libertades de los extranjeros en España y su integración social: «Serán castigados con las penas de prisión de dos a cinco años y multa de seis a doce meses, los que trafiquen de manera ilegal con mano de obra.» V. STC 215/2001, de 29 de octubre (*BOE* de 30 de noviembre), sobre legitimación de un sindicato para comparecer en un proceso de oficio por acta de infracción administrativa en un proceso por cesión ilegal de trabajadores.

4. Los trabajadores sometidos al tráfico prohibido tendrán derecho a adquirir la condición de fijos, a su elección, en la empresa cedente o cesionaria. Los derechos y obligaciones del trabajador en la empresa cesionaria serán los que correspondan en condiciones ordinarias a un trabajador que preste servicios en el mismo o equivalente puesto de trabajo, si bien la antigüedad se computará desde el inicio de la cesión ilegal[201].

Art. 44. *La sucesión de empresa*[202].—1. El cambio de la titularidad de una empresa, de un centro de trabajo o de una unidad productiva autónoma no extinguirá por sí mismo la relación laboral, quedando el nuevo empresario subrogado en los derechos y obligaciones laborales y de Seguridad Social del anterior, incluyendo los compromisos de pensiones, en los términos previstos en su normativa específica, y, en general, cuantas obligaciones en materia de protección social complementaria hubiera adquirido el cedente[203].

2. A los efectos de lo previsto en el presente artículo, se

---

[201] V. STC 196/2000, de 24 de julio (*BOE* de 24 de agosto), sobre despido de trabajadores tras la declaración judicial de vinculación contractual como empleados de la empresa cedente.

[202] Artículo redactado conforme a la Ley 12/2001, de 9 de julio (*BOE* de 10 de julio). Art. 127.2 de la Ley General de la Seguridad Social, texto refundido aprobado por RD Legislativo 1/1994, de 20 de junio (*BOE* de 29 de junio): «En los casos de sucesión en la titularidad de la explotación, industria o negocio, el adquirente responderá solidariamente con el anterior o con sus herederos del pago de las prestaciones causadas antes de dicha sucesión [...]. Reglamentariamente se regulará la expedición de certificados por la Administración de la Seguridad Social que impliquen garantía de no responsabilidad para los adquirentes.» Para la responsabilidad por las cotizaciones, v. art. 104.1 de esta misma Ley. Para el caso singular del personal de alta dirección, v. art. 10.3.*d*) del RD 1.382/1985, de 1 de agosto, trascrito en Apéndice. V. también arts. 49.1.*g*) y 51.11 ET y art. 328 del Código Penal. Asimismo, Directiva 2001/23, de 12 de marzo (*DOCE* de 22 de marzo), sobre la aproximación de las legislaciones de los Estados miembros relativas al mantenimiento de los derechos de los trabajadores en caso de traspaso de la empresa, centro de trabajo o de parte del centro de trabajo. Para el supuesto de las cooperativas, v. art. 86 de la Ley 27/1999, de 16 de julio (*BOE* de 17 de julio), de Cooperativas.

[203] Para las situaciones de concurso de acreedores, v. arts. 100.2 y 149.2 de la Ley 22/2003, de 9 de julio (*BOE* de 10 de julio), Concursal, modificada por la Ley 38/2011, de 10 de octubre (*BOE* de 11 de octubre):

Art. 100.2: «La propuesta de convenio podrá contener, además, proposiciones alternativas para todos o algunos de los acreedores, incluidas las ofertas de conversión del crédito en acciones, participaciones o cuotas sociales, o en créditos participativos.

»También podrán incluirse en la propuesta de convenio proposiciones de enajenación, bien del conjunto de bienes y derechos del concursado afectos a su actividad empresarial o profesional o de determinadas unidades productivas a favor de una persona natural o jurídica determinada.

»Las proposiciones incluirán necesariamente la asunción por el adquirente de la continuidad de la actividad empresarial o profesional propia de las unidades productivas a las que afecte y del pago de los créditos de los acreedores, en los términos expresados en la propuesta de convenio. En estos casos, deberán ser oídos los representantes legales de los trabajadores.»

Art. 149.2: «Cuando, como consecuencia de la enajenación a que se refiere la regla 1.ª del apartado anterior, una entidad

considerará que existe sucesión de empresa cuando la transmisión afecte a una entidad económica que mantenga su identidad, entendida como un conjunto de medios organizados a fin de llevar a cabo una actividad económica, esencial o accesoria.

3. Sin perjuicio de lo establecido en la legislación de la Seguridad Social, el cedente y el cesionario, en las transmisiones que tengan lugar por actos *inter vivos*, responderán solidariamente durante tres años de las obligaciones laborales nacidas con anterioridad a la transmisión y que no hubieran sido satisfechas.

El cedente y el cesionario también responderán solidariamente de las obligaciones nacidas con posterioridad a la transmisión, cuando la cesión fuese declarada delito.

4. Salvo pacto en contrario, establecido una vez consumada la sucesión mediante acuerdo de empresa entre el cesionario y los representantes de los trabajadores, las relaciones laborales de los trabajadores afectados por la sucesión seguirán rigiéndose por el convenio colectivo que en el momento de la transmisión fuere de aplicación en la empresa, centro de trabajo o unidad productiva autónoma transferida.

Esta aplicación se mantendrá hasta la fecha de expiración del convenio colectivo de origen o hasta la entrada en vigor de otro convenio colectivo nuevo que resulte aplicable a la entidad económica transmitida.

5. Cuando la empresa, el centro de trabajo o la unidad productiva objeto de la transmisión conserve su autonomía, el cambio de titularidad del empresario no extinguirá por sí mismo el mandato de los representantes legales de los trabajadores, que seguirán ejerciendo sus funciones en los mismos términos y bajo las mismas condiciones que regían con anterioridad.

6. El cedente y el cesionario deberán informar a los representantes legales de sus trabajadores respectivos afectados por el cambio de titularidad de los siguientes extremos:

a) Fecha prevista de la transmisión.

b) Motivos de la transmisión.

c) Consecuencias jurídicas, económicas y sociales, para los trabajadores, de la transmisión, y

d) Medidas previstas respecto de los trabajadores.

---

económica mantenga su identidad, entendida como un conjunto de medios organizados a fin de llevar a cabo una actividad económica esencial o accesoria, se considerará, a los efectos laborales, que existe sucesión de empresa. En tal caso, el juez podrá acordar que el adquirente no se subrogue en la parte de la cuantía de los salarios o indemnizaciones pendientes de pago anteriores a la enajenación que sea asumida por el Fondo de Garantía Salarial de conformidad con el artículo 33 del Estatuto de los Trabajadores. Igualmente, para asegurar la viabilidad futura de la actividad y el mantenimiento del empleo, el cesionario y los representantes de los trabajadores podrán suscribir acuerdos para la modificación de las condiciones colectivas de trabajo.»

7. De no haber representantes legales de los trabajadores, el cedente y el cesionario deberán facilitar la información mencionada en el apartado anterior a los trabajadores que pudieren resultar afectados por la transmisión[204].

8. El cedente vendrá obligado a facilitar la información mencionada en los apartados anteriores con la suficiente antelación, antes de la realización de la transmisión. El cesionario estará obligado a comunicar estas informaciones con la suficiente antelación y, en todo caso, antes de que sus trabajadores se vean afectados en sus condiciones de empleo y de trabajo por la transmisión.

En los supuestos de fusión y escisión de sociedades, el cedente y el cesionario habrán de proporcionar la indicada información, en todo caso, al tiempo de publicarse la convocatoria de las juntas generales que han de adoptar los respectivos acuerdos.

9. El cedente o el cesionario que previere adoptar, con motivo de la transmisión, medidas laborales en relación con sus trabajadores vendrá obligado a iniciar un período de consultas con los representantes legales de los trabajadores sobre las medidas previstas y sus consecuencias para los trabajadores. Dicho período de consultas habrá de celebrarse con la suficiente antelación, antes de que las medidas se lleven a efecto. Durante el período de consultas, las partes deberán negociar de buena fe, con vistas a la consecución de un acuerdo. Cuando las medidas previstas consistieren en traslados colectivos o en modificaciones sustanciales de las condiciones de trabajo de carácter colectivo, el procedimiento del período de consultas al que se refiere el apartado anterior se ajustará a lo establecido en los artículos 40.2 y 41.4 de la presente Ley.

10. Las obligaciones de información y consulta establecidas en el presente artículo se aplicarán con independencia de que la decisión relativa a la transmisión haya sido adoptada por los empresarios cedente y cesionario o por las empresas que ejerzan el control sobre ellos. Cualquier justificación de aquéllos basada en el hecho de que la empresa que tomó la decisión no les ha facilitado la información necesaria no podrá ser tomada en consideración a tal efecto.

SECCIÓN 3.ª

Suspensión del contrato

Art. 45. *Causas y efectos de la suspensión.*—1. El contrato de trabajo podrá suspenderse por las siguientes causas:

[204] Se califica como infracción administrativa grave el incumplimiento de este deber de información [art. 7.º11 LISOS, redactado por la Ley 12/2001, de 9 de julio (*BOE* de 10 de julio)].

a) Mutuo acuerdo de las partes[205].

b) Las consignadas válidamente en el contrato.

c) Incapacidad temporal de los trabajadores[206].

d) Maternidad, paternidad, riesgo durante el embarazo, riesgo durante la lactancia natural de un menor de nueve meses y adopción o acogimiento, tanto preadoptivo como permanente o simple, de conformidad con el Código Civil o las leyes civiles de las Comunidades Autónomas que lo regulen, siempre que su duración no sea inferior a un año, aunque éstos sean provisionales, de menores de seis años o de menores de edad que sean mayores de seis años cuando se trate de menores discapacitados o que por sus circunstancias y experiencias personales o por provenir del extranjero, tengan especiales dificultades de inserción social y familiar debidamente acreditadas por los servicios sociales competentes[207].

---

[205] Sobre la posible suspensión del contrato como consecuencia de la celebración de un contrato de trabajo especial de alta dirección, v. art. 9.º del RD 1.382/1985, de 1 de agosto (*BOE* de 12 de agosto), por el que se regula la relación laboral de carácter especial del personal de alta dirección, recogido en Apéndice a esta obra.

[206] V. arts. 48.2 y 49.1.*e*) ET. Art. 131.1 de la Ley General de Seguridad Social, texto refundido aprobado por RD Legislativo 1/1994, de 20 de junio (*BOE* de 29 de junio):

«1. El subsidio se abonará, en caso de accidente de trabajo o enfermedad profesional, desde el día siguiente al de la baja en el trabajo, estando a cargo del empresario el salario íntegro correspondiente al día de la baja.

»En caso de enfermedad común o de accidente no laboral, el subsidio se abonará, respectivamente, a partir del décimo sexto día de baja en el trabajo ocasionada por la enfermedad o el accidente, estando a cargo del empresario el abono de la prestación al trabajador desde los días cuarto al decimoquinto de baja, ambos inclusive.»

V. SSTC 37/1994, de 10 de febrero (*BOE* de 17 de marzo), y 129/1994, de 5 de mayo (*BOE* de 31 de mayo), sobre constitucionalidad de este último precepto.

V. RD 576/1997, de 18 de abril (*BOE* de 24 de abril), por el que se regulan determinados aspectos de la gestión y control de la prestación económica de la Seguridad Social por incapacidad temporal.

La Ley 13/1982, de 7 de abril (*BOE* de 30 de abril), de integración social de los minusválidos —y RD 1.451/1983, de 11 de mayo (*BOE* de 4 de junio), sobre medidas de empleo selectivo y fomento del empleo de minusválidos—, establece el momento y condiciones de la reincorporación del trabajador una vez recuperada total o parcialmente su capacidad laboral, este último trascrito en nota al art. 49.1.*e*) ET.

[207] Letra *d*) conforme a la redacción dada por la LO 3/2007, de 22 de marzo (*BOE* de 23 de marzo), para la igualdad efectiva de mujeres y hombres. V. arts. 46.3 y 48.4 y 5 ET; Convenio OIT n.º 103, ratificado por España por Instrumento de 26 de mayo de 1965 (*BOE* de 31 de agosto de 1966), sobre protección de la maternidad; Directiva 92/85, de 19 de octubre de 1992 (*DOCE* de 28 de noviembre), relativa a la aplicación de medidas para promover la mejora de la seguridad y la salud en el trabajo de la trabajadora que haya dado a luz o en período de lactancia. Para el tratamiento correspondiente en materia de Seguridad Social, v. arts. 133 bis ss. LGSS, conforme a la redacción dada por la Ley 39/1999, de 5 de noviembre; RD 292/2009, de 6 de marzo (*BOE* de 21 de marzo), por el que se regulan las prestaciones económicas del Sistema de Seguridad Social por maternidad, paternidad, riesgo durante el embarazo y riesgo durante la lactancia natural. Para los trabajadores a tiempo parcial, v. RD 1.131/2002, de 31 de octubre (*BOE* de 27 de noviembre), por el que se regula la Seguridad

e) *Cumplimiento del servicio militar o de la prestación social sustitutoria*[208].

f) Ejercicio de cargo público representativo.

g) Privación de libertad del trabajador, mientras no exista sentencia condenatoria.

h) Suspensión de sueldo y empleo, por razones disciplinarias.

i) Fuerza mayor temporal.

j) Causas económicas, técnicas, organizativas o de producción.

k) Excedencia forzosa.

l) Por el ejercicio del derecho de huelga[209].

m) Cierre legal de la empresa[210].

n) Por decisión de la trabajadora que se vea obligada a aban-

---

Social de los trabajadores contratados a tiempo parcial, así como la jubilación parcial. V. Ley 21/1987, de 11 de noviembre (*BOE* de 17 de noviembre), por la que se modifican determinados artículos del Código Civil y de la Ley de Enjuiciamiento Civil en materia de adopción; STC 161/2004, de 4 de octubre (*BOE* de 9 de noviembre), sobre discriminación por razón de sexo por suspensión del contrato de trabajo a causa de embarazo sin evaluación previa de riesgos seguida de posible cambio de tareas.

[208] Causa de suspensión desaparecida al suprimirse tanto el servicio militar como la prestación social sustitutoria. V. RD 247/2001, de 9 de marzo (*BOE* de 10 de marzo), por el que se adelanta la suspensión del servicio militar, y RD 342/2001, de 4 de abril (*BOE* de 17 de abril), por el que se suspende la prestación social sustitutoria del servicio militar.

[209] V. nota al art. 4.1.*e*) ET.

[210] Desarrollado por el RDL 17/1977, de 4 de marzo (*BOE* de 9 de marzo), sobre Relaciones de Trabajo:

«CAPÍTULO II: *Cierre patronal.*

»*Art. 12.* 1. Los empresarios sólo podrán proceder al cierre del centro de trabajo en caso de huelga o cualesquiera otra modalidad de irregularidad colectiva en el régimen de trabajo, cuando concurra alguna de las circunstancias que siguen:

»a) Existencia de notorio peligro de violencia para las personas o de daños graves para las cosas.

»*b*) Ocupación ilegal del centro de trabajo o de cualquiera de sus dependencias, o peligro cierto de que ésta se produzca.

»*c*) Que el volumen de la inasistencia o irregularidades en el trabajo impidan gravemente el proceso normal de producción.

»2. El cierre patronal, efectuado dentro de los términos establecidos en el presente Real Decreto-Ley, producirá respecto al personal afectado los efectos previstos en los párrafos 1, 2 y 3 del artículo 6 del mismo.

»*Art. 13.* 1. El empresario que al amparo de lo prevenido en el artículo anterior procediera al cierre del centro de trabajo, deberá ponerlo en conocimiento de la Autoridad laboral en el término de doce horas.

»2. El cierre de los centros de trabajo se limitará al tiempo indispensable para asegurar la reanudación de la actividad de la empresa, o para la remoción de las causas que lo motivaron.

»*Art. 14.* El empresario que hubiera acordado el cierre del centro de trabajo al amparo de lo prevenido en el artículo 12 y que no lo hubiera reabierto a iniciativa propia o instancia de los trabajadores, deberá hacerlo, dando opción a su personal a reintegrarse a la actividad laboral, cuando fuera requerido a tales fines por la Autoridad laboral, en el plazo que establezca el propio requerimiento, incurriendo en caso contrario en las sanciones previstas en el artículo 15.

»CAPÍTULO III: *Sanciones.*

»*Art. 15.* El empresario que procediera al cierre del centro de trabajo, salvo en los supuestos previstos en el artículo 12, será sancionado en la forma y por los órganos que establece el artículo 33 de la Ley de Relaciones Laborales.

»Las sanciones que establece dicho artículo se entienden sin perjuicio de la obligación empresarial de reabrir el centro de trabajo ilícitamente cerrado y de abono a los trabajadores que hayan dejado de prestar sus servicios como consecuen-

donar su puesto de trabajo como consecuencia de ser víctima de violencia de género[211].

2. La suspensión exonera de las obligaciones recíprocas de trabajar y remunerar el trabajo[212].

Art. 46. *Excedencias.*—1. La excedencia podrá ser voluntaria o forzosa. La forzosa, que dará derecho a la conservación del puesto y al cómputo de la antigüedad de su vigencia, se concederá por la designación o elección para un cargo público que imposibilite la asistencia al trabajo. El reingreso deberá ser solicitado dentro del mes siguiente al cese en el cargo público[213].

2. El trabajador con al menos una antigüedad en la empresa de un año tiene derecho a que se le reconozca la posibilidad de situarse en excedencia voluntaria por un plazo no menor a cuatro meses y no mayor a cinco años. Este derecho sólo podrá ser ejercitado otra vez por el mismo trabajador si han transcurrido cuatro años desde el final de la anterior excedencia[214].

3. Los trabajadores tendrán derecho a un período de excedencia de duración no superior a tres años para atender al cuidado de cada hijo, tanto cuando lo sea por naturaleza, como por adopción, o en los supuestos de acogimiento, tanto permanente como preadoptivo, aunque éstos sean provisionales, a contar desde la fecha de nacimiento o, en su caso, de la resolución judicial o administrativa[215].

También tendrán derecho a un período de excedencia, de duración no superior a dos años, salvo que se establezca una duración mayor por negociación colectiva, los trabajadores para atender al cuidado de un familiar hasta el segundo grado de consanguinidad o afinidad, que por razones de edad, accidente, enfermedad o discapacidad no pueda va-

---

cia del cierre del centro de trabajo los salarios devengados durante el período de cierre ilegal.»

La referencia al art. 33 de la Ley de Relaciones Laborales actualmente hay que entenderla hecha al art. 8.º9 LISOS [RD Legislativo 5/2000, de 4 de agosto (*BOE* de 8 de agosto)], que califica tal conducta como infracción muy grave. V. también SSTC de 11/1981, de 8 de abril (*BOE* de 25 de abril), y 72/1982, de 2 de diciembre (*BOE* de 29 de diciembre).

211 Letra *n*) introducida por la LO 1/2004, de 28 de diciembre (*BOE* de 29 de diciembre), de medidas de protección integral contra la violencia de género.

212 Para los contratos de duración determinada, v. RD 2.720/1998, de 18 de diciembre (*BOE* de 8 de enero de 1999), cuyo art. 7.º dispone que la suspensión «no comportará la ampliación de su duración, salvo pacto en contrario.»

213 Otro tipo de excedencia se encuentra en el art. 37.3.*d*) ET. V. también art. 48.3 ET. Para la excedencia por incompatibilidad de trabajos en el sector público, cfr. art. 10 de la Ley 53/1984, de 26 de diciembre (*BOE* de 4 de enero de 1985).

214 Apartado conforme a la LO 3/2007, de 22 de marzo (*BOE* de 23 de marzo), para la igualdad efectiva de mujeres y hombres.

215 Apartado redactado conforme a la LO 3/2007, de 22 de marzo (*BOE* de 23 de marzo), para la igualdad efectiva de mujeres y hombres. V. STC 233/2007, de 5 de noviembre (*BOE* de 10 de diciembre), sobre supuesta vulneración del derecho a no ser discriminada por razón de sexo tras reintegración por excedencia: inexistencia de postergación profesional a causa de maternidad.

lerse por sí mismo, y no desempeñe actividad retribuida[216].

La excedencia contemplada en el presente apartado, cuyo período de duración podrá disfrutarse de forma fraccionada, constituye un derecho individual de los trabajadores, hombres o mujeres. No obstante, si dos o más trabajadores de la misma empresa generasen este derecho por el mismo sujeto causante, el empresario podrá limitar su ejercicio simultáneo por razones justificadas de funcionamiento de la empresa[217].

Cuando un nuevo sujeto causante diera derecho a un nuevo período de excedencia, el inicio de la misma dará fin al que, en su caso, se viniera disfrutando.

El período en que el trabajador permanezca en situación de excedencia conforme a lo establecido en este artículo será computable a efectos de antigüedad y el trabajador tendrá derecho a la asistencia a cursos de formación profesional, a cuya participación deberá ser convocado por el empresario, especialmente con ocasión de su reincorporación. Durante el primer año tendrá derecho a la reserva de su puesto de trabajo. Transcurrido dicho plazo, la reserva quedará referida a un puesto de trabajo del mismo grupo profesional o categoría equivalente[218].

No obstante, cuando el trabajador forme parte de una familia que tenga reconocida oficialmente la condición de familia numerosa, la reserva de su puesto de trabajo se extenderá hasta un máximo de quince meses cuando se trate de una familia numerosa de categoría general, y hasta un máximo de dieciocho meses si se trata de categoría especial[219].

4. Asimismo podrán solicitar su paso a la situación de excedencia en la empresa los trabajadores que ejerzan funciones sindicales de ámbito provincial o superior mientras dure el ejercicio de su cargo representativo[220].

---

[216] Apartado conforme a la LO 3/2007, de 22 de marzo (*BOE* de 23 de marzo), para la igualdad efectiva de mujeres y hombres.

[217] Párrafo introducido conforme a la LO 3/2007, de 22 de marzo (*BOE* de 23 de marzo), para la igualdad efectiva de mujeres y hombres.

[218] Apartado 3 de este artículo redactado conforme a la Ley 39/1999, de 5 de noviembre. V. disp. adic. 14.ª y disp. trans. 11.ª ET. V. Directiva 2010/18/UE del Consejo, de 8 de marzo (*DOUE* de 18 de marzo), relativa al Acuerdo marco revisado sobre el permiso parental celebrado entre Businesseurope, la UEAPME, el CEEP y la CES; Directiva 97/75/CE, de 15 de diciembre de 1997 (*DOCE* de 16 de enero de 1998), por la que se modifica y amplía al Reino Unido de Gran Bretaña e Irlanda del Norte la Directiva anterior; STC 240/99, de 20 de diciembre, sobre carácter discriminatorio de la denegación de la excedencia por cuidado de hijos por tratarse de funcionaria interina.

[219] Párrafo 6.º de este apartado redactado conforme a la Ley 40/2003, de 18 de noviembre (*BOE* de 19 de noviembre).

[220] V. arts. 48.3 ET y 9.º1.*b*) de la LO 11/1985, de 1 de agosto (*BOE* de 8 de agosto), de Libertad Sindical; SSTC 99/1987, de 11 de junio (*BOE* de 26 de junio), sobre la inconstitucionalidad de la concesión de la excedencia en exclusiva a los cargos de sindicatos más representativos, respecto de los funcionarios públicos; 263/1994, de 3 de octubre (*BOE* de 8 de noviembre), sobre razonabilidad de la diferencia entre excedencia forzosa para los cargos de sindicatos más representativos y excedencia voluntaria para los cargos

5. El trabajador excedente conserva sólo un derecho preferente al reingreso en las vacantes de igual o similar categoría a la suya que hubiera o se produjeran en la empresa[221].

6. La situación de excedencia podrá extenderse a otros supuestos colectivamente acordados, con el régimen y los efectos que allí se prevean[222].

Art. 47. *Suspensión del contrato o reducción de jornada por causas económicas, técnicas, organizativas o de producción o derivadas de fuerza mayor*[223].—1. El empresario podrá suspender el con-

---

del resto de los sindicatos; 18/2003, de 30 de enero (*BOE* de 5 de marzo), sobre derecho del funcionario público cargo sindical a la situación equivalente a la excedencia laboral, con reserva de plaza y destino y antigüedad.

221 Sobre la adopción de medidas judiciales en el caso de imposibilidad de hecho de reincorporación del trabajador, v. STC 33/1986, de 21 de febrero (*BOE* de 21 de marzo).

222 Para la inconstitucionalidad de la excedencia obligatoria con ocasión del matrimonio, v. SSTC 67/1982, de 15 de noviembre (*BOE* de 10 de diciembre); 7/1983, de 14 de febrero (*BOE* de 9 de marzo); 8/1983, de 18 de febrero (*BOE* de 9 de marzo); 8/1983, de 18 de febrero (*BOE* de 23 de marzo); 13/1983, de 23 de febrero (*BOE* de 23 de marzo); 15/1983, de 4 de marzo (*BOE* de 12 de abril), y 86/1983, de 26 de octubre (*BOE* de 7 de noviembre). Sobre la nulidad radical de la no readmisión en estos casos, STC 66/1993, de 1 de marzo (*BOE* de 1 de abril).

223 Artículo redactado conforme a la Ley 3/2012, de 6 de julio (*BOE* de 7 de julio). Para la inaplicación de este precepto a los organismos públicos, disp. adic. 21.ª ET. V. arts. 68.*b*) y 85.1 ET. Para las situaciones de concurso de acreedores, v. art. 64 de la Ley 22/2003, de 9 de julio (*BOE* de 10 de julio), Concursal, precepto trascrito en nota al art. 51.10 ET.

Conforme a los arts. 15 y 16 de la Ley 3/2012, de 6 de julio (*BOE* de 11 de febrero):

«*Art. 15. Medidas de apoyo a la suspensión de contratos y a la reducción de jornada.*—1. Las empresas tendrán derecho a una bonificación del 50 por 100 de las cuotas empresariales a la Seguridad Social por contingencias comunes, devengadas por los trabajadores en situaciones de suspensión de contrato o reducción temporal de jornada por causas económicas, técnicas, organizativas o de producción o fuerza mayor, incluidas las suspensiones de contratos colectivas tramitadas de conformidad con la legislación concursal. La duración de la bonificación será coincidente con la situación de desempleo del trabajador, sin que en ningún caso pueda superar los doscientos cuarenta días por trabajador.

»2. Para la obtención de la bonificación será requisito necesario que el empresario se comprometa a mantener en el empleo a los trabajadores afectados durante al menos un año con posterioridad a la finalización de la suspensión o reducción. En caso de incumplimiento de esta obligación, deberá reintegrar las bonificaciones aplicadas respecto de dichos trabajadores, sin perjuicio de la aplicación de lo establecido en el Texto Refundido de la Ley sobre Infracciones y Sanciones en el Orden Social, aprobado por Real Decreto Legislativo 5/2000, de 4 de agosto.

»No se considerará incumplida esta obligación cuando el contrato de trabajo se extinga por despido disciplinario declarado como procedente, dimisión, muerte, jubilación o incapacidad permanente total, absoluta o gran invalidez del trabajador.

»Las empresas que hayan extinguido o extingan por despido reconocido o declarado improcedente o por despido colectivo contratos a los que se haya aplicado la bonificación establecida en este artículo quedarán excluidas por un período de doce meses de la aplicación de bonificaciones en las cuotas de la Seguridad Social. La citada exclusión afectará a un número de contratos igual al de las extinciones producidas. El período de exclusión se contará a partir del reconocimiento o de la declaración de improcedencia del despido o de la extinción derivada del despido colectivo.

trato de trabajo por causas económicas, técnicas, organizativas o de producción.

Se entiende que concurren causas económicas cuando de los resultados de la empresa se desprenda

---

»3. Será de aplicación lo establecido en el artículo 1.3 y 1.4 de la Ley 43/2006, de 29 de diciembre, para la mejora del crecimiento y del empleo, así como los requisitos regulados en el artículo 5, las exclusiones establecidas en las letras *a*) y *b*) del artículo 6.1, y lo dispuesto en su artículo 9 sobre reintegro de los beneficios.

»4. Las bonificaciones a las que se refiere este artículo serán compatibles con otras ayudas públicas previstas con la misma finalidad, incluidas las reguladas en el Programa de fomento de empleo, sin que en ningún caso la suma de las bonificaciones aplicables pueda superar el 100 por 100 de la cuota empresarial a la Seguridad Social.

»5. Lo dispuesto en este artículo será aplicable a las suspensiones de contratos de trabajo o reducciones de jornada que se inicien desde el 1 de enero de 2012 hasta el 31 de diciembre de 2013.

»6. El Servicio Público de Empleo Estatal llevará a cabo un seguimiento trimestral de la bonificación establecida en este artículo, para garantizar que se cumplen los requisitos y finalidad de la misma.

»*Art. 16. Reposición del derecho a la prestación por desempleo*.—1. Cuando una empresa, en virtud del artículo 47 del Texto Refundido de la Ley del Estatuto de los Trabajadores o de un procedimiento concursal, haya suspendido contratos de trabajo, de forma continuada o no, o haya reducido el número de días u horas de trabajo, y posteriormente se extingan contratos al amparo de los artículos 51 ó 52.*c*) del Texto Refundido de la Ley del Estatuto de los Trabajadores, o del artículo 64 de la Ley 22/2003, de 9 de julio, Concursal, los trabajadores afectados tendrán derecho a la reposición de la duración de la prestación por desempleo de nivel contributivo por el mismo número de días que hubieran percibido el desempleo total o parcial en virtud de aquellas suspensiones o reducciones con un límite máximo de ciento ochenta días, siempre que se cumplan las siguientes condiciones:

»*a*) Que las suspensiones o reducciones de jornada se hayan producido entre el 1 de enero de 2012 y el 31 de diciembre de 2012, ambos inclusive.

»*b*) Que el despido se produzca entre el 12 de febrero de 2012 y el 31 de diciembre de 2013.

»2. La reposición prevista en el apartado 1 de este artículo será de aplicación cuando en el momento de la extinción de la relación laboral:

»*a*) Se reanude el derecho a la prestación por desempleo.

»*b*) Se opte por la reapertura del derecho a la prestación por desempleo inicial, en ejercicio del derecho de opción previsto en el artículo 210.3 del Texto Refundido de la Ley General de la Seguridad Social, aprobado por Real Decreto Legislativo 1/1994, de 20 de junio.

»*c*) Se haya agotado la prestación por desempleo durante la suspensión o la reducción de jornada y no se haya generado un nuevo derecho a prestación por desempleo contributiva.

»3. La reposición prevista en este artículo se aplicará al mismo derecho a la prestación por desempleo que se consumió durante la suspensión temporal o reducción temporal de la jornada de trabajo.

»La base de cotización y la cuantía a percibir, durante el período de la reposición, serán las mismas que las que correspondieron a los períodos objeto de la reposición.

»4. El derecho a la reposición se reconocerá de oficio por la entidad gestora en los supuestos en los que se solicite la reanudación o reapertura de la prestación por desempleo.

»En los supuestos en que esté agotado el derecho se deberá solicitar la reposición, siendo de aplicación lo establecido en el artículo 209 de la Ley General de la Seguridad Social.

»5. Las ayudas reconocidas en concepto de reposición de prestaciones por desempleo a los trabajadores incluidos en los planes de apoyo para facilitar el ajuste laboral de los sectores afectados por cambios estructurales del comercio mundial, conforme a lo previsto en los citados planes de apoyo y

una situación económica negativa, en casos tales como la existencia de pérdidas actuales o previstas, o la disminución persistente de su nivel de ingresos ordinarios o ventas. En todo caso, se entenderá que la dis-

---

en la Orden de 5 de abril de 1995 por la que se determinan las ayudas que podrá conceder el Ministerio de Trabajo y Seguridad Social a trabajadores afectados por procesos de reconversión y/o reestructuración de empresas, no serán acumulables a la reposición de prestaciones establecida en este artículo.»

Para la protección por desempleo en estos casos, v. arts. 203 ss. de la Ley General de la Seguridad Social, conforme a la redacción de la Ley 35/2010, de 17 de septiembre (*BOE* de 18 de septiembre). Para las medidas de apoyo a la reducción de jornada, Ley 27/2009, de 30 de diciembre, modificada por la Ley 35/2010, de 17 de septiembre (*BOE* de 18 de septiembre):

«*Art. 1.º Bonificación en la cotización empresarial a la Seguridad Social en los supuestos de regulaciones temporales de empleo.*—1. Las empresas tendrán derecho a una bonificación del 50 por 100 de las cuotas empresariales a la Seguridad Social por contingencias comunes, devengadas por los trabajadores en situaciones de suspensión de contrato o reducción temporal de jornada que hayan sido autorizadas en expedientes de regulación de empleo, incluidas las suspensiones de contratos colectivas tramitadas de conformidad con la legislación concursal. La duración de la bonificación será coincidente con la situación de desempleo del trabajador, sin que en ningún caso pueda superar los doscientos cuarenta días por trabajador.

»2. Para la obtención de la bonificación será requisito necesario que el empresario se comprometa a mantener en el empleo a los trabajadores afectados durante al menos un año con posterioridad a la finalización de la suspensión o reducción autorizada. En caso de incumplimiento de esta obligación, deberá reintegrar las bonificaciones aplicadas respecto de dichos trabajadores, sin perjuicio de la aplicación de lo establecido en la Ley de Infracciones y Sanciones en el Orden Social, texto refundido aprobado por Real Decreto Legislativo 5/2000, de 4 de agosto.

»No se considerará incumplida esta obligación cuando el contrato de trabajo se extinga por despido disciplinario declarado como procedente, por dimisión, muerte, jubilación o incapacidad permanente total, absoluta o gran invalidez del trabajador.

»Las empresas que hayan extinguido o extingan por despido reconocido o declarado improcedente o por despido colectivo contratos a los que se haya aplicado la bonificación establecida en este artículo quedarán excluidas por un período de doce meses de las bonificaciones establecidas en el Programa de Fomento del Empleo regulado en la Ley 43/2006, de 29 de diciembre, para la mejora del crecimiento y del empleo. La citada exclusión afectará a un número de contratos igual al de las extinciones producidas. El período de exclusión se contará a partir del reconocimiento o de la declaración de improcedencia del despido o de la extinción derivada del despido colectivo.

»2 bis. No obstante lo establecido en los apartados anteriores, el derecho a la bonificación del 50 por 100 de las cuotas empresariales a la Seguridad Social por contingencias comunes, considerado en el apartado 1 anterior, será ampliado hasta el 80 por 100, cuando la empresa, en los procedimientos de regulación de empleo que hayan concluido con acuerdo, incluya medidas para reducir los efectos de la regulación temporal de empleo entre los trabajadores afectados, tales como acciones formativas durante el período de suspensión de contratos o de reducción de jornada cuyo objetivo sea aumentar la polivalencia del trabajador o incrementar su empleabilidad, medidas de flexibilidad interna en la empresa que favorezcan la conciliación de la vida familiar y profesional o cualquier otra medida alternativa o complementaria dirigida a favorecer el mantenimiento del empleo en la empresa.

»Todo ello con los límites y las condiciones establecidos en los apartados anteriores, si bien el compromiso de mantenimiento del empleo de los trabajadores a que se refiere el apartado 2 será de seis meses cuando se trate de acuerdos concluidos con posterioridad a la entrada en vigor de la Ley de Medidas Urgentes para la Reforma del Mercado de Trabajo.

minución es persistente si durante dos trimestres consecutivos el nivel de ingresos ordinarios o ventas de cada trimestre es inferior al registrado en el mismo trimestre del año anterior.

Se entiende que concurren causas técnicas cuando se produzcan cambios, entre otros, en el ámbito de los medios o instrumentos de producción; causas organizativas cuando se produzcan cambios, entre otros, en el ámbito de los sistemas y métodos de trabajo del personal o en el modo de organizar la producción y causas productivas cuando se produzcan cambios, entre otros, en la demanda de los productos o servicios que la empresa pretende colocar en el mercado.

El procedimiento, que será aplicable cualquiera que sea el número de trabajadores de la empresa y del número de afectados por la suspensión, se iniciará mediante comunicación a la autoridad laboral competente y la apertura simultánea de un período de consultas con los representantes legales de los trabajadores de duración no superior a quince días.

La autoridad laboral dará traslado de la comunicación empresarial a la entidad gestora de las prestaciones por desempleo y recabará informe preceptivo de la Inspección de Trabajo y Seguridad Social sobre los extremos de dicha comunicación y sobre el desarrollo del período de consultas. El informe deberá ser evacuado en el improrrogable plazo de quince días desde la notificación a la autoridad laboral de la finalización del período de consultas y quedará incorporado al procedimiento.

En los supuestos de ausencia de representación legal de los trabajadores en la empresa, éstos podrán atribuir su representación a una comisión designada conforme a lo dispuesto en el artículo 41.4.

Cuando el período de consultas finalice con acuerdo se presumirá

»3. Será de aplicación lo establecido en el artículo 1.3 y 1.4 de la Ley 43/2006, de 29 de diciembre, para la mejora del crecimiento y del empleo, así como los requisitos regulados en el artículo 5, las exclusiones establecidas en las letras *a*) y *b*) del artículo 6.1, y lo dispuesto en su artículo 9 sobre reintegro de los beneficios.

»4. Las bonificaciones a las que se refiere este artículo serán compatibles con otras ayudas públicas previstas con la misma finalidad, incluidas las reguladas en el Programa de fomento de empleo, sin que en ningún caso la suma de las bonificaciones aplicables pueda superar el 100 por 100 de la cuota empresarial a la Seguridad Social.

»5. Lo dispuesto en este artículo será aplicable a las solicitudes de regulación de empleo presentadas desde el 1 de octubre de 2008 hasta el 31 de diciembre de 2011, salvo lo establecido en el último párrafo del apartado 2 de este artículo, que será de aplicación a las solicitudes de regulación de empleo presentadas desde el 1 de enero de 2010 hasta el 31 de diciembre de 2011.

»6. El Servicio Público de Empleo Estatal llevará a cabo un seguimiento trimestral de la bonificación establecida en este artículo, para garantizar que se cumplen los requisitos y finalidad de la misma.

»7. Esta bonificación de cuotas de la Seguridad Social se aplicará por los empleadores con carácter automático en los correspondientes documentos de cotización, sin perjuicio de su control y revisión por la Inspección de Trabajo y Seguridad Social, por la Tesorería General de Seguridad Social y por el Servicio Público de Empleo Estatal.»

que concurren las causas justificativas a que alude el párrafo primero y sólo podrá ser impugnado ante la jurisdicción competente por la existencia de fraude, dolo, coacción o abuso de derecho en su conclusión.

El empresario y la representación de los trabajadores podrán acordar en cualquier momento la sustitución del período de consultas por el procedimiento de mediación o arbitraje que sea de aplicación en el ámbito de la empresa, que deberá desarrollarse dentro del plazo máximo señalado para dicho período.

Tras la finalización del período de consultas el empresario notificará a los trabajadores y a la autoridad laboral su decisión sobre la suspensión. La autoridad laboral comunicará la decisión empresarial a la entidad gestora de la prestación de desempleo, fecha a partir de la cual surtirá efectos la decisión empresarial sobre la suspensión de los contratos, salvo que en ella se contemple una posterior.

La decisión empresarial podrá ser impugnada por la autoridad laboral a petición de la entidad gestora de la prestación por desempleo cuando aquélla pudiera tener por objeto la obtención indebida de las prestaciones por parte de los trabajadores afectados por inexistencia de la causa motivadora de la situación legal de desempleo.

Contra las decisiones a que se refiere el presente apartado podrá reclamar el trabajador ante la jurisdicción social que declarará la medida justificada o injustificada.

En este último caso, la sentencia declarará la inmediata reanudación del contrato de trabajo y condenará al empresario al pago de los salarios dejados de percibir por el trabajador hasta la fecha de la reanudación del contrato o, en su caso, al abono de las diferencias que procedan respecto del importe recibido en concepto de prestaciones por desempleo durante el período de suspensión, sin perjuicio del reintegro que proceda realizar por el empresario del importe de dichas prestaciones a la entidad gestora del pago de las mismas.

Cuando la decisión empresarial afecte a un número de trabajadores igual o superior a los umbrales previstos en el artículo 51.1 de esta Ley se podrá reclamar en conflicto colectivo, sin perjuicio de la acción individual.

La interposición del conflicto colectivo paralizará la tramitación de las acciones individuales iniciadas, hasta su resolución.

2. La jornada de trabajo podrá reducirse por causas económicas, técnicas, organizativas o de producción con arreglo al procedimiento previsto en el apartado anterior. A estos efectos, se entenderá por reducción de jornada la disminución temporal de entre un 10 y un 70 por 100 de la jornada de trabajo computada sobre la base de una jornada diaria, semanal, mensual o anual.

Durante el período de reducción de jornada no podrán realizarse horas extraordinarias salvo fuerza mayor.

3. Igualmente, el contrato de trabajo podrá ser suspendido por causa derivada de fuerza mayor con arreglo al procedimiento establecido en el artículo 51.7 de esta Ley y normas reglamentarias de desarrollo.

4. Durante las suspensiones de contratos o las reducciones de jornada se promoverá el desarrollo de acciones formativas vinculadas a la actividad profesional de los trabajadores afectados cuyo objeto sea aumentar su polivalencia o incrementar su empleabilidad.

Art. 48. *Suspensión con reserva de puesto de trabajo.*—1. Al cesar las causas legales de suspensión, el trabajador tendrá derecho a la reincorporación al puesto de trabajo reservado, en todos los supuestos a que se refiere el apartado 1 del artículo 45 excepto en los señalados en los párrafos *a*) y *b*) del mismo apartado y artículo, en que se estará a lo pactado.

2. En el supuesto de incapacidad temporal, producida la extinción de esta situación con declaración de invalidez permanente en los grados de incapacidad permanente total para la profesión habitual, absoluta para todo trabajo o gran invalidez, cuando, a juicio del órgano de calificación, la situación de incapacidad del trabajador vaya a ser previsiblemente objeto de revisión por mejoría que permita su reincorporación al puesto de trabajo, subsistirá la suspensión de la relación laboral, con reserva del puesto de trabajo, durante un período de dos años a contar desde la fecha de la resolución por la que se declare la invalidez permanente[224].

3. En los supuestos de suspensión por prestación del servicio militar o prestación social sustitutoria, ejercicio de cargo público representativo o funciones sindicales de ámbito provincial o superior, el trabajador deberá reincorporarse en el plazo máximo de treinta días naturales a partir de la cesación en el servicio, cargo o función.

4. En el supuesto de parto, la suspensión tendrá una duración de dieciséis semanas ininterrumpidas, ampliables en el supuesto de parto múltiple en dos semanas más por cada hijo a partir del segundo. El período de suspensión se distribuirá a opción de la interesada siempre que seis semanas sean inmediatamente posteriores al parto. En caso de fallecimiento de la madre, con independencia de que ésta realizara o no algún trabajo, el otro progenitor podrá hacer uso de la totalidad o, en su caso, de la parte que reste del período de suspensión, computado desde la fecha del parto, y sin que se descuente del mismo la parte que la madre hubiera podido disfrutar con anterioridad al parto. En el supuesto de fallecimiento del hijo, el período de suspensión no se verá reducido,

---

[224] V. art. 49.1.*e*) ET y nota al art. 45.1.*c*) ET.

salvo que, una vez finalizadas las seis semanas de descanso obligatorio, la madre solicitara reincorporarse a su puesto de trabajo[225].

No obstante lo anterior, y sin perjuicio de las seis semanas inmediatamente posteriores al parto de descanso obligatorio para la madre, en el caso de que ambos progenitores trabajen, la madre, al iniciarse el período de descanso por maternidad, podrá optar por que el otro progenitor disfrute de una parte determinada e ininterrumpida del período de descanso posterior al parto bien de forma simultánea o sucesiva con el de la madre[226]. El otro progenitor podrá seguir haciendo uso del período de suspensión por maternidad inicialmente cedido, aunque en el momento previsto para la reincorporación de la madre al trabajo ésta se encuentre en situación de incapacidad temporal.

En el caso de que la madre no tuviese derecho a suspender su actividad profesional con derecho a prestaciones de acuerdo con las normas que regulen dicha actividad, el otro progenitor tendrá derecho a suspender su contrato de trabajo por el período que hubiera correspondido a la madre, lo que será compatible con el ejercicio del derecho reconocido en el artículo siguiente.

En los casos de parto prematuro y en aquellos en que, por cualquier otra causa, el neonato deba permanecer hospitalizado a continuación del parto, el período de suspensión podrá computarse, a instancia de la madre, o en su defecto, del otro progenitor, a partir de la fecha del alta hospitalaria. Se excluyen de dicho cómputo las seis semanas posteriores al parto, de suspensión obligatoria del contrato de la madre.

En los casos de partos prematuros con falta de peso y aquellos otros en que el neonato precise, por alguna condición clínica, hospitalización a continuación del parto, por un período superior a siete días, el período de suspensión se ampliará en tantos días como el nacido se encuentre hospitalizado, con un máximo de trece semanas adicionales, y en los términos en que reglamentariamente se desarrolle.

En los supuestos de adopción y de acogimiento, de acuerdo con el artículo 45.1.*d*) de esta Ley, la suspensión tendrá una duración de dieciséis semanas ininterrumpidas, ampliable en el supuesto de adopción o acogimiento múltiples en dos semanas por cada menor a partir del segundo. Dicha suspensión producirá sus efectos, a elección del trabajador, bien a partir de la resolución judicial por la que se constituye la adopción, bien a partir de la decisión administrativa o judicial de acogimiento, provisional o definitivo, sin que en ningún caso un mismo menor pueda dar

---

[225] V. nota al art. 45.1.*d*), así como la disp. adic. 18.ª ET.

[226] V. STC 75/2011, de 19 de mayo (*BOE* de 11 de junio), sobre constitucionalidad del precepto legal que impide la cesión al padre del disfrute del permiso de maternidad cuando la madre no sea trabajadora por cuenta ajena.

derecho a varios períodos de suspensión.

En caso de que ambos progenitores trabajen, el período de suspensión se distribuirá a opción de los interesados, que podrán disfrutarlo de forma simultánea o sucesiva, siempre con períodos ininterrumpidos y con los límites señalados.

En los casos de disfrute simultáneo de períodos de descanso, la suma de los mismos no podrá exceder de las dieciséis semanas previstas en los párrafos anteriores o de las que correspondan en caso de parto, adopción o acogimiento múltiples.

En el supuesto de discapacidad del hijo o del menor adoptado o acogido, la suspensión del contrato a que se refiere este apartado tendrá una duración adicional de dos semanas. En caso de que ambos progenitores trabajen, este período adicional se distribuirá a opción de los interesados, que podrán disfrutarlo de forma simultánea o sucesiva y siempre de forma ininterrumpida.

Los períodos a los que se refiere el presente apartado podrán disfrutarse en régimen de jornada completa o a tiempo parcial, previo acuerdo entre los empresarios y los trabajadores afectados, en los términos que reglamentariamente se determinen.

En los supuestos de adopción internacional, cuando sea necesario el desplazamiento previo de los progenitores al país de origen del adoptado, el período de suspensión, previsto para cada caso en el presente apartado, podrá iniciarse hasta cuatro semanas antes de la resolución por la que se constituye la adopción.

Los trabajadores se beneficiarán de cualquier mejora en las condiciones de trabajo a la que hubieran podido tener derecho durante la suspensión del contrato en los supuestos a que se refiere este apartado, así como en los previstos en el siguiente apartado y en el artículo 48 bis.

5. En el supuesto de riesgo durante el embarazo o de riesgo durante la lactancia natural, en los términos previstos en el artículo 26 de la Ley 31/1995, de 8 de noviembre, de Prevención de Riesgos Laborales, la suspensión del contrato finalizará el día en que se inicie la suspensión del contrato por maternidad biológica o el lactante cumpla nueve meses, respectivamente, o, en ambos casos, cuando desaparezca la imposibilidad de la trabajadora de reincorporarse a su puesto anterior o a otro compatible con su estado[227].

6. En el supuesto previsto en la letra *n*) del apartado 1 del artículo 45, el período de suspensión tendrá una duración inicial que no podrá exceder de seis meses, salvo que de las actuaciones de tutela judicial resultase que la efectividad del derecho de protección de la víctima requiriese la continuidad de la suspensión, En este caso, el

[227] Apartados 4 y 5 de este artículo redactados conforme a la LO 3/2007, de 22 de marzo (*BOE* de 23 de marzo), para la igualdad efectiva de mujeres y hombres.

juez podrá prorrogar la suspensión por períodos de tres meses, con un máximo de dieciocho meses[228].

Art. 48 bis. *Suspensión del contrato de trabajo por paternidad.*—En los supuestos de nacimiento de hijo, adopción o acogimiento de acuerdo con el artículo 45.1.*d*) de esta Ley, el trabajador tendrá derecho a la suspensión del contrato durante cuatro semanas ininterrumpidas, ampliables en el supuesto de parto, adopción o acogimiento múltiples en dos días más por cada hijo a partir del segundo. Esta suspensión es independiente del disfrute compartido de los períodos de descanso por maternidad regulados en el artículo 48.4.

En el supuesto de parto, la suspensión corresponde en exclusiva al otro progenitor. En los supuestos de adopción o acogimiento, este derecho corresponderá sólo a uno de los progenitores, a elección de los interesados; no obstante, cuando el período de descanso regulado en el artículo 48.4 sea disfrutado en su totalidad por uno de los progenitores, el derecho a la suspensión por paternidad únicamente podrá ser ejercido por el otro.

El trabajador que ejerza este derecho podrá hacerlo durante el período comprendido desde la finalización del permiso por nacimiento de hijo, previsto legal o convencionalmente, o desde la resolución judicial por la que se constituye la adopción o a partir de la decisión administrativa o judicial de acogimiento, hasta que finalice la suspensión del contrato regulada en el artículo 48.4 o inmediatamente después de la finalización de dicha suspensión.

La suspensión del contrato a que se refiere este artículo podrá disfrutarse en régimen de jornada completa o en régimen de jornada parcial de un mínimo del 50 por 100, previo acuerdo entre el empresario y el trabajador, y conforme se determine reglamentariamente.

El trabajador deberá comunicar al empresario, con la debida antelación, el ejercicio de este derecho en los términos establecidos, en su caso, en los convenios colectivos[229].

---

[228] Apartado 6 introducido por la LO 1/2004, de 28 de diciembre (*BOE* de 29 de diciembre), de medidas de protección integral contra la violencia de género.

[229] Artículo introducido por la LO 3/2007, de 22 de marzo (*BOE* de 23 de marzo), para la igualdad efectiva de mujeres y hombres, modificado por la Ley 9/2009, de 6 de octubre (*BOE* de 7 de octubre). El período de disfrute del permiso de paternidad actualmente es de trece días ininterrumpidos hasta el 1 de enero de 2013 [disp. final 8.ª del RDL 20/2011, de 30 de diciembre (*BOE* de 31 de diciembre)], manteniéndose hasta entonces vigente la redacción originaria de la LO 3/2007:

«En los supuestos de nacimiento de hijo, adopción o acogimiento de acuerdo con el artículo 45.1.*d*) de esta Ley, el trabajador tendrá derecho a la suspensión del contrato durante trece días ininterrumpidos, ampliables en el supuesto de parto, adopción o acogimiento múltiples en dos días más por cada hijo a partir del segundo. Esta suspensión es independiente del disfrute compartido de los períodos de descanso por maternidad regulados en el artículo 48.4.

SECCIÓN 4.ª

Extinción del contrato

Art. 49. *Extinción del contrato.*—1. El contrato de trabajo se extinguirá[230]:

a) Por mutuo acuerdo de las partes.

b) Por las causas consignadas válidamente en el contrato salvo que las mismas constituyan abuso de derecho manifiesto por parte del empresario.

c) Por expiración del tiempo convenido o realización de la obra o servicio objeto del contrato. A la finalización del contrato, excepto en los casos del contrato de interinidad y de los contratos formativos, el trabajador tendrá derecho a recibir una indemnización de cuantía equivalente a la parte proporcional de la cantidad que resultaría de abonar doce días de salario por cada año de servicio, o la establecida, en su caso, en la normativa específica que sea de aplicación.

Los contratos de duración determinada que tengan establecido plazo máximo de duración, incluidos los contratos en prácticas y para la formación, concertados por una duración inferior a la máxima legalmente establecida, se entenderán prorrogados automáticamente hasta dicho plazo cuando no medie denuncia o prórroga expresa y el trabajador continúe prestando servicios.

Expirada dicha duración máxima o realizada la obra o servicio objeto del contrato, si no hubiera denuncia y se continuara en la prestación laboral, el contrato se considerará prorrogado tácitamente por tiempo indefinido, salvo prueba en contrario que acredite la naturaleza temporal de la prestación.

Si el contrato de trabajo de duración determinada es superior a un año, la parte del contrato que

---

»En el supuesto de parto, la suspensión corresponde en exclusiva al otro progenitor. En los supuestos de adopción o acogimiento, este derecho corresponderá sólo a uno de los progenitores, a elección de los interesados; no obstante, cuando el período de descanso regulado en el artículo 48.4 sea disfrutado en su totalidad por uno de los progenitores, el derecho a la suspensión por paternidad únicamente podrá ser ejercido por el otro.

»El trabajador que ejerza este derecho podrá hacerlo durante el período comprendido desde la finalización del permiso por nacimiento de hijo, previsto legal o convencionalmente, o desde la resolución judicial por la que se constituye la adopción o a partir de la decisión administrativa o judicial de acogimiento, hasta que finalice la suspensión del contrato regulada en el artículo 48.4 o inmediatamente después de la finalización de dicha suspensión.

»La suspensión del contrato a que se refiere este artículo podrá disfrutarse en régimen de jornada completa o en régimen de jornada parcial de un mínimo del 50 por 100, previo acuerdo entre el empresario y el trabajador, y conforme se determine reglamentariamente.

»El trabajador deberá comunicar al empresario, con la debida antelación, el ejercicio de este derecho en los términos establecidos, en su caso, en los convenios colectivos.»

V. disp. adic. 18.ª ET.

[230] V. RD 696/2007, de 1 de junio (*BOE* de 9 de junio): art. 7.º sobre extinción de la relación laboral de los profesores de religión de centros públicos.

formule la denuncia está obligada a notificar a la otra la terminación del mismo con una antelación mínima de quince días[231].

d) Por dimisión del trabajador, debiendo mediar el preaviso que señalen los convenios colectivos o la costumbre del lugar[232].

e) Por muerte, gran invalidez o invalidez permanente total o absoluta del trabajador, sin perjuicio de lo dispuesto en el artículo 48.2[233].

---

231 Letra *c*) redactada conforme a la Ley 35/2010, de 17 de septiembre (*BOE* de 18 de septiembre). V. art. 15 ET y notas al mismo. Para la indemnización en jornada reducida, v. disp. adic. 18.ª ET. Para la progresiva aplicación de la cuantía de la indemnización por fin de contrato, v. disp. trans. 13.ª ET. V. STC 29/2002 y 30/2002, de 11 de febrero (*BOE* de 14 de marzo), sobre vulneración de la libertad sindical por no prórroga de un contrato en prácticas de un miembro de comité de empresa, cuando se le discrimina al prorrogar por tiempo indefinido al resto de trabajadores; 80/2001, de 26 de marzo (*BOE* de 1 de mayo), sobre ausencia de vulneración de los derechos a la tutela judicial efectiva y a la libertad de expresión por no renovación de contrato justificada por motivos ajenos a las críticas del trabajador.

232 V. art. 21.4 ET; STC 317/1994, de 28 de noviembre (*BOE* de 28 de diciembre), sobre el carácter discriminatorio de la dote por matrimonio.

233 Para la definición conceptual de las diferentes situaciones de incapacidad, v. art. 137 de la Ley General de la Seguridad Social, texto refundido aprobado por RD Legislativo 1/1994, de 20 de junio (*BOE* de 29 de junio), cuya redacción ha sido modificada por la Ley 24/1997, de 15 de julio (*BOE* de 16 de julio), de Consolidación y Racionalización del Sistema de Seguridad Social; RD 1.971/1999, de 23 de diciembre (*BOE* de 26 de enero de 2000), sobre procedimiento para reconocimiento, declaración y calificación del grado de minusvalía. No obstante, téngase en cuenta que el art. 141.1 de esta Ley declara compatibles la pensión por incapacidad permanente total y «el salario que pueda percibir el trabajador en la misma empresa o en otra distinta.» V. Ley 8/2005, de 6 de junio (*BOE* de 7 de junio), para compatibilizar las pensiones de invalidez en su modalidad no contributiva con el trabajo remunerado. Asimismo, RD 1.451/1983, de 11 de mayo (*BOE* de 4 de junio), sobre medidas de empleo selectivo y fomento del empleo de minusválidos:

«*Art. 2.º* 1. Los trabajadores que hubieran cesado en la Empresa por habérseles reconocido una incapacidad permanente total o absoluta y después de haber recibido prestaciones de recuperación profesional hubieran recobrado su plena capacidad laboral, tendrán preferencia absoluta para su readmisión en la última Empresa en que trabajaron en la primera vacante que se produzca en su categoría o grupo profesional.

»2. Los trabajadores que hubieran cesado en la Empresa por habérseles reconocido una invalidez permanente y después de haber recibido las prestaciones de recuperación profesional continuaran afectos a una incapacidad permanente parcial, tendrán preferencia absoluta para su readmisión en la última Empresa en que trabajaron en la primera vacante que se produzca y que resulte adecuada a su capacidad laboral.

»3. Las readmisiones que lleven a efecto las Empresas, en los supuestos previstos en este artículo, darán derecho a reducciones del 50 por 100 de la cuota patronal de la Seguridad Social correspondiente a las contingencias comunes durante un período de dos años.

»*Art. 3.º* 1. Los trabajadores que, con arreglo al artículo anterior, tengan derecho a ser readmitidos deberán comunicarlo a la empresa, y a los representantes del personal, en el plazo de un mes contado a partir de la declaración de aptitud por el organismo correspondiente. La Empresa deberá poner en conocimiento de los trabajadores que se encuentren en tal situación, las vacantes que existan de igual o inferior categoría quedando liberada de su obligación desde el momento en que el trabajador rechace un puesto de trabajo de igual categoría a la que ostentaba en la Empresa o de categoría inferior si no hubiese obtenido la plena recuperación para su profesión habitual, que no implique cambio de residencia.

f) Por jubilación del trabajador[234].

g) Por muerte, jubilación en los casos previstos en el régimen correspondiente de la Seguridad Social, o incapacidad del empresario, sin perjuicio de lo dispuesto en el artículo 44, o por extinción de la personalidad jurídica del contratante.

En los casos de muerte, jubilación o incapacidad del empresario, el trabajador tendrá derecho al abono de una cantidad equivalente a un mes de salario.

En los casos de extinción de la personalidad jurídica del contratante deberán seguirse los trámites del artículo 51 de esta Ley[235].

h) Por fuerza mayor que imposibilite definitivamente la prestación de trabajo, siempre que su existencia haya sido debidamente constatada conforme a lo dispuesto en el apartado 7 del artículo 51[236].

i) Por despido colectivo fundado en causas económicas, técnicas, organizativas o de producción[237].

j) Por voluntad del trabajador, fundamentada en un incumplimiento contractual del empresario.

k) Por despido del trabajador[238].

»2. Cuando la empresa tenga varios Centros de trabajo y la vacante que exista implique cambio de residencia, el trabajador podrá optar entre ocuparla o esperar a que exista plaza en el Centro de trabajo donde tenga establecida su residencia. En el primer supuesto mantendrá su preferencia para ocupar la primera vacante de su categoría o grupo profesional que se produzca en el Centro de trabajo originario.»

[234] Para las cláusulas en los convenios colectivos sobre jubilación forzosa, v. disp. adic. 10.ª ET. V. arts. 160 ss. de la Ley General de la Seguridad Social, texto refundido aprobado por RD Legislativo 1/1994, de 20 de junio (*BOE* de 29 de junio), modificada, entre otras, por Ley 24/1997, de 15 de julio (*BOE* de 16 de julio), de Consolidación y racionalización del Sistema de Seguridad Social; por Ley 47/1998, de 23 de diciembre (*BOE* de 29 de diciembre), sobre reglas de reconocimiento de jubilación anticipada del sistema de la Seguridad Social en casos especiales, y por Ley 35/2002, de 12 de julio (*BOE* de 13 de julio), de medidas para el establecimiento de un sistema de jubilación gradual y flexible. V. SSTC 22/1981, de 2 de julio (*BOE* de 20 de julio), sobre la inconstitucionalidad de la incapacidad general para trabajar a determinada edad y de forma directa e incondicionada la extinción de la relación laboral a esa edad; 58/1985, de 30 de abril (*BOE* de 5 de junio), sobre constitucionalidad de las cláusulas de los convenios colectivos que imponen la jubilación forzosa dentro del marco de la política de empleo; 95/1985, de 29 de julio (*BOE* de 14 de agosto), sobre idéntica materia a la anterior; 207/1987, de 22 de diciembre (*BOE* de 8 de enero de 1988), y 16/1995, de 24 de enero (*BOE* de 28 de febrero), sobre anticipación de la edad de jubilación diferenciada por razón de sexo.

[235] V. D. 2.864/1974, de 30 de agosto (*BOE* de 10 de octubre), por el que se aprueba el texto refundido del Régimen Especial de los Trabajadores del Mar; D. 2.530/1970, de 20 de agosto (*BOE* de 15 de septiembre), por el que se aprueba el texto refundido del Régimen Especial de la Seguridad Social de los Trabajadores Autónomos.

Para los temas de procedimiento, para el caso de la extinción de la personalidad jurídica del contratante, RD 43/1996, de 19 de enero (*BOE* de 20 de febrero), art. 21.

[236] Letra *h*) redactada conforme al RDL 3/2012, de 10 de febrero (*BOE* de 11 de febrero).

[237] Letra *i*) redactada conforme al RDL 3/2012, de 10 de febrero (*BOE* de 11 de febrero).

[238] V. Convenio OIT n.º 158, ratificado por España por Instrumento de 18 de febrero de 1985 (*BOE* de 29 de junio), sobre terminación de la relación de trabajo por iniciativa del empleador.

l) Por causas objetivas legalmente procedentes.

m) Por decisión de la trabajadora que se vea obligada a abandonar definitivamente su puesto de trabajo como consecuencia de ser víctima de violencia de género[239].

2. El empresario, con ocasión de la extinción del contrato, al comunicar a los trabajadores la denuncia, o, en su caso, el preaviso de la extinción del mismo, deberá acompañar una propuesta del documento de liquidación de las cantidades adeudadas.

El trabajador podrá solicitar la presencia de un representante legal de los trabajadores en el momento de proceder a la firma del recibo del finiquito, haciéndose constar en el mismo el hecho de su firma en presencia de un representante legal de los trabajadores, o bien que el trabajador no ha hecho uso de esta posibilidad. Si el empresario impidiese la presencia del representante en el momento de la firma, el trabajador podrá hacerlo constar en el propio recibo, a los efectos oportunos[240].

Art. 50. *Extinción por voluntad del trabajador.*—1. Serán causas justas para que el trabajador pueda solicitar la extinción del contrato:

a) Las modificaciones sustanciales en las condiciones de trabajo llevadas a cabo sin respetar lo previsto en el artículo 41 de esta Ley y que redunden en menoscabo de la dignidad del trabajador[241].

b) La falta de pago o retrasos continuados en el abono del salario pactado[242].

c) Cualquier otro incumplimiento grave de sus obligaciones por parte del empresario, salvo los supuestos de fuerza mayor, así como la negativa del mismo a reintegrar al trabajador en sus anteriores condiciones de trabajo en los supuestos previstos en los artículos 40 y 41 de la presente Ley, cuando una sentencia judicial haya declarado los mismos injustificados[243].

---

[239] Letra *m*) introducida por la LO 1/2004, de 28 de diciembre (*BOE* de 29 de diciembre), de medidas de protección integral contra la violencia de género.

[240] Sobre el desalojo de vivienda ocupada por razón del trabajo cuando se extinga el contrato, v. art. 285 de la Ley 36/2011, de 10 de octubre (*BOE* de 11 de octubre), Reguladora de la Jurisdicción Social, y art. 10.2 de la Ley 40/2003, de 18 de noviembre (*BOE* de 19 de noviembre), de protección a las familias numerosas.

[241] Letra *a*) conforme a la Ley 3/2012, de 6 de julio (*BOE* de 7 de julio). V. arts. 40 y 41 ET; art. 2.º de la Ley 2/1997, de 19 de junio (*BOE* de 20 de junio), reguladora de la cláusula de conciencia de los profesionales de la información; STC 225/2002, de 9 de diciembre (*BOE* de 10 de enero de 2003), sobre derecho del periodista a la resolución contractual unilateral, sin previa solicitud judicial, fundada en el cambio de orientación ideológica del medio de comunicación.

[242] Para la situación de concurso de acreedores, v. art. 64.10 de la Ley 22/2003, de 9 de julio, trascrito en nota al art. 51.10 ET.

[243] V. art. 138 de la Ley 36/2011, de 10 de octubre (*BOE* de 11 de octubre), Reguladora de la Jurisdicción Social; STC 199/1999, de 8 de noviembre (*BOE* de 30 de noviembre), sobre derecho a la resolución contractual basado en la cláusula de conciencia del periodista, denegada cuando el profesional se limita a la maquetación y diseño y no se acredita cambio en la línea ideológica del medio.

2. En tales casos, el trabajador tendrá derecho a las indemnizaciones señaladas para el despido improcedente.

Art. 51. *Despido colectivo*[244].—1. A efectos de lo dispuesto en la presente Ley se entenderá por despido colectivo la extinción

---

[244] Artículo redactado conforme a la Ley 3/2012, de 6 de julio (*BOE* de 7 de julio). Para los despidos colectivos en el ámbito de los organismos públicos, v. disp. adic. 20.ª ET. Para las empresas declaradas en situación de concurso, art. 64 de la Ley 22/2003, de 9 de julio (*BOE* de 10 de julio), Concursal, modificado por el art. 12 de la Ley 3/2012, de 6 de julio (*BOE* de 7 de julio); por el art. 17.12 de la Ley 13/2009, de 3 de noviembre (*BOE* de 4 de noviembre), y por la Ley 38/2011, de 10 de octubre (*BOE* de 11 de octubre):

«*Art. 64. Contratos de trabajo.*—1. Los expedientes de modificación sustancial de las condiciones de trabajo de carácter colectivo, incluidos los traslados colectivos, y de suspensión o extinción colectivas de las relaciones laborales, una vez declarado el concurso, se tramitarán ante el juez del concurso por las reglas establecidas en el presente artículo.

»Si a la fecha de la declaración del concurso estuviere en tramitación un expediente de regulación de empleo, la autoridad laboral remitirá lo actuado al juez del concurso. Dentro de los tres días siguientes al de recepción del expediente, el secretario judicial citará a comparecencia a los legitimados previstos en el apartado siguiente para exponer y justificar, en su caso, la procedencia de continuar con la tramitación de las medidas colectivas, conforme a lo previsto en este artículo. Las actuaciones practicadas en el expediente anterior hasta la fecha de la declaración de concurso conservarán su validez en el expediente que se tramite ante el juzgado.

»Si a la fecha de la declaración de concurso ya hubiera recaído resolución que autorice o estime la solicitud, corresponderá a la administración concursal la ejecución de la resolución. En todo caso, la declaración de concurso ha de ser comunicada a la autoridad laboral a los efectos que procedan.

»2. La administración concursal, el deudor o los trabajadores de la empresa concursada a través de sus representantes legales, podrán solicitar del juez del concurso la modificación sustancial de las condiciones de trabajo y la extinción o suspensión colectivas de los contratos de trabajo en que sea empleador el concursado. En el caso de no existir representación legal de los trabajadores, éstos podrán atribuir su representación en la tramitación del procedimiento a una comisión designada conforme a lo dispuesto en el artículo 41.4 del Estatuto de los Trabajadores. Transcurrido el plazo de cinco días previsto para el ejercicio de este derecho sin que los trabajadores hayan designado representantes, el juez podrá acordar la intervención de una comisión de un máximo de tres miembros, integrada por los sindicatos más representativos y los representativos del sector al que la empresa pertenezca.

»3. La adopción de las medidas previstas en el apartado anterior sólo podrá solicitarse del juez del concurso una vez emitido por la administración concursal el informe a que se refiere el capítulo 1 del título IV de esta ley, salvo que se estime que la demora en la aplicación de las medidas colectivas pretendidas puede comprometer gravemente la viabilidad futura de la empresa, en cuyo caso, y con acreditación de esta circunstancia, podrá realizarse la petición al juez en cualquier momento procesal desde la declaración de concurso.

»4. La solicitud deberá exponer y justificar, en su caso, las causas motivadoras de las medidas colectivas pretendidas y los objetivos que se proponen alcanzar con éstas para asegurar, en su caso, la viabilidad futura de la empresa y del empleo, acompañando los documentos necesarios para su acreditación.

»La administración concursal podrá solicitar la colaboración del concursado o el auxilio del juzgado que estime necesario para su comprobación.

»5. Recibida la solicitud, el juez convocará al concursado, a los representantes de los trabajadores y a la administración concursal a un período de consultas, cuya duración no será superior a treinta días naturales, o a quince, también naturales, en el supuesto de empresas que cuenten con menos de cincuenta trabajadores.

»En caso de intervención de las facultades de administración y disposición del deudor, el juez podrá autorizar la participación del concursado en el período de consultas.

»Los representantes de los trabajadores o la administración concursal podrán solicitar al juez la participación en el período de consultas de otras personas físicas o jurídicas que indiciariamente puedan constituir una unidad de empresa con la concursada. A estos efectos, podrán interesar el auxilio del juzgado que se estime necesario para su comprobación. Igualmente, para el caso de unidad empresarial, y a efectos de valorar la realidad económica del conjunto empresarial, se podrá reclamar la documentación económica consolidada o la relativa a otras empresas.

»Si la medida afecta a empresas de más de cincuenta trabajadores, deberá acompañarse a la solicitud un plan que contemple la incidencia de las medidas laborales propuestas en la viabilidad futura de la empresa y del empleo.

»En los casos en que la solicitud haya sido formulada por el empresario o por la administración concursal, la comunicación a los representantes legales de los trabajadores del inicio del período de consultas deberá incluir copia de la solicitud prevista en el apartado 4 de este artículo y de los documentos que en su caso se acompañen.

»El juez, a instancia de la administración concursal o de la representación de los trabajadores, podrá acordar en cualquier momento la sustitución del período de consultas por el procedimiento de mediación o arbitraje que sea de aplicación en el ámbito de la empresa, que deberá desarrollarse dentro del plazo máximo señalado para dicho período.

»6. Durante el período de consultas, los representantes de los trabajadores y la administración concursal deberán negociar de buena fe para la consecución de un acuerdo.

»El acuerdo requerirá la conformidad de la mayoría de los miembros del comité o comités de empresa, de los delegados de personal, de la comisión de trabajadores, en su caso, o de las representaciones sindicales, si las hubiere, siempre que representen a la mayoría de aquéllos.

»El acuerdo suscrito por la administración concursal y los representantes de los trabajadores podrá ser acompañado con la solicitud, en cuyo caso, no será necesaria la apertura del período de consultas.

»En el acuerdo se recogerá la identidad de los trabajadores afectados y se fijarán las indemnizaciones, que se ajustarán a lo establecido en la legislación laboral, salvo que, ponderando los intereses afectados por el concurso, se pacten de forma expresa otras superiores.

»Al finalizar el plazo señalado o en el momento en que se consiga un acuerdo, la administración concursal y los representantes de los trabajadores comunicarán al juez del concurso el resultado del período de consultas.

»Recibida dicha comunicación, el secretario judicial recabará un informe de la autoridad laboral sobre las medidas propuestas o el acuerdo alcanzado, que deberá ser emitido en el plazo de quince días, pudiendo ésta oír a la administración concursal y a los representantes de los trabajadores antes de su emisión.

»Recibido el informe por el juez del concurso o transcurrido el plazo de emisión, seguirá el curso de las actuaciones. Si el informe es emitido fuera de plazo, podrá no obstante ser tenido en cuenta por el juez del concurso al adoptar la correspondiente resolución.

»7. Cumplidos los trámites ordenados en los apartados anteriores, el juez resolverá en un plazo máximo de cinco días, mediante auto, sobre las medidas propuestas aceptando, de existir, el acuerdo alcanzado, salvo que en la conclusión del mismo aprecie la existencia de fraude, dolo, coacción o abuso de derecho. En este caso, así como en el supuesto de no existir acuerdo, el juez determinará lo que proceda conforme a la legislación laboral.

»Si no hubiera sido alcanzado un acuerdo, el juez del concurso dará audiencia a quienes hubieran intervenido en el período de consultas, para lo cual, el secretario del juzgado les convocará a una comparecencia en la que podrán formular alegaciones y aportar prueba documental. El juez podrá sustituir esta comparecencia por un trámite escrito de alegaciones por tres días.

»El auto, en caso de acordarse la suspensión o extinción colectiva de los contratos de trabajo, surtirá efectos desde la fecha en que se dicte, salvo que en el auto se disponga otra fecha posterior, y producirá las mismas consecuencias que la resolución administrativa de la autoridad laboral recaída en un expediente de regulación de empleo, a efectos del acceso de los trabajadores a la situación legal de desempleo.

»8. Contra el auto a que se refiere el apartado anterior, la administración concursal, el concursado, los trabajadores a través de sus representantes y el Fondo de Garantía Salarial (en adelante FOGASA) podrán interponer recurso de suplicación, así como el res-

de contratos de trabajo fundada en causas económicas, técnicas, organizativas o de producción cuando, en un período de noventa días, la extinción afecte al menos a:

a) Diez trabajadores, en las empresas que ocupen menos de cien trabajadores.

b) El 10 por 100 del número de trabajadores de la empresa en

---

to de recursos previstos en el Real Decreto Legislativo 2/1995, de 7 de abril, por el que se aprueba el texto refundido de la Ley de Procedimiento Laboral, que se tramitarán y resolverán ante los órganos jurisdiccionales del orden social, sin que ninguno de ellos tenga efectos suspensivos sobre la tramitación del concurso ni de los incidentes concursales.

»Las acciones que los trabajadores o el FOGASA puedan ejercer contra el auto en cuestiones que se refieran estrictamente a la relación jurídica individual se sustanciarán por el procedimiento del incidente concursal en materia laboral. El plazo para interponer la demanda de incidente concursal es de un mes desde que el trabajador conoció o pudo conocer el auto del juez del concurso. La sentencia que recaiga será recurrible en suplicación.

»9. En el supuesto de acordarse una modificación sustancial de carácter colectivo de las previstas en el artículo 41 del Estatuto de los Trabajadores, el derecho de rescisión de contrato con indemnización que, para tal supuesto reconoce dicha norma legal, quedará en suspenso durante la tramitación del concurso y con el límite máximo de un año desde que se hubiere dictado el auto judicial que autorizó dicha modificación.

»La suspensión prevista en el párrafo anterior también será de aplicación cuando se acordare un traslado colectivo que suponga movilidad geográfica, siempre que el nuevo centro de trabajo se encuentre en la misma provincia que el centro de trabajo de origen y a menos de sesenta kilómetros de éste, salvo que se acredite que el tiempo mínimo de desplazamiento, de ida y vuelta, supera el 25 por 100 de la duración de la jornada diaria de trabajo.

»Tanto en este caso como en los demás supuestos de modificación sustancial de las condiciones de trabajo, la improcedencia del ejercicio de la acción de rescisión derivada de la modificación colectiva de las condiciones de trabajo no podrá prolongarse por un período superior a doce meses, a contar desde la fecha en que se hubiere dictado el auto judicial que autorizó dicha modificación.

»10. Las acciones resolutorias individuales interpuestas al amparo del artículo 50 del Estatuto de los Trabajadores motivadas por la situación económica o de insolvencia del concursado tendrán la consideración de extinciones de carácter colectivo, desde que se acuerde la iniciación del expediente previsto en este artículo, para la extinción de los contratos. Acordada la iniciación del expediente previsto en este artículo, la totalidad de los procesos individuales seguidos frente a la concursada posteriores a la solicitud del concurso pendiente de resolución firme se suspenderán hasta que adquiera firmeza el auto que ponga fin al expediente de extinción colectiva. La resolución que acuerde la suspensión se comunicará a la administración concursal a los efectos del reconocimiento como contingente del crédito que pueda resultar de la sentencia que en su día se dicte, una vez alzada la suspensión. Igualmente se comunicará a los tribunales ante los que estuvieren tramitando los procedimientos individuales. El auto que acuerde la extinción colectiva producirá efectos de cosa juzgada sobre los procesos individuales suspendidos.

»11. En todo lo no previsto en este artículo se aplicará la legislación laboral y, especialmente, mantendrán los representantes de los trabajadores cuantas competencias les atribuye la misma.»

La referencia a la Ley de Procedimiento Laboral debe entenderse efectuada a la Ley 36/2011, de 10 de octubre (*BOE* de 11 de octubre), Reguladora de la Jurisdicción Social.

V. Directiva 98/59/CE, de 20 de julio de 1998 (*DOCE* de 12 de agosto), relativa a la aproximación de las legislaciones de los Estados miembros que se refieren a los despidos colectivos. V. SSTC 29/1986, de 20 de febrero (*BOE* de 21 de marzo), sobre constitucionalidad de la Ley 27/1984, y 9/1986, dc 21 de enero (*BOE* de 12 de febrero), sobre la exclusión de la comisión de seguimiento de la reconversión naval de los sindicatos que no aceptaron el plan de reconversión.

aquellas que ocupen entre cien y trescientos trabajadores.

c) Treinta trabajadores en las empresas que ocupen más de trescientos trabajadores.

Se entiende que concurren causas económicas cuando de los resultados de la empresa se desprenda una situación económica negativa, en casos tales como la existencia de pérdidas actuales o previstas, o la disminución persistente de su nivel de ingresos ordinarios o ventas. En todo caso, se entenderá que la disminución es persistente si durante tres trimestres consecutivos el nivel de ingresos ordinarios o ventas de cada trimestre es inferior al registrado en el mismo trimestre del año anterior[245].

Se entiende que concurren causas técnicas cuando se produzcan cambios, entre otros, en el ámbito de los medios o instrumentos de producción; causas organizativas cuando se produzcan cambios, entre otros, en el ámbito de los sistemas y métodos de trabajo del personal o en el modo de organizar la producción y causas productivas cuando se produzcan cambios, entre otros, en la demanda de los productos o servicios que la empresa pretende colocar en el mercado.

Se entenderá igualmente como despido colectivo la extinción de los contratos de trabajo que afecten a la totalidad de la plantilla de la empresa, siempre que el número de trabajadores afectados sea superior a cinco, cuando aquél se produzca como consecuencia de la cesación total de su actividad empresarial fundada en las mismas causas anteriormente señaladas.

Para el cómputo del número de extinciones de contratos a que se refiere el párrafo primero de este apartado, se tendrán en cuenta asimismo cualesquiera otras producidas en el período de referencia por iniciativa del empresario en virtud de otros motivos no inherentes a la persona del trabajador distintos de los previstos en el artículo 49.1.*c*) de esta Ley, siempre que su número sea, al menos, de cinco.

Cuando en períodos sucesivos de noventa días y con el objeto de eludir las previsiones contenidas en el presente artículo, la empresa realice extinciones de contratos al amparo de lo dispuesto en el artículo 52.*c*) de esta Ley en un número inferior a los umbrales señalados, y sin que concurran causas nuevas que justifiquen tal actuación, dichas nuevas extinciones se considerarán efectuadas en fraude de ley, y serán declaradas nulas y sin efecto.

2. El despido colectivo deberá ir precedido de un período de consultas con los representantes legales de los trabajadores de una duración no superior a treinta días naturales, o de quince en el caso de empresas de menos de cincuenta trabajadores. La consulta con los representantes legales de los trabajadores deberá versar, como mínimo,

---

[245] Para las empresas pertenecientes al sector público, v. disp. adic. 20.ª ET.

sobre las posibilidades de evitar o reducir los despidos colectivos y de atenuar sus consecuencias mediante el recurso a medidas sociales de acompañamiento, tales como medidas de recolocación o acciones de formación o reciclaje profesional para la mejora de la empleabilidad. La comunicación de la apertura del período de consultas se realizará mediante escrito dirigido por el empresario a los representantes legales de los trabajadores, una copia del cual se hará llegar a la autoridad laboral. En dicho escrito se consignarán los siguientes extremos:

a) La especificación de las causas del despido colectivo conforme a lo establecido en el apartado 1.

b) Número y clasificación profesional de los trabajadores afectados por el despido.

c) Número y clasificación profesional de los trabajadores empleados habitualmente en el último año.

d) Período previsto para la realización de los despidos.

e) Criterios tenidos en cuenta para la designación de los trabajadores afectados por los despidos.

La referida comunicación deberá ir acompañada de una memoria explicativa de las causas del despido colectivo y de los restantes aspectos señalados en el párrafo anterior.

La comunicación a los representantes legales de los trabajadores y a la autoridad laboral deberá ir acompañada de toda la información necesaria para acreditar las causas motivadoras del despido colectivo en los términos que reglamentariamente se determinen.

Recibida la comunicación, la autoridad laboral dará traslado de la misma a la entidad gestora de las prestaciones por desempleo y recabará, con carácter preceptivo, informe de la Inspección de Trabajo y Seguridad Social sobre los extremos de la comunicación a que se refiere los párrafos anteriores y sobre el desarrollo del período de consultas. El informe deberá ser evacuado en el improrrogable plazo de quince días desde la notificación a la autoridad laboral de la finalización del período de consultas y quedará incorporado al procedimiento[246].

La intervención como interlocutores ante la dirección de la empresa en el procedimiento de consultas corresponderá a las secciones sindicales cuando éstas así lo acuerden, siempre que tengan la representación mayoritaria en los comités de empresa o entre los delegados de personal.

En los supuestos de ausencia de representación legal de los trabajadores en la empresa, éstos podrán atribuir su representación para el período de consultas a una comisión designada conforme a lo dispuesto en el artículo 41.4.

Durante el período de consultas, las partes deberán negociar de buena fe, con vistas a la consecución de un acuerdo.

---

[246] V. Ley 42/1997, de 14 de noviembre (*BOE* de 15 de noviembre), ordenadora de la Inspección de Trabajo y Seguridad Social.

El empresario y la representación de los trabajadores podrán acordar en cualquier momento la sustitución del período de consultas por el procedimiento de mediación o arbitraje que sea de aplicación en el ámbito de la empresa, que deberá desarrollarse dentro del plazo máximo señalado para dicho período.

La autoridad laboral velará por la efectividad del período de consultas pudiendo remitir, en su caso, advertencias y recomendaciones a las partes que no supondrán, en ningún caso, la paralización ni la suspensión del procedimiento. Igualmente y sin perjuicio de lo establecido en el párrafo anterior, la autoridad laboral podrá realizar durante el período de consultas, a petición conjunta de las partes, las actuaciones de mediación que resulten convenientes con el fin de buscar soluciones a los problemas planteados por el despido colectivo. Con la misma finalidad también podrá realizar funciones de asistencia a petición de cualquiera de las partes o por propia iniciativa.

Transcurrido el período de consultas el empresario comunicará a la autoridad laboral el resultado del mismo. Si se hubiera alcanzado acuerdo, trasladará copia íntegra del mismo. En caso contrario, remitirá a los representantes de los trabajadores y a la autoridad laboral la decisión final de despido colectivo que haya adoptado y las condiciones del mismo.

3. Cuando la extinción afectase a más del 50 por 100 de los trabajadores, se dará cuenta por el empresario de la venta de los bienes de la empresa, excepto de aquellos que constituyen el tráfico normal de la misma, a los representantes legales de los trabajadores y, asimismo, a la autoridad competente.

4. Comunicada la decisión a los representantes de los trabajadores, el empresario podrá notificar los despidos individualmente a los trabajadores afectados, lo que deberá realizar conforme a lo establecido en el artículo 53.1 de esta Ley. En todo caso, deberán haber transcurrido como mínimo treinta días entre la fecha de la comunicación de la apertura del período de consultas a la autoridad laboral y la fecha de efectos del despido.

5. Los representantes legales de los trabajadores tendrán prioridad de permanencia en la empresa en los supuestos a que se refiere este artículo[247]. Mediante convenio colectivo o acuerdo alcanzado durante el período de consultas se podrán establecer prioridades de permanencia a favor de otros colectivos, tales como trabajadores con cargas familiares, mayores de determinada edad o personas con discapacidad.

6. La decisión empresarial podrá impugnarse a través de las acciones previstas para este despido. La interposición de la demanda por los representantes de los tra-

[247] V. STC 191/1996, de 26 de noviembre (*BOE* de 3 de enero de 1997), sobre alcance de la obligación empresarial de respeto de la prioridad de permanencia.

bajadores paralizará la tramitación de las acciones individuales iniciadas, hasta la resolución de aquélla.

La autoridad laboral podrá impugnar los acuerdos adoptados en el período de consultas cuando estime que éstos se han alcanzado mediante fraude, dolo, coacción o abuso de derecho a efectos de su posible declaración de nulidad, así como cuando la entidad gestora de las prestaciones por desempleo hubiese informado de que la decisión extintiva empresarial pudiera tener por objeto la obtención indebida de las prestaciones por parte de los trabajadores afectados por inexistencia de la causa motivadora de la situación legal de desempleo.

7. La existencia de fuerza mayor, como causa motivadora de la extinción de los contratos de trabajo, deberá ser constatada por la autoridad laboral, cualquiera que sea el número de los trabajadores afectados, previo procedimiento tramitado conforme a lo dispuesto en este apartado y en sus disposiciones de desarrollo reglamentario.

El procedimiento se iniciará mediante solicitud de la empresa, acompañada de los medios de prueba que estime necesarios y simultánea comunicación a los representantes legales de los trabajadores, quienes ostentarán la condición de parte interesada en la totalidad de la tramitación del procedimiento.

La resolución de la autoridad laboral se dictará, previas las actuaciones e informes indispensables, en el plazo de cinco días desde la solicitud y deberá limitarse, en su caso, a constatar la existencia de la fuerza mayor alegada por la empresa, correspondiendo a ésta la decisión sobre la extinción de los contratos, que surtirá efectos desde la fecha del hecho causante de la fuerza mayor. La empresa deberá dar traslado de dicha decisión a los representantes de los trabajadores y a la autoridad laboral.

La autoridad laboral que constate la fuerza mayor podrá acordar que la totalidad o una parte de la indemnización que corresponda a los trabajadores afectados por la extinción de sus contratos sea satisfecha por el Fondo de Garantía Salarial, sin perjuicio del derecho de éste a resarcirse del empresario.

8. Las obligaciones de información y documentación previstas en el presente artículo se aplicarán con independencia de que la decisión relativa a los despidos colectivos haya sido tomada por el empresario o por la empresa que ejerza el control sobre él. Cualquier justificación del empresario basada en el hecho de que la empresa que tomó la decisión no le ha facilitado la información necesaria no podrá ser tomada en consideración a tal efecto.

9. Cuando se trate de procedimientos de despidos colectivos de empresas no incursas en procedimiento concursal, que incluyan trabajadores con cincuenta y cinco o más años de edad que no tuvieren la condición de mutualistas el 1 de enero de 1967, existirá la obligación de abonar las cuotas destinadas a la financiación de un convenio especial respecto de los trabajadores

anteriormente señalados en los términos previstos en la Ley General de la Seguridad Social[248].

10. La empresa que lleve a cabo un despido colectivo que afecte a más de cincuenta trabajadores deberá ofre-

[248] La remisión a la Ley General de Seguridad Social se encuentra en su disp. adic. 31.ª, redactada conforme a la Ley 27/2009, de 30 de diciembre (*BOE* de 31 de diciembre):

«*Disp. adic. 31.ª Régimen jurídico del convenio especial a suscribir en determinados expedientes de regulación de empleo.*—1. En el convenio especial a que se refiere el artículo 51.15 del texto refundido de la Ley del Estatuto de los Trabajadores, las cotizaciones abarcarán el período comprendido entre la fecha en que se produzca el cese en el trabajo o, en su caso, en que cese la obligación de cotizar por extinción de la prestación por desempleo contributivo, y la fecha en la que el trabajador cumpla los sesenta y cinco años, en los términos establecidos en los apartados siguientes.

»2. A tal efecto, las cotizaciones por el referido período se determinarán aplicando al promedio de las bases de cotización del trabajador, en los últimos seis meses de ocupación cotizada, el tipo de cotización previsto en la normativa reguladora del convenio especial. De la cantidad resultante se deducirá la cotización, a cargo del Servicio Público de Empleo Estatal, correspondiente al período en el que el trabajador pueda tener derecho a la percepción del subsidio de desempleo, cuando corresponda cotizar por la contingencia de jubilación, calculándola en función de la base y tipo aplicable en la fecha de suscripción del convenio especial.

»Hasta la fecha de cumplimiento por parte del trabajador de la edad de sesenta y un años, las cotizaciones serán a cargo del empresario y se ingresarán en la Tesorería General de la Seguridad Social, bien de una sola vez, dentro del mes siguiente al de la notificación por parte del citado Servicio Común de la cantidad a ingresar, bien de manera fraccionada garantizando el importe pendiente mediante aval solidario o a través de la sustitución del empresario en el cumplimiento de la obligación por parte de una entidad financiera o aseguradora, previo consentimiento de la Tesorería General de la Seguridad Social, en los términos que establezca el Ministerio de Trabajo e Inmigración.

»A partir del cumplimiento por parte del trabajador de la edad de sesenta y un años las aportaciones al convenio especial serán obligatorias y a su exclusivo cargo, debiendo ser ingresadas, en los términos previstos en la normativa reguladora del convenio especial, hasta el cumplimiento de la edad de sesenta y cinco años o hasta la fecha en que, en su caso, acceda a la pensión de jubilación anticipada, sin perjuicio de lo previsto en el apartado 4.

»3. En caso de fallecimiento del trabajador o de reconocimiento de una pensión de incapacidad permanente durante el período de cotización correspondiente al empresario, éste tendrá derecho al reintegro de las cuotas que, en su caso, se hubieran ingresado por el convenio especial correspondientes al período posterior a la fecha en que tuviera lugar el fallecimiento o el reconocimiento de la pensión, previa regularización anual y en los términos que reglamentariamente se establezcan.

»4. Si durante el período de cotización a cargo del empresario el trabajador realizase alguna actividad por la que se efectúen cotizaciones al sistema de la Seguridad Social, las cuotas coincidentes con las correspondientes a la actividad realizada, hasta la cuantía de estas últimas, se aplicarán al pago del convenio especial durante el período a cargo del trabajador recogido en el último párrafo del apartado 2, en los términos que reglamentariamente se determinen y sin perjuicio del derecho del empresario al reintegro de las cuotas que procedan, de existir remanente en la fecha en que aquél cause la pensión de jubilación.

»5. Los reintegros a que se refieren los apartados 3 y 4 devengarán el interés legal del dinero vigente en la fecha en que se produzca su hecho causante, calculado desde el momento en que tenga lugar hasta la propuesta de pago.

»A tal efecto, el hecho causante del reintegro tendrá lugar en la fecha del fallecimiento del trabajador o en aquella en la que éste hubiera causado pensión de incapacidad permanente para los supuestos previstos en el apartado 3, y en la fecha en que el trabajador hubiera causado pensión de jubilación, para el supuesto previsto en el apartado 4.

»6. En lo no previsto en los apartados precedentes, este convenio especial se regirá por lo dispuesto en las normas reglamentarias reguladoras del convenio especial en el sistema de la Seguridad Social.»

cer a los trabajadores afectados un plan de recolocación externa a través de empresas de recolocación autorizadas. Dicho plan, diseñado para un período mínimo de seis meses, deberá incluir medidas de formación y orientación profesional, atención personalizada al trabajador afectado y búsqueda activa de empleo.

En todo caso, lo anterior no será de aplicación en las empresas que se hubieran sometido a un procedimiento concursal. El coste de la elaboración e implantación de dicho plan no recaerá en ningún caso sobre los trabajadores.

La autoridad laboral, a través del servicio público de empleo competente, verificará la acreditación del cumplimiento de esta obligación y, en su caso, requerirá a la empresa para que proceda a su cumplimiento.

Sin perjuicio de lo establecido en el párrafo anterior y de las responsabilidades administrativas correspondientes, el incumplimiento de la obligación establecida en este apartado o de las medidas sociales de acompañamiento asumidas por el empresario, podrá dar lugar a la reclamación de su cumplimiento por parte de los trabajadores[249].

11. Las empresas que realicen despidos colectivos de acuerdo con lo establecido en este artículo, y que incluyan a trabajadores de cincuenta o más años de edad, deberán efectuar una aportación económica al Tesoro Público de acuerdo con lo establecido legalmente[250].

---

[249] Para la tipificación como infracción administrativa muy grave el incumplimiento de esta obligación, art. 8.º14 LISOS conforme a la redacción de la Ley 3/2012, de 6 de julio.

[250] Según la disp. adic. 16.ª de la Ley 27/2011, de 1 de agosto, sobre actualización, adecuación y modernización del sistema de Seguridad Social, conforme a la redacción dada por la Ley 3/2012, de 6 de julio:

«*Disp. adic. 16.ª Despidos colectivos que afecten a trabajadores mayores de cincuenta o más años en empresas con beneficios.*—1. Las empresas que realicen despidos colectivos de acuerdo con lo establecido en el artículo 51 del Texto Refundido de la Ley del Estatuto de los Trabajadores, aprobado por Real Decreto Legislativo 1/1995, de 24 de marzo, que incluyan a trabajadores de cincuenta o más años de edad, deberán efectuar una aportación económica al Tesoro Público, siempre que en tales despidos colectivos concurran las siguientes circunstancias:

»*a*) Que sean realizados por empresas de más de cien trabajadores o por empresas que formen parte de grupos de empresas que empleen a ese número de trabajadores.

»*b*) Que afecten a trabajadores de cincuenta o más años de edad.

»*c*) Que, aun concurriendo las causas económicas, técnicas, organizativas o de producción que los justifiquen, las empresas o el grupo de empresas del que formen parte hubieran tenido beneficios en los dos ejercicios económicos anteriores a aquel en que el empresario inicia el procedimiento de despido colectivo.

»2. Para el cálculo de la aportación económica a que se refiere el apartado anterior, se tomarán en consideración el importe de las prestaciones y subsidios por desempleo de los trabajadores de cincuenta o más años de edad afectados por el despido colectivo, incluidas las cotizaciones a la Seguridad Social realizadas por el Servicio Público de Empleo Estatal de acuerdo con lo establecido en los siguientes apartados. También se incluirán a los efectos del cálculo de la aportación económica los importes realizados por el Servicio Público de Empleo Estatal por los referidos conceptos de los trabajadores de cincuenta o más años cuyos contratos se hayan extinguido por iniciativa de la empresa o empresas del mismo grupo, en virtud de otros motivos no inherentes a la persona del trabajador distintos de los previstos en el artículo

Art. 52. *Extinción del contrato por causas objetivas.*—El contrato podrá extinguirse:

a) Por ineptitud del trabajador conocida o sobrevenida con posterioridad a su colocación

---

49.1.*c*) del Estatuto de los Trabajadores, siempre que dichas extinciones de contratos se hayan producido en los tres años anteriores o posteriores al inicio del despido colectivo.

»No obstante, se excluirán del cálculo de la aportación económica, a petición de la empresa afectada, los importes de prestaciones y subsidios por desempleo de los trabajadores de cincuenta o más años de edad afectados que hubieran sido objeto de recolocación en la misma empresa, o en otra empresa del grupo del que forme parte, o en cualquier otra empresa, en los seis meses siguientes a la fecha en que se produzca la extinción de sus contratos de trabajo. En estos casos la empresa deberá acreditar estos extremos en el procedimiento.

»3. El importe de la aportación se determinará anualmente mediante la aplicación del tipo establecido en el apartado 4 sobre cada uno de los siguientes conceptos:

»*a*) Cuantía total efectivamente abonada por el Servicio Público de Empleo Estatal por prestaciones por desempleo de nivel contributivo de los trabajadores de cincuenta o más años afectados por los despidos, generadas total o parcialmente en virtud de las cotizaciones acreditadas en la empresa que promovió su despido.

»*b*) Cuantía total efectivamente abonada por el Servicio Público de Empleo Estatal por cotizaciones a la Seguridad Social a cargo de la entidad gestora de las prestaciones por desempleo por los trabajadores afectados, durante el período de percepción de las mismas.

»*c*) Un canon fijo por cada trabajador que haya agotado la prestación por desempleo de nivel contributivo y que comience a percibir el subsidio por agotamiento de la misma o el de mayores de cincuenta y dos años. Este canon se calculará mediante la totalización durante un período de seis años de la suma del coste anual del subsidio por desempleo más el de la cotización por jubilación por cuenta de la entidad gestora en el año del agotamiento.

»También se hará efectivo el canon fijo por cada trabajador que, no teniendo derecho al cobro de la prestación por desempleo contributiva, acceda directamente al subsidio por desempleo, como consecuencia de la situación legal de desempleo motivada por el despido.

»4. El tipo aplicable será el fijado por la siguiente escala en función del número de trabajadores de la empresa, del número de trabajadores de cincuenta o más años de edad afectados por el despido y del porcentaje de los beneficios de la empresa sobre los ingresos:

»*Tipo aplicable para calcular la aportación económica*

Porcentaje de trabajadores afectados de cincuenta o más años en relación con el número de trabajadores	Porcentaje de beneficios sobre los ingresos	Número de trabajadores en la empresa		
		Más de 2.000	Entre 1.000 2.000	Entre 101 y 999
Más del 35%	Más del 10% Menos del 10%	100% 95%	95% 90%	90% 85%
Entre 15% y 35%	Más del 10% Menos del 10%	95% 90%	90% 85%	85% 80%
Menos del 15%	Más del 10% Menos del 10%	75% 70%	70% 65%	65% 60%

»5. A los efectos de lo dispuesto en el apartado anterior se tendrán en cuenta las siguientes reglas:

»*a*) El porcentaje de trabajadores afectados de cincuenta o más años sobre el total de trabajadores despedidos se calculará año a año, dentro del período previsto para la realización de los despidos comunicado a la autoridad laboral tras la finalización del período de consultas, teniendo en cuenta el número total de ambos colectivos que ha sido objeto de despido hasta el año en que se efectúa el cálculo.

»*b*) Los beneficios de la empresa o grupo de empresas se cuantificarán en función del

efectiva en la empresa. La ineptitud existente con anterioridad al cumplimiento de un período de prueba no podrá alegarse con

porcentaje medio de los mismos respecto de los ingresos obtenidos en los dos ejercicios inmediatamente anteriores a aquel en que el empresario comunique a la autoridad laboral la apertura del período de consultas que debe preceder al despido colectivo.

»*c*) El número de trabajadores de la empresa o grupo de empresas se calculará según los que se encuentren en alta en la empresa o grupo de empresas en el momento de comunicar a la autoridad laboral la apertura del período de consultas que precede al despido colectivo, con independencia de que trabajen a jornada completa o a tiempo parcial.

»6. El procedimiento para la liquidación y pago de la aportación económica se determinará reglamentariamente.

»7. Cuando el despido colectivo implique la cesación total de la actividad de la empresa en el territorio español, se podrán adoptar las medidas cautelares oportunas, de acuerdo con la ley, para asegurar el cobro de la deuda correspondiente a la aportación económica, aun cuando ésta no haya sido objeto de cuantificación y liquidación con carácter previo.

»8. Será exigible desde luego la aportación a que se refiere la presente disposición cuando la empresa proceda a la aplicación de medidas temporales de regulación de empleo que afecten a trabajadores de cincuenta o más años con carácter previo a la extinción de los contratos de trabajo de los mismos trabajadores, cualquiera que sea la causa de la extinción del contrato de trabajo, siempre que no haya transcurrido más de un año desde la finalización de la situación legal de desempleo derivada de la aplicación de las medidas temporales de regulación de empleo y la extinción del contrato de cada trabajador.

»En todo caso, para el cálculo de la aportación económica se tomará en cuenta el importe de las cantidades realizadas por el Servicio Público de Empleo Estatal a que se refiere el apartado 2, durante los períodos de aplicación de medidas de regulación temporal de empleo previos a la extinción de los contratos, incluidos, en su caso, los que pudieran corresponder en concepto de reposición de la duración de la prestación por desempleo de nivel contributivo, sin perjuicio de lo establecido en el apartado 3.*c*).

»9. Al menos el 50 por 100 de las cantidades recaudadas en el ejercicio inmediatamente anterior se consignarán en el presupuesto inicial del Servicio Público de Empleo Estatal con la finalidad de financiar acciones y medidas de reinserción laboral específicas para el colectivo de los trabajadores de cincuenta o más años que se encontraran en situación legal de desempleo, para lo cual en el presupuesto del Servicio Público de Empleo Estatal deberán constar créditos destinados a financiar este tipo de acciones y medidas.

»10. Lo previsto en esta disposición será de aplicación a los procedimientos de despido colectivo iniciados a partir del 27 de abril de 2011.»

Conforme a la disp. trans. 4.ª de la Ley 3/2012, de 6 de julio (*BOE* de 7 de julio):

«1. Lo dispuesto en la disposición adicional decimosexta de la Ley 27/2011, de 1 de agosto, de actualización, adecuación y modernización del sistema de la Seguridad Social, en la redacción dada por la presente ley, será de aplicación a los despidos colectivos iniciados a partir de la entrada en vigor de la misma.

»2. El importe de la aportación económica que deban efectuar las empresas en aplicación de lo establecido en la disposición adicional decimosexta de la Ley 27/2011 por los despidos colectivos iniciados con posterioridad al 27 de abril de 2011 y con anterioridad a la entrada en vigor de la presente ley, se determinará conforme a los límites y requisitos establecidos en la redacción de dicha disposición aplicable en función de la fecha de inicio del despido colectivo, sin que en ningún caso pueda incluirse en dicho importe el correspondiente a las prestaciones o subsidios por desempleo de los trabajadores de cincuenta o más años de edad que hayan sido despedidos por las empresas obligadas al pago de aquélla con anterioridad al 27 de abril de 2011.

»3. No obstante lo establecido en la disposición transitoria décima, para la determinación del importe de la aportación a que se refiere el apartado anterior respecto de los trabajadores afectados por resoluciones complementarias de la principal, en expedientes de regulación de empleo iniciados antes del 12

posterioridad a dicho cumplimiento.

b) Por falta de adaptación del trabajador a las modificaciones técnicas operadas en su puesto de trabajo, cuando dichos cambios sean razonables. Previamente el empresario deberá ofrecer al trabajador un curso dirigido a facilitar la adaptación a las modificaciones operadas. El tiempo destinado a la formación se considerará en todo caso tiempo de trabajo efectivo y el empresario abonará al trabajador el salario medio que viniera percibiendo. La extinción no podrá ser acordada por el empresario hasta que hayan transcurrido, como mínimo, dos meses desde que se introdujo la modificación o desde que finalizó la formación dirigida a la adaptación[251].

c) Cuando concurra alguna de las causas previstas en el artículo 51.1 de esta Ley y la extinción afecte a un número inferior al establecido en el mismo.

Los representantes de los trabajadores tendrán prioridad de permanencia en la empresa en el supuesto al que se refiere este apartado[252].

d) Por faltas de asistencia al trabajo, aun justificadas pero intermitentes, que alcancen el 20 por 100 de las jornadas hábiles en dos meses consecutivos siempre que el total de faltas de asistencia en los doce meses anteriores alcance el 5 por 100 de las jornadas hábiles, o el 25 por 100 en cuatro meses discontinuos dentro de un período de doce meses.

No se computarán como faltas de asistencia, a los efectos del párrafo anterior, las ausencias debidas a huelga legal por el tiempo de duración de la misma, el ejercicio de actividades de representación legal de los trabajadores, accidente de trabajo, maternidad, riesgo durante el embarazo y la lactancia, enfermedades causadas por embarazo, parto o lactancia, paternidad, licencias y vacaciones, enfermedad o accidente no laboral cuando la baja haya sido acordada por los servicios sanitarios oficiales y tenga una duración de más de veinte días consecutivos, ni las motivadas por la situación física o psicológica derivada de violencia de género, acreditada por los servicios sociales de atención o servicios de Salud, según proceda.

Tampoco se computarán las ausencias que obedezcan a un tratamiento médico de cáncer o enfermedad grave[253].

---

de febrero de 2012, que autoricen la ampliación del número de extinciones o suspensiones de contratos o de reducción de jornada, se tomará como fecha de inicio del despido colectivo la de la solicitud de la resolución complementaria que finalmente autorice la ampliación del número de extinciones o suspensiones de contratos o reducciones de jornada, siempre que dicha solicitud sea posterior al 12 de febrero de 2012.»

[251] Letra *b*) conforme a la Ley 3/2012, de 6 de julio (*BOE* de 7 de julio).

[252] Letra *c*) redactada conforme a la Ley 35/2010, de 17 de septiembre (*BOE* de 18 de septiembre). Para estos despidos en el ámbito de los organismos públicos, v. disp. adic. 20.ª ET. V. STC 121/2004, de 12 de julio (*BOE* de 11 de agosto), sobre derecho a solicitar la práctica de prueba de la inexistencia de causa económica por vinculación de la empresa a un grupo de sociedades.

[253] Letra *d*) conforme a la Ley 3/2012, de 6 de julio (*BOE* de 7 de julio).

e) En el caso de contratos por tiempo indefinido concertados directamente por entidades sin ánimo de lucro para la ejecución de planes y programas públicos determinados, sin dotación económica estable y financiados por las Administraciones Públicas mediante consignaciones presupuestarias o extrapresupuestarias anuales consecuencia de ingresos externos de carácter finalista, por la insuficiencia de la correspondiente consignación para el mantenimiento del contrato de trabajo de que se trate.

Cuando la extinción afecte a un número de trabajadores igual o superior al establecido en el artículo 51.1 de esta Ley se deberá seguir el procedimiento previsto en dicho artículo[254].

Art. 53. *Forma y efectos de la extinción por causas objetivas.*— 1. La adopción del acuerdo de extinción al amparo de lo prevenido en el artículo anterior exige la observancia de los requisitos siguientes:

a) Comunicación escrita al trabajador expresando la causa.

b) Poner a disposición del trabajador, simultáneamente a la entrega de la comunicación escrita, la indemnización de veinte días por año de servicio, prorrateándose por meses los períodos de tiempo inferiores a un año y con un máximo de doce mensualidades.

Cuando la decisión extintiva se fundare en el artículo 52.*c*) de esta Ley, con alegación de causa económica, y como consecuencia de tal situación económica no se pudiera poner a disposición del trabajador la indemnización a que se refiere el párrafo anterior, el empresario, haciéndolo constar en la comunicación escrita, podrá dejar de hacerlo, sin perjuicio del derecho del trabajador de exigir de aquél su abono cuando tenga efectividad la decisión extintiva[255].

c) Concesión de un plazo de preaviso de quince días, computado desde la entrega de la comunicación personal al trabajador hasta la extinción del contrato de trabajo. En el supuesto contemplado en el artículo 52.*c*), del escrito de preaviso se dará copia a la representación legal de los trabajadores para su conocimiento[256].

2. Durante el período de preaviso el trabajador, o su representante legal si se trata de un disminuido que lo tuviera, tendrá derecho, sin pérdida de su retribución, a una li-

---

[254] Letra *e*) conforme a la redacción de la Ley 3/2012, de 6 de julio (*BOE* de 7 de julio).

[255] V. art. 33.8 ET; SSTC 183/2000, de 10 de julio (*BOE* de 11 de agosto), sobre el carácter discriminatorio por razón de sexo del cálculo de indemnizaciones por extinción de los contratos, sobre la base de un salario declarado judicialmente discriminatorio; 99/2001 y 100/2001, de 23 de abril (*BOE* de 29 de mayo), sobre licitud del acuerdo con los representantes de los trabajadores que obliga a la devolución de la indemnización percibida en caso de reintegración del trabajador en otra empresa del grupo, sin limitación temporal.

[256] Letra *c*) redactada conforme a la Ley 35/2010, de 17 de septiembre (*BOE* de 18 de septiembre).

cencia de seis horas semanales con el fin de buscar nuevo empleo.

3. Contra la decisión extintiva podrá recurrir como si se tratare de despido disciplinario[257].

4. Cuando la decisión extintiva del empresario tuviera como móvil algunas de las causas de discriminación prohibidas en la Constitución o en la Ley o bien se hubiera producido con violación de derechos fundamentales y libertades públicas del trabajador, la decisión extintiva será nula, debiendo la autoridad judicial hacer tal declaración de oficio[258].

Será también nula la decisión extintiva en los siguientes supuestos:

a) La de los trabajadores durante el período de suspensión del contrato de trabajo por maternidad, riesgo durante el embarazo, riesgo durante la lactancia natural, enfermedades causadas por embarazo, parto o lactancia natural, adopción o acogimiento o paternidad al que se refiere la letra *d*) del apartado 1 del artículo 45, o el notificado en una fecha tal que el plazo de preaviso concedido finalice dentro de dicho período.

b) La de las trabajadoras embarazadas, desde la fecha de inicio del embarazo hasta el comienzo del período de suspensión a que se refiere la letra *a*), y la de los trabajadores que hayan solicitado uno de los permisos a los que se refieren los apartados 4, 4 bis y 5 del artículo 37, o estén disfrutando de ellos, o hayan solicitado o estén disfrutando la excedencia prevista en el apartado 3 del artículo 46; y la de las trabajadoras víctimas de violencia de género por el ejercicio de los derechos de reducción o reordenación de su tiempo de trabajo, de movilidad geográfica, de cambio de centro de trabajo o de suspensión de la relación laboral en los términos y condiciones reconocidos en esta Ley.

c) La de los trabajadores después de haberse reintegrado al trabajo al finalizar los períodos de suspensión del contrato por maternidad, adopción o acogimiento o paternidad, siempre que no hubieran transcurrido más de nueve meses desde la fecha de nacimiento, adopción o acogimiento del hijo.

Lo establecido en las letras anteriores será de aplicación, salvo que, en esos casos, se declare la procedencia de la decisión extintiva por motivos no relacionados con el embarazo o con el ejercicio del derecho a los permisos y excedencia señalados.

La decisión extintiva se considerará procedente siempre que se acredite la concurrencia de la cau-

---

[257] Para los aspectos procesales, v. arts. 120 a 123 de la Ley 36/2011, de 10 de octubre (*BOE* de 11 de octubre), Reguladora de la Jurisdicción Social.

[258] V. STC 48/2002, de 25 de febrero (*BOE* de 3 de abril), sobre despido nulo por extinción de contratos de trabajadores, en su mayoría afiliados a un sindicato, que no se justifica por causas económicas de reestructuración de plantilla; 2/2009, de 12 de enero (*BOE* de 13 de febrero), sobre despido nulo por lesivo de la libertad sindical alegando necesidades no demostradas de reestructuración empresarial.

sa en que se fundamentó la decisión extintiva y se hubieren cumplido los requisitos establecidos en el apartado 1 de este artículo. En otro caso se considerará improcedente[259].

No obstante, la no concesión del preaviso o el error excusable en el cálculo de la indemnización no determinará la improcedencia del despido, sin perjuicio de la obligación del empresario de abonar los salarios correspondientes a dicho período o al pago de la indemnización en la cuantía correcta, con independencia de los demás efectos que procedan[260].

5. La calificación por la autoridad judicial de la nulidad, procedencia o improcedencia de la decisión extintiva producirá iguales efectos que los indicados para el despido disciplinario, con las siguientes modificaciones:

a) En caso de procedencia, el trabajador tendrá derecho a la indemnización prevista en el apartado 1 de este artículo, consolidándola de haberla recibido, y se entenderá en situación de desempleo por causa a él no imputable.

b) Si la extinción se declara improcedente y el empresario procede a la readmisión, el trabajador habrá de reintegrarle la indemnización percibida. En caso de sustitución de la readmisión por compensación económica, se deducirá de ésta el importe de dicha indemnización[261].

Art. 54. *Despido disciplinario.*—1. El contrato de trabajo podrá extinguirse por decisión del empresario, mediante despido basado en un incumplimiento grave y culpable del trabajador[262].

2. Se considerarán incumplimientos contractuales:

a) Las faltas repetidas e injustificadas de asistencia o puntualidad al trabajo.

---

[259] Párrafo conforme a la Ley 3/2012, de 6 de julio (*BOE* de 7 de julio).

[260] Apartado 4 redactado conforme a la Ley 35/2010, de 17 de septiembre (*BOE* de 18 de septiembre). V. STC 41/2002, de 25 de febrero (*BOE* de 3 de abril), denegatoria del amparo por discriminación de despido de trabajadora embarazada, cuando la empresa la ignoraba.

[261] V. STC 49/2003, de 17 de marzo (*BOE* de 16 de abril), sobre nulidad de despido por amortización de puesto de trabajo que en realidad obedece a que pertenece a un partido político.

[262] V. SSTC 37/1985, de 8 de marzo (*BOE* de 27 de marzo), sobre la presunción de inocencia aplicada al despido disciplinario; 81/1988, de 28 de abril (*BOE* de 25 de mayo); 30/1992, de 18 de marzo (*BOE* de 10 de abril); 27/1993, de 25 de enero (*BOE* de 24 de febrero); 6/1995, de 10 de enero (*BOE* de 11 de febrero); 53/1995, de 23 de febrero (*BOE* de 31 de marzo), y 153/2000, de 12 de junio (*BOE* de 11 de julio), todas ellas sobre no aplicación de la presunción de inocencia a los procesos por despido; 24/1984, de 23 de febrero (*BOE* de 9 de marzo), sobre incidencia del proceso penal en lo laboral; 62/1984, de 21 de mayo (*BOE* de 19 de junio), sobre idéntica materia que la anterior; 36/1985, de 8 de marzo (*BOE* de 27 de marzo), sobre idéntica materia que la anterior; 209/1999, de 29 de noviembre (*BOE* de 16 de diciembre), sobre independencia del juez penal respecto de la sentencia laboral, y 153/2000, de 12 de junio (*BOE* de 11 de julio), sobre prueba de la imputación de carta escrita por el marido, publicada en periódico, relativa a la gestión de la empresa.

b) La indisciplina o desobediencia en el trabajo[263].

c) Las ofensas verbales o físicas al empresario o a las personas que trabajan en la empresa o a los familiares que convivan con ellos.

d) La transgresión de la buena fe contractual, así como el abuso de confianza en el desempeño del trabajo[264].

e) La disminución continuada y voluntaria en el rendimiento de trabajo normal o pactado.

f) La embriaguez habitual o toxicomanía si repercuten negativamente en el trabajo.

g) El acoso por razón de origen racial o étnico, religión o convicciones, discapacidad, edad u orientación sexual y el acoso sexual o por razón de sexo al empresario o a las personas que trabajan en la empresa[265].

Art. 55. *Forma y efectos del despido disciplinario*[266].—1. El despido deberá ser notificado por escrito al trabajador, haciendo figurar los hechos que lo motivan y la fecha en que tendrá efectos.

Por convenio colectivo podrán establecerse otras exigencias formales para el despido.

Cuando el trabajador fuera representante legal de los trabajadores o delegado sindical procederá la apertura de expediente contradic-

---

[263] V. STC 204/1997, de 25 de noviembre (*BOE* de 30 de diciembre), sobre la ausencia de amparo por el art. 20 CE de expresiones vejatorias e insultantes para el empresario.

[264] V. STC 62/2008, de 26 de mayo (*BOE* de 26 de junio), sobre despido por presunta enfermedad incapacitante para el trabajo no discriminatoria por circunstancias personales en relación con la salud.

[265] Letra g) conforme a la redacción dada por la LO 3/2007, de 22 de marzo (*BOE* de 23 de marzo), para la igualdad efectiva de mujeres y hombres. V. art. 4.º2.*e*) ET, completado por RDL 17/1977, de 4 de marzo (*BOE* de 9 de marzo), sobre Relaciones de Trabajo:

«*Art. 16.* 1. Los trabajadores que participaren en huelga ilegal o cualquier otra forma de alteración colectiva en el régimen normal de trabajo, incurrirán en la falta prevista en el apartado j) del artículo 33 de este Real Decreto-ley.

»2. Los trabajadores que, de acuerdo con el artículo 6, párrafo 7, fuesen designados para el mantenimiento de los servicios previstos y se negasen a ello, incurrirán en la causa justa de despido establecido en el apartado *k*) del artículo 33 del presente Real Decreto-ley, sin perjuicio de las demás responsabilidades que procedieran.

»[...]

»*Art. 33.* Son causas justas para el despido, relacionadas con la conducta del trabajador las siguientes:

»[...]

»*j*) La participación activa en huelga ilegal o en cualquier otra forma de alteración colectiva en el régimen normal de trabajo.

»*k*) La negativa, durante una huelga, a la prestación de los servicios necesarios para la seguridad de las personas y de las cosas, mantenimiento de los locales, maquinaria, instalaciones, materias primas y cualquier otra atención que fuera precisa para la ulterior reanudación de las tareas de la empresa.»

[266] Para los aspectos procesales, v. arts. 103 ss., 278 ss. y 297 ss. de la Ley 36/2011, de 10 de octubre (*BOE* de 11 de octubre), Reguladora de la Jurisdicción Social. V. SSTC 282/2000, de 27 de noviembre (*BOE* de 4 de enero de 2001), sobre comunicación interna de la empresa sobre un despido disciplinario, dando conocimiento al resto del personal de las motivaciones del despido, que no veja ni descalifica personalmente a la trabajadora afectada; 257/2000, de 30 de octubre (*BOE* de 1 de diciembre), sobre vulneración de la libertad sindical por denegación al sindicato de su personación como coadyuvante en un despido instado en un litigio por conducta antisindical.

torio, en el que serán oídos, además del interesado, los restantes miembros de la representación a que perteneciere, si los hubiese.

Si el trabajador estuviera afiliado a un sindicato y al empresario le constare, deberá dar audiencia previa a los delegados sindicales de la sección sindical correspondiente a dicho sindicato[267].

2. Si el despido se realizara inobservando lo establecido en el apartado anterior, el empresario podrá realizar un nuevo despido en el que cumpliese los requisitos omitidos en el precedente. Dicho nuevo despido, que sólo surtirá efectos desde su fecha, sólo cabrá efectuarlo en el plazo de veinte días, a contar desde el siguiente al del primer despido. Al realizarlo, el empresario pondrá a disposición del trabajador los salarios devengados en los días intermedios, manteniéndole durante los mismos en alta en la Seguridad Social.

3. El despido será calificado como procedente, improcedente o nulo.

4. El despido se considerará procedente cuando quede acreditado el incumplimiento alegado por el empresario en su escrito de comunicación. Será improcedente en caso contrario o cuando en su forma no se ajustara a lo establecido en el apartado 1 de este artículo.

5. Será nulo el despido que tenga por móvil alguna de las causas de discriminación prohibidas en la Constitución o en la Ley, o bien se produzca con violación de derechos fundamentales y libertades públicas del trabajador.

Será también nulo el despido en los siguientes supuestos:

a) El de los trabajadores durante el período de suspensión del contrato de trabajo por maternidad, riesgo durante el embarazo, riesgo durante la lactancia natural, enfermedades causadas por embarazo, parto o lactancia natural, adopción o acogimiento o paternidad al que se refiere la letra *d*) del apartado 1 del artículo 45, o el notificado en una fecha tal que el plazo de preaviso concedido finalice dentro de dicho período[268].

b) El de las trabajadoras embarazadas, desde la fecha de inicio del embarazo hasta el comienzo del período de suspensión a que se refiere la letra *a*), y el de los trabajadores que hayan solicitado uno de los permisos a los que se refieren los apartados 4, 4 bis y 5 del artículo 37, o estén disfrutando de ellos, o hayan solicitado o estén disfrutando la excedencia prevista en el apartado 3 del artículo 46; y el de las trabajadoras víctimas de violencia de género por el ejercicio de los derechos de reducción o reordenación de su tiempo de

---

[267] V. art. 10.3.3 de la LO de Libertad Sindical; STC 30/1992, de 4 de marzo (*BOE* de 10 de abril), sobre el alcance de este derecho de audiencia y consecuencias de su incumplimiento.

[268] V. SSTC 92/2008, de 21 de julio (*BOE* de 19 de agosto), sobre despido nulo de trabajadora embarazada aunque la empresa lo ignorase; 124/2009, de 18 de mayo (*BOE* de 20 de junio), sobre idéntica material a la anterior.

trabajo, de movilidad geográfica, de cambio de centro de trabajo o de suspensión de la relación laboral, en los términos y condiciones reconocidos en esta Ley.

c) El de los trabajadores después de haberse reintegrado al trabajo al finalizar los períodos de suspensión del contrato por maternidad, adopción o acogimiento o paternidad, siempre que no hubieran transcurrido más de nueve meses desde la fecha de nacimiento, adopción o acogimiento del hijo.

Lo establecido en las letras anteriores será de aplicación, salvo que, en esos casos, se declare la procedencia del despido por motivos no relacionados con el embarazo o con el ejercicio del derecho a los permisos y excedencia señalados[269].

---

[269] Apartado 5 conforme a la redacción dada por la LO 3/2007, de 22 de marzo (*BOE* de 23 de marzo), para la igualdad efectiva de mujeres y hombres.

V. SSTC 38/1981, de 23 de noviembre (*BOE* de 22 de diciembre), sobre la declaración de nulidad de un despido por violación de derechos fundamentales y libertades públicas; 47/1985, de 27 de marzo (*BOE* de 19 de abril), sobre idéntica materia que la anterior y sobre el despido de una trabajadora de un centro docente por no identificarse con el ideario del centro; 88/1985, de 19 de julio (*BOE* de 14 de agosto), sobre idéntica materia que las anteriores y sobre el despido de un trabajador en razón del ejercicio de la libertad de expresar sus ideas y opiniones; 6/1988, de 21 de enero (*BOE* de 5 de febrero), sobre despido nulo con ocasión del ejercicio de la libertad de información en el desarrollo de la relación laboral; 104/1987, de 17 de junio (*BOE* de 9 de julio), sobre despido nulo con ocasión del intento de celebrar elecciones a representantes del personal; 114/1989, de 22 de junio (*BOE* de 24 de julio); 21/1992, de 14 de febrero (*BOE* de 17 de marzo), sobre despido nulo con motivo del ejercicio de actividad sindical; 7/1993, de 18 de enero (*BOE* de 12 de febrero), sobre debilitamiento de la carga de la prueba en despido donde se alega discriminación; 14/1993, de 18 de enero (*BOE* de 12 de febrero), sobre nulidad del despido ocasionado por reclamación administrativa previa; 99/1994, de 11 de abril (*BOE* de 17 de mayo), sobre despido nulo por negativa a captación de la propia imagen; 180/1994, de 20 de junio (*BOE* de 26 de julio), y 14/2002, de 28 de enero (*BOE* de 1 de marzo), sobre la no necesidad de demostrar la procedencia de un despido para contrarrestar una imputación de despido lesivo de derechos fundamentales; 106/1996, de 12 de junio (*BOE* de 12 de julio), sobre libertad de expresión en el seno de un hospital de carácter religioso; 136/1996, de 23 de julio (*BOE* de 12 de agosto), sobre despido discriminatorio por razón de sexo; 186/1996, de 25 de noviembre (*BOE* de 3 de enero de 1997), sobre despido nulo por ejercicio de la libertad de expresión; 1/1998, de 12 de enero (*BOE* de 12 de febrero), sobre despido nulo por vulneración del derecho de libertad de expresión; 197/1998, de 13 de octubre (*BOE* de 18 de noviembre), sobre despido nulo por declaración testifical en proceso laboral; 57/1999, de 12 de abril (*BOE* de 18 de mayo), sobre despido nulo por declaración periodística por inspector de vuelo en revisión con el mal estado de aeronaves; 140/1999, de 22 de julio (*BOE* de 26 de agosto); 168/1999, de 27 de septiembre (*BOE* de 3 de noviembre); 191/1999, de 25 de octubre (*BOE* de 30 de noviembre), y 101/2000, de 10 de abril (*BOE* de 18 de mayo), sobre nulidad del despido motivada por presentación de papeleta de conciliación reclamando el carácter laboral de la relación contractual; 20/2002, de 28 de enero (*BOE* de 1 de marzo), sobre despido nulo por criticar al presidente de la empresa en una junta de accionistas, en relación con la gestión social, mediante expresiones que no fueron ni innecesarias ni vejatorias y emitidas fuera del vínculo del contrato laboral; 41/2002, de 25 de febrero (*BOE* de 3 de abril), sobre ausencia de despido discriminatorio por razón de sexo de una trabajadora embarazada cuando la empresa lo ignoraba; 126/2003, de 20

6. El despido nulo tendrá el efecto de la readmisión inmediata del trabajador, con abono de los salarios dejados de percibir[270].

7. El despido procedente convalidará la extinción del contrato de trabajo que con aquél se produjo, sin derecho a indemnización ni a salarios de tramitación[271].

Art. 56. *Despido improcedente*[272].—1. Cuando el despido sea declarado improcedente, el empresario, en el plazo de cinco días desde la notificación de la sentencia, podrá optar entre la readmisión del trabajador o el abono de una indemnización equivalente a treinta y tres días de salario por año de servicio, prorrateándose por meses los períodos de tiempo inferiores a un año, hasta un máximo de veinticuatro mensualidades. La opción por la indemnización determinará la extinción del contrato de trabajo, que se entenderá producida en la fecha del cese efectivo en el trabajo[273].

---

de junio (*BOE* de 30 de julio), sobre despido procedente no lesivo de la libertad de información por denuncias ante los medios de comunicación que no respeta los intereses derivados de la libertad de empresa; 151/2004, de 20 de septiembre (*BOE* de 22 de octubre), sobre despido vulnerando la libertad de expresión del trabajador que publicó un artículo de prensa criticando a la empresa por su conducta en un conflicto laboral; 196/2004, de 15 de noviembre (*BOE* de 21 de diciembre), sobre despido nulo por vulneración del derecho a la intimidad por reconocimiento médico donde se detectó el uso de drogas, fuera del examen de riesgos laborales y del consentimiento de la trabajadora, que no fue informada; 144/2005, de 6 de junio (*BOE* de 8 de julio) despido nulo por indicios de represalia por haber pleiteado con la empresa (indemnidad); 161/2005, de 20 de junio (*BOE* de 21 de julio), sobre despido supuestamente vulnerador de la libertad de expresión; 41/2006, de 13 de febrero (*BOE* de 16 de marzo), sobre despido nulo por discriminación por razón de la orientación sexual; 342/2006, de 11 de diciembre (*BOE* de 16 de enero de 2007), sobre vulneración del derecho a no ser discriminado por razón de sexo por despido de trabajadora embarazada, indicios de discriminación no rebatidos; 56/2008, de 14 de abril (*BOE* de 14 de mayo), sobre despido vulnerador del derecho a la libertad de expresión al distribuir un comunicado dentro de la empresa formulando críticas por cuestiones laborales.

[270] Los apartados 6 y 7 de este artículo, redactados conforme a la Ley 45/2002, de 12 de julio (*BOE* de 13 de julio). V. SSTC 322/1994, de 28 de noviembre (*BOE* de 28 de diciembre), sobre la corrección de ordenar la ejecución de un fallo de readmisión a través del equivalente pecuniario, y 5/2003, de 20 de enero (*BOE* de 19 de febrero), sobre violación del derecho a la tutela judicial efectiva por imponer una sanción de suspensión de empleo y sueldo por desobediencia a una orden de traslado, que inejecuta indirectamente el fallo que había declarado nulo el despido.

[271] Para la percepción de la prestación por desempleo en los casos de despido procedente, v. art. 208 de la Ley General de la Seguridad Socia (RD Legislativo 1/1994, de 20 de junio, *BOE* de 29 de junio).

[272] Apartados 1, 2 y 4 conforme a la Ley 3/2012, de 6 de julio (*BOE* de 7 de julio).

[273] Conforme a la disp. trans. 5.ª de la Ley 3/2012, de 6 de julio:

«1. La indemnización por despido prevista en el apartado 1 del artículo 56 del Texto Refundido de la Ley del Estatuto de los Trabajadores, aprobado por Real Decreto Legislativo 1/1995, de 24 de marzo, en la redacción dada por la presente Ley, será de aplicación a los contratos suscritos a partir del 12 de febrero de 2012.

»2. La indemnización por despido improcedente de los contratos formalizados con anterioridad al 12 de febrero de 2012 se calculará a razón de cuarenta y cinco días de salario por año de servicio por el tiempo

2. En caso de que se opte por la readmisión, el trabajador tendrá derecho a los salarios de tramitación. Éstos equivaldrán a una cantidad igual a la suma de los salarios dejados de percibir desde la fecha de despido hasta la notificación de la sentencia que declarase la improcedencia o hasta que hubiera encontrado otro empleo, si tal colocación fuera anterior a dicha sentencia y se probase por el empresario lo percibido, para su descuento de los salarios de tramitación.

3. En el supuesto de no optar el empresario por la readmisión o la indemnización, se entiende que procede la primera.

4. Si el despedido fuera un representante legal de los trabajadores o un delegado sindical, la opción corresponderá siempre a éste[274]. De no efectuar la opción, se entenderá que lo hace por la readmisión. Cuando la opción, expresa o presunta, sea en favor de la readmisión, ésta será obligada. Tanto si opta por la indemnización como si lo hace por la readmisión, tendrá derecho a los salarios de tramitación a los que se refiere el apartado 2.

Art. 57. *Pago por el Estado.*—1. Cuando la sentencia que declare la improcedencia del despido se dicte transcurridos más de noventa días hábiles desde la fecha en que se presentó la demanda, el empresario podrá reclamar del Estado el abono de la percepción económica a la que se refiere el apartado 2 del artículo 56 de esta Ley, correspondiente al tiempo que exceda de dichos noventa días hábiles[275].

2. En los casos de despido en que, con arreglo al presente artículo, sean por cuenta del Estado los

---

de prestación de servicios anterior a dicha fecha, prorrateándose por meses los períodos de tiempo inferiores a un año, y a razón de treinta y tres días de salario por año de servicio por el tiempo de prestación de servicios posterior, prorrateándose igualmente por meses los períodos de tiempo inferiores a un año. El importe indemnizatorio resultante no podrá ser superior a setecientos veinte días de salario, salvo que del cálculo de la indemnización por el período anterior al 12 de febrero de 2012 resultase un número de días superior, en cuyo caso se aplicará éste como importe indemnizatorio máximo, sin que dicho importe pueda ser superior a cuarenta y dos mensualidades, en ningún caso.

»3. En el caso de los trabajadores con contrato de fomento de la contratación indefinida, se estará a lo dispuesto en la disposición transitoria sexta de esta Ley.»

V. STC 186/1996, de 25 de noviembre (*BOE* de 3 de enero de 1997), sobre el ejercicio del derecho de opción por parte de la Administración Pública. Para el cálculo de la indemnización en caso de jornada reducida, V. disp. adic. 18.ª ET.

[274] V. art. 30.4 de la Ley de Prevención de Riesgos Laborales, sobre la extensión de este derecho de opción a los trabajadores designados por el empresario para ocuparse de la prevención de riesgos laborales; STC 229/2002, de 9 de diciembre (*BOE* de 10 de enero de 2003), sobre inexistencia del derecho de opción por parte del delegado sindical destituido.

[275] Apartado 1 redactado conforme al RD-ley 20/2012, de 13 de julio (*BOE* de 14 de julio), de medidas para garantizar la estabilidad presupuestaria y de fomento de la competitividad.

salarios de tramitación, serán con cargo al mismo las cuotas de la Seguridad Social correspondientes a dichos salarios[276].

SECCIÓN 5.ª

Procedimiento concursal

Art. 57 bis. *Procedimiento concursal.*—En caso de concurso, a los supuestos de modificación, suspensión y extinción colectivas de los contratos de trabajo y de sucesión de empresa, se aplicarán las especialidades previstas en la Ley Concursal[277].

CAPÍTULO IV

FALTAS Y SANCIONES DE LOS TRABAJADORES

Art. 58. *Faltas y sanciones de los trabajadores.*—1. Los trabajadores podrán ser sancionados por la dirección de las empresas en virtud de incumplimientos laborales, de acuerdo con la graduación de faltas y sanciones que se establezcan en las disposiciones legales o en el convenio colectivo que sea aplicable.

2. La valoración de las faltas y las correspondientes sanciones impuestas por la dirección de la empresa serán siempre revisables ante la jurisdicción competente. La sanción de las faltas graves y muy graves requerirá comunicación escrita al trabajador, haciendo constar la fecha y los hechos que la motivan[278].

3. No se podrán imponer sanciones que consistan en la reducción de la duración de las vacaciones u otra minoración de los derechos al descanso del trabajador o multa de haber.

---

[276] Apartado 2 redactado conforme a la Ley 45/2002, de 12 de julio (*BOE* de 13 de julio).

[277] Precepto incorporado por la Ley 22/2003, de 9 de julio (*BOE* de 10 de julio), Concursal. Trascripción de los preceptos relevantes a esta Ley, en nota a los arts. 44.1 y 51.10 ET.

[278] V. arts. 64.4.*c*) y 68.*a*) ET. Para los aspectos procesales, v. arts. 2.º*a*), 114 y 115 de la Ley 36/2011, de 10 de octubre (*BOE* de 11 de octubre), Reguladora de la Jurisdicción Social. V. SSTC 4/1996, de 16 de enero (*BOE* de 19 de febrero); 6/1995, de 10 de enero (*BOE* de 11 de febrero); 90/1999, de 26 de mayo (*BOE* de 29 de junio), sobre nulidad de una sanción en relación con el ejercicio de la libertad de información y de expresión en el marco de una relación laboral; 201/1992, de 19 de noviembre (*BOE* de 23 de diciembre), sobre imposibilidad de alteración de las reglas de caducidad por la negociación colectiva; 135/1996, de 23 de julio (*BOE* de 12 de agosto), sobre posibilidad de fijación por la negación colectiva del momento en que se produce la sanción e inicia el plazo de caducidad; 213/2002, de 11 de noviembre (*BOE* de 29 de noviembre), sobre nulidad de sanción de empleo y sueldo por declaraciones a la prensa de un delegado sindical, criticando un informe médico interno sobre absentismo; 181/2006, de 19 de junio (*BOE* de 20 de julio), sobre vulneración de la libertad de expresión por sanción por promover y firmar un escrito colectivo criticando a la empresa.

CAPÍTULO V

PLAZOS DE PRESCRIPCIÓN

SECCIÓN 1.ª

Prescripción de acciones derivadas del contrato

Art. 59. *Prescripción y caducidad.*—1. Las acciones derivadas del contrato de trabajo que no tengan señalado plazo especial prescribirán al año de su terminación[279].

A estos efectos, se considerará terminado el contrato:

a) El día en que expire el tiempo de duración convenido o fijado por disposición legal o convenio colectivo.

b) El día en que termine la prestación de servicios continuados, cuando se haya dado esta continuidad por virtud de prórroga expresa o tácita.

2. Si la acción se ejercita para exigir percepciones económicas o para el cumplimiento de obligaciones de tracto único, que no pueden tener lugar después de extinguido el contrato, el plazo de un año se computará desde el día en que la acción pudiera ejercitarse.

3. El ejercicio de la acción contra el despido o resolución de contratos temporales caducará a los veinte días siguientes de aquel en que se hubiera producido. Los días serán hábiles y el plazo de caducidad a todos los efectos[280].

El plazo de caducidad quedará interrumpido por la presentación de la solicitud de conciliación ante el órgano público de mediación, arbitraje y conciliación competente[281].

---

[279] Sobre la prescripción de las acciones cuando se ven afectados derechos fundamentales, v. art. 179.2 de la Ley 36/2011, de 10 de octubre (*BOE* de 11 de octubre), Reguladora de la Jurisdicción Social. V., asimismo, SSTC 7/1983, de 14 de febrero (*BOE* de 9 de marzo); 8/1983, de 18 de febrero (*BOE* de 23 de marzo); 13/1983, de 23 de febrero (*BOE* de 23 de marzo); 15/1983, de 4 de marzo (*BOE* de 12 de abril); 86/1983, de 26 de octubre (*BOE* de 7 de noviembre), y 15/1985, de 5 de febrero (*BOE* de 5 de marzo).

[280] V. art. 103 de la Ley 36/2011, de 10 de octubre (*BOE* de 11 de octubre), Reguladora de la Jurisdicción Social; SSTC 201/1992, de 19 de noviembre (*BOE* de 23 de diciembre), sobre imposibilidad de alteración de las reglas de caducidad por la negociación colectiva, y 154/2004, de 20 de septiembre (*BOE* de 22 de octubre), sobre vulneración de la tutela judicial efectiva por inadmisión de demanda social por caducidad, por haber interpuesto demanda contencioso-administrativa por errónea indicación de la Administración.

[281] V. arts. 63 a 68 de la Ley 36/2011, de 10 de octubre (*BOE* de 11 de octubre), Reguladora de la Jurisdicción Social, en particular el art. 65.3: «También suspenderán los plazos de caducidad y se interrumpirán los de prescripción por la suscripción de un compromiso arbitral, celebrado en virtud de los acuerdos interprofesionales y los convenios colectivos a que se refiere el artículo 83 del Estatuto de los Trabajadores o de los derivados de los acuerdos de interés profesional conforme al apartado 4 del artículo 18 de la Ley del Estatuto del trabajo autónomo. En estos casos el cómputo de la caducidad se reanudará al día siguiente de que adquiera firmeza el laudo arbitral: de interponerse un recurso judicial de anulación del laudo, la reanudación tendrá lugar desde el día siguiente a la firmeza de la sentencia que se dicte.» Téngase

4. Lo previsto en el apartado anterior será de aplicación a las acciones contra las decisiones empresariales en materia de movilidad geográfica y modificación sustancial de condiciones de trabajo. El plazo se computará desde el día siguiente a la fecha de notificación de la decisión empresarial, tras la finalización, en su caso, del período de consultas[282].

SECCIÓN 2.ª

Prescripción de las infracciones y faltas

Art. 60. *Prescripción.*—1. Las infracciones cometidas por el empresario prescribirán a los tres años, salvo en materia de Seguridad Social[283].

2. Respecto a los trabajadores, las faltas leves prescribirán a los diez

presente que se han producido transferencias de las funciones y servicios en materia de mediación, arbitraje y conciliación a las Comunidades Autónomas: Cataluña, RD 2.342/1980, de 3 de octubre (*BOE* de 3 de noviembre); País Vasco, RD 2.362/1980, de 4 de noviembre (*BOE* de 6 de noviembre); Andalucía, RD 4.103/1982, de 29 de diciembre (*BOE* de 24 de febrero de 1983); Galicia, RD 4.104/1982, de 29 de diciembre (*BOE* de 24 de febrero de 1983); Comunidad Valenciana, RD 4.106/1982, de 29 de diciembre (*BOE* de 24 de febrero de 1983); Canarias, RD 661/1984, de 25 de enero (*BOE* de 4 de abril; corrección de errores de 25 de marzo de 1985); Navarra, RD 938/1986, de 11 de abril (*BOE* de 14 de mayo); Murcia, RD 375/1995, de 10 de marzo (*BOE* de 18 de abril); Castilla-La Mancha, RD 384/1995, de 10 de marzo (*BOE* de 19 de abril); Aragón, RD 572/1995, de 7 de abril (*BOE* de 10 de mayo); Extremadura, RD 642/1995, de 21 de abril (*BOE* de 17 de mayo); Castilla y León, RD 831/1995, de 9 de junio (*BOE* de 6 de julio); La Rioja, RD 946/1995, de 9 de junio (*BOE* de 6 de julio); Madrid, RD 931/1995, de 9 de junio (*BOE* de 11 de julio); Baleares, RD 98/1996, de 26 de enero (*BOE* de 29 de febrero); Cantabria, RD 1.900/1996, de 2 de agosto (*BOE* de 9 de septiembre); Asturias, RD 2.099/1999, de 30 de diciembre (*BOE* de 26 de enero de 2000). V. Ley 9/1992, de 23 de diciembre (*BOE* de 24 de diciembre).

[282] V. SSTC 214/2002, de 11 de noviembre (*BOE* de 29 de noviembre), sobre imposibilidad de apreciar la caducidad, cuando la presentación extemporánea está justificada por una errónea indicación del plazo en el pie del recurso de la resolución de la Administración como empleadora; 30/2004, de 4 de marzo (*BOE* de 6 de abril), sobre interrupción del plazo para solicitud de abogado de oficio; 34/2004, de 8 de marzo (*BOE* de 6 de abril), sobre vulneración del derecho a la igualdad por diferencias retributivas entre trabajadores de la Administración Pública en el extranjero; 126/2004, de 19 de julio (*BOE* de 18 de agosto), sobre imposibilidad de aplicar la caducidad cuando la empresa cambia las condiciones de trabajo como si no fueran modificaciones sustanciales.

[283] V. art. 4.º del RD Legislativo 5/2000, de 4 de agosto (*BOE* de 8 de agosto), Ley de Infracciones y Sanciones en el Orden Social, modificada por el art. 25 de la Ley 14/2000, de 29 de diciembre (*BOE* de 30 de diciembre). V. también arts. 21, 43 y 44 de la Ley General de la Seguridad Social, texto refundido aprobado por RD Legislativo 1/1994, de 20 de junio (*BOE* de 29 de junio), para todo lo que se refiere a prescripción de acciones en materia de la Seguridad Social. Téngase presente que el art. 21 fue modificado por el art. 24 de la Ley 14/2000, de 29 de diciembre (*BOE* de 30 de diciembre), y que el art. 43.1 lo fue por la disp. final 3.ª de la Ley 42/2006, de 28 de diciembre (*BOE* de 29 de diciembre).

días; las graves, a los veinte días, y las muy graves, a los sesenta días a partir de la fecha en que la empresa tuvo conocimiento de su comisión y, en todo caso, a los seis meses de haberse cometido[284].

TÍTULO II

De los derechos de representación colectiva y de reunión de los trabajadores en la empresa

CAPÍTULO PRIMERO

DEL DERECHO DE REPRESENTACIÓN COLECTIVA[285]

Art. 61. *Participación.*—De conformidad con lo dispuesto en el artículo 4 de esta Ley y sin perjuicio de otras formas de participación, los trabajadores tienen derecho a participar en la empresa a través de los órganos de representación regulados en este Título[286].

SECCIÓN 1.ª

Órganos de representación

Art. 62. *Delegados de personal.*—1. La representación de los trabajadores en la empresa o cen-

[284] Para el personal laboral al servicio de las Administraciones Públicas, v. art. 97 de la Ley 7/2007, de 12 de abril (*BOE* de 13 de abril).

[285] Este Capítulo ha sido desarrollado con carácter general por el RD 1.844/1994, de 8 de septiembre (*BOE* de 13 de septiembre), por el que se aprueba el Reglamento de Elecciones a órganos de representación de los trabajadores en la empresa.

[286] Art. 129.2 CE: «Los poderes públicos promoverán eficazmente las diversas formas de participación en la empresa y fomentarán, mediante una legislación adecuada, las sociedades cooperativas. También establecerán los medios que faciliten el acceso de los trabajadores a la propiedad de los medios de producción.» V. también Convenio OIT n.º 135 ratificado por España por instrumento de 21 de junio de 1972 (*BOE* de 4 de julio de 1974), sobre la protección del derecho de sindicación y los procedimientos para determinar las condiciones de empleo en la Administración Pública; Directiva 2001/86, de 8 de octubre (*DOCE* de 10 de noviembre), por la que se completa el estatuto de la sociedad anónima europea en lo que respecta a la implicación de los trabajadores, transpuesta por medio de la Ley 31/2006, de 18 de octubre (*BOE* de 19 de octubre), sobre implicación de los trabajadores en las sociedades anónimas y cooperativas europeas; Directiva 2002/14, de 11 de marzo (*DOCE* de 23 de marzo), por la que se establece un marco general relativo a la información y a la consulta de los trabajadores de la Comunidad Europea; Ley 21/1991, de 17 de junio (*BOE* de 18 de junio), por la que se crea el Consejo Económico y Social, parcialmente modificada por el art. 109 de la Ley de Presupuestos Generales del Estado para 1992. V. disp. final 2.ª ET.

En materia de seguridad y salud laboral, v. Ley 31/1995, de 8 de noviembre (*BOE* de 10 de noviembre), de Prevención de Riesgos Laborales, nota al art. 64.7.*a*).2.º ET.

Para los funcionarios públicos, v. Ley 7/2007, de 12 de abril (*BOE* de 13 de abril), del Estatuto Básico del Empleado Público. V. STC 43/1996, de 14 de marzo (*BOE* de 17 de abril), sobre competencia autonómica en materia de elecciones a representantes de funcionarios.

tro de trabajo que tengan menos de cincuenta y más de diez trabajadores corresponde a los delegados de personal. Igualmente podrá haber un delegado de personal en aquellas empresas o centros que cuenten

---

Como otra forma de participación hay que recoger la acción sindical en la empresa, regulada por la Ley 11/1985, de 2 de agosto (*BOE* de 8 de agosto), de Libertad Sindical:

«*Art. 8.º* 1. Los trabajadores afiliados a un sindicato podrán, en el ámbito de la empresa o centro de trabajo:

»*a*) Constituir Secciones Sindicales de conformidad con lo establecido en los Estatutos del Sindicato.

»*b*) Celebrar reuniones, previa notificación al empresario, recaudar cuotas y distribuir información sindical, fuera de las horas de trabajo y sin perturbar la actividad normal de la empresa.

»*c*) Recibir la información que le remita su sindicato.

»2. Sin perjuicio de lo que se establezca mediante convenio colectivo, las Secciones Sindicales de los sindicatos más representativos y de los que tengan representación en los comités de empresa y en los órganos de representación que se establezcan en las Administraciones Públicas o cuenten con delegados de personal, tendrán los siguientes derechos:

»*a*) Con la finalidad de facilitar la difusión de aquellos avisos que puedan interesar a los afiliados al sindicato y a los trabajadores en general, la empresa pondrá a su disposición un tablón de anuncios que deberá situarse en el centro de trabajo y en lugar donde se garantice un adecuado acceso al mismo de los trabajadores.

»*b*) A la negociación colectiva, en los términos establecidos en la legislación específica.

»*c*) A la utilización de un local adecuado en el que puedan desarrollar sus actividades en aquellas empresas o centros de trabajo con más de 250 trabajadores.

»*Art. 9.º* 1. Quienes ostenten cargos electivos a nivel provincial, autonómico o estatal, en las organizaciones sindicales más representativas, tendrán derecho:

»*a*) Al disfrute de los permisos no retribuidos necesarios para el desarrollo de las funciones sindicales propias de su cargo, pudiéndose establecer, por acuerdo, limitaciones al disfrute de los mismos en función de las necesidades del proceso productivo.

»*b*) A la excedencia forzosa, o a la situación equivalente en el ámbito de la Función Pública, con derecho a reserva del puesto de trabajo y al cómputo de antigüedad mientras dure el ejercicio de su cargo representativo, debiendo reincorporarse a su puesto de trabajo dentro del mes siguiente a la fecha del cese.

»*c*) A la asistencia y el acceso a los centros de trabajo para participar en actividades propias de su sindicato o del conjunto de los trabajadores, previa comunicación al empresario, y sin que el ejercicio de ese derecho pueda interrumpir el desarrollo normal del proceso productivo.

»2. Los representantes sindicales que participen en las Comisiones negociadoras de convenios colectivos manteniendo su vinculación como trabajador en activo en alguna empresa tendrán derecho a la concesión de los permisos retribuidos que sean necesarios para el adecuado ejercicio de su labor como negociadores, siempre que la empresa esté afectada por la negociación.

»*Art. 10.* 1. En las empresas o, en su caso, en los centros de trabajo que ocupen a más de 250 trabajadores, cualquiera que sea la clase de su contrato, las Secciones Sindicales que puedan constituirse por los trabajadores afiliados a los sindicatos con presencia en los comités de empresa o en los órganos de representación que se establezcan en las Administraciones Públicas estarán representadas, a todos los efectos, por delegados sindicales elegidos por y entre sus afiliados en la empresa o en el centro de trabajo.

»2. Bien por acuerdo, bien a través de la negociación colectiva, se podrá ampliar el número de delegados establecidos en la escala a que hace referencia este apartado, que atendiendo a la plantilla de la empresa o, en su caso, de los centros de trabajo corresponden a cada uno de éstos.

»A falta de acuerdos específicos al respecto, el número de delegados sindicales por cada sección sindical de los sindicatos que hayan obtenido el 10 por 100 de los votos en la elección al Comité de Empresa o al órgano de representación en las Administraciones Públicas se determinará según la siguiente escala:

entre seis y diez trabajadores, si así lo decidieran éstos por mayoría[287].

Los trabajadores elegirán, mediante sufragio libre, personal, secreto y directo a los delegados de personal en la cuantía siguiente: hasta treinta trabajadores, uno; de treinta y uno a cuarenta y nueve, tres.

2. Los delegados de personal ejercerán mancomunadamente ante el empresario la representación para la que fueron elegidos, y tendrán las

»De 250 a 750 trabajadores: Uno.

»De 751 a 2.000 trabajadores: Dos.

»De 2.001 a 5.000 trabajadores: Tres.

»De 5.001 en adelante: Cuatro.

»Las Secciones Sindicales de aquellos sindicatos que no hayan obtenido el 10 por 100 de los votos estarán representadas por un solo delegado sindical.

»3. Los delegados sindicales, en el supuesto de que no formen parte del comité de empresa, tendrán las mismas garantías que las establecidas legalmente para los miembros de los comités de empresa o de los órganos de representación que se establezcan en las Administraciones Públicas, así como los siguientes derechos a salvo de lo que se pudiera establecer por convenio colectivo:

»1.º Tener acceso a la misma información y documentación que la empresa ponga a disposición del comité de empresa, estando obligados los delegados sindicales a guardar sigilo profesional en aquellas materias en las que legalmente proceda.

»2.º Asistir a las reuniones de los comités de empresa y de los órganos internos de la empresa en materia de seguridad e higiene o de los órganos de representación que se establezcan en las Administraciones Públicas, con voz pero sin voto.

»3.º Ser oídos por la empresa previamente a la adopción de medidas de carácter colectivo que afecten a los trabajadores en general y a los afiliados a su sindicato en particular, y especialmente en los despidos y sanciones de estos últimos.»

La vulneración empresarial de estos derechos es calificada como infracción grave o muy grave, según las materias, por los arts. 7.º9 y 8.º5 y 6 LISOS [RD Legislativo 5/2000, de 4 de agosto (*BOE* de 8 de agosto)].

V. SSTC 118/1983, de 13 de diciembre (*BOE* de 11 de enero de 1984); 74/1996, de 30 de abril (*BOE* de 31 de mayo), y 95/1996, de 29 de mayo (*BOE* de 21 de junio), sobre la diferencia en cuanto al reconocimiento constitucional entre esta representación sindical y la representación electiva de la ET; 61/1989, de 3 de abril (*BOE* de 19 de abril), sobre ámbito de elección de los delegados sindicales; 292/1993, de 18 de octubre (*BOE* de 9 de noviembre), sobre facultades y límites del empresario al control y comprobación de la legitimidad del nombramiento del delegado sindical; 188/1995, de 18 de diciembre (*BOE* de 24 de enero de 1996), relativa a la constitucionalidad de la fijación de la escala numérica de delegados sindicales atendiendo a la representatividad sindical; 94/1995, de 19 de junio (*BOE* de 24 de julio), con relación a la actividad de información sindical utilizando crédito horario de horas sindicales; 168/1996, de 29 de octubre (*BOE* de 3 de diciembre), sobre derecho de reunión de sección sindical y tablón de anuncios; 201/1999, de 8 de noviembre (*BOE* de 16 de diciembre), sobre derecho a distribuir información sindical aunque su sindicato carezca de presencia en el comité de empresa; 269/2000, de 13 de noviembre (*BOE* de 14 de diciembre), sobre no mantenimiento de crédito horario a derecho sindical, libre y unilateralmente reconocido por un anterior empresario, por encima de lo establecido legalmente, que ni incurre en discriminación ni tiene un móvil antisindical; 132/2000, de 16 de mayo (*BOE* de 20 de junio), sobre idéntica materia a la anterior.

[287] V. SSTC 36/2004, de 8 de marzo (*BOE* de 6 de abril), sobre facultad de los sindicatos más representativos para promover elecciones de delegados de personal en empresas pequeñas entre seis y diez trabajadores; 62/2004, de 19 de abril (*BOE* de 18 de mayo); 64/2004 y 66/2004, de 19 de abril (*BOE* de 18 de mayo), y 103/2004, de 2 de junio (*BOE* de 23 de junio); 175/2004, de 18 de octubre (*BOE* de 19 de noviembre); 60/2005, de 14 de marzo (*BOE* de 19 de abril), en el mismo sentido que la primera.

mismas competencias establecidas para los comités de empresa[288].

Los delegados de personal observarán las normas que sobre sigilo profesional están establecidas para los miembros de comités de empresa en el artículo 65 de esta Ley.

Art. 63. *Comités de empresa*[289].—1. El comité de empresa es el órgano representativo y colegiado del conjunto de los trabajadores en la empresa o centro de trabajo para la defensa de sus intereses, constituyéndose en cada centro de trabajo cuyo censo sea de cincuenta o más trabajadores.

2. En la empresa que tenga en la misma provincia, o en municipios limítrofes, dos o más centros de trabajo cuyos censos no alcancen los cincuenta trabajadores, pero que en su conjunto lo sumen, se constituirá un comité de empresa conjunto. Cuando unos centros tengan cincuenta trabajadores y otros de la misma provincia no, en los primeros se constituirán comités de empresa propios y con todos los segundos se constituirá otro.

3. Sólo por convenio colectivo podrá pactarse la constitución y funcionamiento de un comité intercentros con un máximo de trece miembros, que serán designados de entre los componentes de los distintos comités de centro.

En la constitución del comité intercentros se guardará la proporcionalidad de los sindicatos según los resultados electorales considerados globalmente.

Tales comités intercentros no podrán arrogarse otras funciones que las que expresamente se les conceda en el convenio colectivo en que se acuerde su creación[290].

Art. 64. *Derechos de información y consulta y competencias*[291].—1. El comité de empresa tendrá derecho a ser informado y consultado por el empresario sobre aquellas cuestiones que puedan afectar a los trabajadores, así como sobre la situación de la empresa y la

[288] Sobre las competencias de los delegados de personal, v. art. 64 ET y notas al mismo.

[289] V. Ley 10/1997, de 24 de abril (*BOE* de 25 de abril), sobre derechos de información y consulta de los trabajadores en las empresas y grupos de empresas de dimensión comunitaria, modificada por la Ley 44/1999, de 29 de noviembre (*BOE* de 30 de noviembre), y por la Ley 10/2011, de 19 de mayo (*BOE* de 20 de mayo); art. 9.º LISOS [RD Legislativo 5/2000, de 4 de agosto (*BOE* de 8 de agosto)]; Directiva 2009/38/CE, de 6 de mayo (*DOUE* de 16 de mayo), sobre la constitución de un comité de empresa europeo o de un procedimiento de información y consulta a los trabajadores en las empresas y grupos de empresa de dimensión comunitaria.

[290] Conforme al art. 4.º1 del RD 801/2011, de 10 de junio (*BOE* de 14 de junio): «Estarán legitimados para intervenir en el procedimiento de regulación de empleo los sujetos señalados en el artículo 3 de este Reglamento. Cuando la empresa tuviera varios centros de trabajo afectados por el expediente intervendrá, de manera preferente, el Comité Intercentros o el órgano de naturaleza similar creado mediante la negociación colectiva, si por esta vía tuvieran atribuida esta función.»

[291] Artículo redactado conforme a la Ley 38/2007, de 16 de noviembre (*BOE* de 17 de noviembre).

evolución del empleo en la misma, en los términos previstos en este artículo[292].

Se entiende por información la transmisión de datos por el empresario al comité de empresa, a fin de que éste tenga conocimiento de una cuestión determinada y pueda proceder a su examen. Por consulta se entiende el intercambio de opiniones y la apertura de un diálogo entre el empresario y el comité de empresa sobre una cuestión determinada, incluyendo, en su caso, la emisión de informe previo por parte del mismo.

En la definición o aplicación de los procedimientos de información y consulta, el empresario y el comité de empresa actuarán con espíritu de cooperación, en cumplimiento de sus derechos y obligaciones recíprocas, teniendo en cuenta tanto los intereses de la empresa como los de los trabajadores.

2. El comité de empresa tendrá derecho a ser informado trimestralmente:

a) Sobre la evolución general del sector económico a que pertenece la empresa.

b) Sobre la situación económica de la empresa y la evolución reciente y probable de sus actividades, incluidas las actuaciones medioambientales que tengan repercusión directa en el empleo, así como sobre la producción y ventas, incluido el programa de producción.

c) Sobre las previsiones del empresario de celebración de nuevos contratos, con indicación del número de éstos y de las modalidades y tipos que serán utilizados, incluidos los contratos a tiempo parcial, la realización de horas complementarias por los trabajadores contratados a tiempo parcial y de los supuestos de subcontratación.

d) De las estadísticas sobre el índice de absentismo y las causas, los accidentes de trabajo y enfermedades profesionales y sus consecuencias, los índices de siniestralidad, los estudios periódicos o especiales del medio ambiente laboral y los mecanismos de prevención que se utilicen.

3. También tendrá derecho a recibir información, al menos anualmente, relativa a la aplicación en la empresa del derecho de igualdad de trato y de oportunidades entre mujeres y hombres, entre la que se incluirán datos sobre la proporción de mujeres y hombres en los diferentes niveles profesionales, así como, en su caso, sobre las medidas que se hubieran adoptado para fomentar la igualdad entre mujeres y hombres en la empresa y, de haberse establecido un plan de igualdad, sobre la aplicación del mismo.

4. El comité de empresa, con la periodicidad que proceda en cada caso, tendrá derecho a:

a) Conocer el balance, la cuenta de resultados, la memoria y, en el caso de que la empresa,

---

[292] Para la identidad de competencias de los delegados de personal, v. art. 62.2 ET.

prevista la forma de sociedad por acciones o participaciones, los demás documentos que se den a conocer a los socios, y en las mismas condiciones que a éstos[293].

b) Conocer los modelos de contrato de trabajo escrito que se utilicen en la empresa así como los documentos relativos a la terminación de la relación laboral.

c) Ser informado de todas las sanciones impuestas por faltas muy graves.

Asimismo, el comité de empresa tendrá derecho a recibir la copia básica de los contratos y la notificación de las prórrogas y de las denuncias correspondientes a los mismos en el plazo de diez días siguientes a que tuvieran lugar.

5. El comité de empresa tendrá derecho a ser informado y consultado sobre la situación y estructura del empleo en la empresa o en el centro de trabajo, así como a ser informado trimestralmente sobre la evolución probable del mismo, incluyendo la consulta cuando se prevean cambios al respecto.

Asimismo, tendrá derecho a ser informado y consultado sobre todas las decisiones de la empresa que pudieran provocar cambios relevantes en cuanto a la organización del trabajo y a los contratos de trabajo en la empresa. Igualmente tendrá derecho a ser informado y consultado sobre la adopción de eventuales medidas preventivas, especialmente en caso de riesgo para el empleo.

El comité de empresa tendrá derecho a emitir informe, con carácter previo a la ejecución por parte del empresario de las decisiones adoptadas por éste, sobre las siguientes cuestiones:

a) Las reestructuraciones de plantilla y ceses totales o parciales, definitivos o temporales, de aquélla[294].

b) Las reducciones de jornada[295].

c) El traslado total o parcial de las instalaciones.

d) Los procesos de fusión, absorción o modificación del estatus jurídico de la empresa que impliquen cualquier incidencia que pueda afectar al volumen de empleo[296].

e) Los planes de formación profesional en la empresa.

f) La implantación y revisión de sistemas de organización y con-

---

[293] Para la verificación de los datos aportados por el empleador a través de experto titulado superior, v. arts. 41 ss. C. de Comercio, conforme a la redacción de la Ley 16/2007, de 4 de julio (*BOE* de 5 de julio), de reforma y adaptación de la legislación mercantil en materia contable para su armonización internacional con base en la normativa de la Unión Europea. La STC 39/1982, de 30 de junio (*BOE* de 16 de julio), niega competencia al Gobierno Vasco para ampliar este derecho de información.

[294] V. art. 51 ET; RD 801/2011, de 10 de junio (*BOE* de 14 de junio), por el que se aprueba el Reglamento de los procedimientos de regulación de empleo y de actuación administrativa en materia de traslados colectivos.

[295] V. art. 47 ET; art. 23 del RD 1.561/1995, de 21 de septiembre (*BOE* de 26 de septiembre), sobre jornadas especiales de trabajo, en materia de limitación de jornada en lo que afecta a los tiempos de exposición al riesgo.

[296] V. art. 44 ET.

trol del trabajo, estudios de tiempos, establecimiento de sistemas de primas e incentivos y valoración de puestos de trabajo.

6. La información se deberá facilitar por el empresario al comité de empresa, sin perjuicio de lo establecido específicamente en cada caso, en un momento, de una manera y con un contenido apropiados, que permitan a los representantes de los trabajadores proceder a su examen adecuado y preparar, en su caso, la consulta y el informe.

La consulta deberá realizarse, salvo que expresamente esté establecida otra cosa, en un momento y con un contenido apropiados, en el nivel de dirección y representación correspondiente de la empresa, y de tal manera que permita a los representantes de los trabajadores, sobre la base de la información recibida, reunirse con el empresario, obtener una respuesta justificada a su eventual informe y poder contrastar sus puntos de vista u opiniones con objeto, en su caso, de poder llegar a un acuerdo sobre las cuestiones indicadas en el apartado 4, y ello sin perjuicio de las facultades que se reconocen al empresario al respecto en relación con cada una de dichas cuestiones. En todo caso, la consulta deberá permitir que el criterio del comité pueda ser conocido por el empresario a la hora de adoptar o de ejecutar las decisiones.

Los informes que deba emitir el comité de empresa deberán elaborarse en el plazo máximo de quince días desde que hayan sido solicitados y remitidas las informaciones correspondientes.

7. El comité de empresa tendrá también las siguientes competencias:

a) Ejercer una labor:

1.º De vigilancia en el cumplimiento de las normas vigentes en materia laboral, de seguridad social y de empleo, así como del resto de los pactos, condiciones y usos de empresa en vigor, formulando, en su caso, las acciones legales oportunas ante el empresario y los organismos o tribunales competentes.

2.º De vigilancia y control de las condiciones de seguridad y salud en el desarrollo del trabajo en la empresa, con las particularidades previstas en este orden por el artículo 19 de esta Ley[297].

---

[297] V. art. 19 ET y Ley 31/1995, de 8 de noviembre (*BOE* de 10 de noviembre), de Prevención de Riesgos Laborales, modificada por la Ley 54/2003, de 12 de diciembre (*BOE* de 13 de diciembre), arts. 34 a 40:

«*Art. 34. Derechos de participación y representación.*— 1. Los trabajadores tienen derecho a participar en la empresa en las cuestiones relacionadas con la prevención de riesgos en el trabajo.

»En las empresas o centros de trabajo que cuenten con seis o más trabajadores, la participación de éstos se canalizará a través de sus representantes y de la representación especializada que se regula en este Capítulo.

»2. A los Comités de Empresa, a los Delegados de Personal y a los representantes sindicales les corresponde, en los términos que, respectivamente, les reconocen el Estatuto de los Trabajadores, la Ley de órganos de Representación del Personal al Servicio de las Administraciones Públicas y la Ley Orgánica de Libertad Sindical, la defensa de los intereses de los trabajadores en materia de prevención de riesgos en el trabajo. Para ello, los representantes del personal ejercerán las

3.º De vigilancia del respeto y aplicación del principio de igualdad de trato y de oportunidades entre mujeres y hombres.

---

competencias que dichas normas establecen en materia de información, consulta y negociación, vigilancia y control y ejercicio de acciones ante las empresas y los órganos y tribunales competentes.

»3. El derecho de participación que se regula en este Capítulo se ejercerá en el ámbito de las Administraciones Públicas con las adaptaciones que procedan en atención a la diversidad de las actividades que desarrollan y las diferentes condiciones en que éstas se realizan, la complejidad y dispersión de su estructura organizativa y sus peculiaridades en materia de representación colectiva, en los términos previstos en la Ley 7/1990, de 19 de julio, sobre negociación colectiva y participación en la determinación de las condiciones de trabajo de los empleados públicos, pudiéndose establecer ámbitos sectoriales y descentralizados en función del número de efectivos y centros.

»Para llevar a cabo la indicada adaptación en el ámbito de la Administración General del Estado, el Gobierno tendrá en cuenta los siguientes criterios:

»*a*) En ningún caso dicha adaptación podrá afectar a las competencias, facultades y garantías que se reconocen en esta Ley a los Delegados de Prevención y a los Comités de Seguridad y Salud.

»*b*) Se deberá establecer el ámbito específico que resulte adecuado en cada caso para el ejercicio de la función de participación en materia preventiva dentro de la estructura organizativa de la Administración. Con carácter general, dicho ámbito será el de los órganos de representación del personal al servicio de las Administraciones públicas, si bien podrán establecerse otros distintos en función de las características de la actividad y frecuencia de los riesgos a que puedan encontrarse expuestos los trabajadores.

»*c*) Cuando en el indicado ámbito existan diferentes órganos de representación del personal, se deberá garantizar una actuación coordinada de todos ellos en materia de prevención y protección de la seguridad y la salud en el trabajo, posibilitando que la participación se realice de forma conjunta entre unos y otros, en el ámbito específico establecido al efecto.

»*d*) Con carácter general, se constituirá un único Comité de Seguridad y Salud en el ámbito de los órganos de representación previstos en la Ley de órganos de Representación del Personal al Servicio de las Administraciones Públicas, que estará integrado por los Delegados de Prevención designados en dicho ámbito, tanto para el personal con relación de carácter administrativo o estatutario como para el personal laboral, y por representantes de la Administración en número no superior al de Delegados. Ello, no obstante, podrán constituirse Comités de Seguridad y Salud en otros ámbitos cuando las razones de la actividad y el tipo y frecuencia de los riesgos así lo aconsejen.

»*Art. 35. Delegados de Prevención.*— 1. Los Delegados de Prevención son los representantes de los trabajadores con funciones específicas en materia de prevención de riesgos en el trabajo.

»2. Los Delegados de Prevención serán designados por y entre los representantes del personal, en el ámbito de los órganos de representación previstos en las normas a que se refiere el artículo anterior, con arreglo a la siguiente escala:

»De 50 a 100 trabajadores: 2 Delegados de Prevención.

»De 101 a 500 trabajadores: 3 Delegados de Prevención.

»De 501 a 1.000 trabajadores: 4 Delegados de Prevención.

»De 1.001 a 2.000 trabajadores: 5 Delegados de Prevención.

»De 2.001 a 3.000 trabajadores: 6 Delegados de Prevención.

»De 3.001 a 4.000 trabajadores: 7 Delegados de Prevención.

»De 4.001 en adelante: 8 Delegados de Prevención.

»En las empresas de hasta treinta trabajadores el Delegado de Prevención será el Delegado de Personal. En las empresas de treinta y uno a cuarenta y nueve trabajadores habrá un Delegado de Prevención que será elegido por y entre los Delegados de Personal.

b) Participar, como se determine por convenio colectivo, en la gestión de obras sociales establecidas en la empresa en beneficio

---

»3. A efectos de determinar el número de Delegados de Prevención se tendrán en cuenta los siguientes criterios:

»*a*) Los trabajadores vinculados por contratos de duración determinada superior a un año se computarán como trabajadores fijos de plantilla.

»*b*) Los contratados por término de hasta un año se computarán según el número de días trabajados en el período de un año anterior a la designación. Cada doscientos días trabajados o fracción se computarán como un trabajador más.

»4. No obstante lo dispuesto en el presente artículo, en los convenios colectivos podrán establecerse otros sistemas de designación de los Delegados de Prevención, siempre que se garantice que la facultad de designación corresponde a los representantes del personal o a los propios trabajadores.

»Asimismo, en la negociación colectiva o mediante los acuerdos a que se refiere el artículo 83, apartado 3, del Estatuto de los Trabajadores podrá acordarse que las competencias reconocidas en esta Ley a los Delegados de Prevención sean ejercidas por órganos específicos creados en el propio convenio o en los acuerdos citados. Dichos órganos podrán asumir, en los términos y conforme a las modalidades que se acuerden, competencias generales respecto del conjunto de los centros de trabajo incluidos en el ámbito de aplicación del convenio o del acuerdo, en orden a fomentar el mejor cumplimiento en los mismos de la normativa sobre prevención de riesgos laborales.

»Igualmente, en el ámbito de las Administraciones públicas se podrán establecer, en los términos señalados en la Ley 7/1990, de 19 de julio, sobre negociación colectiva y participación en la determinación de las condiciones de trabajo de los empleados públicos, otros sistemas de designación de los Delegados de Prevención y acordarse que las competencias que esta Ley atribuye a éstos puedan ser ejercidas por órganos específicos.

»*Art. 36. Competencias y facultades de los Delegados de Prevención.*—1. Son competencias de los Delegados de Prevención:

»*a*) Colaborar con la dirección de la empresa en la mejora de la acción preventiva.

»*b*) Promover y fomentar la cooperación de los trabajadores en la ejecución de la normativa sobre prevención de riesgos laborales.

»*c*) Ser consultados por el empresario, con carácter previo a su ejecución, acerca de las decisiones a que se refiere el artículo 33 de la presente Ley.

»*d*) Ejercer una labor de vigilancia y control sobre el cumplimiento de la normativa de prevención de riesgos laborales.

»En las empresas que, de acuerdo con lo dispuesto en el apartado 2 del artículo 38 de esta Ley, no cuenten con Comité de Seguridad y Salud por no alcanzar el número mínimo de trabajadores establecido al efecto, las competencias atribuidas a aquél en la presente Ley serán ejercidas por los Delegados de Prevención.

»2. En el ejercicio de las competencias atribuidas a los Delegados de Prevención, éstos estarán facultados para:

»*a*) Acompañar a los técnicos en las evaluaciones de carácter preventivo del medio ambiente de trabajo, así como, en los términos previstos en el artículo 40 de esta Ley, a los Inspectores de Trabajo y Seguridad Social en las visitas y verificaciones que realicen en los centros de trabajo para comprobar el cumplimiento de la normativa sobre prevención de riesgos laborales, pudiendo formular ante ellos las observaciones que estimen oportunas.

»*b*) Tener acceso, con las limitaciones previstas en el apartado 4 del artículo 22 de esta Ley, a la información y documentación relativa a las condiciones de trabajo que sean necesarias para el ejercicio de sus funciones y, en particular, a la prevista en los artículos 18 y 23 de esta Ley. Cuando la información esté sujeta a las limitaciones reseñadas, sólo podrá ser suministrada de manera que se garantice el respeto de la confidencialidad.

»*c*) Ser informados por el empresario sobre los daños producidos en la salud de los trabajadores una vez que aquél hubiese tenido conocimiento de ellos, pudiendo presentarse, aun fuera de su jornada laboral, en

de los trabajadores o de sus familiares.

c) Colaborar con la dirección de la empresa para conseguir el

---

el lugar de los hechos para conocer las circunstancias de los mismos.

»*d*) Recibir del empresario las informaciones obtenidas por éste procedentes de las personas u órganos encargados de las actividades de protección y prevención en la empresa, así como de los organismos competentes para la seguridad y la salud de los trabajadores, sin perjuicio de lo dispuesto en el artículo 40 de esta Ley en materia de colaboración con la Inspección de Trabajo y Seguridad Social.

»*e*) Realizar visitas a los lugares de trabajo para ejercer una labor de vigilancia y control del estado de las condiciones de trabajo, pudiendo, a tal fin, acceder a cualquier zona de los mismos y comunicarse durante la jornada con los trabajadores, de manera que no se altere el normal desarrollo del proceso productivo.

»*f*) Recabar del empresario la adopción de medidas de carácter preventivo y para la mejora de los niveles de protección de la seguridad y la salud de los trabajadores, pudiendo a tal fin efectuar propuestas al empresario, así como al Comité de Seguridad y Salud para su discusión en el mismo.

»*g*) Proponer al órgano de representación de los trabajadores la adopción del acuerdo de paralización de actividades a que se refiere el apartado 3 del artículo 21.

»3. Los informes que deban emitir los Delegados de Prevención a tenor de lo dispuesto en la letra *c*) del apartado 1 de este artículo deberán elaborarse en un plazo de quince días, o en el tiempo imprescindible cuando se trate de adoptar medidas dirigidas a prevenir riesgos inminentes. Transcurrido el plazo sin haberse emitido el informe, el empresario podrá poner en práctica su decisión.

»4. La decisión negativa del empresario a la adopción de las medidas propuestas por el Delegado de Prevención a tenor de lo dispuesto en la letra *f*) del apartado 2 de este artículo deberá ser motivada.

»*Art. 37. Garantías y sigilo profesional de los Delegados de Prevención.*—1. Lo previsto en el artículo 68 del Estatuto de los Trabajadores en materia de garantías será de aplicación a los Delegados de Prevención en su condición de representantes de los trabajadores.

»El tiempo utilizado por los Delegados de Prevención para el desempeño de las funciones previstas en esta Ley será considerado como de ejercicio de funciones de representación a efectos de la utilización del crédito de horas mensuales retribuidas previsto en la letra *e*) del citado artículo 68 del Estatuto de los Trabajadores.

»No obstante lo anterior, será considerado en todo caso como tiempo de trabajo efectivo, sin imputación al citado crédito horario, el correspondiente a las reuniones del Comité de Seguridad y Salud y a cualesquiera otras convocadas por el empresario en materia de prevención de riesgos, así como el destinado a las visitas previstas en las letras *a*) y *c*) del número 2 del artículo anterior.

»2. El empresario deberá proporcionar a los Delegados de Prevención los medios y la formación en materia preventiva que resulten necesarios para el ejercicio de sus funciones.

»La formación se deberá facilitar por el empresario por sus propios medios o mediante concierto con organismos o entidades especializadas en la materia y deberá adaptarse a la evolución de los riesgos y a la aparición de otros nuevos, repitiéndose periódicamente si fuera necesario.

»El tiempo dedicado a la formación será considerado como tiempo de trabajo a todos los efectos y su coste no podrá recaer en ningún caso sobre los Delegados de Prevención.

»3. A los Delegados de Prevención les será de aplicación lo dispuesto en el apartado 2 del artículo 65 del Estatuto de los Trabajadores en cuanto al sigilo profesional debido respecto de las informaciones a que tuviesen acceso como consecuencia de su actuación en la empresa.

»4. Lo dispuesto en el presente artículo en materia de garantías y sigilo profesional de los Delegados de Prevención se entenderá referido, en el caso de las relaciones de carácter administrativo o estatutario del personal al servicio de las Administraciones públicas, a la regulación contenida en los artículos 10, párrafo segundo, y 11 de la Ley 9/1987, de 12 de junio, de Órganos de Representación, Determinación de las Condiciones de Trabajo y Participación del Personal al Servicio de las Administraciones Públicas.

establecimiento de cuantas medidas procuren el mantenimiento y el incremento de la productividad, así como la sostenibilidad ambiental de la empresa, si así está pactado en los convenios colectivos.

d) Colaborar con la dirección de la empresa en el establecimiento y puesta en marcha de medidas de conciliación.

e) Informar a sus representados en todos los temas y cuestiones señalados en este artículo en cuanto directa o indirectamente tengan o puedan tener repercusión en las relaciones laborales.

8. Lo dispuesto en el presente artículo se entenderá sin perjuicio de las disposiciones específicas previstas en otros artículos de esta Ley o en

---

»*Art. 38. Comité de Seguridad y Salud.*—1. El Comité de Seguridad y Salud es el órgano paritario y colegiado de participación destinado a la consulta regular y periódica de las actuaciones de la empresa en materia de prevención de riesgos.

»2. Se constituirá un Comité de Seguridad y Salud en todas las empresas o centros de trabajo que cuenten con cincuenta o más trabajadores.

»El Comité estará formado por los Delegados de Prevención, de una parte, y por el empresario y/o sus representantes en número igual al de los Delegados de Prevención, de la otra.

»En las reuniones del Comité de Seguridad y Salud participarán, con voz pero sin voto, los Delegados Sindicales y los responsables técnicos de la prevención en la empresa que no estén incluidos en la composición a la que se refiere el párrafo anterior. En las mismas condiciones podrán participar trabajadores de la empresa que cuenten con una especial cualificación o información respecto de concretas cuestiones que se debatan en este órgano y técnicos en prevención ajenos a la empresa, siempre que así lo solicite alguna de las representaciones en el Comité.

»3. El Comité de Seguridad y Salud se reunirá trimestralmente y siempre que lo solicite alguna de las representaciones en el mismo. El Comité adoptará sus propias normas de funcionamiento.

»Las empresas que cuenten con varios centros de trabajo dotados de Comité de Seguridad y Salud podrán acordar con sus trabajadores la creación de un Comité Intercentros, con las funciones que el acuerdo le atribuya.

»*Art. 39. Competencias y facultades del Comité de Seguridad y Salud.*—1. El Comité de Seguridad y Salud tendrá las siguientes competencias:

»*a*) Participar en la elaboración, puesta en práctica y evaluación de los planes y programas de prevención de riesgos en la empresa. A tal efecto, en su seno se debatirán, antes de su puesta en práctica y en lo referente a su incidencia en la prevención de riesgos, los proyectos en materia de planificación, organización del trabajo e introducción de nuevas tecnologías, organización y desarrollo de las actividades de protección y prevención a que se refiere el artículo 16 de esta Ley y proyecto y organización de la formación en materia preventiva.

»*b*) Promover iniciativas sobre métodos y procedimientos para la efectiva prevención de los riesgos, proponiendo a la empresa la mejora de las condiciones o la corrección de las deficiencias existentes.

»2. En el ejercicio de sus competencias, el Comité de Seguridad y Salud estará facultado para:

»*a*) Conocer directamente la situación relativa a la prevención de riesgos en el centro de trabajo, realizando a tal efecto las visitas que estime oportunas.

»*b*) Conocer cuantos documentos e informes relativos a las condiciones de trabajo sean necesarios para el cumplimiento de sus funciones, así como los procedentes de la actividad del servicio de prevención, en su caso.

»*c*) Conocer y analizar los daños producidos en la salud o en la integridad física de los trabajadores, al objeto de valorar sus causas y proponer las medidas preventivas oportunas.

»*d*) Conocer e informar la memoria y programación anual de servicios de prevención.

»3. A fin de dar cumplimiento a lo dispuesto en esta Ley respecto de la colaboración entre empresas en los supuestos de desa-

otras normas legales o reglamentarias[298].

9. Respetando lo establecido legal o reglamentariamente, en los

---

rrollo simultáneo de actividades en un mismo centro de trabajo, se podrá acordar la realización de reuniones conjuntas de los Comités de Seguridad y Salud o, en su defecto, de los Delegados de Prevención y empresarios de las empresas que carezcan de dichos Comités, u otras medidas de actuación coordinada.

»*Art. 40. Colaboración con la Inspección de Trabajo y Seguridad Social.*—1. Los trabajadores y sus representantes podrán recurrir a la Inspección de Trabajo y Seguridad Social si consideran que las medidas adoptadas y los medios utilizados por el empresario no son suficientes para garantizar la seguridad y la salud en el trabajo.

»2. En las visitas a los centros de trabajo para la comprobación del cumplimiento de la normativa sobre prevención de riesgos laborales, el Inspector de Trabajo y Seguridad Social comunicará su presencia al empresario o a su representante o a la persona inspeccionada, al Comité de Seguridad y Salud, al Delegado de Prevención o, en su ausencia, a los representantes legales de los trabajadores, a fin de que puedan acompañarle durante el desarrollo de su visita y formularle las observaciones que estimen oportunas, a menos que considere que dichas comunicaciones puedan perjudicar el éxito de sus funciones.

»3. La Inspección de Trabajo y Seguridad Social informará a los Delegados de Prevención sobre los resultados de las visitas a que hace referencia el apartado anterior y sobre las medidas adoptadas como consecuencia de las mismas, así como al empresario mediante diligencia en el Libro de Visitas de la Inspección de Trabajo y Seguridad Social que debe existir en cada centro de trabajo.

»4. Las organizaciones sindicales y empresariales más representativas serán consultadas con carácter previo a la elaboración de los planes de actuación de la Inspección de Trabajo y Seguridad Social en materia de prevención de riesgos en el trabajo, en especial de los programas específicos para empresas de menos de seis trabajadores, e informadas del resultado de dichos planes.»

La referencia a la Ley 9/1987 ha de entenderse efectuada a la Ley 7/2007, de 12 de abril, del Estatuto Básico del Empleado Público.

[298] Aparte de las aquí expresamente mencionadas, v. otras competencias en los siguientes arts. de esta misma Ley: 8.º3 (copia básica del contrato), 15.4 (notificación de los contratos realizados), 18 (registro sobre la persona del trabajador), 19.3 y 5 (seguridad e higiene), 22.1 (clasificación profesional); 24 (ascensos), 29 (liquidación y pago del salario), 31 (fijación de gratificación extraordinaria), 34.2 y 3 (distribución irregular de la jornada), 39.3 y 4 (cambios a inferior o superior categoría), 40 (traslados), 41 (modificación sustancial de las condiciones de trabajo), 42.4 y 5 (contratos de obras y servicios), 44 (cambio de titularidad de la empresa), 49.2 (firma del recibo de finiquito), 51 (expediente de extinción por causas tecnológicas o económicas), 53.1.*c*) (despido por amortización de puesto de trabajo), 55.1, 68.*a*) (expediente contradictorio a los representantes legales), 82.3 (descuelgue salarial) y 87 (capacidad para ser parte en la negociación colectiva).

Asimismo, otras disposiciones legales conceden competencias adicionales a las anteriores: Ley de regulación de las empresas de trabajo temporal, transcrita en nota al art. 43 ET; en materia de huelga y procedimiento de conflicto colectivo, RDL 17/1977, de 4 de marzo (*BOE* de 9 de marzo), sobre Relaciones de Trabajo, arts. 3.º2.*a*) y 18.1.*a*); en materia de contratación temporal; art. 10 del RD 2.720/1998, de 18 de diciembre (*BOE* de 8 de enero de 1999), en materia de jornada; disp. adic. 3.ª del RD 1.561/1995, de 21 de septiembre (*BOE* de 26 de septiembre); en materia de gestión por las Mutuas de Seguridad Social de la prestación de incapacidad temporal, art. 69 del RD 1.993/1995, de 7 de diciembre (*BOE* de 12 de diciembre), modificado por el RD 250/1997, de 21 de febrero (*BOE* de 11 de marzo); Fondo de Pensiones (arts. 7.º y 9.º del RD Legislativo 1/2002, de 29 de noviembre); contratos de autónomos económicamente dependientes [art. 12.1 de la Ley 20/2007, de 11 de julio, desarrollado por el art. 7.º del RD 197/2009, de 23 de febrero (*BOE* de 4 de marzo)]. La trasgresión de tales competencias es calificada como infracción grave por el art. 7.º7 LISOS [RD Legislativo 5/2000, de 4 de agosto (*BOE* de 8 de agosto)]. Sobre el ámbito competencial de las Comunidades Autónomas en esta materia, v. STC 39/1982, de 30 de junio (*BOE* de 16 de julio).

convenios colectivos se podrán establecer disposiciones específicas relativas al contenido y a las modalidades de ejercicio de los derechos de información y consulta previstos en este artículo, así como al nivel de representación más adecuado para ejercerlos.

Art. 65. *Capacidad y sigilo profesional*[299].—1. Se reconoce al comité de empresa capacidad, como órgano colegiado, para ejercer acciones administrativas o judiciales en todo lo relativo al ámbito de sus competencias, por decisión mayoritaria de sus miembros.

2. Los miembros del comité de empresa y éste en su conjunto, así como, en su caso, los expertos que les asistan, deberán observar el deber de sigilo con respecto a aquella información que, en legítimo y objetivo interés de la empresa o del centro de trabajo, les haya sido expresamente comunicada con carácter reservado.

3. En todo caso, ningún tipo de documento entregado por la empresa al comité podrá ser utilizado fuera del estricto ámbito de aquélla ni para fines distintos de los que motivaron su entrega[300].

El deber de sigilo subsistirá incluso tras la expiración de su mandato e independientemente del lugar en que se encuentren.

4. Excepcionalmente, la empresa no estará obligada a comunicar aquellas informaciones específicas relacionadas con secretos industriales, financieros o comerciales cuya divulgación pudiera, según criterios objetivos, obstaculizar el funcionamiento de la empresa o del centro de trabajo u ocasionar graves perjuicios en su estabilidad económica.

Esta excepción no abarca aquellos datos que tengan relación con el volumen de empleo en la empresa.

5. La impugnación de las decisiones de la empresa de atribuir carácter reservado o de no comunicar determinadas informaciones a los representantes de los trabajadores se tramitará conforme al proceso de conflictos colectivos regulado en el Capítulo VIII del Título II del Libro II de la Ley de Procedimiento Laboral, texto refundido aprobado por Real Decreto Legislativo 2/1995, de 7 de abril[301].

Asimismo, se tramitarán conforme a este proceso los litigios

---

[299] Artículo redactado conforme a la Ley 38/2007, de 16 de noviembre (*BOE* de 17 de noviembre). Para la reclamación judicial conforme al proceso de conflictos colectivos, v. art. 153.3 de la Ley 36/2011, de 10 de octubre (*BOE* de 11 de octubre), Reguladora de la Jurisdicción Social; STC 74/1996, de 30 de abril (*BOE* de 31 de mayo), sobre ausencia de legitimación del presidente del comité de empresa para recurrir la presunta lesión de la libertad sindical por pactos individuales.

[300] V. STC 213/2002, de 11 de noviembre, sobre alcance del deber de sigilo y su limitación.

[301] La referencia a la Ley de Procedimiento Laboral debe entenderse efectuada a la Ley 36/2011, de 10 de octubre (*BOE* de 11 de octubre), Reguladora de la Jurisdicción Social, arts. 153 ss.

relativos al cumplimiento por los representantes de los trabajadores y por los expertos que les asistan de su obligación de sigilo.

Lo dispuesto en este apartado se entiende sin perjuicio de lo previsto en el texto refundido de la Ley de Infracciones y Sanciones en el Orden Social, aprobado por Real Decreto Legislativo 5/2000, de 4 de agosto, para los casos de negativa injustificada de la información a que tienen derecho los representantes de los trabajadores.

Art. 66. *Composición.*—1. El número de miembros del comité de empresa se determinará de acuerdo con la siguiente escala:

a) De cincuenta a cien trabajadores, cinco.

b) De ciento uno a doscientos cincuenta trabajadores, nueve.

c) De doscientos cincuenta y uno a quinientos trabajadores, trece.

d) De quinientos uno a setecientos cincuenta trabajadores, diecisiete.

e) De setecientos cincuenta y uno a mil trabajadores, veintiuno.

f) De mil en adelante, dos por cada mil o fracción, con el máximo de setenta y cinco.

2. Los comités de empresa o centro de trabajo elegirán de entre sus miembros un presidente y un secretario del comité, y elaborarán su propio reglamento de procedimiento, que no podrá contravenir lo dispuesto en la ley, remitiendo copia del mismo a la autoridad laboral, a efectos de registro, y a la empresa.

Los comités deberán reunirse cada dos meses o siempre que lo solicite un tercio de sus miembros o un tercio de los trabajadores representados.

Art. 67. *Promoción de elecciones y mandato electoral.*—1. Podrán promover elecciones a delegados de personal y miembros de comités de empresa las organizaciones sindicales más representativas, las que cuenten con un mínimo de un 10 por 100 de representantes en la empresa o los trabajadores del centro de trabajo por acuerdo mayoritario. Los sindicatos con capacidad de promoción de elecciones tendrán derecho a acceder a los registros de las Administraciones públicas que contengan datos relativos a la inscripción de empresas y altas de trabajadores, en la medida necesaria para llevar a cabo tal promoción en sus respectivos ámbitos[302].

Los promotores comunicarán a la empresa y a la oficina pública dependiente de la autoridad laboral su pro-

[302] Sobre la constitucionalidad de este precepto, v. SSTC 57/1989, de 16 de marzo (*BOE* de 19 de abril); y 164/1993, de 18 de mayo (*BOE* de 21 de junio); art. 1.º del Reglamento de Elecciones [RD 1.844/1994, de 9 de septiembre (*BOE* de 13 de septiembre)]. Para el concepto de sindicato más representativo, v. nota al art. 87.2.*b*) ET.

V. disp. adic. 12.ª ET; arts. 2.º y 21 ss. del Reglamento de Elecciones [RD 1.844/1994, de 9 de septiembre (*BOE* de 13 de septiembre)]. Esta competencia ha sido transferida a gran número de Comunidades Autónomas: v. normas citadas en nota al art. 59.3 ET.

pósito de celebrar elecciones con un plazo mínimo de, al menos, un mes de antelación al inicio del proceso electoral[303]. En dicha comunicación los promotores deberán identificar con precisión la empresa y el centro de trabajo de ésta en que se desea celebrar el proceso electoral y la fecha de inicio de éste, que será la de constitución de la mesa electoral y que, en todo caso, no podrá comenzar antes de un mes ni más allá de tres meses contabilizados a partir del registro de la comunicación en la oficina pública dependiente de la autoridad laboral. Esta oficina pública, dentro del siguiente día hábil, expondrá en el tablón de anuncios los preavisos presentados, facilitando copia de los mismos a los sindicatos que así lo soliciten.

Sólo previo acuerdo mayoritario entre los sindicatos más representativos o representativos de conformidad con la Ley Orgánica 11/1985, de 2 de agosto, de Libertad Sindical, podrá promoverse la celebración de elecciones de manera generalizada en uno o varios ámbitos funcionales o territoriales. Dichos acuerdos deberán comunicarse a la oficina pública dependiente de la autoridad laboral para su depósito y publicidad.

Cuando se promuevan elecciones para renovar la representación por conclusión de la duración del mandato, tal promoción sólo podrá efectuarse a partir de la fecha en que falten tres meses para el vencimiento del mandato.

Podrán promoverse elecciones parciales por dimisiones, revocaciones o ajustes de la representación por incremento de plantilla. Los convenios colectivos podrán prever lo necesario para acomodar la representación de los trabajadores a las disminuciones significativas de plantilla que puedan tener lugar en la empresa. En su defecto, dicha acomodación deberá realizarse por acuerdo entre la empresa y los representantes de los trabajadores.

2. El incumplimiento de cualquiera de los requisitos establecidos en este artículo para la promoción de elecciones determinará la falta de validez del correspondiente proceso electoral; ello no obstante, la omisión de la comunicación a la empresa podrá suplirse por medio del traslado a la misma de una copia de la comunicación presentada a la oficina pública dependiente de la autoridad laboral, siempre que ésta se produzca con una anterioridad mínima de veinte días respecto de la fecha de iniciación del proceso electoral fijado en el escrito de promoción.

La renuncia a la promoción con posterioridad a la comunicación de la oficina pública dependiente de la autoridad laboral no impedirá el desarrollo del proceso electoral, siempre que se cumplan todos los requisitos que permitan la validez del mismo.

En caso de concurrencia de promotores para la realización de elec-

---

[303] V. disp. adic. 12.ª ET; arts. 2.º y 21 ss. del Reglamento de Elecciones [RD 1.844/1994, de 9 de septiembre (*BOE* de 13 de septiembre)]. Esta competencia ha sido transferida a gran número de Comunidades Autónomas: v. normas citadas en nota al art. 59.3 ET.

ciones en una empresa o centro de trabajo se considerará válida, a efectos de iniciación del proceso electoral, la primera convocatoria registrada, excepto en los supuestos en los que la mayoría sindical de la empresa o centro de trabajo con comité de empresa hayan presentado otra fecha distinta, en cuyo caso prevalecerá esta última, siempre y cuando dichas convocatorias cumplan con los requisitos establecidos. En este último supuesto la promoción deberá acompañarse de una comunicación fehaciente de dicha promoción de elecciones a los que hubieran realizado otra u otras con anterioridad.

3. La duración del mandato de los delegados de personal y de los miembros del comité de empresa será de cuatro años, entendiéndose que se mantendrán en funciones en el ejercicio de sus competencias y de sus garantías hasta tanto no se hubiesen promovido y celebrado nuevas elecciones[304].

Solamente podrán ser revocados los delegados de personal y miembros del comité durante su mandato, por decisión de los trabajadores que los hayan elegido, mediante asamblea convocada al efecto a instancia de un tercio, como mínimo, de los electores y por mayoría absoluta de éstos, mediante sufragio personal, libre, directo y secreto. No obstante, esta revocación no podrá efectuarse durante la tramitación de un convenio colectivo, ni replantearse hasta transcurridos, por lo menos, seis meses.

4. En el caso de producirse vacante por cualquier causa en los comités de empresa o de centros de trabajo, aquélla se cubrirá automáticamente por el trabajador siguiente en la lista a la que pertenezca el sustituido. Cuando la vacante se refiera a los delegados de personal, se cubrirá automáticamente por el trabajador que hubiera obtenido en la votación un número de votos inmediatamente inferior al último de los elegidos. El sustituto lo será por el tiempo que reste del mandato.

5. Las sustituciones, revocaciones, dimisiones y extinciones de mandato se comunicarán a la oficina pública dependiente de la autoridad laboral y al empresario, publicándose asimismo en el tablón de anuncios.

Art. 68. *Garantías.*—Los miembros del comité de empresa y los delegados de personal, como representantes legales de los trabajadores, tendrán, a salvo de lo que se disponga en los convenios colectivos, las siguientes garantías[305]:

---

[304] En el mismo sentido, disp. adic. 2.ª1 de la LO 11/1985, de 2 de agosto (*BOE* de 8 de agosto), de Libertad Sindical, que añade que los representantes podrán «ser reelegidos en sucesivos períodos electorales.» Conforme a la disp. adic. 4.ª de la LO de Libertad Sindical, incluida por la LO 14/1994, de 19 de mayo (*BOE* de 20 de mayo): «Los delegados de personal y los miembros del Comité de Empresa con el mandato prorrogado no se computarán a efectos de determinar la capacidad representativa de los artículos 6 y 7 de la presente Ley.»

[305] Completado por el Convenio OIT n.º 135, ratificado por España por Instrumento de 21 de junio de 1974, sobre los representantes de los trabajadores. Para los representantes

a) Apertura de expediente contradictorio en el supuesto de sanciones por faltas graves o muy graves, en el que serán oídos, aparte del interesado, el comité de empresa o restantes delegados de personal[306].

b) Prioridad de permanencia en la empresa o centro de trabajo respecto de los demás trabajadores, en los supuestos de suspensión o extinción por causas tecnológicas o económicas[307].

c) No ser despedido ni sancionado durante el ejercicio de sus funciones ni dentro del año siguiente a la expiración de su mandato, salvo en caso de que ésta se produzca por revocación o dimisión, siempre que el despido o sanción se base en la acción del trabajador en el ejercicio de su representación, sin perjuicio, por tanto, de lo establecido en el artículo 54. Asimismo no podrá ser discriminado en su promoción económica o profesional en razón, precisamente, del desempeño de su representación[308].

d) Expresar, colegiadamente si se trata del comité, con libertad sus opiniones en las materias concernientes a la esfera de su representación, pudiendo publicar y distribuir, sin perturbar el normal desenvolvimiento del trabajo, las publicaciones de interés laboral o social, comunicándolo a la empresa[309].

e) Disponer de un crédito de horas mensuales retribuidas cada uno de los miembros del comité o delegado de personal en cada centro de trabajo, para el ejercicio de sus funciones de representación, de acuerdo con la siguiente escala: delegados de personal o miembros del comité de empresa:

1.º Hasta cien trabajadores, quince horas.

2.º De ciento uno a doscientos cincuenta trabajadores, veinte horas.

---

sindicales, junto al Convenio precedente, v. arts. 9.º, 10 y 13 de la LO 11/1985, de 2 de agosto (*BOE* de 8 de agosto), de Libertad Sindical, transcritos en notas a los arts. 17.1 y 61 ET. Para los trabajadores designados por el empleador para ocuparse de la prevención de riesgos laborales, art. 30.4 Ley de Procedimiento Laboral, texto refundido aprobado por RD Legislativo 2/1995, de 7 de abril (*BOE* de 11 de abril). V. STC 94/1995, de 19 de junio (*BOE* de 24 de julio), en relación con la actividad de información sindical utilizando crédito horario por los delegados sindicales.

[306] V. art. 55.1 ET; arts. 106.2, 114.2 y 115.1.*d*) de la Ley 36/2011, de 10 de octubre (*BOE* de 11 de octubre), Reguladora de la Jurisdicción Social.

[307] V. arts. 51.7 y 52.*c*) ET. Para preferencia en materia de traslado y desplazamiento, v. art. 40.5 ET.

[308] V. arts. 17, 55.5 y 56.4 ET. Asimismo, SSTC de 23 de noviembre de 1981 (*BOE* de 22 de diciembre), en materia de garantía a los candidatos a representantes de personal; 78/1982, de 2 de diciembre (*BOE* de 15 de enero), y 83/1982, de 22 de diciembre (*BOE* de 15 de enero), sobre ejercicio de funciones representativas en el interior del centro de trabajo de trabajadores despedidos durante la sustanciación del recurso de casación.

[309] V. SSTC 1/1998, de 12 de enero (*BOE* de 12 de febrero), sobre libertad de expresión pública del presidente del comité de empresa, y 213/2002, de 11 de noviembre (*BOE* de 29 de noviembre), sobre el ejercicio de la libertad de expresión de un delegado sindical criticando en la prensa un informe médico interno sobre absentismo.

3.º De doscientos cincuenta y uno a quinientos trabajadores, treinta horas.

4.º De quinientos uno a setecientos cincuenta trabajadores, treinta y cinco horas.

5.º De setecientos cincuenta y uno en adelante, cuarenta horas.

Podrá pactarse en convenio colectivo la acumulación de horas de los distintos miembros del comité de empresa y, en su caso, de los delegados de personal, en uno o varios de sus componentes, sin rebasar el máximo total, pudiendo quedar relevado o relevados del trabajo, sin perjuicio de su remuneración[310].

SECCIÓN 2.ª

Procedimiento electoral

Art. 69. *Elección.*—1. Los delegados de personal y los miembros del comité de empresa se elegirán por todos los trabajadores mediante sufragio personal, directo, libre y secreto, que podrá emitirse por correo en la forma que establezcan las disposiciones de desarrollo de esta Ley.

2. Serán electores todos los trabajadores de la empresa o centro de trabajo mayores de dieciséis años y con una antigüedad en la empresa de, al menos, un mes, y elegibles los trabajadores que tengan dieciocho años cumplidos y una antigüedad en la empresa de, al menos, seis meses, salvo en aquellas actividades en que, por movilidad de personal, se pacte en convenio colectivo un plazo inferior, con el límite mínimo de tres meses de antigüedad[311].

Los trabajadores extranjeros podrán ser electores y elegibles cuando reúnan las condiciones a que se refiere el párrafo anterior.

3. Se podrán presentar candidatos para las elecciones de dele-

---

[310] La trasgresión del crédito horario es calificada como infracción grave por el art. 7.º8 LISOS [RD Legislativo 5/2000, de 4 de agosto (*BOE* de 8 de agosto)]. V. SSTC 40/1985, de 13 de marzo (*BOE* de 19 de abril), sobre la consideración del crédito de horas como contenido esencial de la libertad sindical; 95/1996, de 26 de mayo (*BOE* de 21 de junio), en sentido contrario a la anterior, así como sobre el derecho a la igualdad retributiva con sus representadas, incluido el plus de turno; 191/1998, de 29 de septiembre (*BOE* de 30 de octubre), sobre igualdad retributiva en la percepción del complemento de peligrosidad, penosidad y toxicidad; 70/2000, de 13 de marzo (*BOE* de 14 de abril), sobre igualdad retributiva en la percepción del salario de un puesto de libre designación al quedar exento de servicio para realizar actividades sindicales por acumulación de crédito horario; 173/2001, de 26 de julio (*BOE* de 14 de agosto), sobre derecho a percibir un plus compensatorio por jornada partida por parte de un liberado sindical.

[311] V. art. 6.º5 del Reglamento de Elecciones [RD 1.844/1994, de 9 de septiembre (*BOE* de 13 de septiembre)]. Según el art. 16.4 del D. 1.382/1985, de 1 de agosto (*BOE* de 1 de agosto), por el que se regula la relación laboral de carácter especial del personal de alta dirección: «Sin perjuicio de otras formas de representación, el personal de alta dirección no participará como elector ni como elegible en los órganos de representación regulados en el Título II del Estatuto de los Trabajadores.» Para el resto de las relaciones laborales especiales, en términos generales sí es de aplicación este Título II ET: v. su regulación citada en notas al art. 2.º ET.

V. también disp. final 3.ª ET.

gados de personal y miembros del comité de empresa por los sindicatos de trabajadores legalmente constituidos o por las coaliciones formadas por dos o más de ellos, que deberán tener una denominación concreta atribuyéndose sus resultados a la coalición. Igualmente podrán presentarse los trabajadores que avalen su candidatura con un número de firmas de electores de su mismo centro y colegio, en su caso, equivalente al menos a tres veces el número de puestos a cubrir[312].

Art. 70. *Votación para delegados.*—En la elección para delegados de personal, cada elector podrá dar su voto a un número máximo de aspirantes equivalente al de puestos a cubrir entre los candidatos proclamados. Resultarán elegidos los que obtengan el mayor número de votos. En caso de empate, resultará elegido el trabajador de mayor antigüedad en la empresa.

Art. 71. *Elección para el comité de empresa.*—1. En las empresas de más de cincuenta trabajadores, el censo de electores y elegibles se distribuirá en dos colegios, uno integrado por los técnicos y administrativos y otro por los trabajadores especialistas y no cualificados[313].

Por convenio colectivo, y en función de la composición profesional del sector de actividad productiva o de la empresa, podrá establecerse un nuevo colegio que se adapte a dicha composición. En tal caso, las normas electorales del presente Título se adaptarán a dicho número de colegios. Los puestos del comité serán repartidos proporcionalmente en cada empresa según el número de trabajadores que formen los colegios electorales mencionados. Si en la división resultaren cocientes con fracciones, se adjudicará la unidad fraccionaria al grupo al que correspondería la fracción más alta; si fueran iguales, la adjudicación será por sorteo.

2. En las elecciones a miembros del Comité de Empresa la elección se ajustará a las siguientes reglas:

a) Cada elector podrá dar su voto a una sola de las listas presentadas para los del comité que corresponda a su colegio. Estas listas deberán contener, como mínimo, tantos nombres como puestos a cubrir. No obstante, la renuncia de cualquier candidato presentado en algunas de las listas para las elecciones antes de la fecha de la vota-

---

312 V. SSTC 1/1994, de 17 de enero (*BOE* de 17 de febrero), sobre derecho de presentación de candidaturas por los sindicatos; 51/1988, de 22 de marzo (*BOE* de 13 de abril), sobre requisitos de ratificación personal y número mínimo de candidatos en cada lista, y 44/2001, de 12 de febrero (*BOE* de 16 de marzo), sobre la admisión como candidato de trabajadora despedida por motivos sindicales.

313 V. art. 9.º3 del Reglamento de Elecciones [RD 1.844/1994, de 9 de septiembre (*BOE* de 13 de septiembre)].

ción no implicará la suspensión del proceso electoral ni la anulación de dicha candidatura aun cuando sea incompleta, siempre y cuando la lista afectada permanezca con un número de candidatos, al menos, del 60 por 100 de los puestos a cubrir. En cada lista deberán figurar las siglas del sindicato o grupo de trabajadores que la presenten[314].

b) No tendrán derecho a la atribución de representantes en el comité de empresa aquellas listas que no hayan obtenido como mínimo el 5 por 100 de los votos por cada colegio.

Mediante el sistema de representación proporcional se atribuirá a cada lista el número de puestos que le corresponda, de conformidad con el cociente que resulte de dividir el número de votos válidos por el de puestos a cubrir. Si hubiese puesto o puestos sobrantes se atribuirán a la lista o listas que tengan un mayor resto de votos[315].

c) Dentro de cada lista resultarán elegidos los candidatos por el orden en que figuren en la candidatura.

3. La inobservancia de cualquiera de las reglas anteriores determinará la anulabilidad de la elección del candidato o candidatos afectados.

Art. 72. *Representantes de quienes presten servicios en trabajos fijos discontinuos y de trabajadores no fijos*[316].—1. Quienes presten servicios en trabajos fijos discontinuos y los trabajadores vinculados por contrato de duración determinada estarán representados por los órganos que se establecen en este Título conjuntamente con los trabajadores fijos de plantilla.

2. Por tanto, a efectos de determinar el número de representantes, se estará a lo siguiente:

a) Quienes presten servicios en trabajos fijos discontinuos y los trabajadores vinculados por contrato de duración determinada superior a un año se computarán como trabajadores fijos de plantilla.

b) Los contratados por término de hasta un año se computarán según el número de días trabajados en el período de un año anterior a la convocatoria de la elección. Cada doscientos días trabajados o fracción se computará como un trabajador más[317].

---

[314] V. SSTC 51/1988, de 28 de marzo (*BOE* de 13 de abril), sobre renuncia de candidatos y efectos sobre la candidatura; 13/1997, de 27 de enero (*BOE* de 26 de febrero), sobre derecho del sindicato de otorgamiento de un plazo de subsanación del defecto en la lista, como consecuencia de la renuncia de un candidato a concurrir en dicha lista; 200/2006, de 3 de julio (*BOE* de 3 de julio), sobre vulneración de la libertad sindical por no permitir subsanabilidad de defectos de candidaturas en elecciones derivadas de renuncia que provocan lista no completa.

[315] V. art. 12 del Reglamento de Elecciones [RD 1.844/1994, de 9 de septiembre (*BOE* de 13 de septiembre)].

[316] V. disp. final 3.ª ET.

[317] V. art. 9.º4 del Reglamento de Elecciones [RD 1.844/1994, de 9 de septiembre (*BOE* de 13 de septiembre)].

Art. 73. *Mesa electoral*[318].—1. En la empresa o centro de trabajo se constituirá una mesa por cada colegio de doscientos cincuenta trabajadores electores o fracción.

2. La mesa será la encargada de vigilar todo el proceso electoral, presidir la votación, realizar el escrutinio, levantar el acta correspondiente y resolver cualquier reclamación que se presente.

3. La mesa estará formada por el presidente, que será el trabajador de más antigüedad en la empresa, y dos vocales, que serán los electores de mayor y menor edad. Este último actuará de secretario. Se designarán suplentes a aquellos trabajadores que sigan a los titulares de la mesa en el orden indicado de antigüedad o edad.

4. Ninguno de los componentes de la mesa podrá ser candidato, y de serlo le sustituirá en ella su suplente[319].

5. Cada candidato o candidatura, en su caso, podrá nombrar un interventor por mesa. Asimismo, el empresario podrá designar un representante suyo que asista a la votación y al escrutinio.

Art. 74. *Funciones de la mesa.*—1. Comunicado a la empresa el propósito de celebrar elecciones, ésta, en el término de siete días, dará traslado de la misma a los trabajadores que deban constituir la mesa, así como a los representantes de los trabajadores, poniéndolo simultáneamente en conocimiento de los promotores.

La mesa electoral se constituirá formalmente, mediante acta otorgada al efecto, en la fecha fijada por los promotores en su comunicación del propósito de celebrar elecciones, que será la fecha de iniciación del proceso electoral.

2. Cuando se trate de elecciones a delegados de personal, el empresario, en el mismo término, remitirá a los componentes de la mesa electoral el censo laboral, que se ajustará, a estos efectos, a modelo normalizado[320].

La mesa electoral cumplirá las siguientes funciones:

a) Hará público entre los trabajadores el censo laboral con indicación de quiénes son electores.

b) Fijará el número de representantes y la fecha tope para la presentación de candidaturas.

c) Recibirá y proclamará las candidaturas que se presenten.

d) Señalará la fecha de votación.

e) Redactará el acta de escrutinio en un plazo no superior a tres días naturales.

---

[318] La constitución, funcionamiento y funciones de la mesa electoral se encuentran desarrollados por el art. 5.º del Reglamento de Elecciones [RD 1.844/1994, de 9 de septiembre (*BOE* de 13 de septiembre)].

[319] V. STC 18/2001, de 29 de enero (*BOE* de 1 de marzo), sobre momento y forma de producirse la presentación de candidatura y renuncia a la condición de miembro de la mesa electoral.

[320] Para el censo electoral, v. art. 6.º del Reglamento de Elecciones [RD 1.844/1994, de 9 de septiembre (*BOE* de 13 de septiembre)].

Los plazos para cada uno de los actos serán señalados por la mesa con criterios de razonabilidad y según lo aconsejen las circunstancias, pero, en todo caso, entre su constitución y la fecha de las elecciones no mediarán más de diez días.

En el caso de elecciones en centros de trabajo de hasta treinta trabajadores en los que se elige un solo delegado de personal, desde la constitución de la mesa hasta los actos de votación y proclamación de candidatos electos habrán de transcurrir veinticuatro horas, debiendo en todo caso la mesa hacer pública con la suficiente antelación la hora de celebración de la votación. Si se hubiera presentado alguna reclamación se hará constar en el acta, así como la resolución que haya tomado la mesa.

3. Cuando se trate de elecciones a miembros del comité de empresa, constituida la mesa electoral solicitará al empresario el censo laboral y confeccionará, con los medios que le habrá de facilitar éste, la lista de electores. Ésta se hará pública en los tablones de anuncios mediante su exposición durante un tiempo no inferior a setenta y dos horas.

La mesa resolverá cualquier incidencia o reclamación relativa a inclusiones, exclusiones o correcciones que se presenten hasta veinticuatro horas después de haber finalizado el plazo de exposición de la lista. Publicará la lista definitiva dentro de las veinticuatro horas siguientes. A continuación, la mesa, o el conjunto de ellas, determinará el número de miembros del comité que hayan de ser elegidos en aplicación de lo dispuesto en el artículo 66.

Las candidaturas se presentarán durante los nueve días siguientes a la publicación de la lista definitiva de electores. La proclamación se hará en los dos días laborales después de concluido dicho plazo, publicándose en los tablones referidos. Contra el acuerdo de proclamación se podrá reclamar dentro del día laborable siguiente, resolviendo la mesa en el posterior día hábil.

Entre la proclamación de candidatos y la votación mediarán al menos cinco días.

Art. 75. *Votación para delegados y comités de empresa.*—1. El acto de la votación se efectuará en el centro o lugar de trabajo y durante la jornada laboral, teniéndose en cuenta las normas que regulen el voto por correo[321].

El empresario facilitará los medios precisos para el normal desarrollo de la votación y de todo el proceso electoral[322].

2. El voto será libre, secreto, personal y directo depositándose las papeletas, que en tamaño, co-

[321] Para la votación en mesa electoral itinerante y para el voto por correo, v. respectivamente arts. 7.º y 10 del Reglamento de Elecciones [RD 1.844/1994, de 9 de septiembre (*BOE* de 13 de septiembre)].

[322] La falta de colaboración empresarial es calificada como infracción muy grave por el art. 8.º7 LISOS [RD Legislativo 5/2000, de 4 de agosto (*BOE* de 8 de agosto)].

lor, impresión y calidad del papel serán de iguales características, en urnas cerradas.

3. Inmediatamente después de celebrada la votación, la mesa electoral procederá públicamente al recuento de votos mediante la lectura por el Presidente, en voz alta, de las papeletas.

4. Del resultado del escrutinio se levantará acta según modelo normalizado en la que se incluirán las incidencias y protestas habidas en su caso. Una vez redactada el acta será firmada por los componentes de la mesa, los interventores y el representante del empresario, si lo hubiere. Acto seguido, las mesas electorales de una misma empresa o centro, en reunión conjunta, extenderán el acta del resultado global de la votación.

5. El Presidente de la mesa remitirá copias del acta de escrutinio al empresario y a los interventores de las candidaturas, así como a los representantes electos.

El resultado de la votación se publicará en los tablones de anuncios.

6. El original del acta, junto con las papeletas de votos nulos o impugnados por los interventores y el acta de constitución de la mesa, serán presentadas en el plazo de tres días a la oficina pública dependiente de la autoridad laboral por el Presidente de la mesa, quien podrá delegar por escrito en algún miembro de la mesa[323]. La oficina pública dependiente de la autoridad laboral procederá en el inmediato día hábil a la publicación en los tablones de anuncios de una copia del acta, entregando copia a los sindicatos que así se lo soliciten y dará traslado a la empresa de la presentación en dicha oficina pública del acta correspondiente al proceso electoral que ha tenido lugar en aquélla, con indicación de la fecha en que finaliza para impugnarla y mantendrá el depósito de las papeletas hasta cumplirse los plazos de impugnación. La oficina pública dependiente de la autoridad laboral, transcurridos los diez días hábiles desde la publicación, procederá o no al registro de las actas electorales[324].

7. Corresponde a la oficina pública dependiente de la autoridad laboral el registro de las actas, así como la expedición de copias auténticas de las mismas y, a requerimiento del sindicato interesado, de las certificaciones acreditativas de su capacidad representativa a los efectos de los artículos 6 y 7 de la Ley Orgánica 11/1985, de 2 de agosto, de Libertad Sindical[325]. Dichas certificaciones consignarán si el sindicato tiene o no la condición de

---

[323] La regulación de la Oficina Pública, en los arts. 21 ss. del Reglamento de Elecciones [RD 1.844/1994, de 9 de septiembre (*BOE* de 13 de septiembre)].

[324] V. STC 228/1992, de 14 de diciembre (*BOE* de 19 de enero de 1993), sobre derecho de los sindicatos minoritarios a obtener copia de las actas de las elecciones celebradas.

[325] Los criterios de atribución de resultados, en el art. 12 del Reglamento de Elecciones [RD 1.844/1994, de 9 de septiembre (*BOE* de 13 de septiembre)]. Para la constitucionalidad de la inalterabilidad de la atribución a pesar de que se produzca un cambio de afiliación, v. STC 164/1993, de 18 de mayo (*BOE* de 21 de junio).

más representativo o representativo, salvo que el ejercicio de las funciones o facultades correspondientes requiera la precisión de la concreta representatividad ostentada. Asimismo, y a los efectos que procedan, la oficina pública dependiente de la autoridad laboral podrá extender certificaciones de los resultados electorales a las organizaciones sindicales que las soliciten[326].

La denegación del registro de un acta por la oficina pública dependiente de la autoridad laboral sólo podrá hacerse cuando se trate de actas que no vayan extendidas en el modelo oficial normalizado, falta de comunicación de la promoción electoral a la oficina pública, falta de la firma del Presidente de la mesa electoral y omisión o ilegibilidad en las actas de alguno de los datos que impida el cómputo electoral.

En estos supuestos, la oficina pública dependiente de la autoridad laboral requerirá, dentro del siguiente día hábil, al Presidente de la mesa electoral para que en el plazo de diez días hábiles proceda a la subsanación correspondiente. Dicho requerimiento será comunicado a los sindicatos que hayan obtenido representación y al resto de las candidaturas. Una vez efectuada la subsanación, esta oficina pública procederá al registro del acta electoral correspondiente. Transcurrido dicho plazo sin que se haya efectuado la subsanación o no realizada ésta en forma, la oficina pública dependiente de la autoridad laboral procederá, en el plazo de diez días hábiles, a denegar el registro, comunicándolo a los sindicatos que hayan obtenido representación y al Presidente de la mesa. En el caso de que la denegación del registro se deba a la ausencia de comunicación de la promoción electoral a la oficina pública dependiente de la autoridad laboral no cabrá requerimiento de subsanación, por lo que, comprobada la falta por dicha oficina pública, ésta procederá sin más trámite a la denegación del registro, comunicándolo al Presidente de la mesa electoral, a los sindicatos que hayan obtenido representación y al resto de las candidaturas.

La resolución denegatoria del registro podrá ser impugnada ante el orden jurisdiccional social.

Art. 76. *Reclamaciones en materia electoral*[327].—1. Las im-

[326] V. disp. adic. 11.ª ET y nota al art. 87.2.*b*) ET; SSTC de 25 de marzo de 1983 (*BOE* de 27 de abril), sobre la irrelevancia de la indicación del porcentaje de abstención electoral; 194/1994, de 28 de junio (*BOE* de 26 de julio), sobre reparto competencial Estado-Comunidades Autónomas a efectos de proclamación de resultados electorales, y 43/1996, de 14 de marzo (*BOE* de 17 de abril), ídem sobre proclamación de elecciones en funcionarios públicos.

[327] V. arts. 28 ss. del Reglamento de Elecciones [RD 1.844/1994, de 9 de septiembre (*BOE* de 13 de septiembre)]; arts. 2.º*i*) y 127 a 136 de la Ley 36/2011, de 10 de octubre (*BOE* de 11 de octubre), Reguladora de la Jurisdicción Social. V. SSTC 232/1988, de 2 de diciembre (*BOE* de 23 de diciembre), sobre el cómputo de los tres días de plazo de caducidad; 13/1997, de 27 de enero (*BOE* de 26 de febrero), sobre no traslación de las garantías constitucionales de la tutela judicial al presente procedimiento arbitral.

pugnaciones en materia electoral se tramitarán conforme al procedimiento arbitral regulado en este artículo, con excepción de las denegaciones de inscripción, cuyas reclamaciones podrán plantearse directamente ante la jurisdicción competente.

2. Todos los que tengan interés legítimo, incluida la empresa cuando en ella concurría dicho interés[328], podrán impugnar la elección, las decisiones que adopte la mesa, así como cualquier otra actuación de la misma a lo largo del proceso electoral, fundándose para ello en la existencia de vicios graves que pudieran afectar a las garantías del proceso electoral y que alteren su resultado, en la falta de capacidad o legitimidad de los candidatos elegidos, en la discordancia entre el acta y el desarrollo del procesal electoral y en la falta de correlación entre el número de trabajadores que figuran en el acta de elecciones y el número de representantes elegidos. La impugnación de actos de la mesa electoral requerirá haber efectuado reclamación dentro del día laborable siguiente al acto y deberá ser resuelta por la mesa en el posterior día hábil, salvo lo previsto en el último párrafo del artículo 74.2 de la presente Ley.

3. Serán árbitros los designados conforme al procedimiento que se regula en este apartado, salvo en el caso de que las partes de un procedimiento arbitral se pusieran de acuerdo en la designación de un árbitro distinto.

El árbitro o árbitros serán designados, con arreglo a los principios de neutralidad y profesionalidad, entre licenciados en Derecho, graduados sociales, así como titulados equivalentes, por acuerdo unánime de los sindicatos más representativos, a nivel estatal o de Comunidades Autónomas según proceda y de los que ostenten el 10 por 100 o más de los delegados y de los miembros de los comités de empresa en el ámbito provincial, funcional o de empresa correspondiente. Si no existiera acuerdo unánime entre los sindicatos señalados anteriormente, la autoridad laboral competente establecerá la forma de designación, atendiendo a los principios de imparcialidad de los árbitros, posibilidad de ser recusados y participación de los sindicatos en su nombramiento.

La duración del mandato de los árbitros será de cinco años, siendo susceptible de renovación.

La Administración laboral facilitará la utilización de sus medios personales y materiales por los árbitros en la medida necesaria para que éstos desarrollen sus funciones[329].

4. Los árbitros deberán abstenerse y, en su defecto, ser recusados, en los casos siguientes:

---

[328] V. SSTC 285/1993, de 4 de octubre (*BOE* de 9 de noviembre), sobre legitimación empresarial para plantear la impugnación judicial, y 52/1997, de 17 de marzo (*BOE* de 17 de abril), sobre indefensión provocada por ausencia de citación como demandado de un sindicato que promovió las elecciones, presentó candidatura y obtuvo representación.

[329] V. OM de 18 de enero de 1995 (*BOE* de 31 de enero), por la que se establecen las bases reguladoras de compensaciones económicas a los árbitros designados.

a) Tener interés personal en el asunto de que se trate.

b) Ser administrador de sociedad o entidad interesada, o tener cuestión litigiosa con alguna de las partes.

c) Tener parentesco de consanguinidad dentro del cuarto grado o de afinidad dentro del segundo, con cualquiera de los interesados, con los administradores de entidades o sociedades interesadas y también con los asesores, representantes legales o mandatarios que intervengan en el arbitraje, así como compartir despacho profesional o estar asociado con éstos para el asesoramiento, la representación o el mandato.

d) Tener amistad íntima o enemistad manifiesta con alguna de las personas mencionadas en el apartado anterior.

e) Tener relación de servicio con persona natural o jurídica interesada directamente en el asunto o haberle prestado en los últimos dos años servicios profesionales de cualquier tipo y en cualquier circunstancia o lugar.

5. El procedimiento arbitral se iniciará mediante escrito dirigido a la oficina pública dependiente de la autoridad laboral a quien promovió las elecciones y, en su caso, a quienes hayan presentado candidatos a las elecciones objeto de impugnación. Este escrito, en el que figurarán los hechos que se tratan de impugnar, deberá presentarse en un plazo de tres días hábiles, contados desde el siguiente a aquel en que se hubieran producido los hechos o resuelto la reclamación por la mesa; en el caso de impugnaciones promovidas por sindicatos que no hubieran presentado candidaturas en el centro de trabajo en el que se hubiera celebrado la elección, los tres días se computarán desde el día en que se conozca el hecho impugnable. Si se impugnasen actos del día de la votación o posteriores al mismo, el plazo será de diez días hábiles, contados a partir de la entrada de las actas en la oficina pública dependiente de la autoridad laboral.

Hasta que no finalice el procedimiento arbitral y, en su caso, la posterior impugnación judicial, quedará paralizada la tramitación de un nuevo procedimiento arbitral. El planteamiento del arbitraje interrumpirá los plazos de prescripción.

6. La oficina pública dependiente de la autoridad laboral dará traslado al árbitro del escrito en el día hábil posterior a su recepción así como de una copia del expediente electoral administrativo. Si se hubieran presentado actas electorales para registro, se suspenderá su tramitación.

A las veinticuatro horas siguientes, el árbitro convocará a las partes interesadas de comparecencia ante él, lo que habrá de tener lugar en los tres días hábiles siguientes. Si las partes, antes de comparecer ante el árbitro designado de conformidad a lo establecido en el apartado 3 de este artículo, se pusieran de acuerdo y designaren uno distinto, lo notificarán a la oficina pública dependiente de la autoridad laboral para que dé traslado a este árbitro del expediente administrativo electoral, continuando con el mismo el resto del procedimiento.

El árbitro, dentro de los tres días hábiles siguientes a la comparecencia y previa práctica de las pruebas procedentes o conformes a derecho, que podrán incluir la personación en el centro de trabajo y la solicitud de la colaboración necesaria del empresario y las Administraciones públicas, dictará laudo. El laudo será escrito y razonado, resolviendo en derecho sobre la impugnación del proceso electoral y, en su caso, sobre el registro del acta, y se notificará a los interesados y a la oficina pública dependiente de la autoridad laboral. Si se hubiese impugnado la votación, la oficina procederá al registro del acta o a su denegación, según el contenido del laudo.

El laudo arbitral podrá impugnarse ante el orden jurisdiccional social a través de la modalidad procesal correspondiente[330].

CAPÍTULO II

DEL DERECHO DE REUNIÓN[331]

Art. 77. *Las asambleas de trabajadores.*—1. De conformidad con lo dispuesto en el artículo 4 de esta Ley, los trabajadores de una misma empresa o centro de trabajo tienen derecho a reunirse en asamblea.

La asamblea podrá ser convocada por los delegados de personal, el comité de empresa o centro de trabajo, o por un número de trabajadores no inferior al 33 por 100 de la plantilla. La asamblea será presidida, en todo caso, por el comité de empresa o por los delegados de personal mancomunadamente, que serán responsables del normal desarrollo de la misma, así como de la presencia en la asamblea de personas no pertenecientes a la empresa. Sólo podrá tratarse en ella de asuntos que figuren previamente incluidos en el orden del día. La presidencia comunicará al empresario la convocatoria y los nombres de las personas no pertenecientes a la empresa que vayan a asistir a la asamblea y acordará con éste las medidas oportunas para evitar perjuicios en la actividad normal de la empresa[332].

---

330 V. STC 164/2003, de 29 de septiembre (*BOE* de 23 de octubre), sobre legitimación procesal del sindicato con mero interés legítimo para interponer la impugnación judicial; 65/2009, de 9 de marzo (*BOE* de 14 de abril), sobre lesión a la tutela judicial efectiva por inadmisión de demanda social de impugnación de laudo arbitral basado en un pacto entre centrales sindicales de renuncia al ejercicio de acciones judiciales frente a dichos laudos.

331 V. arts. 4.º1.*f*) y *g*) y 8.º5 del RD Legislativo 5/2000, de 4 de agosto (*BOE* de 8 de agosto). Para la conexión entre el derecho de reunión y el de huelga, v. STC 11/1981, de 8 de abril (*BOE* de 25 de abril), fundamento jurídico n.º 17. Para el derecho de reunión de las secciones sindicales, art. 8.º de la LO 11/1985, de 2 de agosto (*BOE* de 8 de agosto), de Libertad Sindical, trascrito en nota al art. 61 ET; STC 168/1996, de 29 de octubre (*BOE* de 3 de diciembre), sobre legitimación para convocar reuniones sindicales y diferencias con las asambleas de los trabajadores.

332 Sobre el derecho a la asistencia y acceso al centro de trabajo de determinados cargos de sindicatos más representativos, v. art. 9.º1.*c*) de la LO 11/1985, de 2 de agosto (*BOE* de 8 de agosto), de Libertad Sindical, trascrito en nota al art. 61 ET. V. SSTC 126/1990, de 5 de julio (*BOE* de 30 de julio), sobre libertad de información y de expresión de los trabajadores en el curso de la asamblea; 76/2001, de 27 de marzo (*BOE* de 1 de mayo), sobre legitimación para convocar una reunión de todos los trabajadores y ausencia de vulneración de la libertad sindical por negativa de una empresa a ceder un local que no impide la promoción de elecciones sindicales.

2. Cuando por trabajarse en turnos, por insuficiencia de los locales o por cualquier otra circunstancia, no pueda reunirse simultáneamente toda la plantilla sin perjuicio o alteración en el normal desarrollo de la producción, las diversas reuniones parciales que hayan de celebrarse se considerarán como una sola y fechadas en el día de la primera.

Art. 78. *Lugar de reunión.*—1. El lugar de reunión será el centro de trabajo, si las condiciones del mismo lo permiten, y la misma tendrá lugar fuera de las horas de trabajo, salvo acuerdo con el empresario.

2. El empresario deberá facilitar el centro de trabajo para la celebración de la asamblea, salvo en los siguientes casos:

a) Si no se cumplen las disposiciones de esta Ley.

b) Si hubiesen transcurrido menos de dos meses desde la última reunión celebrada.

c) Si aún no se hubiese resarcido o afianzado el resarcimiento por los daños producidos en alteraciones ocurridas en alguna reunión anterior.

d) Cierre legal de la empresa[333].

Las reuniones informativas sobre convenios colectivos que les sean de aplicación no estarán afectadas por el párrafo *b*).

Art. 79. *Convocatoria.*—La convocatoria, con expresión del orden del día propuesto por los convocantes, se comunicará al empresario con cuarenta y ocho horas de antelación, como mínimo, debiendo éste acusar recibo.

Art. 80. *Votaciones.*—Cuando se someta a la asamblea por parte de los convocantes la adopción de acuerdos que afecten al conjunto de los trabajadores, se requerirá para la validez de aquéllos el voto favorable personal, libre, directo y secreto, incluido el voto por correo, de la mitad más uno de los trabajadores de la empresa o centro de trabajo[334].

Art. 81. *Locales y tablón de anuncios.*—En las empresas o centros de trabajo, siempre que sus características lo permitan, se pondrá a disposición de los delegados de personal o del comité de empresa un local adecuado en el que puedan desarrollar sus actividades y comunicarse con los trabajadores, así como uno o varios tablones de anuncios. La representación legal de los trabajadores de las empresas contratistas y subcontratistas que compartan de forma continuada centro de trabajo podrán hacer uso de dichos locales en los términos que acuerden con la empresa. Las

---

[333] V. nota al art. 45.1.*m*) ET.

[334] Para el acuerdo de ejercitar el derecho de huelga, v. art. 3.º2.*b*) del RDL 17/1977, de 4 de marzo (*BOE* de 9 de marzo), recogido en nota al art. 4.º1.*e*) ET, y STC 11/1981, de 8 de abril (*BOE* de 25 de abril), fundamento jurídico n.º 15. Para el acuerdo de revocación de los representantes legales de los trabajadores, v. art. 67.3 ET.

posibles discrepancias se resolverán por la autoridad laboral, previo informe de la Inspección de Trabajo[335].

TÍTULO III

De la negociación colectiva y de los convenios colectivos[336]

CAPÍTULO PRIMERO

Disposiciones generales

SECCIÓN 1.ª

Naturaleza y efectos de los convenios

Art. 82. *Concepto y eficacia.*—1. Los convenios colectivos, como resultado de la negociación desarrollada por los representantes de los trabajadores y de los empresarios, constituyen la expresión del acuerdo libremente adoptado por ellos en virtud de su autonomía colectiva[337].

2. Mediante los convenios colectivos, y en su ámbito correspon-

---

[335] Artículo redactado conforme a la Ley 43/2006, de 29 de diciembre (*BOE* de 30 de diciembre). V. art. 42.7 ET. La trasgresión empresarial es calificada como infracción grave por el art. 7.º8 LISOS [RD Legislativo 5/2000, de 4 de agosto (*BOE* de 8 de agosto)]. Para el derecho a locales y tablones de anuncios para las secciones sindicales, v. art. 8.º2.*a*) y *c*) de la LO 11/1985, de 2 de agosto (*BOE* de 8 de agosto), de Libertad Sindical, trascrito en nota al art. 61 ET; Ley 42/1997, de 14 de noviembre (*BOE* de 15 de noviembre), ordenadora de la Inspección de Trabajo y Seguridad Social.

La resolución de las discrepancias ha sido transferida a las Comunidades Autónomas: Andalucía, RD 4.043/1982, de 29 de diciembre (*BOE* de 3 de febrero de 1983); Comunidad Valenciana, RD 4.105/1982, de 29 de diciembre (*BOE* de 25 de febrero de 1983); Canarias, RD 1.033/1984, de 11 de abril (*BOE* de 1 de junio); Galicia, RD 2.101/1984, de 10 de octubre (*BOE* de 23 de noviembre); Navarra, RD 937/1986, de 11 de abril (*BOE* de 14 de mayo); Murcia, RD 375/1995, de 10 de marzo (*BOE* de 18 de abril); Castilla-La Mancha, RD 384/1995, de 10 de marzo (*BOE* de 19 de abril); Aragón, RD 572/1995, de 7 de abril (*BOE* de 10 de mayo); Extremadura, RD 642/1995, de 21 de abril (*BOE* de 17 de mayo); Madrid, RD 932/1995, de 9 de junio (*BOE* de 11 de julio); Castilla y León, RD 831/1995, de 9 de junio (*BOE* de 6 de julio); La Rioja, RD 946/1995, de 9 de junio (*BOE* de 6 de julio); Baleares, RD 98/1996, de 26 de enero (*BOE* de 29 de febrero); Cantabria, RD 1.900/1996, de 2 de agosto (*BOE* de 9 de septiembre); Asturias, RD 2.090/1999, de 30 de diciembre (*BOE* de 26 de enero de 2000). Asimismo, Ley 9/1992, de 23 de diciembre (*BOE* de 24 de diciembre).

[336] Este Título se elabora y aprueba en cumplimiento del art. 37.1 CE: «La Ley garantizará el derecho a la negociación colectiva laboral entre los representantes de los trabajadores y empresarios, así como la fuerza vinculante de los convenios.» Para la negociación colectiva en el ámbito del empleo público, v. arts. 31 ss. de la Ley 7/2007, de 12 de abril (*BOE* de 13 de abril), del Estatuto Básico del Empleado Público. Sobre las diferencias y especialidades de la negociación colectiva entre Administración y funcionarios públicos, v. SSTC 63/1986, de 21 de mayo (*BOE* de 17 de junio); 96/1990, de 24 de mayo (*BOE* de 20 de junio); 62/2001, de 1 de marzo (*BOE* de 30 de marzo), sobre la determinación legal de la legitimación negocial en el ámbito de la Administración Pública; 224/2000, de 2 de octubre (*BOE* de 7 de noviembre).

[337] Fuera de los convenios colectivos regulados por este Título III, para otros pactos y acuerdos de carácter colectivo v. arts. 8.º y 23

diente, los trabajadores y empresarios regulan las condiciones de trabajo y de productividad; igualmente podrán regular la paz laboral a través de las obligaciones que se pacten[338].

3. Los convenios colectivos regulados por esta Ley obligan a todos los empresarios y trabajadores incluidos dentro de su ámbito de aplicación y durante todo el tiempo de su vigencia[339].

Sin perjuicio de lo anterior, cuando concurran causas económicas, técnicas, organizativas o de producción, por acuerdo entre la empresa y los representantes de los trabajadores legitimados para negociar un convenio colectivo conforme a lo previsto en el artículo 87.1, se podrá proceder, previo desarrollo de un período de consultas en los términos del artículo 41.4, a inaplicar en la empresa las condiciones de trabajo previstas en el convenio colectivo aplicable, sea éste de sector o de empresa, que afecten a las siguientes materias:

a) Jornada de trabajo.

b) Horario y la distribución del tiempo de trabajo.

c) Régimen de trabajo a turnos.

d) Sistema de remuneración y cuantía salarial.

e) Sistema de trabajo y rendimiento.

f) Funciones, cuando excedan de los límites que para la movilidad

---

del RDL 17/1977, de 4 de marzo (*BOE* de 9 de marzo), sobre relaciones de trabajo, en materia de pacto que pone fin a la huelga y avenencia en el curso de un conflicto colectivo [en notas al art. 4.º1.*d*) y *e*) ET, respectivamente]; del ET: arts. 22, sobre clasificación profesional; 24, sobre ascensos; 29.1, sobre recibo justificativo del salario; 34, sobre jornada irregular; 31, sobre gratificaciones extraordinarias; 40, sobre traslado; 41, sobre modificaciones de las condiciones de trabajo; 51, sobre expedientes de regulación de empleo; 67.1, párr. 5.º, sobre adaptación de la representación de los trabajadores a las disminuciones de plantilla. V. SSTC 105/1992, de 1 de julio (*BOE* de 24 de julio), y 151/1994, de 23 de mayo (*BOE* de 25 de junio), sobre la eficacia inderogable y normativa de los convenios colectivos; 225/2001, de 26 de noviembre (*BOE* de 27 de diciembre), sobre vulneración de la libertad sindical por el establecimiento de un sistema de retribución, jornada y horario mediante pactos individuales con una categoría de trabajadores, sin modificar el convenio vigente; 238/2005, de 26 de septiembre (*BOE* de 28 de octubre), sobre vulneración de la libertad sindical por celebración de pactos individuales sin modificar el convenio colectivo.

[338] Sobre el contenido de los convenios, v. art. 85 ET. Para la paz laboral, v. arts. 8.º y 11.*c*) del RDL 17/1977, de 4 de marzo (*BOE* de 9 de marzo), de Relaciones de Trabajo, recogidos en nota al art. 4.º1.*e*) ET; STC 189/1993, de 14 de junio (*BOE* de 14 de julio), sobre eficacia de estas cláusulas de paz laboral.

[339] Según el art. 32, párrafos 2.º y 3.º, del Estatuto Básico del Empleado Público, conforme a la redacción dada por el RDL 20/2012, de 13 de julio (*BOE* de 14 de julio; corrección de errores en BOE de 19 de julio):

«Se garantiza el cumplimiento de los convenios colectivos y acuerdos que afecten al personal laboral, salvo cuando excepcionalmente y por causa grave de interés público derivada de una alteración sustancial de las circunstancias económicas, los órganos de gobierno de las Administraciones Públicas suspendan o modifiquen el cumplimiento de Convenios Colectivos o acuerdos ya firmados en la medida estrictamente necesaria para salvaguardar el interés público.

»En este supuesto, las Administraciones Públicas deberán informar a las Organizaciones Sindicales de las causas de la suspensión o modificación.»

funcional prevé el artículo 39 de esta Ley.

g) Mejoras voluntarias de la acción protectora de la Seguridad Social.

Se entiende que concurren causas económicas cuando de los resultados de la empresa se desprenda una situación económica negativa, en casos tales como la existencia de pérdidas actuales o previstas, o la disminución persistente de su nivel de ingresos ordinarios o ventas. En todo caso, se entenderá que la disminución es persistente si durante dos trimestres consecutivos el nivel de ingresos ordinarios o ventas de cada trimestre es inferior al registrado en el mismo trimestre del año anterior.

Se entiende que concurren causas técnicas cuando se produzcan cambios, entre otros, en el ámbito de los medios o instrumentos de producción; causas organizativas cuando se produzcan cambios, entre otros, en el ámbito de los sistemas y métodos de trabajo del personal o en el modo de organizar la producción, y causas productivas cuando se produzcan cambios, entre otros, en la demanda de los productos o servicios que la empresa pretende colocar en el mercado.

En los supuestos de ausencia de representación legal de los trabajadores en la empresa, éstos podrán atribuir su representación a una comisión designada conforme a lo dispuesto en el artículo 41.4.

Cuando el período de consultas finalice con acuerdo se presumirá que concurren las causas justificativas a que alude el párrafo segundo, y sólo podrá ser impugnado ante la jurisdicción social por la existencia de fraude, dolo, coacción o abuso de derecho en su conclusión.

El acuerdo deberá determinar con exactitud las nuevas condiciones de trabajo aplicables en la empresa y su duración, que no podrá prolongarse más allá del momento en que resulte aplicable un nuevo convenio en dicha empresa. El acuerdo de inaplicación no podrá dar lugar al incumplimiento de las obligaciones establecidas en convenio relativas a la eliminación de las discriminaciones por razones de género o de las que estuvieran previstas, en su caso, en el Plan de Igualdad aplicable en la empresa. Asimismo, el acuerdo deberá ser notificado a la comisión paritaria del convenio colectivo.

En caso de desacuerdo durante el período de consultas cualquiera de las partes podrá someter la discrepancia a la comisión del convenio, que dispondrá de un plazo máximo de siete días para pronunciarse, a contar desde que la discrepancia le fuera planteada. Cuando no se hubiera solicitado la intervención de la comisión o ésta no hubiera alcanzado un acuerdo, las partes deberán recurrir a los procedimientos que se hayan establecido en los acuerdos interprofesionales de ámbito estatal o autonómico, previstos en el artículo 83 de la presente ley, para solventar de manera efectiva las discrepancias surgidas en la negociación de los acuerdos a que se refiere este apartado, incluido el compromiso previo de someter las discrepancias a un arbitraje vinculante, en cuyo caso el laudo arbitral tendrá la misma eficacia que los acuerdos en período de consultas y sólo será recurrible conforme al procedimiento y en base a los motivos establecidos en el artículo 91.

Cuando el período de consultas finalice sin acuerdo y no fueran aplicables los procedimientos a los que se refiere el párrafo anterior o éstos no hubieran solucionado la discrepancia, cualquiera de las partes podrá someter la solución de la misma a la Comisión Consultiva Nacional de Convenios Colectivos cuando la inaplicación de las condiciones de trabajo afectase a centros de trabajo de la empresa situados en el territorio de más de una comunidad autónoma, o a los órganos correspondientes de las comunidades autónomas en los demás casos. La decisión de estos órganos, que podrá ser adoptada en su propio seno o por un árbitro designado al efecto por ellos mismos con las debidas garantías para asegurar su imparcialidad, habrá de dictarse en plazo no superior a veinticinco días a contar desde la fecha del sometimiento del conflicto ante dichos órganos.

Tal decisión tendrá la eficacia de los acuerdos alcanzados en período de consultas y sólo será recurrible conforme al procedimiento y en base a los motivos establecidos en el artículo 91.

El resultado de los procedimientos a que se refieren los párrafos anteriores que haya finalizado con la inaplicación de condiciones de trabajo deberá ser comunicado a la autoridad laboral a los solos efectos de depósito[340].

4. El convenio colectivo que sucede a uno anterior puede disponer sobre derechos reconocidos en aquél. En dicho supuesto se aplicará, íntegramente, lo regulado en el nuevo convenio[341].

Art. 83. *Unidades de negociación.*—1. Los convenios colectivos tendrán el ámbito de aplicación que las partes acuerden.

2. Las organizaciones sindicales y asociaciones empresariales más representativas, de carácter estatal o de Comunidad Autónoma, podrán establecer, mediante acuerdos interprofesionales, cláusulas sobre la estructura de la negociación colectiva, fijando, en su caso, las reglas que han de resolver los conflictos de concurrencia entre convenios de distinto ámbito.

Estas cláusulas podrán igualmente pactarse en convenios o acuerdos colectivos sectoriales, de ámbito estatal o autonómico, por aquellos sindicatos y asociaciones empresariales que cuenten con la

---

340 Apartado 3 redactado conforme a la Ley 3/2012, de 6 de julio (*BOE* de 7 de julio).

341 V. art. 86.4 ET; STC 121/2001, de 4 de junio (*BOE* de 3 de julio), sobre ausencia de lesión a la libertad sindical por la celebración de un acuerdo de eficacia limitada entre una empresa y la sección sindical en ella, que no constituye una injerencia en las funciones negociadoras de la sección del mismo sindicato en otra empresa del grupo.

legitimación necesaria, de conformidad con lo establecido en la presente Ley[342].

3. Dichas organizaciones de trabajadores y empresarios podrán igualmente elaborar acuerdos sobre materias concretas. Estos acuerdos, así como los acuerdos interprofesionales a que se refiere el apartado 2 de este artículo, tendrán el tratamiento de esta Ley para los convenios colectivos[343].

Art. 84. *Concurrencia*[344].—1. Un convenio colectivo, durante su vigencia, no podrá ser afectado por lo dispuesto en convenios de ámbito distinto salvo pacto en contrario, negociado conforme a lo dispuesto en el apartado 2 del artículo 83, y salvo lo previsto en el apartado siguiente.

2. La regulación de las condiciones establecidas en un convenio de empresa, que podrá negociarse en cualquier momento de la vigencia de convenios colectivos de ámbito superior, tendrá prioridad aplicativa respecto del convenio sectorial estatal, autonómico o de ámbito inferior en las siguientes materias:

a) La cuantía del salario base y de los complementos salariales, incluidos los vinculados a la situación y resultados de la empresa.

b) El abono o la compensación de las horas extraordinarias y la retribución específica del trabajo a turnos.

c) El horario y la distribución del tiempo de trabajo, el régimen de trabajo a turnos y la planificación anual de las vacaciones.

d) La adaptación al ámbito de la empresa del sistema de clasificación profesional de los trabajadores.

e) La adaptación de los aspectos de las modalidades de contratación que se atribuyen por la presente Ley a los convenios de empresa.

f) Las medidas para favorecer la conciliación entre la vida laboral, familiar y personal.

g) Aquellas otras que dispongan los acuerdos y convenios colectivos a que se refiere el artículo 83.2.

Igual prioridad aplicativa tendrán en estas materias los convenios colectivos para un grupo de empresas o una pluralidad de empresas vinculadas por razones organizativas o productivas y nominativamente identificadas a que se refiere el artículo 87.1.

Los acuerdos y convenios colectivos a que se refiere el artículo 83.2 no podrán disponer de la prioridad aplicativa prevista en este apartado.

3. Salvo pacto en contrario negociado según el artículo 83.2, los sindicatos y las asociaciones empresariales que reúnan los requisitos de legitimación de los artículos 87 y 88

---

342 Apartado 2 redactado conforme al RDL 7/2011, de 10 de junio (*BOE* de 11 de junio). V. arts. 84 y 91 y disp. adic. 13.ª ET.

343 V. Acuerdo para el Empleo y la Negociación Colectiva 2010, 2011 y 2012 (*BOE* de 22 de febrero de 2010).

344 Apartados 1, 2 y 3 del presente artículo redactados conforme a la Ley 3/2012, de 6 de julio (*BOE* de 7 de julio). Apartado 4, art. 84 redactado conforme al RDL 7/2011, de 10 de junio (*BOE* de 11 de junio).

de esta Ley podrán, en el ámbito de una Comunidad Autónoma, negociar acuerdos o convenios que afecten a lo dispuesto en los de ámbito estatal siempre que dicha decisión obtenga el respaldo de las mayorías exigidas para constituir la comisión negociadora en la correspondiente unidad de negociación.

4. En el supuesto previsto en el apartado anterior, y salvo que resultare de aplicación un régimen distinto establecido mediante acuerdo o convenio colectivo de ámbito estatal negociado según el artículo 83.2, se considerarán materias no negociables en el ámbito de una Comunidad Autónoma el período de prueba, las modalidades de contratación, la clasificación profesional, la jornada máxima anual de trabajo, el régimen disciplinario, las normas mínimas en materia de prevención de riesgos laborales y la movilidad geográfica.

Art. 85. *Contenido.*—1. Dentro del respeto a las leyes, los convenios colectivos podrán regular materias de índole económica, laboral, sindical y, en general, cuantas otras afecten a las condiciones de empleo y al ámbito de relaciones de los trabajadores y sus organizaciones representativas con el empresario y las asociaciones empresariales, incluidos procedimientos para resolver las discrepancias surgidas en los períodos de consulta previstos en los artículos 40, 41, 47 y 51 de esta Ley; los laudos arbitrales que a estos efectos puedan dictarse tendrán la misma eficacia y tramitación que los acuerdos en el período de consultas, siendo susceptibles de impugnación en los mismos términos que los laudos dictados para la solución de las controversias derivadas de la aplicación de los convenios[345].

Sin perjuicio de la libertad de las partes para determinar el contenido

---

[345] V. art. 91 y disp. adic. 13.ª ET; Acuerdo sobre Solución Autónoma de Conflictos Laborales de 7 de febrero de 2012 (*BOE* de 23 de febrero); SSTC 58/1985, de 30 de abril (*BOE* de 5 de junio), sobre el contenido y limitaciones al mismo de los convenios colectivos desde una perspectiva constitucional; 177/1988, de 10 de octubre (*BOE* de 5 de noviembre), sobre aplicación del principio de igualdad al contenido de los convenios y posibilidad de establecer diferencias retributivas; 208/1993, de 28 de junio (*BOE* de 2 de agosto), sobre las relaciones entre contrato de trabajo y convenio colectivo; 92/1994, de 21 de marzo (*BOE* de 26 de abril), sobre subordinación de los convenios colectivos a lo establecido en normas de rango superior jerárquico; 62/2001, de 1 de marzo (*BOE* de 30 de marzo), sobre superioridad jerárquica de la ley respecto del convenio, e imposibilidad de que este último impida la entrada en vigor de la ley dispuesta por el legislador. Según el art. 11 de la LO 11/1985, de 2 de agosto (*BOE* de 8 de agosto), de Libertad Sindical:

«1. En los convenios colectivos podrán establecerse cláusulas por las que los trabajadores incluidos en su ámbito de aplicación atiendan económicamente la gestión de los sindicatos representados en la comisión negociadora, fijando un canon económico y regulando las modalidades de su abono. En todo caso, se respetará la voluntad individual del trabajador, que deberá expresar por escrito en la forma y plazos que se determinen en la negociación colectiva.

»2. El empresario procederá al descuento de la cuota sindical sobre los salarios y a la correspondiente transferencia a solicitud del sindicato del trabajador afiliado y previa conformidad, siempre, de éste.»

Según el art. 42 de la Ley 62/2003, de 30 de diciembre (*BOE* de 31 de diciembre): «Los convenios colectivos podrán incluir medidas dirigidas a combatir todo tipo de discrimina-

de los convenios colectivos, en la negociación de los mismos existirá, en todo caso, el deber de negociar medidas dirigidas a promover la igualdad de trato y de oportunidades entre mujeres y hombres en el ámbito laboral o, en su caso, planes de igualdad con el alcance y contenido previsto en el Capítulo III del Título IV de la Ley Orgánica para la igualdad efectiva de mujeres y hombres[346].

2. A través de la negociación colectiva se podrán articular procedimientos de información y seguimiento de los despidos objetivos, en el ámbito correspondiente.

Asimismo, sin perjuicio de la libertad de contratación que se reconoce a las partes, a través de la negociación colectiva se articulará el deber de negociar planes de igualdad en las empresas de más de doscientos cincuenta trabajadores de la siguiente forma:

a) En los convenios colectivos de ámbito empresarial, el deber de negociar se formalizará en el marco de la negociación de dichos convenios.

b) En los convenios colectivos de ámbito superior a la empresa, el deber de negociar se formalizará a través de la negociación colectiva que se desarrolle en la empresa en los términos y condiciones que se hubieran establecido en los indicados convenios para cumplimentar dicho deber de negociar a través de las oportunas reglas de complementariedad[347].

3. Sin perjuicio de la libertad de contratación a que se refiere el

---

ción en el trabajo, a favorecer la igualdad de oportunidades y a prevenir el acoso por razón de origen racial o étnico, religión o convicciones, discapacidad, edad u orientación sexual.»

Según el art. 10.1 de la Ley 40/2003, de 18 de noviembre (*BOE* de 19 de noviembre): «Los convenios colectivos podrán incluir medidas para la protección de los trabajadores cuya familia tenga la consideración legal de familia numerosa, en particular en materia de derechos de los trabajadores, acción social, movilidad geográfica, modificaciones sustanciales de las condiciones de trabajo y extinción del contrato de trabajo.»

Remisiones expresas en materias que pueden ser objeto de regulación a través de los convenios colectivos se encuentran en los siguientes arts. del ET: 11 (contratos en prácticas y para la formación), 12 (trabajo a tiempo parcial), 14 (período de prueba), 15.1 (contrato para obra y servicio y eventual), 15.5 (encadenamiento de contratos temporales), 20.2 (diligencia y colaboración del trabajador como deber), 22 (clasificación y promoción profesional), 23 (promoción y formación profesional), 24 (ascensos), 25 (promoción económica), 26 (estructura salarial), 29 (liquidación y pago del salario), 31 (gratificaciones extraordinarias), 34.1 (determinación de la duración de la jornada), 34.2 (jornada anual), 35 (incremento horas extraordinarias), 36 (trabajo nocturno), 37.1 (descanso semanal), 38 (vacaciones), 39 (movilidad funcional), 40 (traslado), 41 (modificaciones sustanciales), 42.7 (capacidad de representación colectiva en contratas), 46.6 (otros tipos de excedencia), 49.1.d) (preaviso en dimisión del trabajador), 51 (despidos colectivos), 55.1 (exigencias formales en despido disciplinario), 58.1 (graduación de faltas y sanciones), 63.5 (constitución y competencias del comité intercentros), 64.1.9 (participación del comité de empresa en obras sociales), 64.1.10 (deber de colaboración del comité de empresa), 67.1 (acomodación de la representación electiva a cambios de plantilla), 68.e) (acumulación del crédito de horas), 69.2 (antigüedad de trabajadores elegibles) y 71.1 (tercer colegio electoral).

[346] Párrafo introducido conforme a la LO 3/2007, de 22 de marzo (*BOE* de 23 de marzo), para la igualdad efectiva de mujeres y hombres.

[347] Párrafo introducido conforme a la LO 3/2007, de 22 de marzo (*BOE* de 23 de marzo), para la igualdad efectiva de mujeres y hombres.

párrafo anterior, los convenios colectivos habrán de expresar como contenido mínimo lo siguiente:

a) Determinación de las partes que los conciertan.

b) Ámbito personal, funcional, territorial y temporal.

c) Procedimientos para solventar de manera efectiva las discrepancias que puedan surgir para la no aplicación de las condiciones de trabajo a que se refiere el artículo 82.3, adaptando, en su caso, los procedimientos que se establezcan a éste respecto en los acuerdos interprofesionales de ámbito estatal o autonómico conforme a lo dispuesto en tal artículo.

d) Forma y condiciones de denuncia del convenio, así como plazo mínimo para dicha denuncia antes de finalizar su vigencia.

e) Designación de una comisión paritaria de la representación de las partes negociadoras para entender de aquellas cuestiones establecidas en la ley y de cuantas otras le sean atribuidas, así como establecimiento de los procedimientos y plazos de actuación de esta comisión, incluido el sometimiento de las discrepancias producidas en su seno a los sistemas no judiciales de solución de conflictos establecidos mediante los acuerdos interprofesionales de ámbito estatal o autonómico previstos en el artículo 83[348].

Art. 86. *Vigencia.*— 1. Corresponde a las partes negociadoras establecer la duración de los convenios, pudiendo eventualmente pactarse distintos períodos de vigencia para cada materia o grupo homogéneo de materias dentro del mismo convenio.

Durante la vigencia del convenio colectivo, los sujetos que reúnan los requisitos de legitimación previstos en los artículos 87 y 88 de esta Ley podrán negociar su revisión[349].

2. Salvo pacto en contrario, los convenios colectivos se prorrogarán de año en año si no mediara denuncia expresa de las partes.

3. La vigencia de un convenio colectivo, una vez denunciado y concluida la duración pactada, se producirá en los términos que se hubiesen establecido en el propio convenio.

Durante las negociaciones para la renovación de un convenio colectivo, en defecto de pacto, se mantendrá su vigencia, si bien las cláusulas convencionales por las que se hubiera renunciado a la huelga durante la vigencia de un convenio decaerán a partir de su denuncia.

Las partes podrán adoptar acuerdos parciales para la modificación

[348] Apartado 3 redactado conforme a la Ley 3/2012, de 6 de julio (*BOE* de 7 de julio). V. SSTC 213/1991, de 11 de noviembre (*BOE* de 17 de diciembre), sobre composición de las comisiones paritarias de convenios; 73/1984, de 27 de junio (*BOE* de 11 de julio), sobre los límites en las funciones de las Comisiones Paritarias; 217/1991, de 14 de noviembre (*BOE* de 17 de diciembre), sobre intervención de la comisión paritaria en conflicto colectivo, y 171/2002, de 30 de septiembre (*BOE* de 24 de octubre), sobre falta de legitimación de un sindicato para intervenir en la fase de ejecución de un pleito donde se cuestione la aplicación individual de un convenio colectivo.

[349] Apartado 1 redactado conforme a la Ley 3/2012, de 6 de julio (*BOE* de 7 de julio).

de alguno o algunos de sus contenidos prorrogados con el fin de adaptarlos a las condiciones en las que, tras la terminación de la vigencia pactada, se desarrolle la actividad en el sector o en la empresa.

Estos acuerdos tendrán la vigencia que las partes determinen.

Mediante los acuerdos interprofesionales de ámbito estatal o autonómico, previstos en el artículo 83, se deberán establecer procedimientos de aplicación general y directa para solventar de manera efectiva las discrepancias existentes tras el transcurso del procedimiento de negociación sin alcanzarse un acuerdo, incluido el compromiso previo de someter las discrepancias a un arbitraje, en cuyo caso el laudo arbitral tendrá la misma eficacia jurídica que los convenios colectivos y sólo será recurrible conforme al procedimiento y en base a los motivos establecidos en el artículo 91. Dichos acuerdos interprofesionales deberán especificar los criterios y procedimientos de desarrollo del arbitraje, expresando en particular para el caso de imposibilidad de acuerdo en el seno de la comisión negociadora el carácter obligatorio o voluntario del sometimiento al procedimiento arbitral por las partes; en defecto de pacto específico sobre el carácter obligatorio o voluntario del sometimiento al procedimiento arbitral, se entenderá que el arbitraje tiene carácter obligatorio.

Transcurrido un año desde la denuncia del convenio colectivo sin que se haya acordado un nuevo convenio o dictado un laudo arbitral, aquél perderá, salvo pacto en contrario, vigencia y se aplicará, si lo hubiere, el convenio colectivo de ámbito superior que fuera de aplicación[350].

4. El convenio que sucede a uno anterior deroga en su integridad a este último, salvo los aspectos que expresamente se mantengan.

SECCIÓN 2.ª

Legitimación[351]

Art. 87. *Legitimación*[352].—1. En representación de los trabajadores estarán legitimados para nego-

---

[350] Apartado 3 redactado conforme a la Ley 3/2012, de 6 de julio (*BOE* de 7 de julio). Conforme a su disp. trans. 4.ª: «En los convenios colectivos que ya estuvieran denunciados a la fecha de entrada en vigor de esta Ley, el plazo de un año al que se refiere el apartado 3 del artículo 86 del Estatuto de los Trabajadores, en la redacción dada al mismo por esta Ley, empezará a computarse a partir de dicha fecha de entrada en vigor.»

[351] Conforme a la disp. trans. 1.ª del RDL 7/2011, de 10 de junio (*BOE* de 11 de junio):

«1. La normas contenidas en este real decreto-ley relativas a legitimación para negociar convenios colectivos, así como las correspondientes a la flexibilidad interna negociada, serán de aplicación respectivamente a las comisiones negociadoras que se constituyan y a los períodos de consultas que se inicien a partir de la entrada en vigor de este real decreto-ley, manteniéndose en vigor la regulación anterior para las negociaciones y consultas ya iniciadas.»

V. SSTC 73/1984, de 27 de junio (*BOE* de 11 de julio); 184/1991, de 30 de septiembre (*BOE* de 5 de noviembre); 80/2000, de 27 de marzo (*BOE* de 4 de mayo), sobre la indisponibilidad de las reglas relativas a la legitimación de los sindicatos otorgada por la Ley para participar en la negociación colectiva.

[352] Artículo redactado conforme al RDL 7/2011, de 10 de junio (*BOE* de 11 de junio).

ciar en los convenios de empresa y de ámbito inferior, el comité de empresa, los delegados de personal, en su caso, o las secciones sindicales si las hubiere que, en su conjunto, sumen la mayoría de los miembros del comité[353].

La intervención en la negociación corresponderá a las secciones sindicales cuando éstas así lo acuerden, siempre que sumen la mayoría de los miembros del comité de empresa o entre los delegados de personal.

Cuando se trate de convenios para un grupo de empresas, así como en los convenios que afecten a una pluralidad de empresas vinculadas por razones organizativas o productivas y nominativamente identificadas en su ámbito de aplicación, la legitimación para negociar en representación de los trabajadores será la que se establece en el apartado 2 de este artículo para la negociación de los convenios sectoriales.

En los convenios dirigidos a un grupo de trabajadores con perfil profesional específico, estarán legitimados para negociar las secciones sindicales que hayan sido designadas mayoritariamente por sus representados a través de votación personal, libre, directa y secreta.

2. En los convenios sectoriales estarán legitimados para negociar en representación de los trabajadores:

a) Los sindicatos que tengan la consideración de más representativos a nivel estatal, así como, en sus respectivos ámbitos, las organizaciones sindicales afiliadas, federadas o confederadas a los mismos[354].

---

353 La concreción de las secciones sindicales legitimadas para negociar convenios colectivos, en el art. 8.º2 de la LO 11/1985, de 2 de agosto (*BOE* de 8 de agosto), de Libertad Sindical, trascrito en nota al art. 61 ET.

354 El desarrollo de la regulación del sindicato más representativo en la LO 11/1985, de 2 de agosto (*BOE* de 8 de agosto), de Libertad Sindical.

«*Art. 6.º* 1. La mayor representatividad sindical reconocida a determinados sindicatos les confiere una singular posición jurídica a efectos, tanto de participación institucional como de acción sindical.

»2. Tendrán la consideración de sindicatos más representativos a nivel estatal:

»*a*) Los que acrediten una especial audiencia, expresada en la obtención, en dicho ámbito del 10 por 100 o más del total de delegados de personal de los miembros de los comités de empresa y de los correspondientes órganos de las Administraciones Públicas.

»*b*) Los sindicatos o entes sindicales, afiliados, federados o confederados a una organización sindical de ámbito estatal que tenga la consideración de más representativa de acuerdo con lo previsto en la letra *a*).

»3. Las organizaciones que tengan la consideración de sindicato más representativo según el número anterior, gozarán de capacidad representativa a todos los niveles territoriales y funcionales para:

»*a*) Ostentar representación institucional ante las Administraciones públicas u otras entidades y organismos de carácter estatal o de Comunidad Autónoma que la tengan prevista.

»*b*) La negociación colectiva, en los términos previstos en el Estatuto de los Trabajadores.

»*c*) Participar como interlocutores en la determinación de las condiciones de trabajo en las Administraciones públicas a través de los oportunos procedimientos de consulta o negociación.

»*d*) Participar en los sistemas no jurisdiccionales de solución de conflictos de trabajo.

»*e*) Promover elecciones para delegados de personal y comités de empresa y órga-

b) Los sindicatos que tengan la consideración de más representativos a nivel de Comunidad Autónoma respecto de los convenios que no trasciendan de dicho ámbito territorial, así como, en sus respectivos ámbitos, las organizaciones sindicales afiliadas, fede-

---

nos correspondientes de las Administraciones Públicas.

»*f*) Obtener cesiones temporales del uso de inmuebles patrimoniales públicos en los términos que se establezcan legalmente.

»*g*) Cualquier otra función representativa que se establezca.

»*Art. 7.º* 1. Tendrán la consideración de sindicatos más representativos a nivel de Comunidad Autónoma:

»*a*) Los sindicatos de dicho ámbito que acrediten en el mismo una especial audiencia expresada en la obtención de, al menos, el 15 por 100 de los delegados de personal y de los representantes de los trabajadores en los comités de empresa, y en los órganos correspondientes de las Administraciones públicas, siempre que cuenten con un mínimo de 1.500 representantes y no estén federados o confederados con organizaciones sindicales de ámbito estatal.

»*b*) Los sindicatos o entes sindicales afiliados, federados o confederados a una organización sindical de ámbito de Comunidad Autónoma que tenga la consideración de más representativa de acuerdo con lo previsto en la letra *a*).

»Estas organizaciones gozarán de capacidad representativa para ejercer en el ámbito específico de la Comunidad Autónoma las funciones y facultades enumeradas en el número 3 del artículo anterior, así como la capacidad para ostentar representación institucional ante las Administraciones públicas u otras entidades u organismos de carácter estatal.

»2. Las organizaciones sindicales que aun teniendo la consideración de más representativas, hayan obtenido, en un ámbito territorial y funcional específico, el 10 por 100 o más de delegados de personal y miembros de comités de empresa y de los correspondientes órganos de las Administraciones públicas, estarán legitimadas para ejercitar, en dicho ámbito funcional y territorial las funciones y facultades a que se refieren los apartados *b*), *c*), *d*), *e*) y *g*) del número 3 del artículo 6.º de acuerdo con la normativa aplicable a cada caso.»

Conforme a la disp. final 1.ª de la Ley 11/1994, de 19 de mayo (*BOE* de 23 de mayo), de modificación del Estatuto de los Trabajadores y de la Ley de Procedimiento Laboral:

«La disposición adicional primera de la LO 11/1985, de 2 de agosto, de Libertad Sindical, queda redactada en la forma siguiente:

»1. Conforme a lo previsto en los artículos 6 y 7 de esta Ley y 75.7 del Estatuto de los Trabajadores, la condición de más representativo o representativo de un sindicato se comunicará en el momento de ejercer las funciones o facultades correspondientes, aportando el sindicato interesado la oportuna certificación expedida a su requerimiento por la Oficina Pública establecida al efecto.

»En materia de participación institucional se entenderá por momento de ejercicio el de constitución del órgano y, en su caso, el de renovación de sus miembros. En el supuesto de que el órgano correspondiente no tenga prevista una renovación periódica de los representantes sindicales, el sindicato interesado podrá solicitar en el mes de enero, y cada tres años a partir de esa fecha, su participación en el órgano correspondiente, aportando certificación acreditativa de su capacidad representativa.

»2. El Gobierno dictará las disposiciones que sean precisas para el desarrollo del apartado *a*) del artículo 6.3 y del artículo 7.1 de esta Ley y de lo previsto en la disposición adicional sexta del Estatuto de los Trabajadores, siendo de aplicación a su capacidad representativa lo previsto en el segundo párrafo del número anterior.»

V. SSTC de 22 de febrero de 1983 (*BOE* de 23 de marzo), en materia de legitimación para negociar convenios de ámbito superior a la empresa, que se reserva a los sindicatos, federaciones o confederaciones sindicales; 28 de enero de 1983 (*BOE* de 17 de febrero), en el mismo sentido que la anterior; 73/1984, de 27 de junio (*BOE* de 11 de julio), sobre los sujetos negociadores en la revisión de un convenio colectivo, y 184/1991, de 30 de septiembre (*BOE* de 5 de noviembre), sobre legitimación para formar parte de las comisiones «negociadoras» creadas por el convenio colectivo.

radas o confederadas a los mismos.

c) Los sindicatos que cuenten con un mínimo del 10 por 100 de los miembros de los comités de empresa o delegados de personal en el ámbito geográfico y funcional al que se refiera el convenio.

3. En representación de los empresarios estarán legitimados para negociar:

a) En los convenios de empresa o ámbito inferior, el propio empresario.

b) En los convenios de grupo de empresas y en los que afecten a una pluralidad de empresas vinculadas por razones organizativas o productivas y nominativamente identificadas en su ámbito de aplicación, la representación de dichas empresas.

c) En los convenios colectivos sectoriales, las asociaciones empresariales que en el ámbito geográfico y funcional del convenio cuenten con el 10 por 100 de los empresarios, en el sentido del artículo 1.2 de esta Ley, y siempre que éstas den ocupación a igual porcentaje de los trabajadores afectados, así como aquellas asociaciones empresariales que en dicho ámbito den ocupación al 15 por 100 de los trabajadores afectados.

En aquellos sectores en los que no existan asociaciones empresariales que cuenten con la suficiente representatividad, según lo previsto en el párrafo anterior, estarán legitimadas para negociar los correspondientes convenios colectivos de sector las asociaciones empresariales de ámbito estatal que cuenten con el 10 por 100 o más de las empresas o trabajadores en el ámbito estatal, así como las asociaciones empresariales de Comunidad Autónoma que cuenten en ésta con un mínimo del 15 por 100 de las empresas o trabajadores.

4. Asimismo estarán legitimados en los convenios de ámbito estatal los sindicatos de Comunidad Autónoma que tengan la consideración de más representativos conforme a lo previsto en el artículo 7.1 de la Ley Orgánica de Libertad Sindical, y las asociaciones empresariales de la Comunidad Autónoma que reúnan los requisitos señalados en la disposición adicional sexta de esta Ley.

5. Todo sindicato, federación o confederación sindical, y toda asociación empresarial que reúna el requisito de legitimación, tendrá derecho a formar parte de la comisión negociadora.

Art. 88. *Comisión negociadora*[355].—1. El reparto de miembros con voz y voto en el seno de la comisión negociadora se efectuará con respeto al derecho de todos los legitimados según el artículo anterior y en proporción a su representatividad[356].

---

[355] Artículo redactado conforme al RDL 7/2011, de 10 de junio (*BOE* de 11 de junio).

[356] V. STC 187/1987, de 24 de noviembre (*BOE* de 10 de diciembre), sobre reparto proporcional de los puestos de la comisión negociadora entre los sindicatos conforme a su representatividad.

2. La comisión negociadora quedará válidamente constituida cuando los sindicatos, federaciones o confederaciones y las asociaciones empresariales a que se refiere el artículo anterior representen como mínimo, respectivamente, a la mayoría absoluta de los miembros de los comités de empresa y delegados de personal, en su caso, y a empresarios que ocupen a la mayoría de los trabajadores afectados por el convenio.

En aquellos sectores en los que no existan órganos de representación de los trabajadores, se entenderá válidamente constituida la comisión negociadora cuando la misma esté integrada por las organizaciones sindicales que ostenten la condición de más representativas en el ámbito estatal o de Comunidad Autónoma.

En aquellos sectores en los que no existan asociaciones empresariales que cuenten con la suficiente representatividad, se entenderá válidamente constituida la comisión negociadora cuando la misma esté integrada por las organizaciones empresariales estatales o autonómicas referidas en el párrafo segundo del artículo 87.3.*c*).

En los supuestos a que se refieren los dos párrafos anteriores, el reparto de los miembros de la comisión negociadora se efectuará en proporción a la representatividad que ostenten las organizaciones sindicales o empresariales en el ámbito territorial de la negociación.

3. La designación de los componentes de la comisión corresponderá a las partes negociadoras, quienes de mutuo acuerdo podrán designar un presidente y contar con la asistencia en las deliberaciones de asesores, que intervendrán, igual que el presidente, con voz pero sin voto.

4. En los convenios sectoriales el número de miembros en representación de cada parte no excederá de quince. En el resto de los convenios no se superará el número de trece[357].

5. Si la comisión negociadora optara por la no elección de un presidente, las partes deberán consignar en el acta de la sesión constitutiva de la comisión los procedimientos a emplear para moderar las sesiones y firmar las actas que correspondan a las mismas un representante de cada una de ellas, junto con el secretario.

CAPÍTULO II

PROCEDIMIENTO

SECCIÓN 1.ª

Tramitación, aplicación e interpretación

Art. 89. *Tramitación*[358].—1. La representación de los trabaja-

[357] V. STC 137/1991, de 20 de junio (*BOE* de 22 de julio), sobre fijación del número idóneo de miembros de la comisión negociadora.

[358] Apartados 1 y 2 del presente artículo redactados conforme al RDL 7/2011, de 10 de junio (*BOE* de 11 de junio).

dores, o de los empresarios, que promueva la negociación, lo comunicará a la otra parte, expresando detalladamente en la comunicación, que deberá hacerse por escrito, la legitimación que ostenta de conformidad con los artículos anteriores, los ámbitos del convenio y las materias objeto de negociación. En el supuesto de que la promoción sea el resultado de la denuncia de un convenio colectivo vigente, la comunicación deberá efectuarse simultáneamente con el acto de la denuncia. De esta comunicación se enviará copia, a efectos de registro, a la autoridad laboral correspondiente en función del ámbito territorial del convenio[359].

La parte receptora de la comunicación sólo podrá negarse a la iniciación de las negociaciones por causa legal o convencionalmente establecida, o cuando no se trate de revisar un convenio ya vencido, sin perjuicio de lo establecido en los artículos 83 y 84; en cualquier caso se deberá contestar por escrito y motivadamente.

Ambas partes estarán obligadas a negociar bajo el principio de la buena fe[360].

En los supuestos de que se produjeran violencias, tanto sobre las personas como sobre los bienes y ambas partes comprobaran su existencia, quedará suspendida de inmediato la negociación en curso hasta la desaparición de aquéllas.

2. En el plazo máximo de un mes a partir de la recepción de la comunicación, se procederá a constituir la comisión negociadora; la parte receptora de la comunicación deberá responder a la propuesta de negociación y ambas partes establecerán un calendario o plan de negociación[361].

3. Los acuerdos de la comisión requerirán, en cualquier caso, el voto favorable de la mayoría de cada una de las dos representaciones.

4. En cualquier momento de las deliberaciones, las partes podrán acordar la intervención de un mediador designado por ellas[362].

Art. 90. *Validez.*—1. Los convenios colectivos a que se refiere esta Ley han de efectuarse por escrito, bajo sanción de nulidad.

2. Los convenios deberán ser presentados ante la autoridad laboral competente, a los solos efectos de registro, dentro del plazo de quince días a partir del momento en que las partes negociadoras lo firmen. Una vez registrado, será remitido al

---

[359] Competencia transferida a las Comunidades Autónomas: v., sobre el particular, normas citadas en nota al art. 16 ET.

[360] V. SSTC 107/2000, de 5 de mayo (*BOE* de 7 de junio), sobre vulneración de la libertad sindical por revisión unilateral por la empresa de los salarios, tras una negociación colectiva insuficiente; 85/2001, de 26 de marzo (*BOE* de 1 de mayo), sobre imposibilidad de un sindicato de obligar a una Administración Pública a una negociación colectiva no prevista por la ley.

[361] Apartado 2 redactado conforme a la Ley 3/2012, de 6 de julio (*BOE* de 7 de julio).

[362] Estas funciones de mediación, para cuando actúan los poderes públicos, han sido transferidas a las Comunidades Autónomas: v. nota al art. 51 ET.

órgano público de mediación, arbitraje y conciliación competente para su depósito[363].

3. En el plazo máximo de veinte días desde la presentación del convenio en el registro se dis-

[363] El desarrollo reglamentario en el RD 713/2010, de 28 de mayo (*BOE* de 12 de junio), sobre registro y depósito de convenios colectivos de trabajo:

«*Art. 1.º Objeto.*—El presente Real Decreto tiene por objeto la regulación del registro y depósito de convenios y acuerdos colectivos de trabajo y su funcionamiento a través de medios electrónicos, así como la inscripción y depósito de los convenios y acuerdos colectivos de trabajo.

»*Art. 2.º Ámbito de aplicación.*—1. Serán objeto de inscripción en los registros de convenios y acuerdos colectivos de trabajo de las autoridades laborales competentes los siguientes actos inscribibles:

»*a*) Los convenios colectivos de trabajo elaborados conforme a lo establecido en el titulo III del texto refundido de la Ley del Estatuto de los Trabajadores, aprobado por Real Decreto Legislativo 1/1995, de 24 de marzo, así como las revisiones salariales que se realicen anualmente en los convenios plurianuales y las motivadas por aplicación de las cláusulas de "garantía salarial", las modificaciones y las prórrogas de los convenios.

»*b*) Los acuerdos interprofesionales, los acuerdos marco y los acuerdos sobre materias concretas a que se refieren el artículo 83 del mismo texto legal.

»*c*) Los acuerdos de las comisiones paritarias de interpretación de cláusulas determinadas del convenio colectivo.

»*d*) Los acuerdos de mediación como consecuencia de la interposición de conflicto colectivo así como, los de fin de huelga.

»*e*) Los acuerdos de adhesión a convenios en vigor.

»*f*) Los acuerdos sectoriales que establecen los términos y condiciones que han de seguir los planes de igualdad en las empresas, los acuerdos que aprueben planes de igualdad en las empresas afectadas por la negociación colectiva sectorial, así como los acuerdos que aprueben planes de igualdad derivados del convenio colectivo de empresa.

»*g*) Los acuerdos establecidos en empresas españolas de dimensión comunitaria o mundial cuando así se establezca en la normativa de aplicación.

»*h*) Cualquier otro acuerdo o laudo arbitral que tengan legalmente reconocida eficacia de convenio colectivo o que derive de lo establecido en un convenio colectivo.

»2. También serán objeto de inscripción las comunicaciones de iniciativa mencionadas en el artículo 89.1 del Estatuto de los Trabajadores y las denuncias previstas en su artículo 86.

»3. Asimismo serán objeto de inscripción:

»*a*) Las comunicaciones de la autoridad laboral a la jurisdicción competente en los supuestos del artículo 90.5 del Estatuto de los Trabajadores, así como las sentencias recaídas en dichos procedimientos.

»*b*) Las sentencias de la jurisdicción competente que interpreten normas convencionales, resuelvan discrepancias planteadas en conflicto colectivo o se dicten como consecuencia de la impugnación de un convenio colectivo.

»*c*) Las disposiciones sobre extensión de un convenio, previstas en el artículo 92.2 del Estatuto de los Trabajadores.

»*Art. 3.º Registros de convenios y acuerdos colectivos de trabajo.*—1. Se crea el registro de convenios y acuerdos colectivos de trabajo de ámbito estatal o supraautonómico, con funcionamiento a través de medios electrónicos, adscrito a la Dirección General de Trabajo del Ministerio de Trabajo e Inmigración como autoridad laboral competente.

»Corresponde a este registro, en el ámbito de las competencias de la Administración General del Estado, la inscripción de los actos inscribibles previstos en el artículo 2 de este Real Decreto, de ámbito estatal o supraautonómico.

»2. Las Comunidades Autónomas crearán y regularán registros de convenios y acuerdos colectivos de trabajo con funcionamiento a través de medios electrónicos en el ámbito de sus competencias.

»Igualmente, existirá un registro de convenios y acuerdos colectivos de trabajo con funcionamiento a través de medios electrónicos en las áreas funcionales de Trabajo e Inmigración de las ciudades de Ceuta y Melilla.

»*Art. 4.º Naturaleza jurídica.*—Los registros regulados en este Real Decreto son

pondrá por la autoridad laboral su publicación obligatoria y gratuita en el *Boletín Oficial del Estado* o, en función del ámbito territorial del mismo, en el *Boletín Oficial* de la Comunidad Autónoma o en el *Boletín Oficial* de la provincia correspondiente[364].

4. El convenio entrará en vigor en la fecha en que acuerden las partes.

5. Si la autoridad laboral estimase que algún convenio conculca

---

registros administrativos de carácter público y funcionamiento a través de medios electrónicos, no teniendo la naturaleza de registros electrónicos a que se refiere la Ley 11/2007, de 22 de junio, de acceso electrónico de los ciudadanos a los Servicios Públicos.

»Los datos inscritos en dichos registros son de acceso público excepto los relativos a la intimidad de las personas, que disfrutan de la protección y de las garantías previstas en la Ley Orgánica 15/1999, de 13 de diciembre, de Protección de Datos de carácter personal.

»*Art. 5.º Soporte informático de la base de datos central de convenios y acuerdos colectivos de trabajo.*—1. La Administración General del Estado, a través del Ministerio de Trabajo e Inmigración, se obliga a la creación, desarrollo, gestión y mantenimiento de una aplicación informática que dará cobertura a una base de datos central de convenios y acuerdos colectivos de trabajo.

»2. Esta aplicación informática constituirá además el soporte informático del registro de convenios y acuerdos colectivos de trabajo gestionado por la Dirección General de Trabajo del Ministerio de Trabajo e Inmigración como autoridad laboral competente.

»[...]»

Conforme a la disp. adic. 2.ª del RDL 7/2011, de 10 de junio (*BOE* de 11 de junio):

«1. Con anterioridad al 31 de diciembre de 2011 el Gobierno procederá, previa consulta y negociación con las organizaciones sindicales y empresariales más representativas, a adoptar las siguientes medidas:

»*a*) Revisar los modelos de las hojas estadísticas de los convenios colectivos, establecidos en el Real Decreto 713/2010, de 28 de mayo, sobre registro y depósito de convenios y acuerdos colectivos de trabajo, con el objetivo de simplificar sus contenidos, refiriendo éstos a la información relevante y de utilidad pública a efectos de la elaboración de la estadística de convenios colectivos.

»*b*) Favorecer la utilización de los instrumentos técnicos de apoyo público que permitan una más ágil cumplimentación de los datos de los modelos oficiales de las hojas estadísticas de los convenios colectivos por parte de las comisiones negociadoras de los mismos.

»*c*) Identificar vías adicionales de conocimiento, distintas de las hojas estadísticas de los convenios colectivos, que permitan obtener información completa y rigurosa de los contenidos de la negociación colectiva.

»*d*) Efectuar las modificaciones normativas oportunas para considerar como dato de cumplimentación obligatoria el código del convenio colectivo aplicable en la empresa en los documentos de cotización que mensualmente deben elaborar y remitir las empresas a la Tesorería General de la Seguridad Social.

»2. En el plazo de un mes desde la fecha de entrada en vigor de este real decreto-ley, el Ministerio de Trabajo e Inmigración constituirá un grupo técnico de trabajo de carácter tripartito, formado por representantes de dicho Ministerio, así como de las organizaciones empresariales y sindicales más representativas, con el objeto de realizar, con anterioridad al 31 de diciembre de 2011, un análisis completo de la situación actual de la vigencia de los convenios colectivos, según las fuentes disponibles, y de proponer las medidas adecuadas para la generación de información útil y actualizada, de acceso público, sobre la vigencia y efectos de los convenios colectivos.»

Sobre conflictos positivos de competencia Estado-Comunidades Autónomas en esta materia, v. SSTC 48/1982, de 12 de julio (*BOE* de 4 de agosto), y 85/1982, de 23 de diciembre (*BOE* de 15 de enero de 1983).

[364] Apartado 3 redactado conforme a la Ley 3/2012, de 6 de julio (*BOE* de 7 de julio). V. STC 151/1994, de 23 de mayo (*BOE* de 25 de junio), sobre eficacia del principio *iura novit curia* respecto de los convenios publicados en un diario oficial de la Comunidad Autónoma.

la legalidad vigente, o lesiona gravemente el interés de terceros, se dirigirá de oficio a la jurisdicción competente, la cual adoptará las medidas que procedan al objeto de subsanar supuestas anomalías, previa audiencia de las partes[365].

6. Sin perjuicio de lo establecido en el apartado anterior, la autoridad laboral velará por el respeto al principio de igualdad en los convenios colectivos que pudieran contener discriminaciones, directas o indirectas, por razón de sexo.

A tales efectos, podrá recabar el asesoramiento del Instituto de la Mujer o de los Organismos de Igualdad de las Comunidades Autónomas, según proceda por su ámbito territorial. Cuando la autoridad laboral se haya dirigido a la jurisdicción competente por entender que el convenio colectivo pudiera contener cláusulas discriminatorias, lo pondrá en conocimiento del Instituto de la Mujer o de los Organismos de Igualdad de las Comunidades Autónomas, según su ámbito territorial, sin perjuicio de lo establecido en el apartado 3 del artículo 95 de la Ley de Procedimiento Laboral[366].

Art. 91. *Aplicación e interpretación del convenio colectivo*[367].—1. Sin perjuicio de las competencias legalmente atribuidas a la jurisdicción competente, el conocimiento y resolución de las cuestiones derivadas de la aplicación e interpretación de los convenios colectivos corresponderá a la comisión paritaria de los mismos.

2. No obstante lo establecido en el apartado anterior, en los convenios colectivos y en los acuerdos a que se refiere el artículo 83.2 y 3 de esta Ley, se podrán establecer procedimientos, como la mediación y el arbitraje, para la solución de las controversias colectivas derivadas de la aplicación e interpretación de los convenios colectivos. El acuerdo logrado a través de la mediación y el laudo arbitral tendrán la eficacia jurídica y tramitación de los convenios colectivos regulados en la presente Ley, siempre que quienes hubiesen adoptado el acuerdo o sus-

---

[365] V. arts. 2.º*h*) y 163 ss. de la Ley 36/2011, de 10 de octubre (*BOE* de 11 de octubre), Reguladora de la Jurisdicción Social. Sobre las distintas vías de impugnación abstracta y solicitud de inaplicación *uti singulis* de los convenios colectivos, así como de los sujetos legitimados para ello, v. SSTC 4/1987, de 23 de enero (*BOE* de 10 de febrero); 47/1988, de 21 de marzo (*BOE* de 12 de abril); 65/1988, de 13 de abril (*BOE* de 4 de mayo); 10/1996, de 29 de enero (*BOE* de 2 de marzo); 12/1996, de 29 de enero (*BOE* de 2 de marzo); 124/1988, de 23 de junio (*BOE* de 12 de julio); 162/1988, de 22 de septiembre (*BOE* de 14 de octubre); 81/1990, de 4 de mayo (*BOE* de 30 de mayo); 157/2002, de 16 de septiembre (*BOE* de 9 de octubre); 90/2001, de 2 de abril (*BOE* de 1 de mayo), sobre denegación de legitimidad activa de una asociación de jubilados para impugnar la nulidad de un convenio colectivo; 189/1993, de 14 de junio (*BOE* de 19 de julio), sobre el equilibrio interno del convenio y contenido de la resolución judicial de control.

[366] Apartado 6 introducido conforme a la LO 3/2007, de 22 de marzo (*BOE* de 23 de marzo). La referencia a la Ley de Procedimiento Laboral debe entenderse efectuada a la Ley 36/2011, de 10 de octubre (*BOE* de 11 de octubre), Reguladora de la Jurisdicción Social.

[367] Artículo redactado conforme al RDL 7/2011, de 10 de junio (*BOE* de 11 de junio).

crito el compromiso arbitral tuviesen la legitimación que les permita acordar, en el ámbito del conflicto, un convenio colectivo conforme a lo previsto en los artículos 87, 88 y 89 de esta Ley[368].

Estos acuerdos y laudos serán susceptibles de impugnación por los motivos y conforme a los procedimientos previstos para los convenios colectivos. Específicamente cabrá el recurso contra el laudo arbitral en el caso de que no se hubiesen observado en el desarrollo de la actuación arbitral los requisitos y formalidades establecidos al efecto, o cuando el laudo hubiese resuelto sobre puntos no sometidos a su decisión[369].

3. En los supuestos de conflicto colectivo relativo a la interpretación o aplicación del convenio deberá intervenir la comisión paritaria del mismo con carácter previo al planteamiento formal del conflicto en el ámbito de los procedimientos no judiciales a que se refiere el apartado anterior o ante el órgano judicial competente.

4. Las resoluciones de la comisión paritaria sobre interpretación o aplicación del convenio tendrán la misma eficacia jurídica y tramitación que los convenios colectivos regulados en la presente Ley.

5. Los procedimientos de solución de conflictos a que se refiere este artículo serán, asimismo, de aplicación en las controversias de carácter individual, cuando las partes expresamente se sometan a ellos.

SECCIÓN 2.ª

Adhesión y extensión

Art. 92. *Adhesión y extensión.*—1. En las respectivas unidades de negociación, las partes legitimadas para negociar podrán adherirse, de común acuerdo, a la totalidad de un convenio colectivo en vigor, siempre que no estuvieran afectadas por otro, comunicándolo a la autoridad laboral competente a efectos de registro.

2. El Ministerio de Trabajo y Asuntos Sociales, o el órgano correspondiente de las Comunidades Autónomas con competencia en la materia, podrán extender, con los efectos previstos en el artículo 82.3 de esta Ley, las disposiciones de un convenio colectivo en vigor a una pluralidad de empresas y trabajadores o a un sector o subsector de actividad, por los perjuicios derivados para los mismos de la imposibilidad de suscribir en dicho ámbi-

---

[368] V. disp. adic. 13.ª ET. Conforme al art. 68.2 de la Ley Reguladora de la Jurisdición Social: «Se entenderán equiparados a las sentencias firmes a efectos de ejecución definitiva los laudos arbitrales igualmente firmes, individuales o colectivos, dictados por el órgano que pueda constituirse mediante los acuerdos interprofesionales y los convenios colectivos a que se refiere el artículo 83 del Texto Refundido de la Ley del Estatuto de los Trabajadores [...].» V. Acuerdo sobre Solución Extrajudicial de Conflictos Laborales (ASEC IV), de 10 de febrero de 2009 (*BOE* de 14 de marzo).

[369] V. arts. 163 ss. de la Ley 36/2011, de 10 de octubre (*BOE* de 11 de octubre), Reguladora de la Jurisdicción Social.

to un convenio colectivo de los previstos en este Título III, debida a la ausencia de partes legitimadas para ello[370].

La decisión de extensión se adoptará siempre a instancia de parte y mediante la tramitación del procedimiento que reglamentariamente se determine, cuya duración no podrá exceder de tres meses, teniendo la ausencia de resolución expresa en el plazo establecido efectos desestimatorios de la solicitud[371].

---

[370] El apartado 2 de este artículo ha sido redactado conforme a la Ley 24/1999, de 6 de julio (*BOE* de 7 de julio). Materia transferida a las Comunidades Autónomas: v. normas citadas en nota al art. 6.º4 ET. V. SSTC 86/1991, de 25 de abril (*BOE* de 29 de mayo), y 102/1991, de 13 de mayo (*BOE* de 18 de junio), sobre competencia de las Comunidades Autónomas en materia de extensión de convenios colectivos.

[371] Desarrollado reglamentariamente por el RD 718/2005, de 20 de junio (*BOE* de 2 de julio), por el que se aprueba el procedimiento de extensión de convenios colectivos:

«*Art. 1.º Objeto del procedimiento.*—1. El procedimiento regulado en este Real Decreto tiene por objeto la extensión de las disposiciones de un convenio colectivo en vigor en el supuesto y condiciones previstos en el artículo 92.2 del texto refundido de la Ley del Estatuto de los Trabajadores, aprobado por el Real Decreto Legislativo 1/1995, de 24 de marzo.

»2. Con los efectos previstos en el artículo 82.3 del texto refundido de la Ley del Estatuto de los Trabajadores, se podrán extender las disposiciones de un convenio colectivo en vigor de ámbito superior al de empresa a una pluralidad de empresas y trabajadores o a un sector o subsector de actividad pertenecientes al mismo o a similar ámbito funcional o con características económico-laborales equiparables, teniendo en cuenta la actividad donde vaya a ser aplicado y que no estén vinculados por convenio colectivo, cualquiera que fuese su ámbito, por los perjuicios derivados para aquéllos de la imposibilidad de suscribir en dicho ámbito un convenio colectivo de los previstos en el Título III del texto refundido de la Ley del Estatuto de los Trabajadores, debida a la ausencia de partes legitimadas para ello.

»En el caso de inexistencia de convenio colectivo que se pueda extender con ámbito de aplicación superior al de empresa, se podrá extender subsidiariamente, con carácter excepcional, un convenio de empresa a una pluralidad de empresas y de trabajadores o a un sector o subsector de actividad de análogas condiciones económicas y sociales.

»*Art. 2.º Competencia.*—1. El Ministerio de Trabajo y Asuntos Sociales será competente para conocer y resolver los procedimientos de extensión de convenios colectivos cuando el ámbito de la extensión abarque todo el territorio nacional o el territorio de más de una Comunidad Autónoma.

»2. Los órganos correspondientes de las Comunidades Autónomas serán competentes para conocer y resolver aquellos procedimientos de extensión de convenios colectivos cuando el ámbito de la extensión se circunscriba a su correspondiente territorio o a ámbitos inferiores de éste.

»*Art. 3.º Iniciación del procedimiento.*—1. El procedimiento para la extensión de convenios colectivos se iniciará siempre a instancia de parte legitimada.

»2. Estarán legitimados para solicitar la iniciación del procedimiento de extensión de convenios colectivos los sujetos que estén legitimados para promover la negociación colectiva en el correspondiente ámbito de la extensión, conforme a lo dispuesto en el artículo 87.2 y 3 del texto refundido de la Ley del Estatuto de los Trabajadores.

»*Art. 4.º Instrucción del procedimiento.*—1. La solicitud, que se formulará por escrito, se dirigirá al Ministro de Trabajo y Asuntos Sociales o al órgano correspondiente de las Comunidades Autónomas y deberá ir acompañada de los siguientes documentos:

»*a*) Una certificación del registro de convenios colectivos correspondiente justificativa de que no existe inscripción que acredite la vigencia de convenios colectivos en las empresas, sectores o subsectores para los que se solicite la extensión.

»*b*) Un certificado expedido por la oficina pública competente, acreditativo de la concurrencia de los requisitos de legitimación señalados en el artículo 3.

»*c*) La acreditación de que concurren los presupuestos legales necesarios para la extensión del convenio colectivo solicitado y una memoria descriptiva de los perjuicios que la ausencia de convenio colectivo ocasiona a las empresas y trabajadores afectados, así como sobre los elementos que permitan valorar lo dispuesto en el artículo 1.2 de este Real Decreto. En la memoria deberá constar el código que, según la Clasificación Nacional de Actividades Económicas aprobada por el Real Decreto 1.560/1992, de 18 de diciembre, corresponde a los ámbitos afectados por la extensión solicitada o, en defecto de dicho código, los datos precisos que permitan a la Administración actuante su identificación.

»De conformidad con el artículo 35.*f*) de la Ley 30/1992, de 26 de noviembre, de Régimen Jurídico de las Administraciones Públicas y del Procedimiento Administrativo Común, no se habrán de presentar aquellos documentos que ya se encuentren en poder de la Administración actuante.

»Las solicitudes podrán presentarse en cualquiera de los lugares previstos en el artículo 38.4 de la Ley 30/1992, de 26 de noviembre.

»2. La iniciación del procedimiento se anunciará en el *Boletín Oficial del Estado* o, en su caso, en el diario oficial de la Comunidad Autónoma y en uno de los diarios de mayor circulación en el ámbito territorial para el que se solicita la extensión, a los efectos de información pública y posible intervención de los interesados.

»*Art. 5.º Actos de subsanación y preparación del procedimiento.*—1. En el caso de que se observen defectos en la solicitud presentada, el órgano instructor del procedimiento requerirá, en el plazo de tres días, su subsanación, que deberá ser realizada en el improrrogable plazo de diez días, bajo apercibimiento de que si así no se hiciera se tendrá por desistida la solicitud, previa resolución que deberá dictarse en los términos previstos en el artículo 42 de la Ley 30/1992, de 26 de noviembre.

»2. En el supuesto de que se hubiera alegado con la solicitud la existencia de documentos obrantes en poder de la Administración pública actuante, el órgano instructor del procedimiento requerirá en el plazo de cuarenta y ocho horas la certificación de la oficina pública correspondiente o la emisión del correspondiente documento, que habrá de ser cumplimentado en el plazo de los dos días siguientes.

»*Art. 6.º Solicitud de informe a las organizaciones sindicales y asociaciones empresariales más representativas.*—1. En el plazo de cinco días, computado desde el momento en que se cuente con toda la documentación exigida, el órgano instructor del procedimiento solicitará, con carácter preceptivo, el informe de las organizaciones empresariales y sindicales más representativas del siguiente modo:

»*a*) Cuando el órgano competente fuera el Ministerio de Trabajo y Asuntos Sociales, dicho informe se solicitará a las organizaciones sindicales y asociaciones empresariales más representativas tanto en el nivel estatal como autonómico.

»*b*) Cuando el órgano competente fuera de las Comunidades Autónomas, dicho informe se solicitará a las organizaciones sindicales y asociaciones empresariales más representativas en el nivel estatal y, en el caso de existir, a las del ámbito de la Comunidad Autónoma de que se trate.

»2. El contenido de los informes versará sobre la necesidad de proceder a la extensión solicitada o, por el contrario, sobre la inexistencia de razones justificativas para proceder a ella.

»Estos informes serán emitidos en el plazo de los quince días naturales siguientes, contado desde la recepción de su solicitud.

»*Art. 7.º Solicitud de informe del órgano consultivo correspondiente.*—1. Evacuados los informes de las organizaciones sindicales y asociaciones empresariales mencionadas en el artículo anterior, o transcurridos los plazos establecidos sin que dichos informes hayan sido emitidos, el órgano instructor del procedimiento solicitará con carácter preceptivo el informe del órgano consultivo correspondiente. Dicho informe tendrá la consideración de determinante a los efectos de lo previsto en el artículo 83.3 de la Ley 30/1992, de 26 de noviembre, con lo que interrumpirá el plazo de los trámites sucesivos, y ello sin perjuicio de lo dispuesto en el artículo 42.5.*c*) de la citada Ley.

»El informe versará sobre la concurrencia de las circunstancias establecidas en el artículo 92.2 del texto refundido de la Ley del Estatuto de los Trabajadores, aprobado por el Real Decreto Legislativo 1/1995, de 24 de marzo, para la extensión de convenios colectivos, y en el artículo 1.2 de este Real Decreto.

»2. La Comisión Consultiva Nacional de Convenios Colectivos será el órgano consultivo competente para emitir el informe preceptivo señalado en el apartado anterior en los procedimientos que sean de la competencia del Ministerio de Trabajo y Asuntos Sociales.

»En los procedimientos que sean de la competencia de los órganos correspondientes de las Comunidades Autónomas, se podrá solicitar informe a dicha comisión a los efectos previstos en el apartado anterior, o al órgano consultivo similar.

»3. El plazo de emisión del informe a que se refieren los apartados anteriores será de treinta días.

»*Art. 8.º Resolución.*—1. Recibido el informe del órgano consultivo correspondiente, se dará por concluida la instrucción del procedimiento.

»2. El Ministro de Trabajo y Asuntos Sociales o, en su caso, el órgano correspondiente de las Comunidades Autónomas dictarán la resolución y la notificarán en el plazo de tres meses computados desde la fecha en que la solicitud hubiera tenido entrada en el correspondiente registro o, en su caso, de su subsanación. Dicha resolución pondrá fin a la vía administrativa.

»3. Transcurrido el plazo sin que hubiera recaído resolución expresa, se entenderá denegada la solicitud.

»*Art. 9.º Contenido de la resolución.*—1. La resolución administrativa que se dicte decidirá motivadamente, en función de la concurrencia de las circunstancias establecidas en el artículo 92.2 del texto refundido de la Ley del Estatuto de los Trabajadores y en el artículo 1.2 de este Real Decreto, sobre la procedencia o no de la extensión de las disposiciones del convenio colectivo solicitado al ámbito requerido carente de regulación. La resolución podrá decidir, además, sobre aquellas disposiciones del convenio colectivo que resulten inaplicables, con especial consideración de las cláusulas obligacionales.

»2. La aplicación del convenio colectivo extendido surtirá efectos desde la fecha de presentación de la solicitud hasta la finalización de la vigencia inicial o prorrogada del convenio colectivo extendido, sin perjuicio de lo establecido en los artículos siguientes.

»*Art. 10. Renovación de la solicitud.*—1. Sustituido un convenio extendido por un nuevo convenio colectivo, las partes legitimadas podrán solicitar del Ministro de Trabajo y Asuntos Sociales o del órgano correspondiente de las Comunidades Autónomas, en el plazo de un mes contado desde la publicación en el *Boletín Oficial del Estado* o en el diario oficial de la Comunidad Autónoma correspondiente del nuevo convenio colectivo, que se dicte una nueva resolución sobre la necesidad de extender el nuevo convenio publicado, por no haberse modificado las circunstancias que dieron lugar a la extensión inicial, y se acompañarán las consideraciones que se estimen oportunas sobre su necesidad.

»2. La resolución administrativa que se dicte decidirá motivadamente, en función de la modificación o no de las circunstancias previstas en el artículo 92.2 del texto refundido de la Ley del Estatuto de los Trabajadores y en el artículo 1.2 de este Real Decreto que dieron lugar a la extensión inicial.

»3. El plazo para dictar y notificar la resolución administrativa será de un mes computado desde la fecha en que la solicitud hubiera tenido entrada en el correspondiente registro y los plazos establecidos para los informes a que se refieren los artículos 6 y 7 se reducirán a la mitad.

»4. Los efectos de la nueva resolución de extensión de convenio colectivo se retrotraerán a la fecha de inicio de efectos del convenio extendido.

»*Art. 11. Situaciones posteriores a la extensión.*—1. Si durante la vigencia de la extensión de un convenio colectivo se modificaran o desaparecieran las circunstancias que dieron lugar a la resolución de extensión por parte del órgano competente, cualquiera de las partes afectadas podrá promover la negociación de un convenio colectivo propio en los términos previstos en el del texto refundido de la Ley del Estatuto de los Trabajadores, y comunicará tal decisión al órgano competente. Promovida la negociación de un convenio colectivo, a tenor de lo dispuesto en el artículo 89.1 del texto refundido de la Ley del Estatuto de los Trabajadores, la parte receptora de la comunicación de iniciación de las negociaciones no podrá negarse a ella por razón de la vigencia de la extensión. Si las partes alcanzaran un acuerdo que concluya en la suscripción de un convenio colectivo, lo comunicarán al órgano competente, que dictará una resolución que deje sin efecto la extensión.

Tendrán capacidad para iniciar el procedimiento de extensión quienes se hallen legitimados para promover la negociación colectiva en el ámbito correspondiente conforme a lo dispuesto en el artículo 87.2 y 3 de esta Ley.

TÍTULO IV

Infracciones laborales[372]

....

»2. Finalizada la vigencia inicial de un convenio colectivo que hubiera sido objeto de extensión, si las partes legitimadas para solicitar la extensión de convenios colectivos tuvieran conocimiento de la existencia de un convenio colectivo más acorde con la realidad sociolaboral de su ámbito, podrán solicitar del órgano competente la sustitución del convenio extendido por ese otro convenio colectivo, indicando la necesidad de dicha sustitución, e iniciarán el procedimiento de extensión regulado en este Real Decreto. Durante la tramitación de la nueva solicitud de extensión de convenio, se mantendrán vigentes los efectos del anterior convenio extendido hasta la nueva resolución del procedimiento.

»La resolución administrativa que se dicte decidirá motivadamente sobre la procedencia o no de la indicada solicitud de extensión, en función de la concurrencia de las circunstancias establecidas en el artículo 92.2 del texto refundido de la Ley del Estatuto de los Trabajadores y en el artículo 1.2 de este Real Decreto, así como de la adecuación del convenio a la realidad sociolaboral del ámbito para el que se solicita la extensión.

»*Art. 12. Registro, depósito y publicación.*—La resolución administrativa que extienda un convenio colectivo deberá depositarse, registrarse y publicarse de conformidad con lo previsto en el artículo 90.2 y 3 del texto refundido de la Ley del Estatuto de los Trabajadores y en el Real Decreto 1.040/1981, de 22 de mayo, sobre registro y depósito de convenios colectivos de trabajo.

»*Disp. adic. única. Información entre Administraciones públicas.*—De conformidad con los principios que rigen las relaciones entre Administraciones públicas establecidos en el artículo 4 de la Ley 30/1992, de 26 de noviembre, de Régimen Jurídico de las Administraciones Públicas y del Procedimiento Administrativo Común, el Ministerio de Trabajo y Asuntos Sociales y los órganos correspondientes de las Comunidades Autónomas se informarán recíprocamente sobre las resoluciones administrativas por las que se extienda un convenio colectivo dictadas en el ejercicio de sus competencias.»

Téngase en cuenta que el RD 1.040/1981, citado en el art.12, ha sido derogado y sustituido por el RD 713/2010, de 28 de mayo, reproducido parcialmente en nota al art. 90.2 ET.

Sobre el concepto de sindicato más representativo, v. nota al art. 87.2.*b*) ET. Para las asociaciones empresariales, por analogía, v. disp. adic. 6.ª ET.

[372] Título IV derogado por el RD Legislativo 5/2000, de 4 de agosto (*BOE* de 8 de agosto), por el que se aprueba el texto refundido de la Ley sobre Infracciones y Sanciones en el Orden Social, modificada por Ley 14/2000, de 29 de diciembre (*BOE* de 30 de diciembre); Ley 12/2001, de 9 de julio (*BOE* de 10 de julio); Ley 24/2001, de 27 de diciembre (*BOE* de 31 de diciembre); Ley 45/2002, de 12 de diciembre (*BOE* de 13 de diciembre); Ley 52/2003, de 10 de diciembre (*BOE* de 11 de diciembre); Ley 54/2003, de 12 de diciembre (*BOE* de 13 de diciembre); Ley 62/2003, de 30 de diciembre (*BOE* de 31 de diciembre); RDL 5/2006, de 9 de junio (*BOE* de 14 de junio); Ley 31/2006, de 18 de octubre (*BOE* de 19 de octubre); Ley 32/2006, de 18 de octubre (*BOE* de 19 de octubre); Ley 40/2006, de 14 de diciembre (*BOE* de 15 de diciembre); Ley 43/2006, de 29 de diciembre (*BOE* de 30 de diciembre); LO 3/2007, de 22 de marzo (*BOE* de 23 de marzo); Ley 38/2007, de 16 de noviembre (*BOE* de 17

DISPOSICIONES ADICIONALES

1.ª [...][373]

2.ª *Contratos formativos celebrados con trabajadores minusválidos.*—1. Las empresas que celebren contratos en prácticas a tiempo completo con trabajadores con discapacidad tendrán derecho a una reducción, durante la vigencia del contrato, del 50 por 100 de la cuota empresarial de la Seguridad Social correspondiente a las contingencias comunes[374].

---

de noviembre); Ley 44/2007, de 13 de diciembre (*BOE* de 14 de diciembre); Ley 2/2008, de 23 de diciembre (*BOE* de 24 de diciembre); Ley 26/2009, de 23 de diciembre (*BOE* de 24 de diciembre); RDL 10/2010, de 16 de junio (*BOE* de 17 de junio); Ley 32/2010, de 5 de agosto (*BOE* de 6 de agosto), y Ley 35/2010, de 17 de septiembre (*BOE* de 18 de septiembre). V. RD 306/2007, de 2 de marzo (*BOE* de 19 de marzo), por el que se actualizan las cuantías de las sanciones establecidas en el texto refundido de la Ley sobre Infracciones y Sanciones en el Orden Social.

En materia de infracciones penales, v. arts. 311 a 318 del Código Penal. En especial art. 311:

«Serán castigados con las penas de prisión de seis meses a tres años y multa de seis a doce meses:

»1.º Los que, mediante engaño o abuso de situación de necesidad impongan a los trabajadores a su servicio condiciones laborales o de Seguridad Social que perjudiquen, supriman o restrinjan los derechos que tengan reconocidos por disposiciones legales, convenios colectivos o contrato individual.

»2.º Los que en el supuesto de transmisión de empresas, con conocimiento de los procedimientos descritos en el apartado anterior, mantengan las referidas condiciones impuestas por otro.

»3.º Si las conductas reseñadas en los apartados anteriores se llevaren a cabo con violencia o intimidación se impondrán las penas superiores en grado.»

Otros preceptos del Código Penal se encuentran transcritos en notas a los arts. 4.º1.*e*), 7.º*c*) y 43.3 ET.

V. RD 928/1998, de 14 de mayo (*BOE* de 3 de junio), por el que se aprueba el Reglamento sobre procedimiento para la imposición de sanciones en el orden social y para los expedientes liquidatorios de cuotas de la Seguridad Social; Ley 42/1997, de 14 de noviembre (*BOE* de 15 de noviembre), ordenadora de la Inspección de Trabajo y Seguridad Social; RD 138/2000, de 4 de febrero (*BOE* de 16 de febrero), por el que se aprueba el Reglamento de organización y funcionamiento de la Inspección de Trabajo y Seguridad Social, modificado por el RD 1.125/2001, de 19 de octubre (*BOE* de 31 de octubre) y RD 689/2005, de 10 de junio (*BOE* de 23 de junio), y 107/2010, de 5 de febrero (*BOE* de 16 de febrero). La competencia ha sido transferida a las Comunidades Autónomas. V. normas citadas en nota al art. 6.º4 ET, salvo en el caso del País Vasco, que se encuentra en RD 1.260/1981, de 8 de mayo (*BOE* de 26 de junio). Sobre el ámbito competencial de las Comunidades Autónomas en esta materia, v. SSTC 39/1982, de 30 de junio (*BOE* de 16 de julio); 249/1988, de 20 de diciembre (*BOE* de 13 de enero de 1989); 207/1990, de 13 de diciembre (*BOE* de 10 de enero de 1991), sobre la aplicación de los principios de legalidad y proporcionalidad de sanciones en materia laboral; 195/1996, de 28 de noviembre (*BOE* de 3 de enero de 1997); 51/2006, de 16 de febrero (*BOE* de 16 de marzo), sobre competencia autonómica en materia de expediente sancionador. En materia procesal, v. arts. 2.º*n*) y 151 ss. de la Ley 36/2011, de 10 de octubre (*BOE* de 11 de octubre), Reguladora de la Jurisdicción Social.

[373] Disposición derogada por la Ley 63/1997, de 26 de diciembre (*BOE* de 30 de diciembre).

[374] Apartado 1 redactado conforme a la Ley 43/2006, de 29 de diciembre (*BOE* de 30 de diciembre).

2. Los trabajadores minusválidos contratados para la formación no se computarán para determinar el número máximo de estos contratos que las empresas pueden realizar en función de su plantilla[375].

3. Las empresas que celebren contratos para la formación con trabajadores minusválidos tendrán derecho a una reducción del 50 por 100 en las cuotas empresariales a la Seguridad Social previstas para los contratos para la formación.

4. Continuarán siendo de aplicación a los contratos para la formación que se celebren con trabajadores minusválidos que trabajen en Centros Especiales de Empleo las peculiaridades que para dichos contratos se prevén en el artículo 7 del Real Decreto 1.368/1985, de 17 de julio, por el que se regula la relación laboral de carácter especial de los minusválidos que trabajen en los Centros Especiales de Empleo[376].

3.ª [...][377]

4.ª *Conceptos retributivos*[378].—Las modificaciones introducidas por la presente Ley en la regulación legal del salario no afectarán a los conceptos retributivos que tuvieran reconocidos los trabajadores hasta el 12 de junio de 1994, fecha de entrada en vigor de la Ley 11/1994, de 19 de mayo, que se mantendrán en los mismos términos que rigieren en ese momento hasta que por convenio colectivo se establezca un régimen salarial que conlleve la desaparición o modificación de dichos conceptos.

5.ª *Personal de alta dirección*[379].—Las retribuciones del personal de alta dirección gozarán de las garantías del salario establecidas en los artículos 27.2, 29, 32 y 33 de esta Ley.

6.ª *Representación institucional de los empresarios*[380].—A

---

[375] V. art. 11.2 ET.

[376] V. art. 11 y notas a los arts. 2.º1.*g*) y párrafo 2.º del art. 17.3 ET.

[377] Disposición derogada por la Ley 63/1997, de 26 de diciembre (*BOE* de 30 de diciembre).

[378] V. arts. 26 ss. ET.

[379] V. RD 1.382/1985, de 1 de agosto (*BOE* de 12 de agosto), por el que se regula la relación laboral de carácter especial del personal de alta dirección, trascrito en Apéndice al final de la obra.

[380] V. STC 57/1989, de 16 de marzo (*BOE* de 19 de abril), declarando la constitucionalidad de esta disp. adic. Para la representación institucional de carácter estatal o de Comunidad Autónoma de los sindicatos, v. arts. 6.º y 7.º de la Ley de Libertad Sindical, transcritos en nota al art. 87.2.*b*) ET. En materia de cesión de inmuebles, v. Ley 4/1986, de 8 de enero (*BOE* de 14 de enero), desarrollada por RD 1.671/1986, de 1 de agosto, de cesión de bienes del Patrimonio Sindical Acumulado, modificado por Ley 37/1988, de 28 de diciembre (*BOE* de 29 de diciembre), de Presupuestos Generales del Estado para 1989; SSTC 52/1992, de 8 de abril (*BOE* de 13 de mayo), sobre exclusión en asociación empresarial de Comunidad Autónoma de la Comisión Consultiva del Patrimonio Sindical Acumulado; 75/1992, de 14 de mayo (*BOE* de 16 de junio), sobre constitucionalidad de los arts. 3.º y 5.º2 de esta Ley, y 183/1992, de 16 de noviembre (*BOE* de 18 de diciembre), sobre inconstitucionalidad del inciso «más representativas» del art. 6.º2 de esta Ley.

efectos de ostentar representación institucional en defensa de intereses generales de los empresarios ante las Administraciones Públicas y otras entidades u organismos de carácter estatal o de Comunidad Autonóma que la tengan prevista, se entenderá que gozan de esta capacidad representativa las asociaciones empresariales que cuenten con el 10 por 100 o más de las empresas y trabajadores en el ámbito estatal.

Asimismo, podrán también estar representadas las asociaciones empresariales de Comunidad Autónoma que cuenten en ésta con un mínimo del 15 por 100 de los empresarios y trabajadores. No estarán comprendidas en este supuesto las asociaciones empresariales que estén integradas en federaciones o confederaciones de ámbito estatal.

Las organizaciones empresariales que tengan la condición de más representativas con arreglo a esta disposición adicional gozarán de capacidad para obtener cesiones temporales del uso de inmuebles patrimoniales públicos en los términos que se establezcan legalmente.

7.ª *Regulación de condiciones por rama de actividad.*—La regulación de condiciones de trabajo por rama de actividad para los sectores económicos de la producción y demarcaciones territoriales en que no exista convenio colectivo podrá realizarse por el Gobierno, a propuesta del Ministerio de Trabajo y Seguridad Social, previas las consultas que considere oportunas a las asociaciones empresariales y organizaciones sindicales, sin perjuicio de lo dispuesto en el artículo 92 de esta Ley, que será siempre procedimiento prioritario[381].

8.ª *Código de Trabajo*[382].—El Gobierno, a propuesta del Ministerio de Trabajo y Seguridad Social, recogerá en un texto único denominado Código de Trabajo, las distintas leyes orgánicas y ordinarias que, junto con la presente, regulan las materias laborales, ordenándolas en Títulos separados, uno por Ley, con numeración correlativa, respetando íntegramente su texto literal.

Asimismo se incorporarán sucesiva y periódicamente a dicho Código de Trabajo todas las disposiciones generales laborales mediante el procedimiento que se fije por el Gobierno en cuanto a la técnica de incorporación, según el rango de las normas incorporadas.

9.ª *Anticipos reintegrables*[383].—Los anticipos reintegrables sobre sentencias recurridas, establecidos

---

[381] Aunque sea con fundamento directo en el art. 97 CE, v. RD 3.255/1983, de 21 de diciembre (*BOE* de 4 de enero de 1984), Estatuto del Minero.

[382] Sobre las facultades del Gobierno para dictar RRDD Legislativos, v. arts. 82 ss. CE. V. nota 1.

[383] V. arts. 289 y 295 de la Ley 36/2011, de 10 de octubre (*BOE* de 11 de octubre), Reguladora de la Jurisdicción Social.

en la Ley de 10 de noviembre de 1942, podrán alcanzar hasta el 50 por 100 del importe de la cantidad reconocida en la sentencia en favor del trabajador.

10.ª *Cláusulas de los convenios colectivos referidas al cumplimiento de la edad ordinaria de jubilación.*—Se entenderán nulas y sin efecto las cláusulas de los convenios colectivos que posibiliten la extinción del contrato de trabajo por el cumplimiento por parte del trabajador de la edad ordinaria de jubilación fijada en la normativa de Seguridad Social, cualquiera que sea la extensión y alcance de dichas cláusulas[384].

11.ª *Acreditación de la capacidad representativa.*—A los efectos de expedición de las certificaciones acreditativas de la capacidad representativa en el ámbito estatal prevista en el artículo 75.7 de esta Ley, las Comunidades Autónomas a las que haya sido transferida la ejecución de funciones en materia de depósito de actas relativas a las elecciones de órganos representativos de los trabajadores deberán remitir mensualmente copia de las actas electorales registradas a la oficina pública estatal[385].

12.ª *Preavisos.*—El Gobierno podrá reducir el plazo mínimo de preaviso de un mes previsto en el párrafo segundo del artículo 67.1 de esta Ley, en los sectores de actividad con alta movilidad del personal, previa consulta con las organizaciones sindicales que en ese ámbito funcional ostenten, al menos, el 10 por 100 de los representantes de los trabajadores, y con las asociaciones empresariales que cuenten con el 10 por 100 de los empresarios y de los trabajadores afectados por el mismo ámbito funcional.

13.ª *Solución no judicial de conflictos*[386].—En el supuesto de

---

[384] Disposición redactada conforme a la Ley 3/2012, de 6 de julio (*BOE* de 7 de julio). Según su disp. trans. 15.ª:

«1. Lo establecido en la disposición adicional décima del Texto Refundido de la Ley del Estatuto de los Trabajadores, aprobado por Real Decreto Legislativo 1/1995, de 24 de marzo, en la redacción dada a la misma por la presente ley, se aplicará a los convenios colectivos que se suscriban a partir de la entrada en vigor de esta ley.

»2. La citada disposición adicional décima del Estatuto de los Trabajadores se aplicará a los convenios colectivos suscritos con anterioridad a la fecha de entrada en vigor de esta ley en los siguientes términos:

»*a*) Cuando la finalización de la vigencia inicial pactada de dichos convenios se produzca después de la fecha de entrada en vigor de esta ley, la aplicación se producirá a partir de la fecha de la citada finalización.

»*b*) Cuando la finalización de la vigencia inicial pactada de dichos convenios se hubiera producido antes de la fecha de entrada en vigor de esta ley, la aplicación se producirá a partir de esta última fecha.»

SSTC 280/2006, de 9 de octubre (*BOE* de 16 de noviembre), y 341/2006, de 11 de diciembre (*BOE* de 16 de enero de 2007), sobre supuesta vulneración del derecho a la igualdad por cese de un trabajador por jubilación forzosa, en virtud de convenio colectivo, por cumplir sesenta y cinco años de edad.

[385] V. disp. adic. 6.ª ET y nota a la misma.

[386] V. arts. 41, 47, 51, 82.3 y 85 ET.

que, aun no habiéndose pactado en el convenio colectivo aplicable un procedimiento para resolver las discrepancias en los períodos de consultas, se hubieran establecido conforme al artículo 83 de esta Ley, órganos o procedimientos no judiciales de solución de conflictos en el ámbito territorial correspondiente, quienes sean parte en dichos períodos de consulta podrán someter de común acuerdo su controversia a dichos órganos.

14.ª *Sustitución de trabajadores excedentes por cuidado de familiares*[387].—Los contratos de interinidad que se celebren para sustituir al trabajador que esté en la situación de excedencia a que se refiere el artículo 46.3 de esta Ley, tendrán derecho a una reducción en las cotizaciones empresariales a la Seguridad Social por contingencias comunes en las cuantías que se especifican a continuación, cuando dichos contratos se celebren con beneficiarios de prestaciones por desempleo, de nivel contributivo o asistencial, que lleven más de un año como perceptores:

a) 95 por 100 durante el primer año de excedencia del trabajador que se sustituye.

b) 60 por 100 durante el segundo año de excedencia del trabajador que se sustituye.

c) 50 por 100 durante el tercer año de excedencia del trabajador que se sustituye.

Los citados beneficios no serán de aplicación a las contrataciones que afecten al cónyuge, ascendientes, descendientes y demás parientes por consanguinidad o afinidad, hasta el segundo grado inclusive, del empresario o de quienes ostenten cargos de dirección o sean miembros de los órganos de administración de las empresas que revistan la forma jurídica de sociedad y las que se produzcan con estos últimos.

Las contrataciones realizadas al amparo de lo establecido en esta disposición se regirán por lo dispuesto en el artículo 15.1.*c*) de esta Ley y sus normas de desarrollo[388].

---

[387] Rúbrica de esta disposición redactada conforme a la Ley 39/1999, de 5 de noviembre. V. arts. 15.1.*c*) y 46.3 ET.

[388] Otras medidas complementarias para la contratación de interinos en estas situaciones, en el art. 1.º del RDL 11/1998, de 4 de septiembre, redactado conforme a la LO 3/2007, de 22 de marzo, para la igualdad efectiva de mujeres y hombres (*BOE* de 23 de marzo):

«Darán derecho a una bonificación del 100 por 100 en las cuotas empresariales de la Seguridad Social, incluidas las de accidentes de trabajo y enfermedades profesionales, y en las aportaciones empresariales de las cuotas de recaudación conjunta:

»*a*) Los contratos de interinidad que se celebren con personas desempleadas para sustituir a trabajadoras que tengan suspendido su contrato de trabajo por riesgo durante el embarazo o por riesgo durante la lactancia natural y hasta tanto se inicie la correspondiente suspensión del contrato por maternidad biológica o el lactante cumpla nueve meses, respectivamente, o, en ambos casos, cuando desaparezca la imposibilidad de la trabajadora de reincorporarse a su puesto anterior o a otro compatible con su estado.

»*b*) Los contratos de interinidad que se celebren con personas desempleadas para sustituir a trabajadores y trabajadoras que ten-

15.ª *Aplicación de los límites de duración del contrato por obra o servicio determinados y al encadenamiento de contratos en las Administraciones públicas.*—1. Lo dispuesto en el artículo 15.1.*a*) en materia de duración máxima del contrato por obra o servicio determinados y en el artículo 15.5 sobre límites al encadenamiento de contratos de esta Ley surtirá efectos en el ámbito de las Administraciones públicas y sus organismos públicos vinculados o dependientes, sin perjuicio de la aplicación de los principios constitucionales de igualdad, mérito y capacidad en el acceso al empleo público, por lo que no será obstáculo para la obligación de proceder a la cobertura de los puestos de trabajo de que se trate a través de los procedimientos ordinarios, de acuerdo con lo establecido en la normativa aplicable.

En cumplimiento de esta previsión, el trabajador continuará de-

---

gan suspendido su contrato de trabajo durante los períodos de descanso por maternidad, adopción y acogimiento preadoptivo o permanente o que disfruten de la suspensión por paternidad en los términos establecidos en los artículos 48.4 y 48 bis del Estatuto de los Trabajadores.

»La duración máxima de las bonificaciones prevista en este apartado *b*) coincidirá con la de las respectivas suspensiones de los contratos a que se refieren los artículos citados en el párrafo anterior.

»En el caso de que el trabajador no agote el período de descanso o permiso a que tuviese derecho, los beneficios se extinguirán en el momento de su incorporación a la empresa.

»*c*) Los contratos de interinidad que se celebren con personas desempleadas para sustituir a trabajadores autónomos, socios trabajadores o socios de trabajo de las sociedades cooperativas, en los supuestos de riesgo durante el embarazo o riesgo durante la lactancia natural, períodos de descanso por maternidad, adopción y acogimiento o suspensión por paternidad, en los términos establecidos en los párrafos anteriores.»

V. disp. adic. 2.ª de la Ley 12/2001, de 9 de julio (*BOE* de 10 de julio), de medidas urgentes de reforma del mercado de trabajo para el incremento del empleo y la mejora de su calidad, redactado conforme a la disp. adic. 16.ª de la LO 3/2007, de 22 de marzo (*BOE* de 23 de marzo), para la igualdad efectiva de mujeres y hombres:

«*Disp. adic. 2.ª Bonificaciones de cuotas de Seguridad Social para los trabajadores en período de descanso por maternidad, adopción, acogimiento, riesgo durante el embarazo, riesgo durante la lactancia natural o suspensión por paternidad.*—A la cotización de los trabajadores o de los socios trabajadores o socios de trabajo de las sociedades cooperativas, o trabajadores por cuenta propia o autónomos, sustituidos durante los períodos de descanso por maternidad, adopción, acogimiento, paternidad, riesgo durante el embarazo o riesgo durante la lactancia natural, mediante los contratos de interinidad bonificados, celebrados con desempleados a que se refiere el Real Decreto-Ley 11/1998, de 4 de septiembre, les será de aplicación:

»*a*) Una bonificación del 100 por 100 en las cuotas empresariales de la Seguridad Social, incluidas las de accidentes de trabajo y enfermedades profesionales y en las aportaciones empresariales de las cuotas de recaudación conjunta para el caso de los trabajadores encuadrados en un régimen de Seguridad Social propio de trabajadores por cuenta ajena.

»*b*) Una bonificación del 100 por 100 de la cuota que resulte de aplicar sobre la base mínima o fija que corresponda el tipo de cotización establecido como obligatorio para trabajadores incluidos en un régimen de Seguridad Social propio de trabajadores autónomos.

»Sólo será de aplicación esta bonificación mientras coincidan en el tiempo la suspensión de actividad por dichas causas y el contrato de interinidad del sustituto y, en todo caso, con el límite máximo del período de suspensión.»

sempeñando el puesto que venía ocupando hasta que se proceda a su cobertura por los procedimientos antes indicados, momento en el que se producirá la extinción de la relación laboral, salvo que el mencionado trabajador acceda a empleo público, superando el correspondiente proceso selectivo.

2. No obstante lo previsto en el apartado anterior, lo dispuesto en el artículo 15.1.*a*) en materia de duración máxima del contrato por obra o servicio determinados no será de aplicación a los contratos celebrados por las Administraciones Públicas y sus organismos públicos vinculados o dependientes, ni a las modalidades particulares de contrato de trabajo contempladas en la Ley Orgánica 6/2001, de 21 de diciembre, de Universidades o en cualesquiera otras normas con rango de ley cuando estén vinculados a un proyecto específico de investigación o de inversión de duración superior a tres años.

3. Para la aplicación del límite al encadenamiento de contratos previsto en el artículo 15.5, sólo se tendrán en cuenta los contratos celebrados en el ámbito de cada una de las Administraciones Públicas sin que formen parte de ellas, a estos efectos, los organismos públicos, agencias y demás entidades de derecho público con personalidad jurídica propia vinculadas o dependientes de las mismas. En todo caso, lo dispuesto en dicho artículo 15.5 no será de aplicación respecto de las modalidades particulares de contrato de trabajo contempladas en la Ley Orgánica 6/2001, de 21 de diciembre, de Universidades, o en cualesquiera otras normas con rango de ley[389].

16.ª [...][390]

17.ª *Discrepancias en materia de conciliación.*—Las discrepancias que surjan entre empresarios y trabajadores en relación con el ejercicio de los derechos de conciliación de la vida personal, familiar y laboral reconocidos legal o convencionalmente se resolverán por la jurisdicción competente a través del procedimiento establecido en el artículo 139 de la Ley Reguladora de la Jurisdicción Social[391].

18.ª *Cálculo de indemnizaciones en determinados supuestos de jornada reducida.*—1. En los supuestos de reducción de jornada contemplados en el artículo 37, apartados 4 bis, 5 y 7 el salario a tener en cuenta a efectos del cálculo de las indemnizaciones previstas en

---

389 Redactada conforme a la Ley 35/2010, de 17 de septiembre (*BOE* de 18 de septiembre).

390 Disposición derogada por la Ley 43/2006, de 29 de diciembre.

391 Disposición introducida conforme a la LO 3/2007, de 22 de marzo (*BOE* de 23 de marzo), de igualdad efectiva entre mujeres y hombres, y redactada de nuevo conforme a la Ley 36/2011, de 10 de octubre (*BOE* de 11 de octubre), Reguladora de la Jurisdicción Social. V. art. 37 ET.

esta Ley, será el que hubiera correspondido al trabajador sin considerar la reducción de jornada efectuada, siempre y cuando no hubiera transcurrido el plazo máximo legalmente establecido para dicha reducción.

2. Igualmente, será de aplicación lo dispuesto en el párrafo anterior en los supuestos de ejercicio a tiempo parcial de los derechos establecidos en el párrafo décimo del artículo 48.4 y en el artículo 48 bis[392].

19.ª *Contratos para la formación y el aprendizaje.*—1. Para aquellos proyectos de Escuelas Taller, Casas de Oficio y Talleres de Empleo, así como otros proyectos de empleo-formación promovidos por las Comunidades Autónomas, que hayan sido aprobados o estén pendientes de aprobación en base a convocatorias efectuadas con anterioridad a la entrada en vigor del Real Decreto-Ley 10/2011, de 26 de agosto, de medidas urgentes para la promoción del empleo de los jóvenes, el fomento de la estabilidad en el empleo y el mantenimiento del programa de recualificación profesional de las personas que agoten su protección por desempleo, se podrá utilizar la modalidad del contrato para la formación de acuerdo con la normativa vigente en el momento de la aprobación de los citados proyectos o convocatorias.

2. El límite de edad y de duración para los contratos para la formación y el aprendizaje establecidos en las letras *a*) y *b*) del artículo 11.2, no será de aplicación cuando se suscriban en el marco de las acciones y medidas establecidos en la letra *d*) del artículo 25.1 de la Ley 56/2003, de 16 de diciembre, de Empleo. Asimismo, en estos contratos las situaciones de incapacidad temporal, riesgo durante el embarazo, maternidad, adopción o acogimiento, riesgo durante la lactancia y paternidad no interrumpirán el cómputo de la duración del contrato[393].

20.ª *Aplicación del despido por causas económicas, técnicas, organizativas o de producción en el Sector Público*[394].—El despido por causas económicas, técnicas, organizativas o de producción del personal laboral al servicio de los entes, organismos y entidades que forman parte del sector público de acuerdo con el artículo 3.1 del texto refundido de la Ley de Contratos del Sector Público, aprobado por el Real Decreto Legislativo 3/2011, de 14 de noviembre, se efectuará conforme a lo dispuesto en los artículos 51 y 52.*c*) del Estatuto de los Trabajadores y sus normas de desarrollo y

---

[392] Disposición introducida conforme a la LO 3/2007, de 22 de marzo (*BOE* de 23 de marzo), de igualdad efectiva entre mujeres y hombres.

[393] Disposición introducida conforme al RDL 14/2011, de 16 de septiembre (*BOE* de 20 de septiembre), de medidas complementarias en materia de política de empleo y de regulación del régimen de actividad de las Fuerzas y Cuerpos de Seguridad del Estado. Apartado 2 conforme a la redacción de la Ley 3/2012, de 6 de julio (*BOE* de 7 de julio).

[394] Disposición introducida conforme a la Ley 3/2012, de 6 de julio (*BOE* de 7 de julio).

en el marco de los mecanismos preventivos y correctivos regulados en la normativa de estabilidad presupuestaria y sostenibilidad financiera de las Administraciones Públicas.

A efectos de las causas de estos despidos en las Administraciones Públicas, entendiendo como tales, a los entes, organismos y entidades a que se refiere el artículo 3.2 del texto refundido de la Ley de Contratos del Sector Público, se entenderá que concurren causas económicas cuando se produzca en las mismas una situación de insuficiencia presupuestaria sobrevenida y persistente para la financiación de los servicios públicos correspondientes. En todo caso, se entenderá que la insuficiencia presupuestaria es persistente si se produce durante tres trimestres consecutivos. Se entenderá que concurren causas técnicas, cuando se produzcan cambios, entre otros, en el ámbito de los medios o instrumentos de la prestación del servicio público de que se trate y causas organizativas, cuando se produzcan cambios, entre otros, en el ámbito de los sistemas y métodos de trabajo del personal adscrito al servicio público.

Tendrá prioridad de permanencia el personal laboral fijo que hubiera adquirido esta condición, de acuerdo con los principios de igualdad, mérito y capacidad, a través de un procedimiento selectivo de ingreso convocado al efecto, cuando así lo establezcan los entes, organismos y entidades a que se refiere el párrafo anterior.

21.ª Lo previsto en el artículo 47 de esta Ley no será de aplicación a las Administraciones Públicas y a las entidades de derecho público vinculadas o dependientes de una o varias de ellas y de otros organismos públicos, salvo a aquellas que se financien mayoritariamente con ingresos obtenidos como contrapartida de operaciones realizadas en el mercado[395].

22.ª *Consideración de víctimas del terrorismo a efectos laborales*.—Se consideran incluidas a efectos de lo dispuesto en los artículos 37.7 y 40.3 bis) las personas a que se refieren los artículos 5 y 33 de la Ley 29/2011, de 22 de septiembre, de Reconocimiento y Protección Integral a las Víctimas del Terrorismo[396].

DISPOSICIONES TRANSITORIAS

1.ª *Contratos de aprendizaje*[397]*.—No obstante lo dispuesto en el artículo 11.2, párrafo d), los trabajadores que hubieran estado vincu-*

---

[395] Disposición introducida conforme a la Ley 3/2012, de 6 de julio (*BOE* de 7 de julio).

[396] Disposición introducida conforme a la Ley 3/2012, de 6 de julio (*BOE* de 7 de julio).

[397] Disposición agotada en su aplicación temporal.

lados a la empresa por un contrato para la formación que no hubiera agotado el plazo máximo de tres años sólo podrán ser contratados nuevamente por la misma empresa con un contrato de aprendizaje por el tiempo que reste hasta los tres años, computándose la duración del contrato de formación a efectos de determinar la retribución que corresponde al aprendiz.

2.ª *Contratos celebrados antes del 8 de diciembre de 1993*[398]*.—Los contratos en prácticas, para la formación, a tiempo parcial y de trabajadores fijos discontinuos, celebrados con anterioridad al día 8 de diciembre de 1993, fecha de entrada en vigor del Real Decreto-Ley 18/1993, de 3 de diciembre, continuarán rigiéndose por la normativa a cuyo amparo se concertaron.*

Será de aplicación lo dispuesto en la presente Ley a los contratos celebrados al amparo del Real Decreto-Ley 18/1993, de 3 de diciembre, excepto lo dispuesto en el segundo párrafo d) del apartado 2 del artículo 11.

3.ª *Contratos celebrados antes del 24 de mayo de 1994*[399]*.—Los contratos temporales de fomento del empleo celebrados al amparo del Real Decreto 1.989/1984, de 17 de octubre, concertados con anterioridad al 24 de mayo de 1994, fecha de entrada en vigor de la Ley 10/1994, de 19 de mayo, sobre medidas urgentes de fomento de la ocupación, continuarán rigiéndose por la normativa a cuyo amparo se concertaron.*

Los contratos temporales cuya duración máxima de tres años hubiese expirado entre el 1 de enero y el 31 de diciembre de 1994 y que hayan sido objeto de una prórroga inferior a dieciocho meses, podrán ser objeto de una segunda prórroga hasta completar dicho plazo.

4.ª *Vigencia de disposiciones reglamentarias*[400]*.—En todo lo que no se oponga a lo establecido en la presente Ley, el contrato de relevo y la jubilación parcial continuará rigiéndose por lo dispuesto en los artículos 7 a 9 y 11 a 14 del Real Decreto 1.991/1984, de 31 de octubre, por el que se regula el contrato a tiempo parcial, el contrato de relevo y la jubilación parcial.*

5.ª *Vigencia de normas sobre jornada y descansos*[401]*.—Quedan vigentes hasta el 12 de junio de 1995 las normas sobre jornada y descansos contenidas en el Real Decreto 2.001/1983, sin perjuicio de su adecuación por el Gobierno, previa consulta a las organizaciones empresa-*

---

[398] Disposición agotada en su aplicación temporal.

[399] Disposición agotada en su aplicación temporal.

[400] Disposición derogada por el RD 1.131/2002, de 31 de octubre (*BOE* de 27 de noviembre), por el que se regula la Seguridad Social de los trabajadores a tiempo parcial, así como la jubilación parcial. V. art. 12 ET.

[401] Disposición sustituida por el RD 1.561/1995, de 21 de septiembre (*BOE* de 26 de septiembre), sobre jornadas especiales de trabajo.

riales y sindicales afectadas, a las previsiones contenidas en los artículos 34 al 38.

6.ª *Ordenanzas de Trabajo*[402]*.—Las Ordenanzas de Trabajo actualmente en vigor, salvo que por un acuerdo de los previstos en el artículo 83.2 y 3 de esta Ley se establezca otra cosa en cuanto a su vigencia, continuarán siendo de aplicación como derecho dispositivo, en tanto no se sustituyan por convenio colectivo, hasta el 31 de diciembre de 1994.*

Sin perjuicio de lo dispuesto en el párrafo anterior se autoriza al Ministerio de Trabajo y Seguridad Social para derogar total o parcialmente, de forma anticipada, las Reglamentaciones de Trabajo y Ordenanzas Laborales, o para prorrogar hasta el 31 de diciembre de 1995 la vigencia de las Ordenanzas correspondientes a sectores que presenten problemas de cobertura, con arreglo al procedimiento previsto en el párrafo siguiente.

La derogación se llevará a cabo por el Ministerio de Trabajo y Seguridad Social, previo informe de la Comisión Consultiva Nacional de Convenios Colectivos relativo a la cobertura del contenido de la Ordenanza por la negociación colectiva. A tales efectos se valorará si en el ámbito de la correspondiente Ordenanza existe negociación colectiva que proporcione una regulación suficiente sobre las materias en las que la presente Ley se remite a la negociación colectiva.

Si la comisión informase negativamente sobre la cobertura, y existiesen partes legitimadas para la negociación colectiva en el ámbito de la Ordenanza, la comisión podrá convocarlas para negociar un convenio colectivo o acuerdo sobre materias concretas que elimine los defectos de cobertura. En caso de falta de acuerdo en dicha negociación, la comisión podrá acordar someter la solución de la controversia a un arbitraje.

La concurrencia de los convenios o acuerdos de sustitución de las Ordenanzas con los convenios colectivos que estuvieran vigentes en los correspondientes ámbitos, se regirá por lo dispuesto en el artículo 84 de esta Ley.

7.ª *Extinciones anteriores a 12 de junio de 1994*[403]*.—Toda extinción de la relación laboral producida con anterioridad al 12 de junio de 1994, fecha de entrada en vigor de la Ley 11/1994, de 19 de mayo, se regirá en sus aspectos sustantivo y procesal por las normas vigentes en la fecha en que aquélla hubiera tenido lugar.*

A los procedimientos iniciados con anterioridad al 12 de junio de 1994 al amparo de lo dispuesto en los artículos 40, 41 y 51 de esta Ley según la anterior redacción, les será de aplicación la normativa vigente en la fecha de su iniciación.

---

[402] Disposición agotada en su aplicación temporal.

[403] Disposición agotada en su aplicación temporal.

8.ª *Elecciones a representantes de los trabajadores*[404]*.—1. Las elecciones para renovar la representación de los trabajadores, elegida en el último período de cómputo anterior a la entrada en vigor de esta Ley, podrán celebrarse durante quince meses contados a partir del 15 de septiembre de 1994, prorrogándose los correspondientes mandatos hasta la celebración de las nuevas elecciones a todos los efectos, sin que sea aplicable durante este período lo establecido en el artículo 12 de la Ley 9/1987, de 12 de junio, de órganos de representación, determinación de las condiciones de trabajo y participación del personal al servicio de las Administraciones Públicas.*

2. Por acuerdo mayoritario de los sindicatos más representativos podrá establecerse un calendario de celebración de elecciones a lo largo del período indicado en el párrafo anterior en los correspondientes ámbitos funcionales y territoriales.

Estos calendarios serán comunicados a la oficina pública con una antelación mínima de dos meses a la iniciación de los respectivos procesos electorales. La oficina pública dará publicidad a los calendarios, sin perjuicio de la tramitación conforme al artículo 67.1 de la presente Ley de los escritos de promoción de elecciones correspondientes a aquéllos. La comunicación de estos calendarios no estará sujeta a lo dispuesto en el párrafo cuarto del artículo 67.1 de esta Ley.

Las elecciones se celebrarán en los distintos centros de trabajo conforme a las previsiones del calendario y sus correspondientes preavisos, salvo en aquellos centros en los que los trabajadores hubiesen optado, mediante acuerdo mayoritario, por promover las elecciones en fecha distinta, siempre que el correspondiente escrito de promoción se hubiese remitido a la oficina pública en los quince días siguientes al depósito del calendario.

Las elecciones promovidas con anterioridad al depósito del calendario prevalecerán sobre el mismo en el caso de que hubieran sido promovidas con posterioridad al 12 de junio de 1994 siempre que hubieran sido formuladas por los trabajadores del correspondiente centro de trabajo o por acuerdo de los sindicatos que ostenten la mayoría de los representantes en el centro de trabajo o, en su caso, en la empresa. Esta misma regla se aplicará a las elecciones promovidas con anterioridad al día indicado, en el caso de que en dicha fecha no hubiera concluido el proceso electoral.

3. La prórroga de las funciones de los delegados de personal y miembros de comités de empresa, así como los efectos de la misma, se aplicará plenamente cuando haya transcurrido en su totalidad el plazo señalado en el número 1 de esta disposición transitoria.

9.ª *Participación institucional*[405]*.—El plazo de tres años para*

[404] Disposición agotada en su aplicación temporal.

[405] Disposición agotada en su aplicación temporal.

solicitar la presencia de un sindicato o de una organización empresarial en un órgano de participación institucional, al que se refiere la disposición adicional primera de la Ley Orgánica de Libertad Sindical, empezará a contarse a partir del día 1 de enero de 1995.

10.ª *Incapacidad laboral transitoria e invalidez provisional*[406]*.—A quienes en 1 de enero de 1995 se hallaren en las situaciones de incapacidad laboral transitoria o invalidez provisional, cualquiera que fuera la contingencia de la que derivaran, les será de aplicación la legislación precedente hasta que se produzca la extinción de aquéllas.*

11.ª *Excedencias por cuidado de hijos anteriores al día 13 de abril de 1995*[407]*.—Las situaciones de excedencia por cuidado de hijos, vigentes el 13 de abril de 1995, fecha de entrada en vigor de la Ley 4/1995, de 23 de marzo, al amparo de lo dispuesto en la Ley 3/1989, de 3 de marzo, se regirán por lo dispuesto en esta Ley, siempre que en la citada fecha de entrada en vigor el trabajador excedente se encuentre dentro del primer año del período de excedencia o de aquel período superior al año al que se hubiera extendido, por pacto colectivo o individual, el derecho a la reserva del puesto de trabajo y al cómputo de la antigüedad.*

En caso contrario, la excedencia se regirá por las normas vigentes en el momento del comienzo de su disfrute, hasta su terminación.

12.ª *Régimen transitorio del contrato a tiempo parcial por jubilación parcial y del contrato de relevo*[408]*.—El nuevo régimen legal del contrato a tiempo parcial por jubilación y del contrato de relevo establecido en los apartados 6 y 7 del artículo 12 de la Ley del Estatuto de los Trabajadores, en la redacción dada por el Ley de Medidas en materia de Seguridad Social, se aplicará gradualmente de acuerdo con lo previsto en la disposición transitoria decimoséptima de la Ley General de la Seguridad Social.*

13.ª *Indemnización por finalización de contrato temporal.*—La indemnización prevista a la finalización del contrato temporal establecida en el artículo 49.1.*c*) de esta Ley se aplicará de modo gradual conforme al siguiente calendario:

— Ocho días de salario por cada año de servicio para los contratos temporales que se celebren hasta el 31 de diciembre de 2011.

[406] Disposición agotada en su aplicación temporal.

[407] Disposición agotada en su aplicación temporal.

[408] Disposición derogada por el RDL 8/2010, de 20 de mayo. V. Orden TIN/1.827/2010, de 6 de julio (*BOE* de 8 de julio), por la que se desarrolla, en relación con los acuerdos colectivos de empresa sobre jubilación parcial, lo dispuesto en la disp. trans. 2.ª del RDL 8/2010.

— Nueve días de salario por cada año de servicio para los contratos temporales que se celebren a partir del 1 de enero de 2012.

— Diez días de salario por cada año de servicio para los contratos temporales que se celebren a partir del 1 de enero de 2013.

— Once días de salario por cada año de servicio para los contratos temporales que se celebren a partir del 1 de enero de 2014.

— Doce días de salario por cada año de servicio para los contratos temporales que se celebren a partir del 1 de enero de 2015[409].

DISPOSICIÓN DEROGATORIA

Única. Quedan derogadas cuantas disposiciones se opongan a lo dispuesto en esta Ley, y expresamente:

a) Ley 8/1980, de 10 de marzo, del Estatuto de los Trabajadores.

b) Ley 4/1983, de 29 de junio, de fijación de la jornada máxima legal en cuarenta horas, y de las vacaciones anuales mínimas en treinta días.

c) Ley 32/1984, de 2 de agosto, sobre modificación de determinados artículos de la Ley 8/1980, de 10 de marzo, del Estatuto de los Trabajadores.

d) De la Ley 8/1988, de 7 de abril, sobre Infracciones y Sanciones en el Orden Social, los artículos 6, 7 y 8.

e) De la Ley 3/1989, de 3 de marzo, por la que se amplía a dieciséis semanas el permiso por maternidad y se establecen medidas para favorecer la igualdad de trato de la mujer en el trabajo, el artículo primero.

f) De la Ley 4/1990, de 29 de junio, de Presupuestos Generales del Estado para el año 1990, la disposición adicional segunda.

g) Ley 2/1991, de 7 de enero, sobre Derechos de Información de los representantes de los trabajadores en materia de contratación.

h) De la Ley 8/1992, de 30 de abril, de modificación del régimen de permisos concedidos por las Leyes 8/1980, del Estatuto de los Trabajadores, y 30/1984, de medidas para la reforma de la función pública, a los adoptantes de un menor de cinco años, el artículo 1.

i) Ley 36/1992, de 28 de diciembre, sobre modificación del Estatuto de los Trabajadores en materia de indemnización en los supuestos de extinción contractual por jubilación del empresario.

j) Ley 10/1994, de 19 de mayo, sobre medidas urgentes de fomento de la ocupación, excepto las disposiciones adicionales 4.ª, 5.ª, 6.ª y 7.ª

---

[409] Disposición introducida por la Ley 35/2010, de 17 de septiembre (*BOE* de 18 de septiembre).

k) De la Ley 11/1994, de 19 de mayo, por la que se modifican determinados artículos del Estatuto de los Trabajadores, del texto articulado de la Ley de Procedimiento Laboral y de la Ley sobre Infracciones y Sanciones en el Orden Social, el Capítulo I, los artículos 20 y 21 del Capítulo III, las disposiciones adicionales 1.ª, 2.ª y 3.ª, las disposiciones transitorias 1.ª, 2.ª y 3.ª, y las disposiciones finales 3.ª, 4.ª y 7.ª

l) De la Ley 42/1994, de 30 de diciembre, de medidas fiscales, administrativas y del orden social, los artículos 36, 40, 41, 42 y 43 y la disposición adicional 16.ª

m) De la Ley 4/1995, de 23 de marzo, de regulación del permiso parental y por maternidad, los artículos 1 y 3, la disposición adicional única y el párrafo primero y el inciso primero del párrafo segundo de la disposición transitoria única.

DISPOSICIONES FINALES

1.ª *Trabajo por cuenta propia*[410].—El trabajo realizado por cuenta propia no estará sometido a la legislación laboral, excepto en

---

[410] V. art. 1.º ET. Ley 20/2007, de 11 de julio (*BOE* de 12 de julio), del Estatuto del Trabajo Autónomo, modificado por la Ley 27/2011, de 1 de agosto (*BOE* de 2 de agosto), de actualización, adecuación y modernización del Sistema de Seguridad Social:

«*Art. 1.º Supuestos incluidos.*—1. La presente Ley será de aplicación a las personas físicas que realicen de forma habitual, personal, directa, por cuenta propia y fuera del ámbito de dirección y organización de otra persona, una actividad económica o profesional a título lucrativo, den o no ocupación a trabajadores por cuenta ajena. Esta actividad autónoma o por cuenta propia podrá realizarse a tiempo completo o a tiempo parcial.

»También será de aplicación esta Ley a los trabajos, realizados de forma habitual, por familiares de las personas definidas en el párrafo anterior que no tengan la condición de trabajadores por cuenta ajena, conforme a lo establecido en el artículo 1.3.*e*) del texto refundido de la Ley del Estatuto de los Trabajadores, aprobado por Real Decreto Legislativo 1/1995, de 24 de marzo.

»2. Se declaran expresamente comprendidos en el ámbito de aplicación de esta Ley, siempre que cumplan los requisitos a los que se refiere el apartado anterior:

»*a*) Los socios industriales de sociedades regulares colectivas y de sociedades comanditarias.

»*b*) Los comuneros de las comunidades de bienes y los socios de sociedades civiles irregulares, salvo que su actividad se limite a la mera administración de los bienes puestos en común.

»*c*) Quienes ejerzan las funciones de dirección y gerencia que conlleva el desempeño del cargo de consejero o administrador, o presten otros servicios para una sociedad mercantil capitalista, a título lucrativo y de forma habitual, personal y directa, cuando posean el control efectivo, directo o indirecto de aquélla, en los términos previstos en la disposición adicional vigésima séptima del texto refundido de la Ley General de la Seguridad Social aprobado por Real Decreto Legislativo 1/1994, de 20 de junio.

»*d*) Los trabajadores autónomos económicamente dependientes a los que se refiere el Capítulo III del Título II de la presente Ley.

»*e*) Cualquier otra persona que cumpla con los requisitos establecidos en el artículo 1.1 de la presente Ley.

»3. Las inclusiones a las que se refiere el apartado anterior se entenderán sin per-

aquellos aspectos que por precepto legal se disponga expresamente.

2.ª *Comisión Consultiva Nacional de Convenios Colectivos*[411].— 1.

---

juicio de la aplicación de sus respectivas normas específicas.

»4. La presente Ley será de aplicación a los trabajadores autónomos extranjeros que reúnan los requisitos previstos en la Ley Orgánica 4/2000, de 11 de enero, de derechos y libertades de los extranjeros en España y su integración social.

»*Art. 2.º Supuestos excluidos.*—Se entenderán expresamente excluidas del ámbito de aplicación de la presente Ley, aquellas prestaciones de servicios que no cumplan con los requisitos del artículo 1.1, y en especial:

»*a*) Las relaciones de trabajo por cuenta ajena a que se refiere el artículo 1.1 del texto refundido de la Ley del Estatuto de los Trabajadores, aprobado por Real Decreto Legislativo 1/1995, de 24 de marzo.

»*b*) La actividad que se limita pura y simplemente al mero desempeño del cargo de consejero o miembro de los órganos de administración en las empresas que revistan la forma jurídica de sociedad, de conformidad con lo establecido en el artículo 1.3.*c*) del texto refundido de la Ley del Estatuto de los Trabajadores, aprobado por Real Decreto Legislativo 1/1995, de 24 de marzo.

»*c*) Las relaciones laborales de carácter especial a las que se refiere el artículo 2 del texto refundido de la Ley del Estatuto de los Trabajadores, aprobado por Real Decreto Legislativo 1/1995, de 24 de marzo y disposiciones complementarias.»

V. RD 197/2009, de 23 de febrero (*BOE* de 4 de marzo), por el que se desarrolla el Estatuto del Trabajo Autónomo en materia de contrato del trabajador autónomo económicamente dependiente y su registro y se crea el Registro Estatal de asociaciones profesionales de trabajadores autónomos; RD 1.613/2010, de 7 de diciembre (*BOE* de 28 de diciembre), por el que se crea y regula el Consejo de la representatividad de las asociaciones profesionales de trabajadores autónomos en el ámbito estatal y se establece la composición y régimen de funcionamiento y organización del Consejo del Trabajo Autónomo.

[411] Disposición redactada conforme a la Ley 3/2012, de 6 de julio (*BOE* de 7 de julio). Su disp. adic. 6.ª establece:

«*Medidas de apoyo a la Comisión Consultiva Nacional de Convenios Colectivos.*— Para el desarrollo de las funciones establecidas en esta Ley, la Comisión Consultiva Nacional de Convenios Colectivos, adscrita a la Dirección General de Empleo del Ministerio de Empleo y Seguridad Social, será reforzada en sus actuaciones por la citada Dirección General de Empleo, sin perjuicio de lo que se establezca en las normas de desarrollo reglamentario, previa consulta con las organizaciones sindicales y empresariales más representativas.»

Provisionalmente desarrollada por RD 2.976/1983, de 9 de noviembre (*BOE* de 2 de diciembre), desarrollado a su vez por OM de 28 de mayo de 1984 (*BOE* de 8 de junio), por la que se aprueba el Reglamento de funcionamiento de la Comisión Consultiva Nacional de Convenios Colectivos. Según el art. 17.3 del RD 1.600/2004, de 2 de julio (*BOE* de 3 de julio), la Comisión Consultiva Nacional de Convenios Colectivos queda adscrita a la Dirección General de Trabajo. V. con vigencia temporal también, conforme a la Ley 43/2006, de 29 de diciembre (*BOE* de 30 de diciembre):

«*Disp. adic. 7.ª Comisión Consultiva Nacional de Convenios Colectivos.*—1. Sin perjuicio del respeto a la autonomía colectiva de las partes, la Comisión Consultiva Nacional de Convenios Colectivos a que se refiere la disposición final 2.ª la Ley del Estatuto de los Trabajadores, asumirá funciones de observatorio de la negociación colectiva que englobará la información, el estudio, la documentación y la difusión de la misma.

»2. Con el fin de garantizar el funcionamiento eficaz de la Comisión Consultiva Nacional de Convenios Colectivos, el Gobierno podrá adaptar el marco jurídico institucional de la misma en el que se garantice la participación de las organizaciones empresariales y sindicales más representativas; asimismo le proporcionará el apoyo técnico y los medios que sean necesarios.».

V. también STC 17/1986, de 4 de febrero (*BOE* de 5 de marzo), sobre competencias de las Comunidades Autónomas en materias asignadas a la Comisión Consultiva Nacional de Convenios Colectivos.

La Comisión Consultiva Nacional de Convenios Colectivos, como órgano colegiado, adscrito al Ministerio de Empleo y Seguridad Social, de carácter tripartito y paritario e integrado por representantes de la Administración General del Estado, así como de las organizaciones empresariales y sindicales más representativas, tendrá las siguientes funciones:

a) El asesoramiento y consulta sobre el ámbito funcional de los convenios colectivos y sobre el convenio colectivo de aplicación a una empresa, así como la consulta en el supuesto de extensión de un convenio colectivo regulado en el artículo 92 de esta Ley.

b) El estudio, información y elaboración de documentación sobre la negociación colectiva, así como la difusión de la misma mediante el Observatorio de la Negociación Colectiva.

c) La intervención en los procedimientos de solución de discrepancias en los casos de desacuerdo en el período de consultas para la inaplicación de las condiciones de trabajo establecidas en los convenios colectivos de acuerdo con el artículo 82.3 de esta Ley.

2. Reglamentariamente se establecerá la composición y organización de la Comisión Consultiva Nacional de Convenios Colectivos, así como sus procedimientos de actuación y las medidas de apoyo para el desarrollo de las funciones de la Dirección General de Empleo del Ministerio de Empleo y Seguridad Social.

3. El funcionamiento y las decisiones de la Comisión Consultiva Nacional de Convenios Colectivos se entenderán siempre sin perjuicio de las atribuciones que correspondan a la jurisdicción y la autoridad laboral en los términos establecidos por las leyes.

c) El asesoramiento y consulta en las cuestiones referentes al planteamiento y determinación de los ámbitos funcionales de los convenios colectivos y el dictamen preceptivo en el procedimiento administrativo de extensión de convenios colectivos, en los términos establecidos reglamentariamente.

d) La elaboración de un informe anual sobre negociación colectiva, salarios y competitividad, a partir del análisis y estudio de la información estadística disponible y de los indicadores públicos sobre los datos y previsiones de la actividad económica general y sectorial, a nivel nacional y de Comunidad Autónoma, utilizando información comparable con la de otros países, particularmente de la Unión Europea.

e) El estudio, información y elaboración de documentación sobre la negociación colectiva, así como la difusión de la misma, mediante un Observatorio de la Negociación Colectiva, integrado en el propio Consejo de Relaciones Laborales y de Negociación Colectiva, y que desarrollará, entre otros, los siguientes cometidos:

1.º La realización y el mantenimiento de un Mapa de la Negociación Colectiva, que refleje de forma sistemática, ordenada y detallada la totalidad de convenios colectivos existentes en España, con la finalidad de obtener información útil y actualizada, de acceso público, sobre su vigencia y efectos.

2.º La realización de informes anuales, de carácter general o sectorial, sobre la situación de la negociación colectiva en España desde una perspectiva jurídica y económica que, sin perjuicio de la autonomía colectiva, puedan resultar de utilidad para los interlocutores sociales para determinar los contenidos de la negociación colectiva.

f) Cualesquiera otras que le sean atribuidas mediante norma con rango legal o reglamentario.

3. Con anterioridad al 31 de diciembre de 2011 y previa consulta y negociación con las organizaciones empresariales y sindicales más representativas, el Gobierno adoptará las disposiciones reglamentarias necesarias para regular la constitución, organización y funcionamiento del Consejo de Relaciones Laborales y de Negociación Colectiva.

3.ª *Normas de aplicación del Título II*[412].—El Gobierno, previas las consultas que considere oportunas a las asociaciones empresariales y organizaciones sindicales, dictará las normas necesarias para la aplicación del Título II de la presente Ley en aquellas empresas pertenecientes a sectores de actividad en las que sea relevante el número de trabajadores no fijos o el de trabajadores menores de dieciocho años, así como a los colectivos en los que, por la naturaleza de sus actividades, se ocasione una movilidad permanente, una acusada dispersión o unos desplazamientos de localidad, ligados al ejercicio normal de sus actividades, y en los que concurran otras circunstancias que hagan aconsejable su inclusión en el ámbito de aplicación del Título II citado. En todo caso, dichas normas respetarán el contenido básico de esos procedimientos de representación en la empresa.

Con arreglo a las directrices que fije el órgano estatal de mediación, arbitraje y conciliación, al que corresponderá también su custodia, el Instituto Nacional de Estadística elaborará, mantendrá al día y hará público el censo de empresas y de población activa ocupada.

4.ª *Tipo de cotización del Fondo de Garantía Salarial*[413].—El tipo de cotización para la financiación del Fondo de Garantía Salarial podrá revisarse por el Gobierno en función de las necesidades del Fondo.

5.ª *Disposiciones de desarrollo*.—El Gobierno dictará las disposiciones que sean precisas para el desarrollo de esta Ley.

---

[412] En cumplimiento de esta disposición, se han regulado procedimientos electorales especiales para los sectores de marina mercante y flota pesquera por los arts. 15 a 20 del Reglamento de Elecciones [RD 1.844/1994, de 9 de septiembre (*BOE* de 13 de septiembre)].

[413] V. nota al art. 33.5 ET.

APÉNDICE:
RELACIONES LABORALES
DE CARÁCTER ESPECIAL

1. REAL DECRETO 1.382/1985, DE 1 DE AGOSTO, POR EL QUE SE REGULALA RELACIÓN LABORAL DE CARÁCTER ESPECIAL DEL PERSONAL DE ALTA DIRECCIÓN

(*BOE* n.º 192, de 12 de agosto de 1985)

Artículo 1.º *Ámbito de aplicación.*—1. El presente Real Decreto, de acuerdo con el artículo 2.1.*a*) de la Ley 8/1980, de 10 de marzo, del Estatuto de los Trabajadores, y al amparo de la disposición adicional primera de la Ley 32/1984, de 2 de agosto, regula la relación laboral de carácter especial del personal de alta dirección.

2. Se considera personal de alta dirección a aquellos trabajadores que ejercitan poderes inherentes a la titularidad jurídica de la Empresa, y relativos a los objetivos generales de la misma, con autonomía y plena responsabilidad sólo limitadas por los criterios e instrucciones directas emanadas de la persona o de los órganos superiores de gobierno y administración de la Entidad que respectivamente ocupe aquella titularidad.

3. Se excluye del ámbito de este Real Decreto la actividad delimitada en el artículo 1.3.*c*) del Estatuto de los Trabajadores.

Art. 2.º *Fundamento.*—La relación laboral especial del personal de alta dirección se basa en la recíproca confianza de las partes, las cuales acomodarán el ejercicio de sus derechos y obligaciones a las exigencias de la buena fe.

Art. 3.º *Fuentes y criterios.*—1. Los derechos y obligaciones concernientes a la relación laboral del personal de alta dirección se regularán por la voluntad de las partes, con sujeción a las normas de este Real Decreto y a las demás que sean de aplicación.

2. Las demás normas de la legislación laboral común, incluido el Estatuto de los Trabajadores, sólo serán aplicables en los casos en que se produzca remisión expresa en este Real Decreto, o así se haga constar específicamente en el contrato.

3. En lo no regulado por este Real Decreto o por pacto entre las partes, se estará a lo dispuesto en la legislación civil o mercantil y a sus principios generales.

Art. 4.º *Forma y contenido del contrato.*—1. El contrato especial del trabajo del personal de alta dirección se formalizará por escrito, en ejemplar duplicado, uno para cada parte contratante. En ausencia de pacto escrito, se entenderá que el empleado es personal de alta dirección cuando se den los supuestos del artículo 8.1 del Estatuto de los Trabajadores y la prestación profesional se corresponda con la que define el artículo 1.2 del presente Real Decreto.

2. Dicho contrato deberá contener como mínimo:

a) La identificación de las partes.

b) El objeto del contrato.

c) La retribución convenida, con especificación de sus distintas partidas, en metálico o especie[1].

d) La duración del contrato.

e) Las demás cláusulas que se exigen en este Real Decreto.

Art. 5.º *Período de prueba.*—1. En el contrato especial de trabajo del personal de alta dirección podrá concertarse un período de prueba que en ningún caso podrá exceder de nueve meses, si su duración es indefinida.

2. Transcurrido el período de prueba sin que se haya producido desistimiento, el contrato producirá plenos efectos, computándose el tiempo de los servicios prestados en la antigüedad del trabajador de alta dirección de la empresa.

Art. 6.º *Duración del contrato.*—El contrato especial de trabajo tendrá la duración que las partes acuerden. A falta de pacto escrito se presume celebrado por tiempo indefinido.

Art. 7.º *Tiempo de trabajo.*—El tiempo de trabajo en cuanto a jornada, fiestas y permisos, así como para vacaciones, será el fijado en las cláusulas del contrato, en cuanto no configuren prestaciones a cargo del empleado que excedan notoriamente de las que sean usuales en el ámbito profesional correspondiente.

Art. 8.º *Pacto de no concurrencia y de permanencia en la Empresa.*—1. El trabajador de alta dirección no podrá celebrar otros contratos de trabajo con otras Empresas, salvo autorización del empresario o pacto escrito en contrario. La autorización del empresario se presume cuando la vinculación a otra Entidad fuese pública y no se hubiese hecho exclusión de ella en el contrato especial de trabajo.

2. Cuando el alto directivo haya recibido una especialización profesional con cargo a la Empresa durante un período de duración determinada, podrá pactarse que el empresario tenga derecho a una indemnización por daños y perjuicios si aquél abandona el trabajo antes del término fijado.

3. El pacto de no concurrencia para después de extinguido el contrato especial de trabajo, que no podrá tener una duración superior a

---

[1] Cfr. RD 451/2012, de 5 de marzo (*BOE* de 6 de marzo), por el que se regula el régimen retributivo de los máximos responsables y directivos en el sector público empresarial y otras entidades.

dos años, sólo será válido si concurren los requisitos siguientes:

a) Que el empresario tenga un efectivo interés industrial o comercial en ello.

b) Que se satisfaga al alto directivo una compensación económica adecuada.

Art. 9.º *Promoción interna.*—1. Deberá formalizarse el contrato escrito regulado en el artículo 4.º de este Real Decreto en los supuestos en que un trabajador vinculado a una Empresa por una relación laboral común promocionase el ejercicio de actividades de alta dirección en esa misma Empresa o en otra que mantuviese con ella relaciones de grupo u otra forma asociativa similar.

2. En tales supuestos en el contrato se especificará si la nueva relación especial sustituye a la común anterior, o si esta última se suspende. Caso de no existir en el contrato especificación expresa al respecto se entenderá que la relación laboral común queda suspendida. Si se optase por la sustitución de la relación laboral común por la especial, tal novación sólo producirá efectos una vez transcurridos dos años desde el correspondiente acuerdo novatorio.

3. En caso de simple suspensión de la relación laboral común anterior, al extinguirse la relación laboral especial, el trabajador tendrá la opción de reanudar la relación laboral de origen, sin perjuicio de las indemnizaciones a que pueda tener derecho a resultas de dicha extinción. Se exceptúa de esta regla el supuesto de la extinción del contrato especial de alta dirección por despido disciplinario declarado procedente.

Art. 10. *Extinción por voluntad del alto directivo.*—1. El contrato especial de trabajo se extinguirá por voluntad del alto directivo, debiendo mediar un preaviso mínimo de tres meses. No obstante, dicho período podrá ser de hasta seis meses, si así se establece por escrito en los contratos celebrados por tiempo indefinido o de duración superior a cinco años. No será preciso respetar el preaviso en el supuesto de incumplimiento contractual grave del empresario.

2. El empresario tendrá derecho, en caso de incumplimiento total o parcial del deber de preaviso, a una indemnización equivalente a los salarios correspondientes a la duración del período incumplido.

3. El alto directivo podrá extinguir el contrato especial de trabajo con derecho a las indemnizaciones pactadas, y en su defecto fijadas en esta norma para el caso de extinción por desistimiento del empresario, fundándose en las causas siguientes:

a) Las modificaciones sustanciales en las condiciones de trabajo que redunden notoriamente en perjuicio de su formación profesional, en menoscabo de su dignidad, o sean decididas con grave transgresión de la buena fe, por parte del empresario.

b) La falta de pago o retraso continuado en el abono de salario pactado.

c) Cualquier otro incumplimiento grave de sus obligaciones contractuales por parte del empresario, salvo los presupuestos de fuerza mayor, en las que no procederá el abono de las indemnizaciones a las que se refiere este número.

d) La sucesión de Empresa o cambio importante en la titularidad de la misma, que tenga por efecto una renovación de sus órganos rectores o en el contenido y planteamiento de su actividad principal, siempre que la extinción se produzca dentro de los tres meses siguientes a la producción de tales cambios.

Art. 11. *Extinción del contrato por voluntad del empresario*[2].—1. El contrato de trabajo podrá extinguirse por desistimiento del empresario, comunicado por escrito, debiendo mediar un preaviso en los términos fijados en el artículo 10. El alto directivo tendrá derecho en estos casos a las indemnizaciones pactadas en el contrato; a falta de pacto la indemnización será equivalente a siete días del salario en metálico por año de servicio con el límite de seis mensualidades[3].

---

[2] Completado por el art. 65 de la Ley 22/2003, de 9 de julio (*BOE* de 10 de julio), Concursal, modificada por la Ley 38/2011, de 10 de octubre (*BOE* de 11 de octubre):

«*Art. 65. Contratos del personal de alta dirección.*—1. Durante la tramitación del concurso, la administración concursal, por propia iniciativa o a instancia del deudor, podrá extinguir o suspender los contratos de éste con el personal de alta dirección. La decisión de la administración concursal podrá ser impugnada ante el juez del concurso a través del incidente concursal en materia laboral. La sentencia que recaiga será recurrible en suplicación.

»2. En caso de suspensión del contrato, éste podrá extinguirse por voluntad del alto directivo, con preaviso de un mes, conservando el derecho a la indemnización en los términos del apartado siguiente.

»3. En caso de extinción del contrato de trabajo, el juez del concurso podrá moderar la indemnización que corresponda al alto directivo, quedando en dicho supuesto sin efecto la que se hubiera pactado en el contrato, con el límite de la indemnización establecida en la legislación laboral para el despido colectivo.

»4. La administración concursal podrá solicitar del juez que el pago de este crédito se aplace hasta que sea firme la sentencia de calificación.»

[3] Para el sector público completado por la Ley 3/2012, de 6 de julio (*BOE* de 7 de julio):

«*Disp. adic. 8.ª Especialidades de los contratos mercantiles y de alta dirección del sector público.*—Uno. Ámbito de aplicación.—La presente disposición se aplica al sector público estatal formado por las entidades previstas en el artículo 2.1 de la Ley 47/2003, de 26 de noviembre, General Presupuestaria, a excepción, únicamente, de las entidades gestoras, servicios comunes y las mutuas de accidentes de trabajo y enfermedades profesionales de la Seguridad Social, así como sus centros y entidades mancomunados a las que se refiere la letra *d*) del mismo artículo.

»Dos. Indemnizaciones por extinción.—1. La extinción, por desistimiento del empresario, de los contratos mercantiles y de alta dirección, cualquiera que sea la fecha de su celebración, del personal que preste servicios en el sector público estatal, únicamente dará lugar a una indemnización no superior a siete días por año de servicio de la retribución anual en metálico, con un máximo de seis mensualidades.

»2. El cálculo de la indemnización se hará teniendo en cuenta la retribución anual en metálico que en el momento de la extinción se estuviera percibiendo como retribución fija íntegra y total, excluidos los incentivos o complementos variables si los hubiere.

»3. No se tendrá derecho a indemnización alguna cuando la persona, cuyo contrato mercantil o de alta dirección se extinga, por desistimiento del empresario, ostente la condición de funcionario de carrera del Estado, de las Comunidades Autónomas o de las Entidades locales, o sea empleado de

En los supuestos de incumplimiento total o parcial del preaviso, el alto directivo tendrá derecho a una indemnización equivalente a los

---

entidad integrante del sector público estatal, autonómico o local con reserva de puesto de trabajo.

»4. El desistimiento deberá ser comunicado por escrito, con un plazo máximo de antelación de quince días naturales. En caso de incumplimiento del preaviso mencionado, la entidad deberá indemnizar con una cuantía equivalente a la retribución correspondiente al período de preaviso incumplido.

»Tres. Retribuciones.—1. Las retribuciones a fijar en los contratos mercantiles o de alta dirección del sector público estatal se clasifican, exclusivamente, en básicas y complementarias.

»2. Las retribuciones básicas lo serán en función de las características de la entidad e incluyen la retribución mínima obligatoria asignada a cada máximo responsable, directivo o personal contratado, por razón del grupo de clasificación en que resulte catalogada la entidad por parte de quien ejerza el control o supervisión financiera de ésta o, en su caso, por el accionista.

»3. Las retribuciones complementarias, comprenden un complemento de puesto y un complemento variable. El complemento de puesto retribuiría las características específicas de las funciones o puestos directivos y el complemento variable retribuiría la consecución de unos objetivos previamente establecidos. Estos complementos serán asignados por parte de quien ejerza el control o supervisión financiera de la entidad o, en su caso, por el accionista.

»4. Lo dispuesto en los tres apartados anteriores será de aplicación a las sociedades mercantiles estatales. Para el resto de entes sometidos al ámbito de aplicación de esta disposición se estará al desarrollo que apruebe el Gobierno, de conformidad con lo establecido en el apartado seis.

»Cuatro. Control de legalidad.—1. Los contratos a que se refiere la presente disposición que se suscriban se someterán, antes de formalizarse, al informe previo de la Abogacía del Estado u órgano que preste el asesoramiento jurídico del organismo que ejerza el control o supervisión financiera de la entidad del sector público, o, en su caso, del accionista, que pretenda contratar al máximo responsable o directivo.

»2. Serán nulas de pleno derecho las cláusulas de los contratos mercantiles o de alta dirección a que se refiere la presente disposición que se opongan a lo establecido en la misma.

»3. Los órganos que ejerzan el control o supervisión financiera de estas entidades, adoptarán las medidas precisas para asegurar el cumplimiento de lo dispuesto en esta disposición en la celebración y formalización de los contratos mencionados, sin perjuicio de las posibles responsabilidades civiles, administrativas, contables o de cualquier otra índole en que pudieran incurrir en caso de incumplimiento de la presente disposición.

»Cinco. Vigencia.—Esta disposición será de aplicación a los contratos mercantiles o de alta dirección celebrados con anterioridad a su entrada en vigor, cuyo contenido deberá ser adaptado a los términos establecidos en esta disposición adicional en el plazo de dos meses a contar desde su entrada en vigor.

»Las indemnizaciones por extinción del contrato, cualquiera que fuera la fecha de su celebración se regirán por esta disposición una vez que entre en vigor.

»Seis. Habilitación normativa.—El Gobierno, a propuesta del Ministro de Hacienda y Administraciones Públicas, en función de la situación económica y de las medidas de política económica, podrá modificar las cuantías y limitaciones de las indemnizaciones establecidas en la presente disposición, así como desarrollar lo dispuesto en su apartado tercero. El Ministro de Hacienda y Administraciones Públicas fijará el sistema de compensación por gastos en concepto de dietas, desplazamientos y demás análogos que se deriven del desempeño de las funciones de los máximos responsables, directivos o personal con contratos mercantiles o de alta dirección.

»Siete. Aplicación a las Comunidades Autónomas y a las Entidades Locales.—Lo dispuesto en el apartado dos; apartado cuatro, número dos, y apartado cinco será de aplicación a los entes, consorcios, sociedades, organismos y fundaciones que conforman el sector público autonómico y local.»

salarios correspondientes a la duración del período incumplido.

2. El contrato podrá extinguirse por decisión del empresario mediante despido basado en el incumplimiento grave y culpable del alto directivo, en la forma y con los efectos establecidos en el artículo 55 del Estatuto de los Trabajadores; respecto a las indemnizaciones, en el supuesto de despido declarado improcedente se estará a las cuantías que se hubiesen pactado en el contrato, siendo en su defecto de veinte días de salario en metálico por año de servicio y hasta un máximo de doce mensualidades.

3. Cuando el despido sea declarado improcedente o nulo, el empresario y el alto directivo acordarán si se produce la readmisión o el abono de las indemnizaciones económicas previstas en el párrafo dos de este artículo, entendiéndose, en caso de desacuerdo, que se opta por el abono de las percepciones económicas. Si el despedido se reintegrase al empleo anterior en la Empresa, se estará a lo dispuesto en el artículo 9.3 de este Real Decreto.

Art. 12. *Otras causas de extinción.*—Dejando a salvo las especialidades consignadas en los artículos anteriores esta relación laboral especial podrá extinguirse por las causas y mediante los procedimientos previstos en el Estatuto de los Trabajadores.

Art. 13. *Faltas y sanciones.*—El alto directivo podrá ser sancionado en virtud de incumplimiento de las obligaciones derivadas de esta relación especial, en los términos que se pacten en el contrato. Las faltas y correspondientes sanciones serán revisables ante el orden jurisdiccional social. Tales faltas, cualquiera que sea su naturaleza, prescribirán a los doce meses desde su comisión, o desde que el empresario tuviese conocimiento de ellas.

Por lo que se refiere a las infracciones laborales de los empresarios, será de aplicación el artículo 57 del Estatuto de los Trabajadores.

Art. 14. *Jurisdicción competente.*—Los conflictos que surjan entre el personal de alta dirección y las Empresas como consecuencia de la aplicación de lo dispuesto en este Real Decreto serán de la competencia de los jueces y magistrados del orden jurisdiccional social.

Art. 15. *Otras disposiciones.*—
1. [...][4].

2. Este contrato podrá suspenderse, con los efectos y para los casos previstos en el artículo 45 del Estatuto de los Trabajadores.

[4] Apartado derogado por la Ley 11/ 1994, de 19 de mayo (*BOE* de 23 de mayo), de modificación del Estatuto de los Trabajadores y Ley de Procedimiento Laboral. Conforme a la disp. adic. 5.ª LET: «Las retribuciones del personal de alta dirección gozarán de las garantías del salario establecidas en los artículos 27.2, 29, 32 y 33 de esta Ley.»

3. A efectos de prescripción de acciones derivadas del contrato especial, así como en cuanto a la caducidad de la acción por despido, se aplicará, en cuanto proceda, el artículo 59 del Estatuto de los Trabajadores.

Art. 16. *Derechos de representación.*—Sin perjuicio de otras formas de representación, el personal de alta dirección no participará como elector ni como elegible en los órganos de representación regulados en el Título II del Estatuto de los Trabajadores.

DISPOSICIÓN ADICIONAL

El personal excluido del ámbito subjetivo de las Ordenanzas Laborales actualmente en vigor, o de algunos de sus preceptos, que reúna las características y requisitos contenidos en el artículo 1.º de este Real Decreto, se regirá por él.

DISPOSICIÓN FINAL

El presente Real Decreto entrará en vigor el día 1 de enero de 1986.

2. REAL DECRETO 1.620/2011, DE 14 DE NOVIEMBRE, POR EL QUE SE REGULA LA RELACIÓN LABORAL DE CARÁCTER ESPECIAL DEL SERVICIO DEL HOGAR FAMILIAR[5]

(*BOE* n.º 277, de 17 de noviembre de 2011)

CAPÍTULO PRIMERO

DISPOSICIONES GENERALES

Artículo 1.º *Objeto y ámbito de aplicación.*—1. Este real decreto tiene por objeto regular la relación laboral de carácter especial del servicio del hogar familiar de acuerdo con el artículo 2.1.*b*) de la Ley del Estatuto de los Trabajadores, Texto Refundido aprobado por Real

[5] Conforme a la disp. adic. 10.ª de la Ley 3/2012, de 6 de julio (*BOE* de 7 de julio): «El Gobierno una vez finalizado el plazo de seis meses naturales, a contar desde el primero de enero de 2012, contemplado en la Disposición adicional trigésima novena, sobre Integración del Régimen Especial de la Seguridad Social de los Empleados de Hogar en el Régimen General de la Seguridad Social, de la Ley 27/2011, de 1 de agosto, sobre actualización, adecuación y modernización del sistema de la Seguridad Social, presentará ante las Cortes Generales un balance sobre la nueva regulación de dicho régimen así como de la nueva regulación de la correspondiente relación laboral especial. Dicho informe deberá contemplar asimismo las posibilidades de mejora de dichas regulaciones desde el punto de vista de la simplificación de los correspondientes procesos administrativos así como la mejora de las reducciones de cotizaciones de las personas que prestan servicios en el hogar familiar.»

Decreto Legislativo 1/1995, de 24 de marzo.

2. Se considera relación laboral especial del servicio del hogar familiar la que conciertan el titular del mismo, como empleador, y el empleado que, dependientemente y por cuenta de aquél, presta servicios retribuidos en el ámbito del hogar familiar.

3. A los efectos de esta relación laboral especial, se considerará empleador al titular del hogar familiar, ya lo sea efectivamente o como simple titular del domicilio o lugar de residencia en el que se presten los servicios domésticos. Cuando esta prestación de servicios se realice para dos o más personas que, sin constituir una familia ni una persona jurídica, convivan en la misma vivienda, asumirá la condición de titular del hogar familiar la persona que ostente la titularidad de la vivienda que habite o aquella que asuma la representación de tales personas, que podrá recaer de forma sucesiva en cada una de ellas.

4. El objeto de esta relación laboral especial son los servicios o actividades prestados para el hogar familiar, pudiendo revestir cualquiera de las modalidades de las tareas domésticas, así como la dirección o cuidado del hogar en su conjunto o de algunas de sus partes, el cuidado o atención de los miembros de la familia o de las personas que forman parte del ámbito doméstico o familiar, y otros trabajos que se desarrollen formando parte del conjunto de tareas domésticas, tales como los de guardería, jardinería, conducción de vehículos y otros análogos.

Art. 2.º *Exclusiones.*—1. No están incluidas en el ámbito de esta relación laboral especial:

a) Las relaciones concertadas por personas jurídicas, de carácter civil o mercantil, aun si su objeto es la prestación de servicios o tareas domésticas, que se regirán por la normativa laboral común.

b) Las relaciones concertadas a través de empresas de trabajo temporal, de acuerdo con lo establecido en la Ley 14/1994, de 1 de junio, por la que se regulan las empresas de trabajo temporal.

c) Las relaciones de los cuidadores profesionales contratados por instituciones públicas o por entidades privadas, de acuerdo con la Ley 39/2006, 14 de diciembre, de promoción de la autonomía personal y atención a las personas en situación de dependencia.

d) Las relaciones de los cuidadores no profesionales consistentes en la atención prestada a personas en situación de dependencia en su domicilio, por personas de la familia o de su entorno, no vinculadas a un servicio de atención profesionalizada, de acuerdo con la Ley 39/2006, 14 de diciembre, de promoción de la autonomía personal y atención a las personas en situación de dependencia.

e) Las relaciones concertadas entre familiares para la prestación de servicios domésticos cuando quien preste los servicios no tenga la condición de asalariado en los términos del artículo 1.3.*e*) del Estatuto de los Trabajadores.

f) Los trabajos realizados a título de amistad, benevolencia o buena vecindad.

2. No se entenderán comprendidas en el ámbito de esta relación laboral de carácter especial, salvo prueba en contrario que acredite su naturaleza laboral, las relaciones de colaboración y convivencia familiar, como las denominadas «a la par», mediante las que se prestan algunos servicios como cuidados de niños, la enseñanza de idiomas u otros de los comprendidos en el artículo 1.4, siempre y cuando estos últimos tengan carácter marginal, a cambio de comidas, alojamiento o simples compensaciones de gastos[6].

3. Se presumirá la existencia de una única relación laboral de carácter común y, por tanto, no incluida en el ámbito de esta relación laboral de carácter especial, la relación del titular de un hogar familiar con un trabajador que, además de prestar servicios domésticos en aquél, deba realizar, con cualquier periodicidad, otros servicios ajenos al hogar familiar en actividades o empresas de cualquier carácter del empleador. Dicha presunción se entenderá salvo prueba en contrario mediante la que se acredite que la realización de estos servicios no domésticos tiene un carácter marginal o esporádico con respecto al servicio puramente doméstico.

Art. 3.º *Fuentes de la relación laboral.*—Los derechos y obligaciones concernientes a esta relación laboral de carácter especial se regularán:

a) Por las disposiciones de este real decreto.

b) Con carácter supletorio, en lo que resulte compatible con las peculiaridades derivadas del carácter especial de esta relación, será de aplicación la normativa laboral común. Expresamente no será de aplicación el artículo 33 del Estatuto de los Trabajadores.

c) Por los convenios colectivos.

d) Por la voluntad de las partes manifestada en el contrato de trabajo, que habrá de respetar lo establecido en las disposiciones legales y en los convenios colectivos.

e) Por los usos y costumbres locales y profesionales.

CAPÍTULO II

DEL CONTRATO

Art. 4.º *Ingreso al trabajo.*—1. Los empleadores podrán contratar a los trabajadores directamente o por intermediación de los servicios públicos de empleo o de las agencias de colocación debidamente autorizadas.

2. De acuerdo con lo establecido en el artículo 22 bis de la Ley 56/2003, de 16 de diciembre, de Empleo, los servicios públicos de empleo y las agencias de colocación deberán garantizar, en su ámbito de actuación, el principio de igualdad en el acceso al empleo, no pudiendo establecer discriminación algu-

[6] V. Instrumento de ratificación del Acuerdo Europeo sobre la colocación *au pair* hecho en Estrasburgo el 24 de noviembre de 1969 (*BOE* de 6 de septiembre de 1988).

na basada en motivos de origen, incluido el racial o étnico, sexo, edad, estado civil, religión o convicciones, opinión política, orientación sexual, afiliación sindical, condición social, lengua dentro del Estado y discapacidad, siempre que los trabajadores se hallasen en condiciones de aptitud para desempeñar el trabajo o empleo de que se trate.

3. La publicidad de las ofertas de empleo que se formulen para la contratación de personas para el servicio doméstico no podrá contener discriminación alguna basada en los motivos indicados en el apartado anterior.

Art. 5.º *Forma del contrato.*—1. El contrato de trabajo podrá celebrarse por escrito o de palabra. Deberá celebrarse por escrito cuando así lo exija una disposición legal para una modalidad determinada. En todo caso, constarán por escrito los contratos de duración determinada cuya duración sea igual o superior a cuatro semanas.

2. En defecto de pacto escrito, el contrato de trabajo se presumirá concertado por tiempo indefinido y a jornada completa cuando su duración sea superior a cuatro semanas, salvo prueba en contrario que acredite su naturaleza temporal o el carácter a tiempo parcial de los servicios.

3. Cualquiera de las partes podrá exigir que el contrato se formalice por escrito, incluso durante el transcurso de la relación laboral.

4. Cuando la duración de la relación laboral sea superior a cuatro semanas, el trabajador deberá recibir información sobre los elementos esenciales del contrato y las principales condiciones de ejecución de la prestación laboral si los mismos no figuran en el contrato formalizado por escrito, de acuerdo con lo establecido en el Real Decreto 1.659/1998, de 24 de julio, por el que se desarrolla el artículo 8, apartado 5, de la Ley del Estatuto de los Trabajadores en materia de información al trabajador sobre los elementos esenciales del contrato de trabajo. Además de los extremos a que se refiere el artículo 2.2 del Real Decreto 1.659/1998, dicha información deberá comprender:

a) Las prestaciones salariales en especie, cuando se haya convenido su existencia.

b) La duración y distribución de los tiempos de presencia pactados, así como el sistema de retribución o compensación de los mismos.

c) El régimen de las pernoctas del empleado de hogar en el domicilio familiar, en su caso.

5. De acuerdo con lo previsto en la disposición adicional tercera, el Ministerio de Trabajo e Inmigración pondrá a disposición de los empleadores modelos de contratos de trabajo así como la información necesaria para el cumplimiento de lo establecido en este artículo.

Art. 6.º *Duración del contrato y período de prueba.*—1. El contrato podrá celebrarse por tiempo indefinido o por una duración determinada, en los términos previstos en el Estatuto de los Trabajadores y sus normas de desarrollo.

2. Podrá concertarse por escrito un período de prueba en los términos

del artículo 14 del Estatuto de los Trabajadores. Durante dicho período, que no podrá exceder de dos meses, salvo lo previsto en convenio colectivo, el empleador y el empleado de hogar estarán obligados a cumplir con sus respectivas prestaciones, si bien podrá producirse la resolución de la relación laboral por cualquiera de las partes, con el período de preaviso ajustado a lo que se pacte, sin exceder, en ningún caso, de siete días naturales.

CAPÍTULO III

CONTENIDO DE LA RELACIÓN LABORAL

Art. 7.º *Derechos y deberes.*—1. El trabajador tendrá los derechos y deberes laborales establecidos en el presente real decreto y en los artículos 4 y 5 del Estatuto de los Trabajadores.

2. El empleador está obligado a cuidar de que el trabajo del empleado de hogar se realice en las debidas condiciones de seguridad y salud, para lo cual adoptará medidas eficaces, teniendo debidamente en cuenta las características específicas del trabajo doméstico. El incumplimiento grave de estas obligaciones será justa causa de dimisión del empleado.

Art. 8.º *Retribuciones.*—1. El Salario Mínimo Interprofesional, fijado anualmente por el Gobierno, es aplicable en el ámbito de esta relación laboral especial, de acuerdo con los términos y condiciones establecidos en el ordenamiento laboral común. Dicho salario mínimo se entiende referido a la jornada de trabajo completa a la que se refiere el artículo 9.1 de este real decreto, percibiéndose a prorrata si se realizase una jornada inferior[7].

Este salario podrá ser objeto de mejora a través de pacto individual o colectivo.

2. Las percepciones salariales se abonarán por el empleador en dinero, bien en moneda de curso legal o mediante talón u otra modalidad de pago similar a través de entidades de crédito, previo acuerdo con el trabajador. No obstante, en los casos de prestación de servicios domésticos con derecho a prestaciones en especie, como alojamiento o manutención, se podrá descontar por tales conceptos el porcentaje que las partes acuerden, siempre y cuando quede garantizado el pago en metálico, al menos, de la cuantía del salario mínimo interprofesional en cómputo mensual y sin que de la suma de los diversos conceptos pueda resultar un porcentaje de descuento superior al 30 por 100 del salario total.

3. Los incrementos salariales deberán determinarse por acuerdo entre las partes. En defecto de acuerdo se aplicará un incremento salarial anual igual al incremen-

[7] Para el salario mínimo interprofesional, v. art. 27 ET y nota al mismo.

to salarial medio pactado en los convenios colectivos según la publicación de la Subdirección General de Estadística del Ministerio de Trabajo e Inmigración del mes en que se completen doce consecutivos de prestación de servicios.

4. El empleado de hogar tendrá derecho a dos gratificaciones extraordinarias al año que se percibirán, salvo pacto en contrario, al finalizar cada uno de los semestres del año, en proporción al tiempo trabajado durante el mismo. Su cuantía será la que acuerden las partes, debiendo ser suficiente para garantizar, en todo caso, el pago en metálico, al menos, de la cuantía del salario mínimo interprofesional en cómputo anual.

5. Para la retribución de los empleados de hogar que trabajen por horas, en régimen externo, el salario mínimo de referencia será el que se fije en el real decreto por el que se fija anualmente el salario mínimo interprofesional para los trabajadores eventuales y temporeros y empleados de hogar, que incluye todos los conceptos retributivos; este salario mínimo se abonará íntegramente en metálico, en proporción a las horas efectivamente trabajadas[8].

6. La documentación del salario se realizará mediante la entrega al trabajador de un recibo individual y justificativo del pago del mismo, en la forma acordada entre las partes o, en su defecto, conforme a lo señalado en el artículo 29.1 del Estatuto de los Trabajadores.

De acuerdo con lo previsto en la disposición adicional tercera, el Ministerio de Trabajo e Inmigración pondrá a disposición de los empleadores modelos de recibos de salarios para el cumplimiento de lo establecido en este apartado.

Art. 9.º *Tiempo de trabajo.*— 1. La jornada máxima semanal de carácter ordinario será de cuarenta horas de trabajo efectivo, sin perjuicio de los tiempos de presencia, a disposición del empleador, que pudieran acordarse entre las partes. El horario será fijado por acuerdo entre las partes.

Una vez concluida la jornada de trabajo diaria y, en su caso, el tiempo de presencia pactado, el empleado no estará obligado a permanecer en el hogar familiar.

2. Respetando la jornada máxima de trabajo y los períodos mínimos de descanso, el tiempo de presencia tendrá la duración y será objeto de retribución o compensación en los mismos términos que acuerden las partes. En todo caso,

---

[8] Conforme al art. 4.º2 del RD 1.888/2011, de 30 de noviembre (*BOE* de 31 de diciembre), «de acuerdo con el artículo 8.5 del Real Decreto 1.620/2011, de 14 de noviembre, por el que se regula la relación laboral de carácter especial del servicio del hogar familiar, que toma como referencia para la determinación del salario mínimo de los empleados de hogar que trabajen por horas, en régimen externo, el fijado para los trabajadores eventuales y temporeros y empleados de hogar y que incluye todos los conceptos retributivos, el salario mínimo de dichos empleados de hogar será de 5,02 euros por hora efectivamente trabajada».

salvo que se acuerde su compensación con períodos equivalentes de descanso retribuido, las horas de presencia no podrán exceder de veinte horas semanales de promedio en un período de referencia de un mes y se retribuirán con un salario de cuantía no inferior al correspondiente a las horas ordinarias.

3. El régimen de las horas extraordinarias será el establecido en el artículo 35 del Estatuto de los Trabajadores, salvo lo previsto en su apartado 5.

4. Entre el final de una jornada y el inicio de la siguiente deberá mediar un descanso mínimo de doce horas. El descanso entre jornadas del empleado de hogar interno podrá reducirse a diez horas, compensando el resto hasta doce horas en períodos de hasta cuatro semanas.

El empleado de hogar interno dispondrá, al menos, de dos horas diarias para las comidas principales, y este tiempo no se computará como de trabajo.

5. Los empleados de hogar tienen derecho a un descanso semanal de treinta y seis horas consecutivas que comprenderán, como regla general, la tarde del sábado o la mañana del lunes y el día completo del domingo.

Cuando el empleado de hogar no preste servicios en régimen de jornada completa, con la duración máxima establecida en el apartado 1 de este artículo, la retribución correspondiente al período de descanso se reducirá en proporción a las horas efectivamente trabajadas.

6. El trabajador tendrá derecho al disfrute de las fiestas y permisos previstos en el artículo 37 del Estatuto de los Trabajadores.

7. El período de vacaciones anuales será de treinta días naturales, que podrá fraccionarse en dos o más períodos, si bien al menos uno de ellos será, como mínimo, de quince días naturales consecutivos. El período o períodos de disfrute de las vacaciones se acordarán entre las partes. En defecto de pacto, quince días podrán fijarse por el empleador, de acuerdo con las necesidades familiares y el resto se elegirá libremente por el empleado. En este caso, las fechas deberán ser conocidas con dos meses de antelación al inicio de su disfrute. Durante el período o períodos de vacaciones, el empleado de hogar no estará obligado a residir en el domicilio familiar o en el lugar a donde se desplace la familia o alguno de sus miembros.

8. Serán de aplicación los límites establecidos para los menores de dieciocho años en el Estatuto de los Trabajadores en materia de tiempo de trabajo:

a) Sólo podrán realizarse ocho horas diarias de trabajo efectivo, con una pausa de treinta minutos para las jornadas superiores a cuatro horas y media. Si el menor de dieciocho años trabajase para varios empleadores, para el cómputo de las indicadas ocho horas se tendrán en cuenta las realizadas con cada empleador.

b) No podrán realizar horas extraordinarias ni trabajar en período nocturno, considerándose éste el transcurrido entre las diez de la noche y las seis de la mañana.

c) El descanso entre jornadas será, como mínimo, de doce horas.

d) El descanso semanal será, al menos, de dos días consecutivos.

Art. 10. *Conservación del contrato de empleados de hogar.*—1. La subrogación contractual por cambio de la persona del empleador sólo procederá previo acuerdo de las partes, presumiéndose éste cuando el empleado de hogar siga prestando servicios, al menos, durante siete días en el mismo domicilio, pese a haber variado la titularidad del hogar familiar.

2. En los supuestos de cambio del hogar familiar por traslado de éste a localidad distinta se aplicará, respecto a la conservación del contrato, el mismo régimen establecido para los supuestos de cambio de la persona del empleador en el apartado 1, presumiéndose, por tanto, la conservación del contrato de trabajo cuando se continuase prestando servicios durante siete días en el nuevo domicilio. Cuando el traslado sea de carácter temporal podrá acordarse la suspensión del contrato.

En el supuesto a que se refiere este apartado, si el empleador optase por el desistimiento de la relación laboral, deberá comunicárselo por escrito al trabajador, resultando de aplicación en lo demás lo dispuesto en el artículo 11.3. Si fuera el trabajador el que optase por la no continuidad de la relación laboral, deberá comunicar su decisión al empleador y tendrá derecho a la indemnización prevista en el párrafo tercero del artículo 11.3.

3. En el supuesto de suspensión del contrato de trabajo doméstico por incapacidad temporal del empleado de hogar, debida a enfermedad o accidente, si aquél fuera interno, tendrá derecho a permanecer alojado en el domicilio un mínimo de treinta días, salvo que, por prescripción facultativa, se recomiende su hospitalización.

Art. 11. *Extinción del contrato.*—1. La relación laboral de carácter especial del servicio del hogar familiar se extinguirá conforme a lo previsto en el presente real decreto y en el artículo 49 del Estatuto de los Trabajadores, excepto por las causas señaladas en las letras *h*), *i*) y *l*) del apartado 1 de dicho artículo, que no resultan compatibles con la naturaleza de la misma.

2. El despido disciplinario del trabajador se producirá, mediante notificación escrita, por las causas previstas en el Estatuto de los Trabajadores. Ello no obstante, y para el caso de que la jurisdicción competente declare el despido improcedente, las indemnizaciones, que se abonarán íntegramente en metálico, serán equivalentes al salario correspondiente a veinte días naturales multiplicados por el número de años de servicio, con el límite de doce mensualidades.

Los supuestos de incumplimiento por el empleador de los requisitos previstos para formalizar el despido producirán el mismo efecto descrito en el párrafo anterior para los casos de despido improcedente.

3. El contrato podrá extinguirse durante el transcurso del contra-

to por desistimiento del empleador, lo que deberá comunicarse por escrito al empleado de hogar, en el que conste, de modo claro e inequívoco, la voluntad del empleador de dar por finalizada la relación laboral por esta causa.

En el caso de que la prestación de servicios hubiera superado la duración de un año, el empleador deberá conceder un plazo de preaviso cuya duración, computada desde que se comunique al trabajador la decisión de extinción, habrá de ser, como mínimo, de veinte días. En los demás supuestos el preaviso será de siete días.

Simultáneamente a la comunicación de la extinción, el empleador deberá poner a disposición del trabajador una indemnización, que se abonará íntegramente en metálico, en cuantía equivalente al salario correspondiente a doce días naturales por año de servicio, con el límite de seis mensualidades.

Durante el período de preaviso el empleado que preste servicios a jornada completa tendrá derecho, sin pérdida de su retribución, a una licencia de seis horas semanales con el fin de buscar nuevo empleo.

El empleador podrá sustituir el preaviso por una indemnización equivalente a los salarios de dicho período, que se abonarán íntegramente en metálico.

4. Se presumirá que el empleador ha optado por el despido del trabajador y no por el desistimiento, con la aplicación de las consecuencias establecidas en el apartado 2, cuando, en la comunicación de cese que realice, haya incumplimiento de la forma escrita en los términos indicados en el párrafo primero del apartado anterior, o bien no se ponga a disposición del trabajador la indemnización establecida en el párrafo tercero de dicho apartado, con carácter simultáneo a la comunicación.

No obstante, la no concesión del preaviso o el error excusable en el cálculo de la indemnización no supondrá que el empleador ha optado por el despido, sin perjuicio de la obligación del mismo de abonar los salarios correspondientes a dicho período o al pago de la indemnización en la cuantía correcta.

5. En los supuestos previstos en los apartados 2 y 3, la decisión extintiva no podrá llevarse a cabo respecto del empleado interno entre las diecisiete horas y las ocho horas del día siguiente, salvo que la extinción del contrato esté motivada por falta muy grave a los deberes de lealtad y confianza.

6. De acuerdo con lo previsto en la disposición adicional tercera, el Ministerio de Trabajo e Inmigración pondrá a disposición de los empleadores modelos e información para la debida notificación de la extinción del contrato de trabajo a los trabajadores.

CAPÍTULO IV

OTRAS DISPOSICIONES

Art. 12. *Comprobación de infracciones.*—El control de cumplimiento de la legislación laboral relativa a esta relación laboral se realizará por la Inspección de Trabajo y Seguridad Social, que la ejercerá con las facultades y límites contemplados en la Ley 42/1997, de 14 de noviembre, Ordenadora de la Inspección de Trabajo y Seguridad Social.

Art. 13. *Jurisdicción competente.*—Corresponderá a los órganos jurisdiccionales del orden social el conocimiento de los conflictos que surjan como consecuencia de la aplicación de la normativa reguladora de la relación laboral de carácter especial del servicio del hogar familiar, de acuerdo con lo dispuesto en el artículo 2 de la Ley 36/2011, de 10 de octubre, reguladora de la jurisdicción social.

DISPOSICIONES ADICIONALES

1.ª *Comunicación del contenido de los contratos.*—La comunicación al Servicio Público de Empleo del contenido de los contratos de trabajo que se celebren conforme a lo previsto en el presente real decreto, así como su terminación, se entenderá realizada por el empleador mediante la comunicación en tiempo y forma del alta o de la baja en la Seguridad Social ante la Tesorería General de la Seguridad Social, acompañada, en su caso, del contrato de trabajo, cuando éste se haya formalizado por escrito.

En los supuestos a que se refiere el párrafo anterior, la Tesorería General de la Seguridad Social deberá comunicar al Servicio Público de Empleo el contenido mínimo de los contratos de trabajo, así como su terminación.

2.ª *Evaluación de impacto, régimen de extinción del contrato y protección por desempleo.*—1. El Ministerio de Trabajo e Inmigración procederá con anterioridad al 31 de diciembre de 2012, previa consulta con las organizaciones empresariales y sindicales más representativas, a realizar una evaluación del impacto en el empleo y en las condiciones de trabajo de las personas al servicio del hogar familiar que pueda derivarse de lo establecido en este real decreto.

Dicha evaluación tendrá en cuenta la regulación de las retribuciones establecida en este real decreto y, en particular, los casos de prestación de servicios domésticos en los que exista salario en especie. La evaluación tendrá en cuenta, igualmente, las previsiones contenidas en la disposición adicional trigésima novena de la Ley 27/2011, de 1 de agosto, sobre actualización, adecuación y modernización del sistema de Seguridad Social, sobre la integración del Régimen Especial de Empleados de Hogar en el Régimen General de la Seguridad Social. Asimismo, la evaluación incluirá, conforme a lo dispuesto en el artículo 20 de la Ley Orgánica 3/2007, de 22 de marzo, para la igualdad efectiva de mujeres y hombres, la variable de sexo en las estadísticas, encuestas y recogidas de datos que se realicen.

2. En el mes siguiente a la entrada en vigor de este real decre-

to, el Ministerio de Trabajo e Inmigración procederá a la constitución de un grupo de expertos, integrado por un máximo de seis personas propuestas por el propio Ministerio y las organizaciones empresariales y sindicales más representativas, para que realice un informe con anterioridad al 31 de diciembre de 2012 sobre las siguientes cuestiones:

1.ª La viabilidad de aplicar plenamente el régimen de extinción del contrato de trabajo de la relación laboral común establecido en el Estatuto de los Trabajadores a la relación laboral de carácter especial del servicio del hogar familiar, así como la posibilidad de incluir el desistimiento del empleador, entendido como pérdida de confianza en el empleado, en alguna de las causas comunes de extinción del contrato de trabajo establecidas en el artículo 49 del Estatuto de los Trabajadores.

2.ª La viabilidad de establecer un sistema de protección por desempleo adaptado a las peculiaridades de la actividad del servicio del hogar familiar que garantice los principios de contributividad, solidaridad y sostenibilidad financiera.

3. El Gobierno, teniendo presente la evaluación a que se refiere el apartado 1 y el informe del grupo de expertos a que se refiere el apartado 2, adoptará con anterioridad al 31 de diciembre de 2013 y previa consulta y negociación con las organizaciones empresariales y sindicales más representativas, las decisiones que correspondan sobre las cuestiones señaladas en el apartado anterior.

3.ª *Información administrativa.*— El Ministerio de Trabajo e Inmigración, a través de su sede electrónica y de sus oficinas de información de las Delegaciones y Subdelegaciones del Gobierno, facilitará a los empleadores y a los trabajadores cuanta información sea necesaria para la aplicación del presente real decreto, incluyendo la puesta a disposición de modelos, en formato electrónico descargable o en papel, para el cumplimiento de las obligaciones formales y documentales contenidas en el mismo.

DISPOSICIONES TRANSITORIAS

1.ª *Contratos en vigor.*—1. Lo dispuesto en el presente real decreto será de aplicación a los contratos vigentes a la fecha de entrada en vigor del mismo.

No obstante, la cuantía de la indemnización prevista a la finalización del contrato por desistimiento conforme al artículo 11.3, se aplicará a los contratos que se concierten a partir de la fecha de entrada en vigor de este real decreto.

Asimismo, lo dispuesto en el artículo 5 únicamente será de aplicación respecto a los contratos que se celebren a partir de la fecha de entrada en vigor de este real decreto, desde cuando el Ministerio de Trabajo e Inmigración ponga a disposición de los empleadores los modelos de contrato de trabajo y demás documentación e información a que se refiere la disposición adicional tercera.

2. Los empleadores dispondrán de un año para formalizar por escrito los contratos de trabajo vigentes que, como consecuencia de la nueva regulación, deban celebrarse por escrito. Igual plazo tendrán para adecuarse a la obligación de informar al empleado de hogar sobre los elementos esenciales del contrato de trabajo.

2.ª *Condición más beneficiosa.*—Lo establecido en este real decreto no afectará a las condiciones más beneficiosas existentes en el momento de su entrada en vigor, sin perjuicio de lo establecido en materia de compensación y absorción de salarios en los artículos 26.5 y 27.1 del Estatuto de los Trabajadores.

DISPOSICIÓN DEROGATORIA

Única. *Derogación normativa.*—1. Queda expresamente derogado el Real Decreto 1.424/1985, de 1 de agosto, por el que se regula la relación laboral de carácter especial del servicio del hogar familiar.

2. Asimismo quedan derogadas cuantas disposiciones de igual o inferior rango contradigan o se opongan a lo dispuesto en el presente real decreto.

DISPOSICIONES FINALES

1.ª *Título competencial.*—El presente real decreto se dicta al amparo de lo establecido en el artículo 149.1.7.ª de la Constitución Española que atribuye al Estado la competencia exclusiva en materia de legislación laboral, sin perjuicio de su ejecución por los órganos de las Comunidades Autónomas, salvo el artículo 13 que se dicta al amparo de lo establecido en el artículo 149.1.6.ª de la Constitución Española, que atribuye al Estado la competencia exclusiva en materia de legislación procesal.

2.ª *Modificación del Real Decreto 1.659/1998, de 24 de julio, por el que se desarrolla el artículo 8, apartado 5, de la Ley del Estatuto de los Trabajadores en materia de información al trabajador sobre los elementos esenciales del contrato de trabajo.*—Se da nueva redacción al apartado 2 del artículo 1 del Real Decreto 1.659/1998, de 24 de julio, por el que se desarrolla el artículo 8, apartado 5, de la Ley del Estatuto de los Trabajadores en materia de información al trabajador sobre los elementos esenciales del contrato de trabajo, que queda redactado del modo siguiente:

«2. Lo previsto en el presente real decreto será de aplicación a las relaciones laborales reguladas por la Ley del Estatuto de los Trabajadores cuya duración sea superior a cuatro semanas, con exclusión de la relación laboral especial de los penados en las instituciones penitenciarias y de la de los menores internos incluidos en el ámbito de aplicación de la Ley Orgánica 5/2000, de 12 de enero, reguladora de la responsabilidad penal de los menores.»

3.ª *Entrada en vigor.*—El presente real decreto entrará en vigor el día siguiente al de su publicación en el *Boletín Oficial del Estado* y, de acuerdo con lo establecido en el apartado 5 de la disposición adicional trigésima novena de la Ley 27/2011, de 1 de agosto, sobre actualización, adecuación y modernización del sistema de Seguridad Social, surtirá efectos desde el 1 de enero de 2012.

3. REAL DECRETO 1.438/1985, DE 1 DE AGOSTO, POR EL QUE SE REGULA LA RELACIÓN LABORAL DE CARÁCTER ESPECIAL DE LAS PERSONAS QUE INTERVENGAN EN OPERACIONES MERCANTILES POR CUENTA DE UNO O MÁS EMPRESARIOS, SIN ASUMIR EL RIESGO Y VENTURA DE AQUÉLLAS

(*BOE* n.º 195, de 15 de agosto de 1985)

Artículo 1.º *Ámbito de aplicación.*—1. El presente Real Decreto será de aplicación a las relaciones en virtud de las cuales una persona natural, actuando bajo la denominación de representante, mediador o cualquiera otra con la que se le identifique en el ámbito laboral, se obliga con uno o más empresarios, a cambio de una retribución, a promover o concertar personalmente operaciones mercantiles por cuenta de los mismos, sin asumir el riesgo y ventura de tales operaciones. Dicha actividad principal puede o no ir acompañada de la distribución o reparto de los bienes objeto de la operación.

2. Quedan excluidos de su ámbito de aplicación:

a) Los trabajadores de la Empresa que aun dedicándose a promover o concertar operaciones mercantiles para la misma lo hagan en sus locales o teniendo en ellos su puesto de trabajo y sujetos al horario laboral de la Empresa.

b) Quienes se dediquen a promover o concertar operaciones mercantiles de forma continuada por cuenta de uno o más empresarios, como titulares de una organización empresarial autónoma, entendiendo por tal aquella que cuenta con instalaciones y personal propios. Se presumirá que no existe esta organización empresarial autónoma cuando quienes se dediquen a promover o concertar operaciones mercantiles actúen conforme a las instrucciones de su empresario con respecto a materias como horarios de trabajo, itinerario, criterios de distribución, precios o forma de realizar los pedidos y contratos.

c) Las personas naturales incluidas en el ámbito de la normativa sobre producción de seguros y corresponsales no banqueros siempre que, de acuerdo con dicha normativa, se configuren como sujetos de una relación mercantil.

Art. 2.º *Forma del contrato.*— 1. Los empresarios y los trabajadores deberán formalizar por escrito y triplicado su contrato de trabajo. Un ejemplar quedará en poder de cada parte. El tercero se registrará obligatoriamente por la Empresa en la Oficina de Empleo que corresponda por razón del domicilio del trabajador, pudiendo a este efecto ser presentado en dicha Oficina, o también en la correspondiente al domicilio de la Empresa, que deberá remitirlo a aquella en que haya de quedar inscrito. Caso de discrepancia se presumirá la validez del contenido del contrato registrado en la Oficina de Empleo.

2. En el contrato deberán constar, como mínimo, las menciones siguientes: Identificación de las partes, el tipo de operaciones mercantiles que deberá promover o concertar el trabajador con expresión de los productos o servicios a los que se refieran; las facultades atribuidas al trabajador, en especial si puede concertar o no operaciones en nombre del empresario; si el trabajador se obliga o no a trabajar en exclusiva para el empresario; la delimitación de la zona, demarcación o categoría de clientes con relación a los cuales haya de prestar sus servicios el trabajador, señalando en su caso si el empresario le otorga o no la exclusiva para ese ámbito de actuación; el tipo de retribución acordada y la duración del contrato.

En anexos al mismo se reseñarán, en su caso, el inventario y valor que se atribuye al muestrario o relación de productos y a los restantes instrumentos de trabajo que se faciliten por el empresario y la relación de medios que el trabajador aporte para el desarrollo de su labor.

Art. 3.º *Duración del contrato y período de prueba.*—1. La duración del contrato será la que se prevea en el mismo. Si no se fijara una duración determinada, se entenderá que el contrato se pacta por tiempo indefinido.

2. Los contratos por tiempo determinado no podrán tener una duración superior a tres años.

Cuando se concierten por un plazo inferior al máximo establecido podrán prorrogarse antes de su término por acuerdo entre las partes, una o más veces, por períodos no inferiores a seis meses, sin que en ningún caso el tiempo acumulado, incluido el de las prórrogas, pueda exceder del referido plazo máximo.

Cuando se hubieren concertado por un plazo inferior al máximo establecido y llegado su término no se hubiese denunciado por ninguna de las partes con una antelación mínima de un mes al término de su vigencia, ni existiera acuerdo expreso de prórroga, pero se continuara realizando la prestación laboral, los contratos se prorrogarán automáticamente hasta dicho plazo máximo.

3. El período de prueba se regulará por lo dispuesto en el Estatuto de los Trabajadores.

Art. 4.º *Jornada de trabajo y vacaciones.*—1. La relación laboral a la que está sujeta el trabajador no implicará sujeción a jornada u horario de trabajo concreto, sin perjuicio de las previsiones contenidas en los pactos colectivos o individuales.

2. Los trabajadores tienen derecho al disfrute de vacaciones anuales retribuidas cuya duración, criterios de orden económico y fechas de disfrute, serán los establecidos en los pactos colectivos o en el propio contrato, cuando éste sea más beneficioso. A falta de pacto colectivo o individual, regirán las normas laborales de carácter general.

3. Los trabajadores tienen derecho a los permisos pagados previstos en el artículo 37, apartado 3, del Estatuto de los Trabajadores.

Art. 5.º *Clientela.*—1. Los trabajadores comprendidos en el ámbito de aplicación del presente Real Decreto tendrán derecho a que se reconozca por su Empresa la clientela que hayan conseguido como consecuencia de su trabajo, y la que aquélla asignase al inicio de su gestión.

2. Exigiéndolo alguna de las partes, la relación única de clientes que la Empresa facilitase al trabajador se hará constar en un anexo al contrato. Éste se actualizará anualmente y al término de la relación laboral, mediante la inclusión de los captados por el trabajador en el curso de su actividad, y haciendo constar, en su caso, la variación en el volumen de las operaciones realizadas durante el año. En la relación correspondiente al término de la relación laboral sólo se incluirán los clientes que hayan hecho operaciones en los últimos dos años.

3. A los efectos de inclusión en la relación de clientes a que se refiere el número anterior, sólo se considerarán tales los que hayan llevado a término con la Empresa alguna operación mercantil en los dos años anteriores a la fecha de contratar al trabajador.

4. Ninguna de las partes podrá variar unilateralmente la zona o demarcación territorial ni la relación de clientes asignados en el contrato, aplicándose, de producirse algunos de estos hechos, lo dispuesto en el número cinco de este artículo.

5. La asignación por parte del empresario, de una zona ya atribuida a un trabajador, a otro u otros trabajadores en perjuicio del primero, llevará aparejada la adecuada compensación económica, que será fijada, si no hay acuerdo entre las partes, por la jurisdicción competente. En todo caso, el trabajador podrá solicitar la extinción del contrato de trabajo con la indemnización señalada en el artículo 41.3 del Estatuto de los Trabajadores, que podrá ser incrementada en el porcentaje y condiciones que se determinan en el artículo 11 del presente Real Decreto.

Art. 6.º *Muestrario e instrumentos de trabajo.*—1. En los casos en que para el desarrollo de su actividad la Empresa proporcione al trabajador muestrario de artículos, relación de productos o instrumentos de trabajo, deberá hacerse un inventario de su contenido en anexo al contrato, si lo requiere su valor o lo exige alguna de las partes.

2. Los trabajadores a que se refiere la presente normativa serán responsables de las pérdidas o deterioros que, en todo o en parte, sufra el muestrario o instrumentos de trabajo por su culpa o negligencia, y de aquellas otras que no haya puesto en conocimiento de la Empresa en los diez días siguientes a su acaecimiento.

3. Si otra cosa no se hubiera pactado, al término del contrato de trabajo deberá devolverse a la Empresa el material que recibiera como muestrario o instrumento de trabajo, y no siendo posible su valor actualizado y según el estado en que se encuentre.

4. Los empresarios no podrán retener más de quince días los muestrarios o instrumentos de trabajo, cuando los requieran los trabajadores para su actualización o modificación.

5. La Empresa vendrá obligada a facilitar los muestrarios o instrumentos de trabajo con antelación tal que permita desarrollar normalmente su actividad al trabajador. El incumplimiento de esta obligación por el empresario dará derecho al trabajador a la indemnización por los daños y perjuicios que pudiera causar dicha demora.

6. El empresario facilitará en tiempo oportuno las tarifas y restantes condiciones para la contratación con los terceros, así como el momento en que las nuevas tarifas y condiciones se apliquen a las operaciones ya obtenidas por el trabajador, y que han sido cursadas al empresario o están a punto de serlo.

Art. 7.º *Obligaciones del empresario.*—El empresario ha de cumplir frente al trabajador las siguientes obligaciones:

a) Pagar la retribución pactada, haciendo las correspondientes liquidaciones en los plazos establecidos. También deberá, en su caso, compensarle los gastos de desplazamiento.

b) Poner a su disposición con la adecuada antelación los documentos y materiales necesarios para el desarrollo de su actividad.

c) Proporcionarle noticia inmediata de la aceptación o rechazo de las operaciones propuestas y de cuantas circunstancias se refieran a una operación ya aceptada. Cuando se rechace una operación deberán justificarse los motivos en los que se base esa decisión.

d) Cumplir en los términos pactados las operaciones contratadas en firme con los clientes en los plazos y términos pactados, y mantener con éstos una relación correcta.

e) Comunicarle las circunstancias de la actitud de la Empresa que puedan incidir en la relación con los clientes, en especial cuando se programen cambios en los productos o servicios ofrecidos, en los precios u otras condiciones de contratación, en el volumen de las operaciones que podrían ejecutarse, así como la relación completa de representantes y clientes en todo el ámbito de actuación comercial de la Empresa.

f) Comunicarle los pedidos recibidos directamente de clientes atribuidos al trabajador en virtud del contrato.

g) Cualesquiera otras que se hubieran fijado en el contrato o que resultasen de la aplicación de este Real Decreto.

Art. 8.º *Retribuciones.*—1. Las retribuciones de los trabajadores comprendidos en el ámbito del presente Real Decreto estarán constituidas por comisiones sobre las operaciones en que hubiesen intervenido y fuesen aceptadas por el empresario, siempre que en el contrato se haya establecido la necesidad de aprobación, o por una parte fija y otra por comisiones sobre dichas operaciones, más los incentivos y compensaciones que hubieran pactado en el contrato. Por último, la retribución también podrá consistir exclusivamente en una cantidad fija.

2. Cuando se haya pactado retribución por comisiones, éstas se devengarán a favor del trabajador por todas las operaciones que se realicen en su zona, o con la clientela a él asignada, y que se perfeccionen por su mediación. También tendrá derecho a comisiones por las operaciones realizadas directamente por las Empresas, si así se hubiese estipulado. Las Empresas vendrán obligadas a dar a conocer a los trabajadores el importe de las mercancías o servicios que se hayan proporcionado directamente a los clientes.

3. Salvo pacto en contrario, el derecho a la comisión nacerá en el momento del pago por el cliente en ejecución del contrato celebrado con la Empresa. Ésta liquidará y pagará al trabajador las comisiones a que éste tenga derecho, en el plazo de un mes, que podrá ampliarse hasta tres meses, mediante pacto expreso.

Si el negocio no llegase a buen fin, por culpa probada del empresario, el trabajador tendrá derecho a la comisión como si el cliente hubiera realizado el pago correspondiente.

4. En todo caso, la Empresa deberá entregar a los trabajadores recibo de pago sellado y firmado, en el que aparezcan detalladas las operaciones y, correlativamente, las cuantías de las comisiones que se comprendan en dicho pago.

5. Podrá pactarse que las indemnizaciones por gastos realizados como consecuencia de la actividad laboral del trabajador puedan ser asumidas por éste, siempre que tal circunstancia sea tenida en cuenta en la determinación de la retribución finalmente percibida.

Cuando el trabajador preste servicios en exclusiva para un solo empresario tendrá derecho a percibir con carácter inmediato la compensación de los gastos de desplazamiento, tanto en lo referente a kilometraje como a dietas, en la cuantía fijada en los contratos individuales o Convenios Colectivos.

Art. 9.º *Obligaciones del trabajador.*—El trabajador ha de cumplir las siguientes obligaciones:

a) Desarrollar la actividad necesaria para promocionar la realización de operaciones mercantiles a favor del empresario, defendiendo los legítimos intereses de éste y siguiendo sus instrucciones.

b) Desarrollar su actividad de promoción de manera correcta, evitando cualquier actuación que pueda suponer competencia desleal con otras Empresas o que pueda perjudicar al prestigio o a los intereses del empresario, circunstancias estas cuya prueba corresponde al empresario.

c) Suministrar al empresario noticias inmediatas sobre la realización de las operaciones y sobre las circunstancias que puedan afectar su ejecución.

d) Gestionar el cobro de las operaciones mercantiles en que directa o indirectamente hubiese intervenido, si así se determina en el contrato. Abonar al empresario, inmediatamente, las cantidades cobradas a los clientes cuando le esté encomendada la gestión de cobro. En ningún caso de la gestión de cobro podrá derivarse responsabilidad patrimonial para los trabajadores, salvo que haya habido negligencia grave o dolosa.

e) Mantener informado al empresario sobre su actividad dirigida a la promoción de operaciones, así como sobre las circunstancias que puedan afectar a la clientela y a la situación de la Empresa en el mercado.

f) No prestar servicios a Empresas competidoras.

g) Dar a conocer al empresario las otras Empresas a las que preste sus servicios, y a obtener la autorización de aquél para asumir nuevos compromisos con otras Empresas, si así se hubiere pactado.

h) Cualesquiera otras que se hubieren fijado en el contrato.

Art. 10. *Suspensión y extinción del contrato.*—1. Las normas contenidas en el Estatuto de los Trabajadores en materia de suspensión y extinción de la relación laboral serán de aplicación a los trabajadores, en cuanto no contradigan lo establecido en el presente Real Decreto.

2. En caso de dimisión del trabajador, éste deberá notificarla con una antelación mínima de tres meses.

3. En relación con las posibles indemnizaciones por despido improcedente o casos asimilados, éstas serán fijadas de acuerdo con lo previsto en el Estatuto de los Trabajadores, calculándose el salario mensual en base al promedio de ingresos obtenidos los dos años anteriores al despido o resolución del contrato o período inferior, en su caso.

4. Será válido el pacto en virtud del cual el trabajador se obligue a no competir con el empresario, ni a prestar sus servicios a otro empresario competidor del mismo, para después de extinguida la relación laboral, si concurren los siguientes requisitos:

a) Que la extinción del contrato no sea debida al incumplimiento por el empresario de las obligaciones que le corresponden.

b) Que éste tenga un efectivo interés industrial o comercial en ello, y *c*) Que se satisfaga al trabajador una compensación económica adecuada. Se entenderá que se ha satisfecho esta compensación cuando se hubiera indemnizado al trabajador por la clientela conseguida por él.

Este pacto no podrá tener una duración superior a dos años.

Art. 11. *Indemnización por la clientela.*—1. El trabajador tendrá derecho a una indemnización especial distinta de la que pudiera corresponderle por despido improcedente, en consideración al incremento de clientela conseguido por él, cuando concurran las siguientes circunstancias:

a) Que la extinción del contrato no se hubiere debido al incumplimiento por el trabajador de las obligaciones que le corresponden.

b) Que una vez extinguido el contrato, el trabajador esté obligado a no competir con el empresario o a no prestar sus servicios para otro empresario competidor del mismo.

2. Para calcular la indemnización por la clientela se compararán las listas de clientes establecidas conforme a lo dispuesto en el artículo 5.º, al iniciarse y extinguirse la relación laboral, tomando, en su caso, en consideración, el incremento del volumen de las operaciones.

3. A falta de acuerdo entre las partes, la indemnización por la clientela se fijará por el Magistrado de Trabajo, sin que pueda exceder del importe total de las comisiones correspondientes a un año, calculado por el importe medio total de las comisiones percibidas durante los últimos tres años, o período inferior que hubiere durado la relación laboral, en su caso.

Art. 12. Son aplicables en el ámbito de esta relación laboral de carácter especial los derechos y deberes laborales básicos reconocidos en el Estatuto de los Trabajadores.

DISPOSICIÓN TRANSITORIA

En el plazo de seis meses, a partir de la entrada en vigor del presente Real Decreto, los empresarios y trabajadores comprendidos en su ámbito de aplicación deberán adaptar sus contratos a las previsiones en él contenidas.

DISPOSICIÓN FINAL

Quedan derogadas cuantas disposiciones se opongan a lo dispuesto en el presente Real Decreto, que entrará en vigor el día 1 de enero de 1986, y, específicamente, el Real Decreto 2.033/1981, de 4 de septiembre, y el Real Decreto 1.195/1982, de 14 de mayo.

ÍNDICE ANALÍTICO

Los números colocados al lado de cada concepto corresponden al artículo y apartado del Estatuto de los Trabajadores

A

B

C

D

E

F

G

H

I

J

L

M

N

O

P

Q

R

S

T

U

V